변화촉진 임상 청사진 함께 창조하기

정서중심치료 사례개념화

Rhonda N. Goldman · Leslie S. Greenberg 공저

김현진 · 에스더 박 · 양명희 · 소피아 박 · 김은지 공역

학지사

역자 서문

인공지능(人工知能, artificial intelligence: AI)이 많은 것을 해내는 시대가 이미 시작되었다. 이것이 어디까지 갈지 모를 일이다. 영화 속에서 표현되었거나 사람들이 상상한 것을 말로만 했던 것이 조금씩 현실에서 실현되고 있다. 세상은 얼마 지나지 않아서 엄청난 변화를 경험할 수도 있다. 사람의 머리에 인공지능 칩을 심어 사용하는 일도 어떤 사람들에겐 일어날 수 있을 것이다.

인공지능이 감당할 수 없는 것은 통합적인 정서지능이다. 인공지능은 아주 미미한 부분에서만 정서지능을 대체할 수 있다. 예를 들면, 인공지능은 매우 제한된 범위 내에서 정서를 읽어 낸다. 즉, 인공지능은 프로그램 속에 정서 지식을 집어넣고 반영할 수 있는 만큼만 정서를 읽어 낼 수 있다.

인공지능은 심각해져만 가는 인간사의 정서적 부적응의 문제를 해결할 능력이 없다. 갈수록 인간 존재에 수치심과 고통을 더해 가는 학교폭력, 성폭력, 군대 내의 폭력, 법조계 내부에서 벌어져 왔던 성폭력은 인간성의 상실에 그 뿌리를 두고 있다고 학자들은 확신하고 있다. 인간다움은 지적인 면과 정서적인 면, 그리고 의지와 행동적인 면의 통합이라고 말할 수 있다. 칸트는 이성적·도덕적 인간에서 인간의 본질을 보았고, 르네상스인은 다재다능한 만능에서 인간다움을 찾으려 했다. 인공지능이 힘을 갖게 되는 시대 속에서 많은 사람은 다재다능을 추구하게 될 것이고, 이런 시대에 자라나는 세대는 많은 정서적 상처를 입게 될 것이다. 심각한 정서적 상처를 입는 아동·청소년들은 더 많아지고 치료는 더욱 어려워져 갈 것이다. 그것은 사회가 인간다움에서 정서적인 면을 무시하거나 소홀히 여기는 풍조 속에서 발생한 것이다.

이런 시대 속에서 인간다움을 회복하기 위해서는 정서지능 또는 정서 능력에 대한 연구가 더욱 필요하다. 앞으로 점점 심각해져 가는 심리적 상처의 문제를 해결할 효과적인 치료법을 연구하는 것은 수많은 사람의 정신건강과 영적 건강에 지대한 영향을 미칠 것이다.

이런 시대적 상황에서 강력한 심리치료 접근 방법으로 북미에서 뜨겁게 떠오르고 있으며, 임상적인 면에서 다양한 문제 해결을 이끌고 있는 심리치료 모델이 바로 정서중심치료(Emotion-Focused Therapy: EFT)이다. 수많은 사람의 심리 영적 체계 속에서 발생하는 정서적인 문제가 우리를 더욱 괴롭히고 있다. 이런 시기에 정서적 문제를 효율적으로 도울 수 있는 정서중심치료에 대한 기본적인 내용을 담고 있는 『정서중심치료』라는 책을 2015년에 번역 출판하고, 금번에 다른 교수님들과 이 책을 번역하여 한국 독자들에게 소개하게 된 것은 정서중심치료사의 한 사람으로서 가슴 벅찬 일이다.

한국 커뮤니티에 있는 상담사들에게 정서중심치료 훈련을 하면서 이 치료 모델을 상담치료사들이 효율적으로 사용할 수 있도록 지도할 수 있는 책이 있었으면 좋겠다고 생각하던 차에 이 책의 원서를 보게 되었고, 여러 교수님과 은지 선생과 함께 번역을 하게 되었다. 함께 번역을 하다 보니 번역의 통일성을 이루는 것이나 원고를 모으는 일에 어려움이 있었으나 좀 더 나은 번역을 할 수 있게 되었고, 본문의 의미를 더 살릴 수 있는 소통의 기회를 갖게 되어 좋았다.

이 책의 번역에 동참한, 미국에서 성장기를 보낸 소피아 박(Sophia Park) 교수는 한글로 번역하는 것이 너무 힘들었지만 적은 분량이나마 번역에 함께 참여해 주었다. 광신대학교 정서코칭상담교육원에서 정서중심가족치료 훈련에 동참해 준 양명희 교수님이 이 어려운 번역 작업에 함께해 주어 도움이 되었고, 미국에 방문하는 동안 정서중심치료와 정서중심치료 사례개념화에 대해 함께 스터디하고 토론했던 에스더 박(Esther Park) 교수님과 윌리엄 진(William Jin) 교수님이 있어 이 책이 세상에 나오게 되었다. 또한 번역 과정 중에 텍스트를 함께 읽고 조언해 주며 도움을 준 송원경 선생에게 고마움을 전하고, 이 책의 번역뿐만 아니라 통일성 있는 책이 되도록 끝까지 나와 함께 땀을 흘려 준 은지 선생과 기쁨을 나누고 싶다. 또한 함께 어려운 번역 작업에 동참한 에스더 박 교수님, 양명희 교수님, 소피아 박 교수님과도 식사와 차 한잔을 하며 노고를 풀고 싶다.

꼭 필요한 책을 때맞추어 써 준 EFT의 선구자인 레슬리 그린버그(Leslie S. Greenberg) 박사와 론다 골드먼(Rhonda N. Goldman) 박사에게 감사를 드리고 싶다. 이 책이 나오도록 협력해 준 학지사의 정승철 이사님과 편집부에 감사를 드린다.

인생의 수많은 것이 주고받는 것 속에서 이루어지는 것인데
아름다운 마음들을 주고받는 사람들이 더욱 많아지기를 바라면서.

2018년
무등산 아래 마을에서
역자 대표 김현진

서문

이 책을 쓰는 작업을 시작할 때, 필자들 사이에는 다소 견해 차이가 있었다. 인본주의적이고 경험적인 전통에 젖어 있었기에, 우리 필자는 '진단' 그리고 그와 긴밀하게 연결된 부분인 '개념화' 등이 심리치료의 다른 핵심 측면으로서 의미를 개념화시키는 변증법적 과정에서는 이차적이거나 중요하지 않다는 입장을 견지하고 있었다. 치료적 관계 그리고 변증법적 구성주의자의 의미 형성 과정에서 개념화와 진단의 행위는 성공적인 치료의 주요 관계 요소의 확립을 방해하거나 저해하는 것으로 생각되어 왔기 때문이다.

그러면서도 우리는 지난 30여 년 동안 정서중심치료(EFT)가 이론의 통합과 발전뿐만 아니라 연구 면에서도 발전했다는 것을 주목했다. 이런 연구를 통해 우리는 치료 과정을 구체화할 수 있었다. 우리의 연구는 또한 우리가 치료에서 무슨 일을 하는지, 어떻게 치료가 긍정적인 결과를 가져오는지 등의 방법을 보다 정확히 묘사하고 전달할 수 있게 해 주었다. 이런 구체화는 내담자가 참여하는 핵심 치료 과정과 상담치료사가 이러한 과정을 촉진하는 핵심 과제를 정의하는 데 도움이 되었다. 구체화 및 그에 상응하는 분류화(categorization)는 EFT 개발에 매우 유용했다.

따라서 구체화에서 개념화로 연결하는 것에는 그다지 큰 무리가 없었다. 지난 15년에서 20년 동안의 연구 저서에서 보여 주는 진전을 통해 우리는 내담자를 따라갈 뿐 아니라 실제로 의미를 만드는 능동적인 주체이며 내담자와 함께 문제가 무엇이며 어떻게 그 문제를 해결할지 공동으로 창조해 나간다는 사실을 인식하게 되었다. 즉, 문제와 그것을 해결하는 방법에 있어서 '주도적으로 이끌어 주는 방식과 따라가는 방식의 결합(combining leading and following)'이라는 표현이 이 개념을 가장 잘 포착해 준다고 할 수 있다. 때로 내담자가 감정과 의미를 펼칠 때는 우리가 내담자를 따라가지만, 다른 한편으로는 내담자를 이끌고 회기 내에서 정서와 정서처리 과정을 심화시키며 궁극적으로 고통스러운 정서의 변화를 위해 고안된 작업과 연습에 적극 참여할 것을 제안하고 이끌어 간다. EFT 상담치료사의 경우, 주도적인 이끎과 따라감은 항상 균형을 유지해야 하는 중요한 치료 행위이다.

EFT 사례개념화 발전에 기여한 또 다른 힘은 우리가 심리치료 초기에 '초점 형성'을 위해 노력한다는 인식과 인정이었다. 이 초점은 핵심 부적응 정서 도식을 심리치료의 근간으로 삼는 것을 말한다. 이것은 우리가 실제로 심리치료에서 무엇을 하는지 관찰하는 데 많은 임상 시간을 투자한 연구 조사에서 나온 것이다. 신속하고 협력적으로, 우리는 내담자와의 협력을 통해 내담자들이 가져오는 행동 및 관계 문제를 일으키는 이면의 핵심적인 정서처리 과정을 이해하게 된다. '핵심 부적응 정서'는 내담자의 '뿌리 깊은(만성적인) 고통'과 관련된 경우가 많으므로 두 용어는 동의어로 사용될 수 있다. 많은 사람이 그들 자신의 삶 전반에 걸쳐 이 고통을 극복하기 위해 애쓰고 있으며, 우리는 심리치료를 통해 바로 이 고통을 줄이거나 없애기 위해 노력하는 것이다.

따라서 개념화는 자연스러운 진화물이며 우리가 심리치료에서 무엇을 하는지를 구체화시킨 결과물이다. 어떤 면에서 보면, 이 개념화는 모든 것을 연결해 주고 상담치료사들에게 가이드를 제공하는 접착제와도 같은 것이다. 우리에게 EFT 사례개념화는 상담치료사가 치료 중인 내담자와의 치료 작업 과정에서 사용하는 이해의 틀을 개발하는 과정이다. 이 책 전체에서 강조하고 있는 것처럼, EFT의 사례개념화는 치료 과정이 시작되기 전에 선험적으로 이루어지지 않고 오히려 치료 과정 전반에 걸쳐 이루어지며 관계적인 과정과 정서적인 연결에서 나온다. 일단 틀 또는 사례개념화가 형성되면, 이는 상담치료사가 자신의 이해를 조직화하고 다음 단계에 해야 할 일에 대해 근거 있는 결정을 내리는 데 도움이 되는 일종의 로드맵이 된다. 개념화는 '주도적 이끎과 따름'의 균형을 유지하는 전통을 이어 가면서 상담치료사가 내담자들의 핵심적인 고통을 해결하고 새로운 의미로 인도하며, 핵심 상처를 치유하는 의미 있는 치료 작업에 초점을 맞추도록 돕는다.

차례

01 정서중심치료 사례개념화 서론 • 15

I. 정서중심치료 철학 및 개요

02 정서중심치료 기본 원리 • 39

II. 정서중심 사례개념화 3단계

06 제3단계: 프로세스 표식 및 새로운 의미에 주목한다 • 157

III. 사례

07 사례: 소피 • 205

정서중심치료 사례개념화 서론[1]

끊임없이 진화하는 심리치료 과정 전반에 걸쳐, 상담치료사는 내담자의 필요를 충족시켜 치료 성과를 올리는 일련의 과정에 도움이 되도록 하기 위해 지속적으로 복잡한 결정을 내려야 한다. 사례개념화는 지도 내지 청사진과도 같아서 상담치료사가 효과적인 치료 작업을 촉진시키는 창조적 과정 전반에 걸쳐 자문 역할을 한다.

---

1) 역자 주: 원저에 있는 emotion을 정서라고 번역한다. 일반적으로 한국인들은 이 정서를 감정이라고 말한다. 이 책에서는 정서와 감정을 혼용하여 사용할 때도 있으나 대부분 정서라 번역하였다. 독자들이 읽을 때 정서라는 말이 어려울 경우 감정이라고 읽어도 괜찮다. 그러나 이 책이 학술적인 책이기에 원문의 뜻을 따라 정서라 번역할 것이다. 정서(情緒, emotion)란 사전적 의미에서 보면, 사람의 마음에 일어나는 여러 가지 감정, 또는 감정을 불러일으키는 기분이나 분위기를 말한다. 이런 사전적 정의만으로는 정서를 이해하는 데 어려움이 있다. 좀 더 설명해 보면, 자극이 주어지면 인간의 내부에서는 정서적 반응이 발생한다. 이 정서적 반응은 심리적 반응과 신경화학적 반응 또는 신체적 반응을 포함한다. 이 정서적 반응은 내적인 그리고 외적인 감각 느낌과 연결되어 인간의 내부의 상태를 표현하는 인간 내부의 언어이다. 감정(feelings)의 사전적인 의미를 살펴보면, 정서가 어떤 상황에서 지속적인 마음의 상태나 분위기라면 감정은 어떤 상황에서 일시적

그럼 사례개념화(case formulation)란 무엇인가? 사례개념화는 내담자의 문제가 어떻게 발전했는지, 유지시키는 요인이 무엇인지, 그리고 상담치료에서 그 문제를 다루기 위해서는 무엇을 할 수 있는지에 대한 설명이다. 사례개념화는 각각의 내담자의 내러티브를 그림으로 형상화해 주고 엮어 준다. 그것은 각 개인의 특정 문제 또는 이슈 등에 대해 치료의 지침 원리를 적용한다. 사례개념화는 또한 상담치료사가 내담자에 대한 생각을 정리하고 심리치료 과정을 가장 생산적으로 진행시켜 주는 방법을 결정하는 데 도움을 줄 수 있다.

정서중심치료(EFT)는 예로부터 상담치료사에게 상담치료를 수행하는 방법에 대한 포괄적인 이론 원리와 세부적인 지표의 집합을 제공해 왔지만 심층적으로 차별화된 안내가 많이 부족했다. 안전하고 신뢰할 수 있는 관계 형성, 근본적인 고통스러운 정서의 심화와 해소 그리고 고통스러운 문제의 해결을 통한 새로운 대인관계 형성에 있어서 근간이 되는 공감의 중요성에 대해서는 EFT 관련 문헌들이 많이 다루고 있다. 또한 정서를 중점적으로 연구하는 이론가와 연구자들이 최근 몇 년간 광범위한 상담치료 환경에서 다양한 임상 문제를 치료하기 위해 특별히 고안된 심층적인 변화 모델을 사용하여 포괄적인 과제들을 개발해 내었다. 이렇듯 사례개념화에 대한 상세한 접근법은 지난 25년 동안 발전된 EFT 이론과 기법에서 비롯된 것이다.

인 마음의 상태이다. 정서는 자극에 대한 심적 반응을 포함하는데, 이 심적 반응은 만족 반응과 불만족 반응이 있고, 이 만족, 불만족 반응에 대한 반응을 감정이라 말하기도 한다. 정동(affect)의 사전적 의미는 희로애락과 같이 일시적으로 급격히 일어나는 감정, 진행 중인 사고 과정이 멎게 되거나 신체적 변화가 뒤따르는 강력한 감정 상태이다. 스피노자는 『에티카』에서 라틴어 affectio에서 파생된 정서와 정동을 구분하여 설명했다. 스피노자에 의하면, 정서가 행복한 상태나 슬픈 상태를 의미한다면, 정동은 '신체의 활동 능력을 증대시키거나 감소시키고 촉진하거나 저해하는 신체의 변용'이다. 다시 말하면, 정동은 '슬픔에서 기쁨으로, 어둠에서 밝음으로 변이하는 것', 즉 '정서의 변이와 이행'이라는 의미로 설명될 수 있다(Spinoza). 정리하면, 정서는 사람의 몸과 마음에서 발생하는 신경화학적 반응과 신체적 반응을 포함하는 기분이나 분위기를 말하며, 정동은 개인의 정서를 증대시키거나 감소시키는 운동성이 드러나는 것을 말한다. 개인에게 강렬한 감정 상태가 지속적으로 이어지면 정상 생활이 어려워지게 된다. 정동장애(affective disorder)란 기분이 너무 우울하거나(우울증) 너무 좋은 것(조증)을 주 증상으로 하는 정신장애를 말한다(참조: 김현진 역(2015), 정서중심치료, 교육과학사).

이 책에서 제시된 사례개념화에 대한 정서중심 접근법은 최근에야 EFT 의 이론과 과정에 통합되었다(Elliott, Greenberg, & Lietaer, 2004; Goldman & Greenberg, 1997; Greenberg & Goldman, 2007; Greenberg & Watson, 2006; Paivio & Pascual-Leone, 2010; Watson, 2010). 이는 EFT 이론과 실습의 여러 부분을 결합시켜 주고 상담치료의 성공에 기여할 수 있는 중요한 업적이라고 생각된다. 사례개념화는 조직적이고 개념적인 틀로 상담치료사들이 상담치료 전반에 걸친 주제별 초점을 정립하고 특정 순간에 발생하는 특정 문제에 어떻게 대응해야 하는지 결정하는 데 도움을 준다. 사례개념화는 주제, 초점 및 치료 계획에 대한 의미를 명확히 하는 데 도움이 되며, 공동으로 창조된 넓은(큰) 틀과 끊임없이 변화하는 청사진을 제공하여 변화를 이끌어 낸다. 정서에 중점을 둔 사례개념화 방법은 실습 상담치료사에게 다양한 EFT 이론 및 실습을 통합하는 틀을 제공하고 상담치료사가 자신의 생각을 정리하고 내담자의 문제를 더 잘 이해할 수 있도록 도와준다. 또한 사례개념화는 상담치료사가 주어진 회기 내에서 혹은 특정한 순간에 가장 적합한 과제를 결정하려고 할 때 또는 앞으로 나아갈 수 있는 최선의 방법이 무엇인지 난감할 때 도움이 될 수 있다.

사례개념화는 EFT 이론의 진화를 나타낸다고 볼 수 있으며, ① 드러난 문제 밑에 깔려 있는 정서적 원천을 이해하는 방법을 상담치료사에게 제공하고, ② 치료 초점을 명료히 개발하도록 상담치료사를 이끌어 주며, ③ 상담치료사가 치료 과정을 구조화하는 데 도움이 되는 지도를 작성할 수 있도록 돕는다. 개념화 내러티브는 치료 과정에서 근본적인 정서적 어려움과 호소하는 문제를 연결하여, 상담치료사로 하여금 계속해서 사례를 인도하게 하는 틀이 되어 준다. 사례개념화는 또한 상담치료사가 EFT 접근의 중심 역할을 하는, 안내 표식에 의한 프로세스 개념화를 구성하는 데 필요한 전략을 제공한다.

이 장의 나머지 부분에서는 EFT에 대해 간략히 소개하고 사례개념화의 중요성과 정서중심 사례개념화의 지침 원리를 설명하려 한다. 그런 다음 정서에 중점을 둔 사례개념화 과정을 개략적으로 설명하고 이 책의 나머지 부분이 어떻게 구성되어 있는지에 대한 간략한 설명과 함께 서론을 마무리하고자 한다.

정서중심치료

EFT는 사람들이 정서적 고통에서 변화를 받고 관계 및 행동 문제를 해결할 수 있도록 돕는 심리치료에서 정서처리 과정을 재작업하는 데 중점을 둔다. 안전하고 신뢰받는 치료적 관계의 배경에서 다양한 정서처리 과정의 문제를 다루기 위해 특별히 고안된 다양한 경험적 과제를 사용하여, EFT 과정은 내담자의 삶에서 겪게 되는 문제의 근원으로 보이는 이면의 정서적인 어려움들을 해결하고자 한다(Elliott, Greenberg, & Lietaer, 2004, Goldman, 출판 중). 구성주의 이론, 실존적 이론 그리고 정서 이론들은 인간의 순기능, 역기능 및 정서적 변화에 대한 이해를 증진하기 위해 통합되었다(Greenberg, 2010). EFT가 인간중심적 관계의 원칙[공감, 진정성, 무조건적인 긍정적 시각으로 함께해 주는 현존(presence)][2]의 중요성을 강조하는 이유는 강한 치료적 관계를 통해 내담자를 안심시킴으로써 치료에 필수적이고 문제 해결에 반드시 선행되어야 하는 정서적인 취약점의 파악을 돕기 때문이다.

EFT에서 역기능은 네 가지 원인으로 인해 발생하는 것으로 간주된다. 즉, 알아차림의 부재 또는 정서의 회피, 정서의 비조절, 부적절한 정서 반응, 또는 경험에 대한 의미 창조의 문제(정서와 내러티브에 관련된 문제)이다. 치료는 이러한 역기능적인 정서처리 문제와 그에 관련하여 관계 및 행동장애를 변화시키는 것을 포함한다. 이러한 치료 과정에서 역기능적 정서처리 문제에 접근하고 변형시키기 위해 반드시 정서가 활성화되어야 한다. "우리는 정서에 이르지 않고는 정서를 떠날 수 없다."(Greenberg, 2002a, p. 109) 정서가 상

---

2) 일반적으로 한국상담학계에서는 인간중심상담의 세 가지 기법 또는 상담자의 태도를 공감적 이해, 무조건적인 긍정적 존중, 일치성으로 표현하고 있다.

담치료에서 활성화되어야만 정서를 알아차리고, 진정시키고, 조율하고, 변형시킬 수 있다는 점을 연구 조사가 뒷받침하고 있다(Missirlian, Toukmanian, Warwar, & Greenberg, 2005). 다시 말해, 정서는 치료 과정을 통해 활성화되고 정서처리 문제의 진단 과정을 통하여야만 궁극적으로 보다 적응력 있는 정서처리 과정을 거쳐 변화할 수 있다.

EFT는 연구 조사를 통해 부단히 추진되고 발전되고 있다. 특정 문제에 대한 EFT의 효과를 실험하고, 이론을 개발하고, 실제 상황을 알리고, 변화 메커니즘을 이해하기 위한 연구가 수행되었다(Goldman, 출판 중). EFT는 다양한 문제를 치료하는 데 적용되고 통합될 수 있으며, 그중에서도 특히 우울증의 치료를 위해 가장 많이 연구·개발되었다(Goldman, Greenberg, & Angus, 2006; Greenberg & Watson, 2006; Watson, Gordon, Stermac, Kalogerakos, & Steckley, 2003). 가장 최근에는 아동 학대와 방임의 결과로 인한 복합외상(Paivio, Jarry, Chagigiorgis, Hall, & Ralston, 2010; Paivio & Pascual-Leone, 2010), 사회불안장애(Elliott, 2012) 그리고 친밀한 파트너의 폭력(Pascual-Leone, Bierman, Arnold, & Stasiak, 2011)에 대한 치료에 효과가 있는 것으로 나타났다. 이에 더하여, EFT는 특별히 섭식장애(Dolhanty & Greenberg, 2008, 2009; Robinson, Dolhanty, & Greenberg, 2013; Tschan, Goldman, Dolhanty, & Greenberg, 2010)와 범불안(Elliott, 2013) 치료를 위해 개발되고 사용되었으며, 회피성 및 경계선 성격장애 치료에 맞게 개발되었다(Pos, 2013; Pos & Greenberg, 2010). EFT는 부부 문제 치료에서도 사용되고 있는데(Goldman & Greenberg, 2013; Greenberg & Goldman, 2008), 이 책에서는 부부 문제 치료에 대한 적용은 논의되지 않는다.

상담치료와 사례개념화

상담치료 분야 전반에 걸쳐, 특히 상담치료에 대한 연구 분야는 개념 이해를 정립하고, 증상을 근본적인 문제와 연결하고, 치료 절차와 계획을 지도하고, 치료의 진행과 결과를 평가하고 모니터하는 유용한 방법으로서 사례개념화를 채택하는 방향으로 점차 옮겨 가고 있다.

대부분의 주요 상담치료 접근법에서 사례개념화는 상담치료사가 제시된 심리치료 이론에 근거하여 개별화된 평가를 한 다음, 개별 치료 계획을 개발하고 실시하는 명시적인 단계와 관련이 있다. 예를 들어, 루보스키(Luborsky, 1984)의 정신역동치료는 개인의 핵심 관계 갈등을 개념화하고 그것을 해결하기 위한 개입을 개발하는 것으로 이루어진다. 벡(Beck, 1975)의 인지 이론은 우울증, 불안증 및 다른 심리적 장애의 증상과 관련된 부적절한 특정 인지적 취약성의 존재를 전제로 한다. 행동치료사들(예: Lazarus, 1981)은 문제 행동을 일으키고 조성하는 자극과 강화의 개별화된 평가를 실시한다.

정서중심 사례개념화에는 개별화된 평가와 그에 따른 치료 계획이 포함되지 않지만 상담치료사는 내담자의 문제를 해결하는 메커니즘에 대한 작업 가설을 구성한다. 작업 가설은 사례개념화의 핵심이다. 제시된 메커니즘은 심리치료 모델의 기초가 되는 이론에 의해 결정되며, 사례개념화는 개별화된 치료 계획의 기초를 제공한다. 따라서 사례개념화는 정신의학적 진단과는 무관하게 문제 식별 및 초점에 우선하여 개별화된 계획을 제공함으로써 상담치료사가 문제를 식별하고 해결할 수 있는 틀을 개발하는 데 도움을 준다.

사례개념화는 통제된 결과 연구(controlled outcome studies)에 대한 흥미진진한 대안을 제시할 수 있으며 치료가 진전되는 상황과 결과를 평가하고 관찰(monitoring)하는 데 매우 유용할 수 있다. 엘스(Eells, 2013)와 퍼슨스(Persons, 2008, 2013)는 임상 문제를 가장 잘 치료하는 방법에 대한 정보와 지침을 제공하는 데 있어서, 사례개념화 방법이 무작위 배정되어 통제된 임상 실험 결과 연구를 대치할 수 있는 적절한 대안이라고 제안했다. 주장되는 바는 평가와 치료 모두 표준화되고 엄격하게 분리된 결과 연구들이 대부분의 임상 환경을 반영하지 않는다는 것이다. 그러한 연구는 일반적인 진단을 기준으로 하여 내담자에 대한 대규모 연구를 기반으로 처방 계획에 대한 권장 사항을 제공할 뿐 사례개념화에 내재되어 있는 구체적인 개별 사례적 (idiographic) 평가에서 수집한 고유한 정보가 빠져 있다.

더욱이 EFT에서 사용되고 있는 사례개념화에는 피드백 메커니즘이 내장되어 있어 상담치료사와 내담자는 증상의 출처와 원인에 대해 또는 호소하는 증상들과 관련된 문제에 대해 이해를 공유할 뿐만 아니라 그러한 문제의 메커니즘을 근본적으로 바꾸기 위해 노력하는 치료 과정에서도 암묵적으로 계약을 맺는다. 여기에 설명된 피드백 과정 중 일부는 암묵적이지만 많은 연구 (Elliott, Watson, Greenberg, Timulak, Freire, 2013; Goldman, Greenberg, & Pos, 2005)에서 보듯 쉽게 명시화할 수도 있다. 즉, 특정 문제의 변화를 추적하고 정서와 의미의 변화를 모니터링하며 매 상담치료 후의 진전은 물론 후기 치료 경과와 관련시키는 특정 조치들이 개발되었다(Elliott, 1985, 2010; Goldman et al., 2005; Timulak, 2010). 이런 식으로 사례개념화를 통해 상담치료사는 치료 진행 상황과 결과를 모니터링할 수 있다.

정서중심 사례개념화의 지침 원리

EFF의 사례개념화는 상담치료사가 혼란이나 미궁에 빠지지 않고 중요한 순간에 고도의 과정 지향적인 방향으로 이끌 수 있는 안내 틀(guiding framework)을 제공한다. 그것은 여기서 이야기하고자 하는 몇 가지 중요한 원칙에 따라 인도된다. 첫째, 사례개념화는 근본적으로 과정 구성적이고 과정 진단적이다. 여기서 진단이란 항상 내담자와의 상의하에 이루어지는, 순간순간 발견되는 과정을 의미한다. 둘째, 사례개념화는 궁극적으로 내담자의 정서적 고통의 안내를 받는다. 셋째, 정서에 중점을 둔 치료적 관계의 맥락에서 공감적이고 협력적인 동맹 관계를 강조한다. 넷째, 사례개념화는 치료 과정 전반에 걸쳐 끊임없이 진화하고 역동적인 상호작용 과정을 통해 정서와 내러티브/의미를 형성한다.

과정 구성/과정 진단
(Process-Constructive/Process-Diagnostic)

EFT의 경우 사례개념화의 중요한 특징은 기본적으로 과정(process) 지향적이라는 것이다(Goldman & Greenberg, 1997; Greenberg & Goldman, 2007). 사례개념화는 선험적 평가를 기반으로 한 것이 아니라 오히려 초기 치료 탐색 단계를 통해 진화하고 발현된다. 상담치료가 진행됨에 따라 내담자와의 협력하에 증상 및 문제와 관련된 기본 메커니즘에 대한 작업 가설이 형성된다. 따라서 사례개념화는 유대감 형성과 치료에 매우 유용한 길잡이 역할을 한다.

EFT에서는 과정이 내용보다 우선시되고, 과정 진단(Greenberg, 1992)이 사람 진단(person diagnosis), 또는 기존의 진단 카테고리의 적용보다 우선시된다. 과정 지향적 사례개념화는 순간 및 회기 내의 상황은 물론 내담자의 삶의 내러티브에 대한 이해를 고려한다. 그러나 현재의 순간은 사례개념화의 형성에서 우선순위를 차지한다. 과정 지향적이라는 것은 이론을 가설적 또는 연역적 방식으로 받아들이거나, 문제를 일으키는 경직된 구조나 원인을 가정하지 않는다. 대신에, 인간을 현재 상황과 과거에 대해 지속적으로 새로이 재반응하는 역동적인 자기조직화 시스템으로 본다. 사례개념화에 대한 EFT 접근법은 인간 진단이나 증후군 진단보다는 과정 진단, 표식 식별 그리고 테마 개발로 구성된다.

EFT의 기반이 되고 있는 변증법적 구성주의 관점에서 볼 때(Greenberg & Pascual-Leone, 2001), 인간은 복잡하고 끊임없이 변화하는, 다양한 측면으로 구성된 자기(self)라는 유기적 복합체이다. 이 자기의 개념은 총사령부 같은 영구적이고 위계적인 조직으로서의 자기가 아니다. 오히려 자기를 구성하는 과정은 변화하는 환경과 관련하여 계속 진행되는 것으로 간주된다. 때때로, 각기 다른 목소리 또는 측면의 융합은 주어진 상황과 시간에 따라 경험하게 되는 정서의 다양한 측면을 통합하여 일관성 또는 일체감을 지니게 하는 기능을 한다(Elliot, Watson, Goldman, & Greenberg, 2004). 이러한 프로세스 구성론적 관점에서, 자기는 상담치료를 통하여 변화를 갈구하고, 치료 과정은 치료를 가능케 하는 수단으로 간주된다. 따라서 치료 상황 전반에 걸쳐 사람이 구성되고 진화하는 인간관에 대해 융통성을 갖춘 사례개념화가 필수적이다. 사례개념화 과정은 근본적으로 매 순간의 프로세스로 구성되는, 즉 매 회기 구성되고 다시 정의되는 유동적인 정체성을 띤다.

　EFT 상담치료사는 일반적인 치료 계획에서처럼 어떤 내용이 어떤 회기의 초점이 되어야 하는지를 결정하기보다는 내담자의 경험에 대해 내담자보다 더 많이 알고 있지 않다는 전제하에 프로세스 전문가의 역할을 맡는다. 즉, 내담자의 순간 경험에 신중하게 주의를 기울이고, 감정의 동요를 가장 많이 하거나 가장 모호한 것(Rice, 1974)을 듣고 더 깊은 탐색을 촉구하는 프로세스 전문가이다.

안내해 주는 내담자의 정서적 고통

　EFT 상담치료사는 내담자의 고통스러운 정서적 경험과 그에 따른 즉각적인 반응에 초점을 맞춘다. EFT 상담치료사는 내담자들이 현재 느끼고 있는 고통스러운 경험에 우선권을 부여하는데, 그 이유는 그 고통스러운 경험의 어려움이 무엇이고, 문제 요인이 현재 접근 가능하고 개입에 순응할 수 있는지 여부를 나타내기 때문이다. 내담자는 비의도적으로 또는 습관적으로 고통을 피할 수는 있지만, 고통은 반드시 치료의 초점이 된다. 내담자의 고통 표현과 정서처리의 어려움을 가리키는 드러난 표식들은 진단 또는 명시적인 사례개념화보다는 개입을 위한 안내 틀(guiding framework)을 제공한다. 상담치료사의 초점은 내담자의 프로세스를 추적하고 현재 정서적인 관심사와 핵심 고통을 파악하는 것이다. 상담치료사는 지속적인 인성, 성격 역학, 핵심 관계 패턴 등에 대해 그림을 그리기보다는 내담자의 프로세스 스타일과 현재 정서 문제와 핵심 고통의 표식을 식별하는 것을 목적으로 한다. 만성적으로 지속되는 내담자의 고통은 어떤 의미에서는 핵심 문제로 진입할 수 있게 해 주는 시발점이다. 상담치료사와 내담자는 증상을 유발하는 문제가 되는 인지-정동 프로세스를 추적하고 식별하기 위해 협력한다.

EFT 상담치료사는 은유적으로 말하자면 일종의 '고통 나침반'을 가지고 있어 더 깊은 탐색이 필요한 내담자의 고통스러운 경험에 자석처럼 이끌린다. 이는 마치 내담자의 고통스러운 경험을 추적하기 위해 정서적 추적 장치를 사용하는 것과 유사하다(Greenberg & Watson, 2006). 이러한 틀 속에서, 상담치료사는 내담자의 회기 내의 정서적인 문제 상태 및 과정에 대한 새롭게 드러나는 다양한 표식에 주목하여 평가한다.

여기서 중요하게 주목할 점은 EFT 상담치료사가 결코 끝이 안 보이고 다루기 힘든 고통스러운 경험을 독려하는 데 관심이 있는 것은 아니며, 부적응 정서를 바꾸기 위해서는 상담치료가 우선 거기에 초점을 맞추어야 한다는 것이다. 예를 들어, 핵심적인 수치를 지닌 내담자와 함께 일할 때, 상담치료사는 (실제로 고통스러울 수 있는) 이차적인 불안과 (실제로 파괴적일 수 있는) 분노를 확인해 주되, 우회하여 내담자 문제의 핵심에 있는 근본적인 고통스러운 수치심에 초점을 맞춘다(이 접근법은 정서에 초점을 맞춘 다른 치료법에서 지지를 받는다; Fosha, 2000; Fosha, Siegel, & Solomon, 2009 참조). 안전한 치료적 관계에서 고통에 더 쉽게 접근할 수 있다는 것은 잘 알려져 있는 바이다.

정서중심 치료적 관계

내담자가 중요한 정서적 정보를 솔직히 드러내게 되는 것은 안전하고 신뢰할 수 있는 치료 관계라는 맥락에서 편안하다고 느낄 때만 가능하다. 강한 작업 동맹의 수립은 안전과 신뢰 조건뿐만 아니라 목표와 과제에 대한 합의에 이르게 한다. 이는 오래전부터 성공적인 EFT를 이룩하는 데 있어 벽돌과도 같은 기본 요소로 간주되어 왔다(Elliott, Watson, et al., 2004; Greenberg, Rice, & Elliott, 1993; Horvath & Greenberg, 1989). 상담치료사의 공감적 조율, 강한 치료 현장감 및 진정성 그리고 무조건적인 긍정적 존중(unconditional positive regard)은 성공적인 치료 관계 형성의 근본이다.

이러한 조건은 내담자와의 관계가 굳건해지고 내담자의 이야기 또는 내러티브가 펼쳐지도록 해 준다. 상담치료사가 내담자가 어떻게 정서를 처리하고 의미를 만드는지에 대해 듣는 것은 이 관계가 형성되었을 때만이다. 더욱이 이러한 조건은 내담자의 내적 경험에 대한 접근성에 영향을 미친다. 문제의 본질에 대한 선험적 가설을 세우는 대신, 내담자가 정서를 처리하는 스타일 및 생산적으로 참여할 수 있는 능력을 매 순간 포착할 수 있는 프로세스 진단 개념화를 만들기 위해 관계적인 맥락에서부터 작업한다. 정서적 유대감은 제기된 문제의 근원으로 여겨지는 결정 요인을 신속히 탐구하고 개념화할 수 있게 해 준다.

EFT 상담치료사는 치료 과정을 계속적 발견 과정으로 보기 때문에(Elliott, Watson, et al., 2004; Greenberg et al., 1993) 이들 상담치료사는 내담자에게 자신을 전문가로 소개하지 않는다. 대신, 그들은 내담자와 상담치료사가 함께 내담자의 경험에서 중요한 것을 발견하는 과정에 있다는 것을 알려 준다. 이것은 인본적-경험적 전통과 연결되는 철학적 원리일 뿐만 아니라 치료적 변화 과정의 필수 요소이기도 하다. 내담자는 그들 자신의 경험에 관한 한 전문가이다. 올바른 치료 환경이 제공된다면 내담자의 경험은 핵심 이슈에 대해 치료법을 안내하고 치료 방향을 제시해 주는 나침반의 역할을 할 것이다 (Elliott, Watson, et al., 2004).

정서와 내러티브: 두 개의 상호작용적 트랙

EFT 사례개념화는 내담자에 대한 두 가지 정보 출처인 내러티브와 그 안에 포함된 정서에 의존한다. 내러티브는 인생 사건(즉, 내담자에게 일어난 일)과 그 의미를 이해할 수 있는 맥락을 제공하는 반면, 정서적 과정은 경험이 어떻게 느껴지는지를 나타낸다. 이것은 또한 상담치료사에게 경험의 중요도와 내담자의 내적 상태와 과정이 현재 접근 가능한지를 알려 준다(Angus &

Greenberg, 2011). 전반적으로 정서와 내러티브는 함께 병합되어 제시되는 관계 및 행동 문제의 근본적인 결정 요인에 초점을 맞추도록 도와준다. 사례개념화 과정 전반에 걸쳐 상담치료사와 내담자는 내러티브를 끊임없이 해체하고 관련 정서를 탐구하고 정서 프로세스를 전환하도록 고안된 작업을 제안하여 참여함으로써 궁극적으로 변화된 정서가 변화된 내러티브 구조에 어떻게 맞는지 이해하고자 한다.

따라서 내담자가 자신에 대한 이야기를 전하는 치료적 대화 안에서 정서 처리가 처음 평가되고, 정서적인 처리의 문제 표식이 나타나며, 내담자 정서 원초(emotional valence) 내면에 문제가 있는지가 드러나고 또 그 이상의 탐색이 합당한지에 대한 여부를 알 수 있다. 치료가 문제의 깊은 정서적 탐구를 진행시킴에 따라 개념화 과정은 문제로부터 벗어나 의미 있는 변화를 일으키기 위해 매 순간 진전하는 방법을 결정하는 과정 중 하나가 된다. 여기에는 평가가 포함된다. 관계 모드에 머무를지(즉, 치료 관계를 구축하거나 유지하는 데 중점을 둠) 아니면 작업 모드로 이동해야 하는지(즉, 치료 과제에 중점을 두고 어떤 과제를 수행할 것인지 결정; 6장 참조)에 대한 평가가 수반된다. 이 두 가지 다른 과제는 서로 다른 정서적인 상태를 낳는다. 새로운 정서와 의미는 기존의 내러티브에 다시 연결되며 내담자가 치료를 받게 된 계기가 되는 관계 및 행동적 어려움을 가장 효과적으로 해결할 수 있는 방법으로서 이해된다.

사례개념화 과정

정서중심치료(EFT)에서 사례개념화는 내담자의 정서 상태와 현재 프로세스에 중점을 둔다. 사례개념화 과정은 정서적 상태에의 관여와 관찰 사이를 오가며, 이해를 돕고 이해된 정보를 반복적으로 사용하여 내담자의 정서적 어려움을 해결하기 위한 계획을 알려 주는 개념적 틀을 형성한다.

사례개념화는 세 단계로 진행된다. 따르고, 이끌고, 따르는 것이다. 이 과정은 무엇이 내담자에게 불쾌감을 주는지, 어느 부분에서 곤란해하고 있는지 듣는 것에서 시작한다. 이 시점에서 우리의 목표는 문제의 원인을 식별하는 것으로, 주로 정서적 자각의 결여, 정서조절장애, 정서 의미의 위기, 또는 부적응적인 정서처리로 개념화된다. 그다음 우리는 보다 적극적인 역할을 수행하며, 내담자가 다른 상태, 즉 덜 고통스러운 좀 더 만족스럽고 충족된 정서 상태가 될 때까지 정서 변화를 촉진하고 표식에 응답하며 작업을 촉진한다. 이 시점에서 우리는 계속해서 내담자를 따라가며, 내담자가 새로운 정서적 의미를 자신들의 진행 중인 내러티브 틀(framework)에 통합하고 관계 및 행동 관련 문제에 변화를 적용하도록 한다.

달리 말하자면, 우리는 거시적인 면(겉으로 드러난 내담자의 문제와 그에 상응하는 내러티브의 해체)에서 미시적인 면(문제의 근원이 되는 특정 정서적 결정 요인과 잘못된 정서처리에 초점을 맞춘다)으로 옮겼다가, 다시 거시적으로 되돌아간다(프로세스를 통해 얻은 정서적 변화를 다시 내러티브 주제와 연결 지으며 의미가 주제와 관련하여 어떻게 변했는지에 대해 논의한다).

거시적인 의미에서, 치료는 사람들이 비난하거나 불평하는 위치에서 자신의 프로세스에 대해 질문하고 프로세스 과정이 현재의 문제에 어떻게 기여하는지 의견을 나눌 수 있도록 돕는 과정이라고 볼 수 있다. 다른 말로 표현하자면, 문제는 '저기 외부에서 일어나는 일이며, 나는 수동적인 희생자'라는 입장에서 '나는 내 인생에서 능동적인 주체자이다. 나는 인생을 있는 그대로 받아들이거나 바꿀 필요가 있다.' 이 과정을 용이하게 하기 위해서는 개념화와 초점이 필요하다. 순전히 프로세스를 따르는 접근 방식에서는 문제가 나타나기를 기다리는 반면, 프로세스 개념화 접근 방식에서는 사람들이 어떻게 고통받고 있는지, 자신의 인생사 및 인생 구조가 어떻게 그들이 현재 안고 있는 문제를 일으켰고, 그 어려움을 유발시킨 정서처리 과정(emotional processing)을 어떻게 변화시킬 수 있는지 특별한 주의를 기울이며 탐색의 길로 내담자를 인도한다. 프로세스 개념화 접근 방식은 현재의 이해에서 벗어나, 핵심 내러티브 주제와 관련하여 가장 고통스러운 정서를 추적하여 새로운 정서를 찾는 내면으로 들어간다. 이것은 내러티브의 변화를 가져온다. 내담자와 상담치료사는 함께 협력하여 이러한 변화를 표출된 문제와 연결한다.

사례개념화 단계

사례개념화 단계는 〈참조 1-1〉에 요약되어 있으며 이후에 자세히 설명할 것이다. 사례개념화 프로세스는 세 단계로 나뉜다. 여기에 정서와 내러티브가 어떻게 서로 엮어지는가는 물론 각 프로세스/상태 단계와 개념적 이해가 서로 맞물려 움직이는 것이 잘 나타나 있다.

첫 단계는 호소하는 관계 및 행동 문제의 초기 프레임과 그러한 관계 행동 문제들을 내러티브의 주제와 연결하여 이해하는 데에 중점을 둔다.

참조 1-1   사례개념화의 단계와 과정

제1단계. 내러티브를 풀어 나가며 내담자의 정서처리 스타일을 관찰한다.
- 과정 1. 호소하는 문제(관계적인 어려움과 행동 문제)를 경청하기
- 과정 2. 감정의 동요 및 고통스러운 정서적 경험에 귀를 기울이고 식별하기
- 과정 3. 내담자의 정서처리 스타일에 주목하며 관찰하기
- 과정 4. (애착 및 정체성과 관련된) 정서 기반의 내러티브 또는 삶의 이야기 풀어내기

제2단계. 함께 초점을 만들고 핵심 정서를 식별한다.
- 과정 5. 과제 작업을 위한 표식 식별하기
- 과정 6. 이면에 깔린 적응적 또는 부적응적인 핵심 정서 도식 찾아내기
- 과정 7. 욕구 파악하기
- 과정 8. 이차 정서 파악하기
- 과정 9. 핵심 정서 도식에의 접근을 방해 또는 차단하는 것을 찾아내기
- 과정 10. 주제를 식별하기: 자기-자기 관계, 자기-타인 관계, 실존적인 문제
- 과정 11. '호소하는 관계나 행동에서의 어려움'을 유발시키는 사건들과 핵심 정서 도식을 연결하여 사례개념화 내러티브를 함께 구성하기

제3단계. 프로세스 표식 및 새로운 의미에 주목한다.
• 과정 12. 드러나는 과제 표식 식별하기
• 과정 13. 미세한 표식 식별하기
• 과정 14. 새로운 의미가 새로운 내러티브의 재구조화에 어떤 영향을 미치는지, 그리고 호소하는 문제와 어떻게 연결되는지 평가하기

여기에서 상담치료사는 핵심 고통을 듣고 내담자의 정서처리 스타일을 관찰하기 시작한다. 이 초기 단계에서 상담치료사는 내담자가 자신의 삶과 현재 일어나는 일 등에 대해, 또 그에 수반되는 정서적 영향에 대해 어떤 의미로 받아들이고 느끼고 있는지 잘 이해해야 한다. 이 탐사 과정과 현재 문제의 발달 과정에 대한 대화와 토의를 통해 내러티브(또는 초점 주제와 이슈들)의 주요 측면이 드러난다. 내러티브는 정체성과 애착의 핵심 주제를 중심으로 이야기되고 구성·이해되는 경향이 있다. 내러티브가 펼쳐지면서 치료자는 내담자의 정서처리 스타일의 특징을 관찰하고 정서적 참여에 주목하며 목소리의 음색, 얼굴 표정, 신체 표현, 자세 및 기타 비언어적 의사소통에 동시다발적으로 주의를 기울인다. 또한 이 초기 단계에서 상담치료사는 내담자의 정서적 스타일이 지나치게 규제되어 있는지에 대한 여부를 평가하여 정서에의 접근성이 낮거나 의식적 표현에 어려움이 있는지 파악한다. 혹은 반대로 정서 조절 수위가 너무 낮아서 정서적인 표현을 통제하는 데 어려움이 있거나 정서에 압도당하는 경향이 있는지를 평가한다.

두 번째 단계에서는 내담자의 만성적이면서 지속적인 고통을 참고로 하지만 제시되는 문제를 결정짓는 데 도움이 되는 것으로 보이는 핵심 정서체계를 확인하고 떠오르는 관련 주제를 공동으로 구성하는 데 초점을 둔다. 약어 MENSIT는 표식(markers), 정서(emotions), 욕구(needs), 이차 정서(secondary emotions), 방해(interruptions) 및 주제(themes)를 나타내는 것으로 이 두 번째 단계를 설명한다. 비참하고 고통스러운 정서적 측면을 탐구하는 것은 마치 정서표식에 창을 만드는 것과 같은 것으로, 이는 궁극적으로 치료의 초점이

고 변혁의 목표라 할 수 있다. 이 단계에서 상담치료사는 내담자가 어떤 특정 정서처리 문제에 대한 과제를 시작할 수 있음을 나타내는 표식에 관심을 갖고 듣는다. 여기서의 개념화 과정은 핵심 정서를 방해하는 장애물뿐만 아니라 내담자의 욕구와 이차적 정서 역시 파악하며 경청하는 것을 포함한다. 궁극적 목표는 치료 과정을 통해 핵심 정서 도식을 변화시키는 것이다. 치료 테마는 사례개념화의 두 번째 단계에서 형성되어 개념화를 더 조직해 나가게 된다. 테마가 치료 과정을 통해 표면화됨에 따라, 이는 더 큰 내러티브의 관점에서 상징화되고, 명명되며, 이후에 더 큰 내러티브로 이해된다. 이것은 정서적인 프로세스가 충분히 마무리될 때 비롯되는 반사적 과정이다(Pascual-Leone & Greenberg, 2007b).

테마는 자기–자기, 자기–타인, 또는 실존적이라는 세 가지 범주로 분류되곤 한다. 자기–자기 주제의 예에는 자기비판 또는 자기소멸이 있다. 자기–타인 주제는 성장 과정에서 중요한 역할을 해 온 타인으로부터 인정받고자 하는 욕구나 충족되지 못한 안정성에 대한 욕구를 중심으로 한다. 실존 주제는 자식들의 성장과 독립, 또는 직업과 관련해 삶에서 겪게 되는 변화 또는 실망 등을 수용하고 적극적으로 받아들이는 것을 포함한다. 이 단계의 마지막 단계에서 상담치료사는 내담자의 정서 도식과 내러티브 테마를 겉으로 표출된 관계 및 행동장애와 연결하는 것을 돕는데, 이것이 바로 계속되는 치료 활동에 대한 추가 방향과 목표를 제공하는 방법이다. 이것은 MENSIT를 정서 도식의 핵심 요소에 연결하여 문제를 제시하는 개념화 내러티브이다. 내담자는 무엇이 핵심 정서 도식을 촉발시키는 요소이며 현재의 정서적 대처 프로세스의 행동 반응 및 결과는 무엇인지 이해하게 되며, 이는 정서적 변화를 향해 나아가게 하는 내담자와 치료자 간의 이해와 동맹을 심화시킨다.

세 번째 단계에 이르면 사례개념화를 통해 핵심 주제 문제와 관련된 기본 정서 체계를 중심으로 치료가 조직된다. 따라서 진행 중인 정서적 상태를 관찰하고 개념화하는 데 초점을 맞추거나, 정서 프로세스의 어려움을 해결하는 과제의 시작을 나타내는 표식에 초점을 맞출 수도 있다. 이 단계에서 EFT

상담치료사는 표식 및 미세한 표식을 경청하고 조율하며 특정 프로세스 문제를 해결하기 위해 고안된 과제 또는 하위 과제를 제안한다. 세 번째 단계에서는 내러티브 퍼즐 조각이 계속해서 분리되고 정서적으로 탐구되며, 재구성·결합되며 과제가 해결되고 새로운 정서의 의미가 생겨나고 새로운 과제 또는 하위 과제를 제안하는 새로운 표식이 나타난다. 이 단계의 마지막 단계에서 창의적인 새로운 의미는 기존의 내러티브 테마와 연관되어 있으며 내담자들이 치료를 시작한 계기인 관계 및 행동 문제들과도 연관이 있다. 이러한 면에서 봤을 때 마지막 단계에서의 사례개념화는 순간순간의 프로세스 진단 개념화와 지속적인 내러티브 재작업 및 의미 창조의 과정이기도 하다.

EFT 사례개념화의 세 단계는 사례개념화 및 프로세스 개념화의 두 가지 모드 사이에서 변화무쌍하게 이루어진다. 여기서의 사례개념화는 사례의 개념적 이해를 나타내며, 이는 치료를 위한 초점을 형성하는 역할을 한다. 여기에서 프로세스 개념화는 현재의 정서적 상태 또는 다음에 해야 할 일을 나타내는 표식에 대한 순간순간적 평가를 나타낸다. 첫 번째 단계에서 상담치료사는 제시되는 문제를 이해하고 이 문제가 어떻게 내담자의 삶의 이야기와 주제에 대한 내러티브와 관련 있는지를 이해함으로써 사례개념화에 참여한다. 상담치료사는 또한 정서처리 스타일을 관찰함으로써 프로세스 개념화에 관여한다. 이 첫 번째 단계에서 프로세스 개념화의 목표는 사례를 더 잘 이해하고 정서적 프로세스상의 어려움의 본질을 더 잘 이해하는 것이다. 두 번째 단계에서 상담치료사는 특정 과제를 나타내는 표식을 식별하기 위해 프로세스 개념화에 참여한다. 이 단계에서 상담치료사는 핵심 고통 정서체계에 대한 이해를 돕고 표면화된 문제를 그 바닥에 깔려 있는 근원적인 정서적 어려움과 연결하는 명시적인 개념적·주제적 이해와 내러티브 구조를 조직화하면서 사례개념화에 참여한다. 이는 상담치료사가 높은 수준의 프로세스(과정) 개념화에 참여할 수 있게 하는 기본 틀을 제공한다. 상담치료사는 핵심 정서체계에 대한 개념적 사례의 개념화와 이해를 세 단계로 진행하며, 지속적인 중재 과정을 이끌어 가기 위해 표식과 미세한 표식을 지속적으로 식별한다. 사례 작성의 마지막 단계에서 상담치료사는 새로이 떠오르는 정서와 의미를 내러티브 틀에 다시 묶어서 사례의 전반적인 이해를 가능케 한다.

사례개념화 사례

사례개념화에 대한 접근 방식은 좀 더 실용적인 사고방식과 더불어, 내담자가 실제로 마주하는 문제와 이론이 서로 맞아떨어져서 상호 보완되어야 한다는 의식을 통해 형성되었다. 예를 들어, 심리치료를 하고자 하는 의지도, 능력도 충분히 있지만 심각한 신경성 식욕부진증으로 간신히 정상 체중을 유지하는 한 여성을 예로 들어 보자. 순수한 추적 관찰 모드는 내담자가 하바티(Havarti) 한 조각에 들어 있는 칼로리가 치즈 한 스푼에 들어 있는 칼로리보다 더 많고 적은지, 그와 관련된 증상과 내용에 관해 끝없이 이야기할 때 상담치료사가 그녀의 이야기를 그저 듣고만 있는 것을 의미한다. 이러한 방식으로 전체 세션이 비생산적으로 계속될 수 있으며, 많은 세션이 진행되면서도 그 기저에 깔려 있는 정서에 대해서 이야기를 하거나 하지 않을 수 있다. 그러는 사이 내담자는 재입원하여 정서적 접근이 아예 불가능해질 수도 있다.

그러나 사례개념화 방법을 채택하면 그녀가 치즈에 중점을 두었을 때 안전하고 신뢰하는 관계를 쌓으며 내용에 귀 기울이면서도, 한 걸음 더 나아가 근본적인 정서조절장애 또는 심각한 고통의 표식들과 무엇이 고통을 가져오는지에 초점을 맞추기 시작한다. 몇 차례의 세션을 거치면 정서적인 구조 조정과 회복(궁극적으로 증상의 완화)을 목표로 상담치료사는 의자 작업을 제안할 수 있다(의자 작업에 대한 설명은 2장과 6장 참조). 이는 기본적인 정서적 어려움에 보다 구체적으로 접근할 수 있도록 고안된 활동으로, 이를 통해 상담치료사는 '나는 나쁜 사람이고 살 가치가 없다.'는 내재된 부정적 자아감에 접근하기 위해 노력할 것이다. 이 시점까지 내담자는 그러한 정서에 초점을 맞추는 것이 고통스럽고 희망 없이 느껴지기 때문에 절망에 빠져 가급적이면 모든 대가를 지불하더라도 그러한 부정적 정서를 피해 왔음을 이해할 수 있을 것이다. 체중, 신체 이미지, 매 순간 칼로리 섭취량에 마치 온 세상이 달린 것처럼 따지고 드는 이 모든 것이 사실은 회피의 일부로 이해될 수 있다. 근본적인 수치스러움과 자기경멸에 대한 과정 개념화 초점을 통해, 치료 과정은 내담자가 근본적인 수치감을 자부심과 자신감으로 바꾸는 데 도움을 줄 것이다. 치료 후 그녀는 먹는 행위와 '난 정말 뚱뚱해.'라는 생각에 대한 과도한 집착이 자학적 부끄러움에 따른 것이라는 것과 자신이 체중과 신체 이미지에 초점을 둠으로써 나쁜 정서를 피하려고 한다는 것을 알게 될 것이다. 부끄러움의 핵심 감각이 자부심과 자신감과 같은 더 강한 감각과 다른 정서로 바뀌면 그녀는 무기력감을 덜 느끼고 희망적으로 변하며, 부정적 증상 행동에 관여하는 경향이 적어진다.

다른 예로, 10년 전 자동차 사고로 아들을 잃고 극심한 비탄에 빠진 남자의 경우를 보자. 이 남자는 자신의 외로움과 슬픔 그리고 자기 아들을 죽음으로 몰아넣은 트럭 운전사에 대한 말할 수 없는 분노에 대해서 이야기한다. 수년에 걸친 지난 치료들을 통해 그는 약간은 슬픔을 씻어 내어서 이제는 그 슬픔에 대해 말할 수 있게 되어, 외로움과 버려진 느낌에 대해 울부짖으며 호소한다. 이것이 중요한 단계라는 건 사실이지만 문제는 그가 외로움에 사로잡힌 상태에 머무르고 있다는 것이다. 그는 이전 상담치료사의 권유를 받아들여 부모와 친구들이 가까이 모여 사는 고향을 떠나기까지 했지만 그의 우울증은 더 심각해졌고, 이제 그는 이 일을 제안한 상담치료사에게 책임이 있다고 비난하는 지경에까지 이르러 한층 더 비관에 빠져 있다.

내담자는 치료를 통해 가망이 없고, 우울하고, 갇혀 있는 느낌을 주는 이차 정서에서 벗어나 자신의 근본 외로움을 자각하고 추적하는 법을 배울 수 있다. 내담자와 상담치료사는 '나는 혼자서 살아남을 수 없다.'는 느낌과 다른 사람들에 대한 의존성 그리고 그로부터 비롯되는 포기와 실망에 대한 느낌이 어디서 오는지 이해하게 된다. 또한 상담치료사와 내담자는 '세상은 험악하고 위험한 곳이며 부모의 보호가 절대 필요하다.'는 메시지를 보내며 내담

자를 늘 가까이에 묶어 두고 있던 불안하고 과보호적인 어머니의 영향을 자
각하게 된다. 이러한 외로움과 버림받았다는 느낌을 정서적 고통의 근원으
로 삼은 지속적인 개념화 과정은 아들의 상실감의 심각성과 의미에 대한 상
황 이해에 도움이 된다. 개념화 과정을 통해 치료자와 내담자는 트럭 운전자
에 대한 정서 표현(빈 의자 작업에서)에서 시작하여 자기-타인 문제를 다루
고, 결국 내담자가 과보호적인 어머니 밑에서 자라며 느꼈던 정서에 초점을
둔 치료 작업으로 이어지게 된다. 여기서 중요한 것은 그의 어머니의 지나친
보호가 어떻게 내담자를 불안하게 만들었는지를 느끼고 이해하는 것이 아니
다. 중요한 포인트는 치료를 통해 오래된 상황에 대한 새로운 정서적 반응이
생성되어, 그에 따른 불안감에서 해방되어 변화한다는 점이다. 즉, 내담자의
감정이 '나는 혼자이고 버림받았으며 정상이 아니다.'라는 반응에서 '나는 강
하다. 나는 이 어려움을 이겨 내고 극복하여 의미 있는 삶을 향해 미래로 나
아갈 것이다.'로 바뀐다는 것이다. 따라서 개념화는 과정 조건을 설정하고 정
서적 및 내러티브적 변형을 위한 과정을 수행하는 데 도움이 된다.

이 책은 어떻게 구성되어 있는가

이 책은 크게 세 부분으로 나뉘어 있다. 제1부(1~3장)에서는 사례개념화의
모델과 기본 단계를 제시하고 설명한다. 2장에서는 사례개념화와 관련된 기
본 EFT 이론, 개념 및 방법을 검토한다. EFT에 익숙한 사람들은 이 장을 건너
뛰거나 필요시 참조할 수도 있다. 3장은 사례개념화에 대한 EFT 접근법의 철
학적 논증을 제시하며, 이 접근법을 보다 폭넓은 심리치료 이론 분야와 연결
지어 검토하고 있다.

제2부(4~6장)는 정서중심 사례개념화의 기본 이론을 제시한다. 이 부의 각
장에서는 사례개념화의 주요 단계에 중점을 두고 각 단계를 자세히 설명하고
예제를 제공한다.

제3부(7~9장)에서는 이론이 구체적 사례에 적용된 실제 사례를 제시한다. 7장과 8장은 각각 소피(Sophie)와 지나(Jina)의 정서에 초점을 둔 치료법을 제시한다. 7장은 사례개념화의 첫 단계를 강조하고 8장은 두 번째 단계를 강조한다. 즉, 7장과 8장이 함께 정서개념화 전체 과정을 설명한다. 9장은 EFT에서 사례개념화의 모든 단계와 그에 수반되는 세부 단계를 요약하고 우울증, 범불안, 사회불안장애, 섭식장애 및 복합 외상을 가진 내담자를 치료하는 과정에서 임상치료사가 사례개념화를 어떻게 사용하는지에 대해 설명하는 차트를 제공한다.

이 책은 EFT 사례개념화의 각 단계를 제시하면서, 내러티브의 변화 과정과 내담자가 일관성을 찾고 자신의 완전한 자아에 접근하는 과정에 대해 자세히 설명하고자 한다. 특히 다음과 같은 사항들을 조명하고자 한다.

- EFT 상담치료사가 어떻게 관계 및 행동상의 어려움을 표면화하는 것에서 관련 내러티브 정체성 및 애착 관련 주제를 개념화하는 것으로 나아가는지를 보여 준다.
- 상담치료사가 어떻게 치료적 관계를 형성하고, 초기 정서처리 스타일을 평가하며, 회복되고 변혁되어야 하는 문제적 정동-의미 상태를 드러내주는 정서 도식과 핵심 고통이 어떻게 관련되어 있는가를 치료를 통해 어떻게 공감적으로 개념화하는지를 다룬다.
- 상담치료사가 핵심 정서체계에 접근하고 식별하는 과정에서 어떻게 정서 중단의 여러 형태와 표식, 과제, 핵심 정서 및 욕구를 개념화하는지를 보여 준다.
- 기본 정서 도식에 초점을 둠으로써 어떻게 치료 과정에서 주제가 등장하는가를 설명한다.
- 사례개념화 과정을 통해 밝혀진, 정서체계의 유발 요인 그리고 행동 결과를 파악하는 내러티브가 어떻게 형성되는지, 또 이러한 이해가 어떤 문제와 연결되어 치료의 초점을 더 심화시키는지 제시한다.

- 새로이 드러나는 표식 및 미세한 표식을 평가하기 위해 치료 전반에 걸쳐 지속적으로 개념화를 사용하여, 초기에 제시된 문제들의 원인이 되는 근본적인 정서처리 문제들을 미시적 결정들을 통해 다루는 방법을 알아본다.
- 어떻게 개념화를 통해 정서기반 및 관련된 내러티브 테마가 치료 과정 전반에 걸쳐 식별되고 통합되어, 과제를 해결하는 과정을 통해 정서를 회복하고 의미 있는 변화를 일으키는지에 대해서 다룬다.

CASE FORMULATION IN EMOTION-FOCUSED THERAPY

I

정서중심치료
철학 및 개요

정서중심치료 기본 원리

이 장에서는 정서중심치료(EFT)의 기초를 형성하고 사례개념화에 대한 이해의 중추적인 역할을 하는 개념들을 복습할 것이다.

먼저, 정서와 정서 도식 이론에 대한 복습으로 시작하여 역기능에 대한 EFT의 관점의 간략한 개요 및 사례개념화를 통해 내러티브와 정서가 긴밀하게 엮이는 것을 살펴보고자 한다. 여기서는 EFT 이론의 구조적 핵심 요소에 대한 개요가 제시되며, 이는 기본적인 공감적 미세 반응들에 대한 묘사와 EFT 작업을 구성하는 중추적인 정서적 프로세싱 기법들에 대한 개요를 포함한다. EFT에 속한 문화적 이슈들 또한 다뤄지며 마지막으로 EFT 접근을 뒷받침해 주는 경험적 증거들을 살펴본다.

역기능에 관한 EFT 관점

　EFT 이론에서는 역기능이 여러 가지 가능한 경로로 일어난다고 본다. 여기에는 내적 상태에 대한 회피나 인식의 부족, 정서조절의 실패, 트라우마를 통해 또는 성장 과정에서 결핍되었던 것에 의해 형성된 부적응적인 반응, 자존감이 상처받지 않기 위한 방어(수치심), 내적 갈등, 의미의 형성을 방해하는 장애물 등이 포함된다. EFT는 역기능에 관한 이전의 이론들을 받아들이는 한편, 여기에 강한 구성주의적 해석을 더한다. 여기에는 로저스(Rogers)의 불일치 이론(incongruence theory), 막힌 처리 과정(blocked process)에 관한 젠들린(Gendlin)의 관점(1977), 버림받았던 경험에 관한 게슈탈트(Gestalt)의 개념(Perls, 1969), 의미 상실에 관한 실존적인 이론들(Frankl, 1959), 트라우마를 통한 학습에 관한 학습 이론의 관점(Bandura, 1977; Foa & Kozak, 1986), 발달과정에서의 결핍에 관한 정신역동적 관점(Kohut, 1977) 등이 포함된다.

　EFT 접근에서는 역기능에 대한 현상학을 기반으로 한 관점을 선호한다. 즉, 상담치료사는 내담자의 현 경험을 통해 문제 이면의 결정 요인들과 유지시키는 요인들을 찾아내려고 한다. 정서는 근본적으로 본성에 있어서 적응적이며, 사람이 자위 혹은 자활과 같은 유기체적인 욕구에 적합한 행동을 하게끔 상황에 대한 복합적인 정보를 신속하고 자동적으로 처리하도록 도와준다. 따라서 치료 과정에서는 인식의 기본적인 데이터로 여겨지는 정서에 관심을 가지고 주의한다(Greenberg, 2002a). 정서 도식은 내재된 채 끊임없이 진화하는 상위 경험 구조를 제공해 주지만 내담자는 이를 활성화시키거나 고찰해 보기 전에는 자각할 수 없다. 이 도식은 사람마다 특유할 뿐만 아니라 시간에 걸쳐 한 사람 내에서도 크게 변화한다. 정서 도식은 자기조직화의 기반이 되지만 그렇다고 정적인 실재는 아니며, 오히려 계속해서 사람의 순간순간의 경험에 녹여져 합쳐지게 된다(Greenberg & Pascual-Leone, 2001). 하지만 다른 요소들을 특정한 정서와 그 느껴지는 성질(felt quality, 예: 격렬한 슬픔, 온

몸이 마비되는 듯한 두려움 등)을 중심으로 조직화시키는 것은 이미 경험한 또는 느낀 정서이다. 즉, 정서는 우리를 인도해 주고 무엇이 필요한지 알려 주는 반면(그렇기 때문에 정서를 민감하게 알아차리는 것이 중요한 것이다), 역기능의 큰 원인 또한 될 수 있는 것이다.

여러 다른 종류의 정서적인 어려움이 역기능의 많은 형태에 기여한다는 것을 살펴보았으니 이제 다음과 같은 정서처리 문제의 주요 형태 네 가지를 살펴보고자 한다(Greenberg & Watson, 1998; Watson, Goldman, & Greenberg, 1996; Watson, Goldman, & Greenberg, 2007). ① 정서적 알아차림의 결여, ② 부적응적인 정서 도식, ③ 정서 조절 불능 그리고 ④ 내러티브 구성과 실존적 의미 만들기의 문제이다(Greenberg, 2010).

정서적 알아차림의 결여

육체적으로 느낀 경험을 자각하여 상징화할 수 없는 것은 흔히 겪는 어려움이다. 기술 부족, 부인 또는 회피로 인해 정서를 받아들이지 못하는 사람들은 귀중한 적응적 정보를 잃게 된다. 예를 들어, 어떤 내담자가 자기 몸에서 긴장감이 증가하고 있는 것을 알아차리지 못하거나 무슨 의미인지 생각해 내지 못한다면 내담자는 자신이 느끼는 감정을 두려움이라고 식별할 수 없는 것이다. 감정 표현불능은 자신의 정서를 짚어내지 못하는 증상이 극도로 나타난 형태이다. 정서 및 내적 경험을 회피하는 것(또는 감정의 이름을 명명하지 못하는 것)은 불안과 우울의 주요한 원인이 될 수 있다. 자신 안에 고여 있는 슬픔이나 강한 분노에 접근하지 못하는 것은 다양한 우울증의 근본적 원인이 되며, 일반적인 불안에서 나타나는 걱정은 수치심이나 두려움과 같은 일차적인 정서에 대한 방어일 수 있다. 또 하나의 흔한 어려움은 분노가 슬픔 또는 두려움을 감추는 것처럼 사람들의 가장 적응적인 정서적 반응들이 다른 정서적 반응에 가려질 수 있다는 것이다.

EFT의 중심적인 전제는 역기능이 일차적인 경험에 대한 부인 또는 회피로 인해 특정 경험들을 기존의 자기조직화에 통합할 수 없을 때 일어난다는 것이다. 사람들이 자주 경험하지 않거나 회피하는 정서들은 적응적 분노 또는 건강한 슬픔을 포함하며, 이 정서들 대신 부적응적인 두려움 또는 수치심이 존재하게 된다. 이러한 경우, 유대감 또는 경계 보호를 원하는 건강한 욕구들이 건강하지 못한 수치 또는 외상적(traumatic) 두려움으로 부정되기(disowned) 쉽다. 따라서 역기능은 건강한 성장 지향적 자질 및 욕구의 부정, 받아들이기 힘든 경험들의 억제 그리고 아픈 정서의 회피에서 일어나는 것이다. 이러한 것들을 회피하지 않고 다시 받아들이는 것은 이미 존재하고 있는 의미 구조에 경험을 동화시키고 자기응집과 통합을 증진시킨다.

부적응적인 정서 도식

부적응적인 정서 도식은 다양한 이유로 형성된다. 가능성 있는 생물학적인 원인들 외에도, 자신의 영역을 침범하는 것에 대한 분노 또는 수치심, 위협에 대한 두려움, 또는 상실에 대한 슬픔과 같은 내재적인 정서적 반사작용을 불러일으키는 대인관계의 상황들이 원인이 되기도 한다. 예를 들어, 학대받은 아이는 사람들과의 유대를 두려움과 관련짓게 되고 다른 사람과의 접촉에서 움츠러들 수 있는 것이다. 특정한 초기 정서적 경험에서 보호자가 반복적으로 적합하지 않은 반응 또는 문제가 있는 반응을 하게 되면, 건강하거나 회복탄력이 좋은 정서 도식 대신에 핵심 부적응 도식들이 형성된다. 어려운 정서와 더불어 미숙한 보호자에게 적응하며 살아내기 위해 형성 중인 자기(developing self)가 스스로를 조직화하는 것이다.

아동학대의 경우, 안전과 안락의 원천이 동시에 두려움과 굴욕의 근원이며 위험 요소가 된다. 자신을 보호해 주고 달래 주는 보호자가 없는 상황은 견디기 힘든 불안과 외로움의 상태에 이르게 하며, 이는 다시 병적인 두려움과 수치심 또는 격노로 이어지게 된다. 학대 피해자는 사랑받을 자격이 없는, 나쁘고 결함이 있는, 무능하고 가치 없는 자기에 대한 공허한 느낌을 갖게 되며 이차적인 절망, 무력감 그리고 낙담을 경험한다. 더구나 파편화의 느낌, 즉 자신이 부서지고 자신의 정동(affect)을 조절할 수 없는 것만 같은 느낌 역시 체험하게 될 수 있다. 따라서 과거에 부적응적인 상황을 대처하는 데 한때 도움이 되었던 일차적인 적응적 두려움과 같은 정서는 현 시점에서 더 이상 적응적 대처의 근원이 되지 못하고, 어렸을 때 학대당한 어른은 대인적으로 누군가와 가까워지는 것(잠재적 가능성에 불과할지라도)에 대한 생각만으로도 부적응적인 두려움을 경험할 수도 있는 것이다.

다른 상황을 살펴보자면, 분노를 표출하면 안 된다는 가정 내에서의 규칙은 무능력함의 핵심 부적응적인 정서 도식의 형성으로 이어질 수 있다. 눈물 또는 애정을 구할 때 모욕적인 반응이 되돌아오는 경우 핵심적인 부적응적 수치심이 생길 수 있으며 수치심으로 인해 움츠러들거나 고립되었던 느낌들에 대한 부적응적인 정서 도식을 형성하게 한다. 따라서 정서적 경험을 중심으로 조직화하여 어려운 감정들을 처리하도록 기능하는 부적응적인 핵심 정서 도식들이 만들어진다. 하지만 인생을 살면서 사춘기를 겪거나, 전학 또는 이사를 가거나, 성폭행과 같은 트라우마를 겪거나, 타인에게 거부당하거나 사랑하는 사람을 잃는 것과 같이 정서를 환기하는 사건들과 발달 문제들을 헤쳐 나가려고 시도하면서 부적응적인 핵심 정서 도식은 시간이 지남에 따라 점점 많은 어려움이 초래된다.

현재가 과거 반응들을 자극한다면, 현 순간의 새로움, 풍부함 그리고 상세함을 잃게 된다. 어떤 특정한 회상적 자극들은 과거가 현재를 위압하는 것처럼 느껴지게 할 수 있다. 약하거나 결함 있는 자기조직화가 자극받을 때 또는 그러한 자기조직화(예: 수치심, 두려움, 또는 슬픔과 같은 어려운 정서적 경험들에 대한 역기능적인 대처 유형들)가 지배적이게 될 때 역기능이 일어난다. 두려움, 버림당함 그리고 슬픔은 '약한 나' 조직화 중심에 존재하며 수치심은 '나쁜 나' 조직화 중심에 있다. 자신의 결함과 왜소함에 대한 본질적인 평가를 기반으로 한 격렬한 수치심은 실패를 자각할 때마다 되살아나고, 타인과의 관계에 금이 생기면 버림당하는 것 혹은 외로움에 대한 두려움과 슬픔 그리고 기본적인 불안정에서 오는 불안감으로 이어진다. 회피, 단절, 또는 파괴적인 이차적 분노라는 수단을 통해서 이러한 감정에 대해 역기능적으로 대처하는 것은 문제를 더욱 악화시킬 뿐이다. 불안정하고, 사랑받지 못하며 모욕받는, 또는 갇혀 있고 무능력한 느낌의 정서적 조합에 휘둘려 대안적인 반응을 동원하지 못할 때 우울증 또는 불안감과 같은 증상이 자리 잡는다.

정서 조절 불능

EFT 이론에서는 자신의 정서를 조절하지 못하는 것이 역기능의 일반적인 형태 중의 하나이다. 정서조절의 문제는 정서가 너무 과한 것(과소조율, underregulated) 또는 정서가 너무 약한 것(과잉조율, overregulated)이 있다. 강렬하고 고통스러운 정서에 의해서 사람들은 압도당할 수도 있고 아니면 정서로부터 무뎌지고 거리를 두게 될 수도 있다. 상담치료에 오는 내담자들은 정서 도식에서의 과소조율과 관련된 예민하고 만성적인 증상들을 빈번하게 느끼고 있는 상태이다. 우울 및 불안과 같은 많은 임상적 증상과 약물 남용 및 거식증(신경성 식욕부진증)과 같은 다른 장애들은 주로 내담자가 이면에 깔린 정서적 상태를 과잉조율하려는 역기능적인 노력이다. 건강한 정서적 조율의 발달은 정서적 발달의 중요한 부분을 차지한다. 정서적 상태에 의해서 인도는 받지만 강요받지 않도록 조율할 수 있는 능력이 정서지능의 한 부분이다. 따라서 정동조절은 주요 발달적 치료 기법이다.

내러티브 구성과 실존적 의미 만들기의 문제

일반적으로 역기능의 근원은 사람들이 자기, 타자 그리고 세상에 대한 내러티브 기술을 통해 어떻게 자신의 경험을 표현하고 이해하는지에서 찾을 수 있다. 가장 중요한 인생 이야기들을 통합하고 이해하여 그로부터 내러티브를 만들어 내는 역량은 적응적인 정체성 발달 및 분화되고 일관성 있는 자아

성립에 있어서 중추적인 역할을 한다(Angus & Greenberg, 2011). 트라우마에 대한 내러티브는 고통을 지속시킨다. 내러티브의 불일치는 사람들이 안정적인 자기감을 구성하지 못할 때 자기조직화의 혼돈스러운 본성을 가리킨다. 예를 들어, 문제적인 침범 혹은 상실에 대한 내러티브들은 정서의 변화 및 과거 사건에서의 새로운 의미 창출을 통해 다시금 목적을 찾거나 자신의 역할 또는 타자의 의도에 대한 이해를 재구성하는 것을 통해서 고쳐질 수 있다. 더욱 일관되고 정서적으로 분화된 자기와 타자에 대한 서술적 표현은 자기반성, 주체성 그리고 새로운 대인관계적 결과를 용이하게 하는 교정적 정서 경험이다. 예를 들어, 사람들은 타인에게 피해받거나 힘을 빼앗겼던 일관되지 않은 이야기를 긍정적인 결과를 가져온, 주체성이 있는 일관된 이야기로 바꿀 수 있다.

이에 더하여, 내담자들은 의미와 실존에 대한 문제를 가지고 상담치료를 받으러 온다. 이러한 관점에서 역기능은 비존재(nonbeing)의 가능성에 대해 방어적으로 인식을 거부하는 것에서 생겨나는 불안과 연관이 있다. 여기서의 역기능은 진정성의 결여, 경험으로부터의 소외감, 의미의 결여, 즉 존재 전부의 불안(존재론적인 불안)과 연관 있는 경험이다. 자기만의 인생의 의미를 만드는 것은 건강한 삶의 핵심 요소이다. 의미는 죽음, 상실, 자유 그리고 고립과 같은 실존적인 문제들을 대처할 수 있는 방도를 준다.

정서의 유형

사례개념화를 위해서는 상담치료사들이 치료 과정에서 각각 다른 종류의 정서적 경험과 표현들을 구별할 수 있어야 한다. EFT에서는 정서를 네 가지의 범주로 분류하여 차별화된 개입을 이행한다. 각 범주는 사례개념화 과정에 대한 설명과 연관이 있다.

적응적인 일차적 정서는 사람이 필요한 행동을 취할 수 있도록 도와주는 직접적이고 단순한 반사작용(즉, 즉각적인 상황과 일치되는 반사작용)들이다. 앞에서도 언급한 대로, 정서의 정상 기능은 복합적인 상황 정보를 신속하게 처리하여 사람들에게 반사작용을 위한 피드백을 제공하여 효과적인 행동을 취하도록 준비시켜 주는 것이다. 예를 들어, 누군가가 자녀들에게 해를 끼치겠다고 위협할 때 분노는 적응적 정서적 반응인데, 이것이 위협을 끝내기 위한 단정적인(또는 필요하다면 공격적인) 행동을 취하도록 도와주기 때문이다. 두려움은 위험에 대한 적응적인 정서적 반응이며, 위험을 피하거나 감소시킬 행동을 취하도록, 즉 행동을 멈추어 지켜본다든지 또는 필요하다면 도망칠 수 있도록 준비시켜 준다. 반면에 수치심은 자신의 부적절한 행동이 드러났으며 다른 이들에게 판단받거나 거부당할 위험에 처했다는 것을 신호해 준다. 따라서 자신의 사회적 지위나 관계들을 보호하기 위해 그 행동을 고치거나 숨기도록 하는 동기를 부여한다. 이런 종류의 신속하고 자동적인 반응은 인류의 조상들이 생존하는 데 도움이 되었다. 이런 반응은 접촉되어 활성화되고 독려되어야 한다. 이러한 정서에 대한 접근은 전반적인 정서적 자각력을 증폭시키는 필수적인 첫 단계이다. 사례개념화는 이러한 정서들을 지각하여 내담자들이 이 정서들을 느낄 수 있도록 도와주는 것을 포함한다. 그렇지만 모든 정서가 기능적이거나 상황에 맞는 것은 아니다. 뒤에 나오는 나머지 정서의 세 유형은 일반적으로 역기능적이다.

　부적응적인 일차적 정서 또한 상황에 대한 직접적인 반사작용이지만 사람이 그 상황을 현실적으로 극복할 수 있도록 도와주지 않는다. 오히려 이는 효율적으로 기능하는 데에 방해가 된다. 이러한 정서적 반응들은 대체로 트라우마적인 기존 경험들로부터 강하게 각인된(overlearned) 반응들을 포함한다. 예로, 취약한 정서를 가진 내담자는 자라면서 대체로 친밀함 뒤에는 육체적 또는 성적 학대가 따라온다는 것을 배웠을 수도 있다. 따라서 그녀는 누가 가까워지거나 돌봐 주면, 그것이 마치 잠재적인 침범인 양 자동적으로 분노나 거절로 대응하게 되는 것이다. 부적응적인 정서 도식의 중심부에는 이러한 정서들이 자리 잡고 있으며, 사례개념화의 목적은 이러한 정서들이 변화할 수 있도록 접근하는 것이다.

　이차적인 반사적 정서는 일차적인 반응에 뒤따라온다. 대부분의 경우 첫 적응적인 일차 정서에 대한 정서적 반사작용이 있으며, 이 '반사작용에 대한 반사작용'은 원래의 정서를 가리거나 변화시켜 현 상황에서 부적합한 행동을 이끌어 낸다. 예로, 거절을 당해 슬픔이나 무서움을 느끼기 시작한 어떤 남성은 분노의 태도가 기능적이거나 적응적이지 않을지라도 그 거절에 대해 화를 내게 되는 것(외적 초점) 또는 자기 자신이 무서워하는 것에 대해 화를 내게 되는 것(자기초점)이다. 많은 이차적 정서는 고통스러운 일차적 정서들을 모호하게 하거나 방어적으로 나온다. 그 외 이차적 정서들은 일차적 정서들에 대한 반사작용이다. 예로, 거절당한 남성은 자신의 두려움에 대해서 수치심을 느낄 수 있다(즉, 이차적 수치). 그러므로 사람들은 자신의 분노에 대해서 두려움 또는 죄책감을 느낄 수 있으며, 자신의 슬픔을 부끄러워하거나 자신의 불안에 대해서 슬픔을 느낄 수도 있는 것이다. 이차적 정서는 중간에 개입하는 생각에 대한 반응(예: 거부당할 생각에 불안을 느끼는 것)일 수도 있다. 어떤 정서는 생각 이후에 뒤따라 나타날 수 있지만 이 또한 더욱 근원적인 정서의 징후이며 그 생각 역시 거절에 대한 두려움과 같은 부적응적인 정서 도식을 통해 시작된 더 원초적인 프로세싱에서 생겨난 것임을 인식하는 것이 중요하다. 개념화에는 상담치료사가 그 순간의 이차적 정서들을 인지하여 그 정서들을 인정하고 통과하여 나아가는 것이 필요하다.

　도구적 정서는 다른 사람들에게 세력을 행사하거나 조정하기 위해서 표현되는 정서들이다. 예로, 억지눈물은 지지를 얻어내기 위해, 분노는 지배하기 위해 그리고 수치심은 자신이 사회적으로 적절하게 행동할 수 있다는 걸 보여주기 위해 사용될 수 있는 것이다. 이러한 반응들은 의도적으로 나올 수도 있고, 습관처럼 자동적으로 나올 수도 있다. 전자든 후자든 정서의 표현이 어떠한 내적인 정서적 경험을 유발할 수 있지만 원래 상황에 대한 정서적 반응과는 독립적이다. 이러한 정서들은 조작적인 감정 또는 라켓 감정이라고 한다.

　개념화의 역할 중 하나는 내담자들이 이러한 정서를 인식하고 자신의 일차적 목적이 무엇인지 알아차릴 수 있도록 도와주는 것이다.

내러티브 트랙과 정서 트랙

EFT 상담치료사는 내담자가 더욱 적응적인 정서 및 내러티브 처리 과정에 참여할 수 있도록 돕는다. EFT는 변증법적 구성주의 모델을 채택하는데, 이는 정서 및 내러티브 프로세스를 엮어 힘 있고 효과적인 치료를 만든다 (Angus & Greenberg, 2011; Greenberg, & Pascual-Leone, 1995, 2001). 내러티브 및 정서 트랙들은 치료 과정에서 영향을 주고받으며 개념화 과정을 이끌고 개념화를 통해 엮이는 것으로 보인다. 이 관점에서 보았을 때, 정서가 의미를 얻는 것은 내러티브 주제의 식별 및 이해를 통해서이며, 이는 다시 정서에 영향을 미치고 조직화한다. 내러티브 주제의 강화(consolidation)와 정서적 탐색의 프로세스는 정서가 바뀌고 내러티브가 더 일관성을 갖추게 될 때까지 반복적으로 일어난다.

인생의 가장 중요한 부분들을 기술하고, 이해하고, 통합시킬 수 있는 역량은 적응적인 정체성 개발 및 분화되고 일관성 있는 자아의 성립에 있어서 핵심적인 역할을 한다. 구체적으로 말하자면, 일관되며 정서적으로 분화된 자기 및 타자에 대한 기술을 말로 표현하는 것이 발달하며, 이는 더욱 깊은 자기성찰, 주체성 그리고 새로운 대인관계의 열매들을 가져온다. 폭행이나 불륜과 같은 개별적인 사건들이 트라우마나 대인관계 갈등과 연관되었을 때는 분리된 각각의 사건 이야기들을 다루는 것이 중요하다. 트라우마적인 정서적 상실이나 상처를 마주할 때 내담자들이 무슨 일이 있었는지에 대한 조직화된 내러티브를 제공하지 못하고 그 고통스러운 정서적 경험에서 의미를 찾지 못하는 경우가 빈번한데, 이는 그러한 시도가 이제껏 자신이 타인과 자기의 감정, 걱정 그리고 의도에 대해 깊이 품어 온 소중한 신념들을 위태롭게 하기 때문이다. 예를 들면, 이제껏 아내를 그 무엇보다 아끼는 남편이자 인생 동반자로서 살아온 어떤 중년의 남성이 갑자기 아내를 잃으면, 자기의 모든 정체성 그리고 세계가 어떻게 돌아가는지에 대한 이해가 핵심까지 흔들리게 되는 것이다. 그로 인해 발생한 트라우마나 망가진 관계는 아내의 상실에 대해 묘사하고 정서적으로 다시 경험하고 다시 이야기해야만(re-storied) 치료될 수 있는 것이다. 정서의 탐색 및 새로운 정서와 의미의 등장을 통해 내담자들은 일어난 정황에 대한 일관성 있는 설명을 할 수 있게 된다. 이러한 과정을 통해 내담자는 자기 및 타자의 행동을 이끌어 낸 의도와 역할에 대한 더욱 신빙성 있는 설명을 얻게 된다.

　정서와 내러티브는 EFT에서 사례개념화 과정을 조직화하는 두 개의 주요 과정이다. 내러티브의 맥락을 벗어나서는 정서가 이해될 수 없으며, 정서 없이는 내러티브 또한 의미를 갖지 못한다. 따라서 이 두 개의 트랙은 사례개념화의 세 가지 단계를 거치며 그에 필요한 골격을 제공해 준다. 치료적 과정의 전반적인 목표는 더욱 안정적이고 일관성 있는 자기정체성을 만드는 것이다. 정서적 변화는 그 과정을 통해서 일어나면서 또 그 과정에 기여한다.

　사례개념화의 각 단계마다 상담치료사는 정서와 내러티브 그리고 그 둘의 상호작용에 대하여 약간씩 다른 목적을 갖고 진행하게 된다. 제1단계에서는 내러티브의 발달을 통해서 이야기를 듣고 무엇이 내담자로 하여금 상담치료를 찾게 했는지 알고자 하며, 내담자가 자기와 세상을 어떻게 바라보는지를 이해하려고 하기 시작한다. 매캐덤스와 재니스(McAdams & Janis, 2004)는 인생의 여러 에피소드를 하나로 연결시켜 주는 핵심 주제들이 청소년기를 지나면서 나타나며, 자기와 타자를 이해하는 데 사용되는 일관성 있는 해석적 렌즈의 역할을 맡게 된다고 제시했다(Habermas & Bluck, 2000). 자기정의적인 주제에 따라 조직화된 자서전적인 기억들 또한 과거 및 현재의 자기에 대한 감각을 제공해 준다. 모든 이야기는 정서적 주제에 따라 형성되며(Sarbin, 1986) 자신의 정서를 이해하는 데 도움을 준다. 제1단계에서는 바로 이러한 주제와 이야기들을 이끌어 내고자 하는 것이 목적이 되며, 애착 관계 및 정체성 형성과의 연관성을 고려하며 이러한 주제들을 경청하고 정보를 조직화하는 경향이 있다. 내담자의 삶에서 어떻게 애착 관계들이 형성되었고 이제 그 관계들을 어떻게 유지하는지에 대해서 듣는 한편, 그들이 자기 자신을 어떻게 바라보고 어떻게 타인으로부터 인정받고자 하는지 알고자 하는 것이다. 첫 단계에서의 추가적인 목표는 정서적 프로세싱 스타일을 관찰하는 것이다. 내러티브와 연관하여 정서를 공감적으로 탐색하고 그 자취를 쫓는 과정은 (예를 들자면) 내담자가 어떻게 정서를 조율하는지 그리고 정서처리 과정이 생산적인지를 이해하는 데 도움을 준다.

사례개념화의 제2단계에서는 부적응적인 정서 도식에 대한 더욱 명료한 이해를 구축한다. 표식, 이차적 및 부적응적 정서들, 핵심 욕구 그리고 그것의 처리 과정에 있어서 내담자의 저항을 탐색하는 과정에서 부적응적인 핵심 정서 도식에 대한 명료한 이해가 생긴다. 제2단계에서는 상담치료의 주제적 초점이 부적응적인 정서 도식에 맞춰지게 된다.

사례개념화의 제3단계에서는 핵심 정서 도식에 따른 주제적 초점이 확립된다. 제3단계는 탐색 과정을 더욱 생산적으로 진행할 수 있는 방법에 대해 이해하기 위하여 정서적 상태 및 프로세스의 개념화에 초점을 둔다. 개념화의 마지막 단계에서는 내러티브 주제들이 다시 언급되며 다루어진다. 상담치료가 제3단계에 이르렀을 때에는 내담자에게 자기성찰 및 자기구축을 위한 공간을 줌으로써 새로운 정서와 의미가 형성되게 하고 내담자는 새로운 정보들을 기반으로 하여 경험에 의미를 부여하고 재해석함으로써 내러티브를 재형성한다. 제3단계의 말미에서 내담자는 기존의 주제와 내러티브를 재구성/재구축하기 위해 상담치료사와 함께 협력한다.

공감적 탐색

사례개념화는 공감적 탐색 및 공감적으로 조율된 반응의 다양한 유형을 통해 형성된다(Greenberg & Goldman, 1988). 사례개념화의 제1단계에서 내담자가 현재 일어나고 있는 일들에 대해서 얘기하고 의미 있는 사건들 및 그 관계들에 대해 이야기를 나눌 때, 상담치료사는 내담자가 정서를 어떻게 프로세싱하고 어떻게 의미를 만들어 내고 있는지에 온 주의를 기울인다. 이야기가 전개되면서 현재 사건들과 그 이면의 과거 또한 현재의 관계들과 그 과거사 역시 풀려 나온다. EFT 상담치료사들은 특정한 스타일 및 방법을 사용하여 내담자의 이야기를 듣고 반응하는데, 그러기 위해서는 내담자의 경험을 계속적으로 트래킹하고 주의를 기울여야 한다. 개념화를 형성하는 데에 있어서 EFT 상담치료사는 내담자의 내러티브에서 새롭게 등장하는 경험에 민감하게 반응하려고 노력하며 내담자의 관점이나 이해 과정에서의 변화에 주의를 주려고 한다. 미세 반응은 내담자가 상담 회기 내에서 정서를 느낄 수 있도록 도와주는 동시에 치료적인 안정성과 신뢰를 유지시켜 주는 역할을 한다. 공감적 탐색은 개념화가 시작되는 시점에서의 정서적 프로세싱 스타일을 관찰할 수 있는 통로가 된다. 제2단계에서 이면에 깔린 정서적 프로세싱을 대인관계적 및 행동의 어려움과 다시 연결시킬 때에도 공감적 탐색은 MENSIT—표식(markers), 정서(emotions), 욕구(needs), 이차적 정서(secondary emotions), 방해(interruption) 및 주제(themes)—를 확인하고 의미만들기를 원활하게 하기 위해서 사용된다. 이어서 공감적 탐색은 제3단계에서도 미세한 표식들을 식별하는 데 그리고 내담자의 새로운 정서 및 의미를 기존의 내러티브 주제에 통합시키는 데 사용된다.

〈참조 2-1〉은 EFT 개념화에서 내담자가 경험을 끄집어내어 펼치고 탐색하고 의미를 만들어 내는 것을 도와주기 위해서 상담치료사들이 사용하는 다양한 미세 반응을 나열해 놓은 것이다. 엘리엇, 왓슨 등의 연구(Elliott, Watson, et al., 2004)를 바탕으로 정리된 〈참조 2-1〉은 상담치료사의 가능한 경험적 반응들을 나열한다(반응들에 대한 더 세부적인 설명 및 예시는 Elliott, Watson, et al., 2004 참조). 내담자가 자신의 이야기의 의미들을 정서적으로 탐색하는 것을 돕기 위해 상담치료사들은 다양한 공감적 반응을 분별적으로 사용한다. 따라서 내담자의 메시지에서 가장 강하게 느껴지고 중심이 되는 측

참조 2-1 **상담치료사의 경험적 반응 방식**

1. 기본적인 공감: 일차적으로 직접적인 내담자 경험 상태에 대한 이해를 표현하기
   위한 반응
   - 공감적 반영: 내담자의 메시지 중에 가장 핵심적이고 감정을 동요시키는 또는
     가장 강력하게 느껴지는 측면을 정확하게 나타낸다.
   - 공감적 팔로잉: 상담치료사가 내담자가 말하고 있는 것을 이해하고 있다는 것
     을 표시해 주는 간단한 반응(인정의 표시와 공감적 반복)
   - 공감적 긍정: 내담자가 정서적인 고통을 느낄 때 인정, 지지 또는 동정을 해
     준다.

2. 공감적 탐색: 공감적 조화를 유지시키면서 내담자에게 탐색을 독려하기 위한 반응
   - 탐색적 반영: 열려 있는(open-edge) 혹은 성장 지향적인 반응들을 통해 공감
     을 해 주면서 동시에 내담자에게 외재적인 그리고 내재적인 경험에 관한 자기
     탐색을 독려한다.
   - 연상적인 반영: 생생한 이미지, 힘 있는 단어들 혹은 극적인 방식을 통해 내담
     자가 경험을 접촉하거나 향상시키도록 도우면서 공감을 해 준다.
   - 탐색적 질문: 개방적인 자기탐색을 격려한다.
   - 맞춤 질문: 내담자에게 실제 경험과 자신이 경험을 나타낸 것이 일치하는지 확
     인하도록 독려한다.
   - 처리 과정 관찰: (보통 탐색적 질문을 통해서) 대립적이지 않은 방식으로 회기
     내의 내담자 언어적 혹은 비언어적 행동을 묘사한다.
   - 공감적 추측: (보통 맞춤 질문을 사용하여) 직접적인, 내재하는 내담자 경험에
     대한 잠정적인 추측
   - 공감적 재초점화: 탐색을 계속하도록 내담자가 직면하기 어려워하는 것에 대
     해 공감해 준다.

3. 처리 과정을 가이드하는 반응: 유용한 내담자 경험하기를 직접적으로 돕기 위한
   반응
   - 경험적 개념화: 정서적 회피나 자기에 대한 작용과 같은 과정 경험적 용어를
     가지고 내담자의 어려움을 묘사한다.
   - 경험적 가르침: 경험하기의 본질 또는 치료 과정이나 기법에 대한 정보를 제공
     해 준다.

- 구조화 기법: 특정한 치료적 과제 내에서 계속적인 작업을 위한 구체적인 도움
  을 설정하고 제공해 준다(제안하기, 내용 만들기, 혹은 기법 참여를 위해 격려
  하기 등).
- 처리 과정 제안: 회기 내에 내담자가 다른 것을 시도해 보는 것을 격려한다(코
  칭: 말할 것 알려 주기, 정신적인 행위 제안하기, 주의 돌려서 집중시키기).
- 알아차림 기법: 회기 밖에서 경험하기를 길러 준다.

4. 경험적인 현존: 상담치료사의 정서적인 현존을 내담자에게 드러내 주기 위한 반
   응. 전반적으로 말 또는 유사 언어적인(paralinguistic), 비언어적인 방식으로 소
   통된다(예: 따뜻하고/차분한 음성, 반응적인 표정, 자기비하적인 유머, 탐색적인
   태도, 존중의 침묵).
   - 처리과정의 공개: 자신의 지금 현재의 반응, 의도, 또는 한계들을 나눈다.
   - 개인적인 공개: 자신에 대한 관련된 정보를 나눈다.

5. 내용 지시 사항(비경험적인): 내담자 문제에 대한 전문적인 외부의 관점을 제공
   해 주기 위한 반응. 해석, 문제 해결 조언, 전문적인 안심시키기, 의견 충돌 혹은
   비판, 비경험적인 내용 소개 그리고 순전히 정보적인 질문 등이 포함된다. 이 반
   응들은 처리과정 경험적 치료에 핵심적이지 않으며 드물게 일어난다. 경험적인
   의도를 가지고 간략하게, 잠정적으로 이루어진다.

면을 정확하게 반영하기 위해 공감적인 반영이 사용되는 것이다. 공감적 확
인(empathic affirmation)은 내담자가 고통과 아픔에 시달리고 있을 때 더 구체
적으로는 인정과 지지를 전해 준다. 연상적인 반영(evocative reflections)은 생
생한 그림, 호소력 있는 언어 또는 극적인 경험을 통해 경험을 접근하고 극대
화하기 위해 사용된다. 한편, 공감적인 추측들은 즉각적으로 느껴지는 내담
자의 내재된 경험에 대한 확실하지 않은 짐작이다.
　이러한 반응 방식들은 EFT 접근의 특징인 순간적 반응의 기반을 만들기 때
문에 모든 EFT 상담치료사는 이러한 반응 방식에 능숙해져야 한다. 이 필수
적인 기술은 프로세스 개념화를 만들고 EFT 기법을 쉽게 활용하기 위해서 사
용된다. 반응 방식은 단지 '실제 개입'을 위한 '보조적 장치'가 아니기 때문에,

EFT 전문가들은 반응들을 분별적으로 사용하도록 훈련받는다. 그러므로 공감적으로 반응하는 것에 있어서 철저한 훈련을 받는 것을 권장한다.

〈참조 2-1〉에는 내담자가 자신의 정서를 접촉하고 상징화하는 데 도움을 주는 여러 종류의 공감이 서술되어 있다. 이는 순전히 이해해 주는 공감적 반응부터 인정해 주는 반응과 회상적인 반응들 그리고 탐색적 및 추측적인 반응 그리고 공감적인 재초점화까지 다양하다(Elliott, Watson, et al., 2004). (EFT에서 개입의 본질적인 양식으로 보는) 공감적 탐색은 경험을 풀어내기 위해 내담자 경험의 제일 앞서 있는 부분(leading edge), 즉 제일 생생하거나 통렬하거나 내재적인 곳에 초점을 둔다. 상담치료사의 반응이 내담자의 언급에서 가장 생생한 부분에 초점을 두게끔 구성된다면, 그 반응에 따라 내담자 역시 그 부분에 집중하여 자기 경험에서의 앞서 있는 부분을 분화시킬 가능성이 커지게 된다. 매 순간 내담자의 언어적인 그리고 비언어적인 내러티브에서 감정의 동요가 일어나는 것에 주의함으로써 상담치료사는 언어적인 공감적 탐색을 통해 내담자의 경험을 내담자 자신의 묘사보다 더욱 풍부하게 포착할 수 있도록 도울 수 있다. 이 작업은 내담자가 내재되어 있던 경험을 알아차리고 의식적으로 상징화할 수 있도록 도와준다.

정서중심치료 기법

개념화 과정을 통하여 표식 및 관련 기법들의 프로세스 진단이 이뤄지며 이것은 대인관계 및 행동의 어려움 그리고 이면에 숨겨진 결정 요인들을 다루고 정서적 고통을 변화시키기 위한 개입의 기반이 된다. 개념화의 첫 단계 후 제2단계의 과정 5의 초기에 상담치료사들은 작업의 시작을 알리는 표식들을 찾기 시작한다(〈참조 2-1〉 참조). 표식들은 다양한 유형의 정서적 프로세싱 문제들을 가리키며 정서적 심화 및 어려운 정서적 상태의 변화에 도움이 되는 특정한 기법에 참여할 수 있을 가능성을 보여 준다. 이것은 제2단계에서 계속하여 이어진다. 제3단계의 초점은 대부분 등장하는 표식 및 미세한 표식의 지속적으로 이어지는 프로세스 상태에 대한 개념화에 맞춰져 있다.

EFT의 핵심 기법들은 과제 분석(task analysis)이라는 연구 방법을 통해 묘사되었으며 이 방법을 통해 다양한 모델이 구성되었다(Greenberg, 2007). 이 부분에서는 이러한 기법들에 대한 설명이 이루어지며 그 내용은 〈표 2-1〉에 요약되어 있다(다양한 기법 및 그것의 연관성, 표식들, 미세한 표식들 그리고 해소점들에 관한 더 구체적인 논의는 Elliott, Watson, et al., 2004 참조).

〈표 2-1〉 정서중심치료 기법

기법(Task)	표식(Marker)	개입 (Intervention)	해결(Resolution)
공감 기반적 및 관계적 기법	상담치료 불만 또는 동맹 분열	동맹 대화	어려운 상황에서 자신의 역할 탐색, 향상된 치료적 유대감 및 헌신을 통한 동맹 교정
	취약성 또는 수치스러운, 고통스러운 정서	공감적 긍정	자기긍정 혹은 상담치료사와의 재연결(이해받는 느낌, 희망을 느끼고, 더 강해진 것을 느끼는)
경험하기 기법	불분명한 느낌(모호한, 형식적인, 혹은 추상적인)	경험적 포커싱	느껴진 감각(felt sense)의 상징화; 치료 밖에서도 적용할 준비됨(앞으로 진척).
	주의집중 어려움(예: 혼란스러운, 멍한, 압도당한 상태)	공간 만들기	경험하기와의 생산적인 작업을 위해 치료적 주의 집중하기(작업 거리)
재처리 기법 [상황적-지각적]	받아들이기 어렵거나 트라우마적인 경험들(고통스러운 내러티브의 빠진 부분들에 대한 이야기를 하라는 내러티브 압박)	트라우마 다시 이야기하기(retelling)	삶의 이야기를 이해하는 것의 회복, 인정 그리고 안도(relief)
	문제되는 반응 지점(특정한 상황에 대한 의문스러운 과잉 반응)	체계적인 기억 회상 (심상 기법)	세상 속에서 자신의 역할에 대한 새로운 관점

	의미 항의(삶의 사건이 아끼던 신념을 위반)	의미 창출 작업	아끼는 신념의 정정 (revision)
적극적 표현 또는 재연 기법	자기평가 분리(자기비판, 갈라짐)	두 의자 대화	자기수용, 통합
	자기방해 분리(막힌 느낌들, 단념)	두 의자 재연	자기표현, 강화(empowerment)
	미해결 과제(중요한 타인에 대한 남아 있는 안 좋은 느낌들)	빈 의자 작업	미충족된 욕구들, 타인에 대한 원한을 내려놓기; 자기긍정하기; 타인 이해 또는 타인에게 책임 묻기
	조율되지 못한 고뇌/익숙한 절망	동정적인(compa-ssionate) 자기달래기 작업	정서적/신체적 안심(relief), 자기연민적인 자기달래기

출처: Elliott, R., Watson, J. C., Goldman, R. N., & Greenberg, L. S. (2004). *Learning Emotion-Focused Therapy: The Process-Experiencial Approach to Change* (pp. 102–103). Washington, DC: American Psychological Association에서 발췌.

공감 기반적 및 관계적 기법

공감 기반적 및 관계적인 기법(empathy-based and relational tasks)에는 ① 상담치료에 대한 불만이나 동맹의 결렬에 대한 불만의 표식에서의 동맹 대화, ② 취약성 표식에서의 공감적 긍정이 포함된다. 동맹 대화(alliance dialogue)는 치료적 오해, 치료적 오류, 공감적 실패, 또는 내담자의 기대와 치료의 불일치(mismatch)가 있을 때 하게 된다. 어느 상담치료에서든 불가피하게 일어날 수밖에 없는 이런 사건들은 즉각적인 주의와 다른 기법들의 중지를 요구한다. 동맹 대화는 과거에 학대 또는 다른 유형의 피해의식이 있는 내담자들과 작업을 할 때 특히 관련성이 높다. 이런 내담자들은 평상적으로 상담치료사들을 또 하나의 잠재적인 가해자로 인식한다. 따라서 상담치료사가 이런 맥락의 주장들이 언급되는지에 귀를 기울이고 그에 대해 반응하는 것은 매우 중요하며, 이런 상황에서 공감은 핵심적인 위치를 갖게 된다(동맹과 동맹적 어려움 및 치료적 오해를 다루는 것에 대한 보다 온전한 논의는 Watson & Greenberg, 2000 참조).

자기와 관련된 전반적인 정서적 고통의 등장을 가리키는 취약성 표식을 내담자가 제시할 때는 공감적 확인(empathic affirmation; Keating & Goldman, 2003)이 필요하다. 내담자는 상담치료사에게 자기가 개인적인 수치심, 가치 없음, 취약함, 절망 또는 낙담과 같은 강한 감정들과 씨름하고 있다는 것을 마지못해 고백하게 되는데 처음으로 말하게 되는 경우가 많다. 이럴 때 내담자는 온 존재에 스며든 고통스러운 느낌을 경험하며 가진 게 바닥난 기분이 된다.

경험하기 기법

경험하기 기법(experiencing tasks)의 목표는 내담자가 정서적 색채를 띤 경험에 접촉하고 상징화할 수 있도록 돕는 것이다. 이 기법에는 내담자의 정서 과부하 및 조절 불능이 일어났을 때 충분한 공간을 만들어 주는 것과 불명확하게 느껴진 감각에 대한 경험적인 포커싱이 포함된다. 이 두 기법은 젠들린(Gendlin, 1996), 코넬(Cornell, 1996) 그리고 레이센(Leijssen, 1996)과 같은 포커싱 지향 상담치료사들의 작업에서 파생되었다.

젠들린(1996, 1997)을 비롯한 몇몇 학자는 경험적 포커싱(experiential focusing)을 내담자들이 자신의 경험을 심화시킬 수 있도록 도와주는 전형적인 기법으로 묘사한다. 예를 들어, 회기 내에서 내담자가 정서적 거리감을 경험하는 경우, 이는 지적 또는 형식적으로(externalize) 말하거나 핵심을 피하고 계속 돌려서 말하는 것의 형태로 나타날 수 있다. 이럴 때에 상담치료사는 내담자에게 한 발짝 물러나서 내면을 더 깊이 볼 것을 요청할 수 있으며, 포커싱이 진행됨에 따라 내담자는 내적인 자기 탐색으로 방향을 바꾸게 된다. 문제의 해결(resolution)은 정확하게 명명된 느껴진 감각을 형성하고 이 '느껴진 전환(felt shift)'을 치료 회기 중에 밖으로 다시 나갔을 때도 삶에서 계속 유지시킬 수 있는 방향과 안도감을 경험할 때 가능하다.

내담자가 걱정이나 강한 고통스러운 경험들(즉, 트라우마적 기억들)에 의해서 과부하가 걸리면 상담치료사는 공간 만들기(clearing a space) 프로세스(Gendlin, 1996)를 사용할 수 있는데, 이 과정에서 내담자는 각 문제를 심리적으로 제쳐 놓고 안전하고 정리된 내적 공간을 만들어야 한다. 여기서 해결이란 안전한 공간을 상상하고 그 가치를 충분히 인정하는 것을 포함한다.

재처리 기법

재처리 기법(reprocessing tasks)은 내담자가 상담치료 밖에서 자신에게 일어난 문제적인 경험에 대한 작업을 하는 기법을 말한다. 재처리 기법을 통해 내담자는 그 경험을 세부적으로 관찰하여 이해를 하고 자기 삶의 더 큰 배경 속에서 그것에 대한 새로운 의미를 창출한다.

힘들었던 혹은 정신적 외상을 안겨 주었던 경험을 '다시 이야기하기(retelling)'는 외상 후에 겪는 어려움을 위한 EFT에서 자주 일어난다. 이러한 경험에 대한 이야기를 나누는 것은 보통 고통스럽지만, 일반적으로 사람들은 힘들었던 이야기를 다른 사람에게 말하고 싶은 강한 욕구가 있다. 내러티브 표식은 내담자가 이야기를 해야 한다는 내적인 부담을 느낀다는 것을 가리킨다. (즉, "그가 나를 성적으로 공격해 왔을 때 그를 막기 위해 제가 할 수 있는 것이 아무것도 없었어요.") "_____의 이야기를 편안한 만큼 자세하게 이야기해 주세요."라고 내담자를 격려하는 것이 상담치료사에게 유용할 때가 많다. 또한 이것은 상담치료사에게 "함께 고통을 들어 줄" 마음이 있다는 것을 내담자에게 보여 준다(Egendorf, 1995, p. 5).

해소된 다시 이야기하기는 내담자가 납득 가능하다고 경험되는 상대적으로 완전한 내러티브이며 명확한 요점이나 자신의 삶의 더 넓은 범위에서 전반적인 의미가 있는 것을 말한다. 해소된 다시 이야기하기는 또 내담자가 이야기의 어떤 부분에 대한 더 깊은 알아차림 또는 이해를 가지게 되었다는 것으로부터 표시될 수도 있다. 예로, 부부상담을 하고 있는 내담자는 군대에 있으면서 자신이 강간당한 이야기를 다시 했는데, 이야기를 하면서 자신이 결혼생활에서 정서적 거리를 둠으로써 자신을 '보호'해야 하는 욕구가 어느 정도는 강간에 대한 자신의 감정을 대처하기 위한 방법이었다는 것을 보기 시작했다.

체계적인 기억 회상(systematic evocatine unfolding)은 문제가 있는 반사작용 포인트나 특정한 상황에 대한 과잉반응으로 혼란스러울 때 사용된다(Elliott, Watson, et al., 2004; Greenberg et al., 1993). 이 기법은 원하지 않은 정서의 갑작스러운 삽화(episode)를 경험하는 내담자에게 특히 관련성이 많다. 외상 후 플래시백, 불안 또는 공황 발작, 분노 폭발(anger outbursts), 충동적인 행동, 또는 강한 정서 조절불능의 삽화 등이 포함된다. 이야기 전개 기법(unfolding tasks)은 내담자가 즉각성과 생생함으로 내러티브를 자세하게 풀어내도록 돕는다는 것에서 다시 이야기하기 기법과도 비슷하지만, 그것의 원동력은 (추리소설처럼) 궁금증이나 난해함(puzzlement)이 되는 반면에 다시 이야기하기의 원동력은 (역사 이야기처럼) 고통이나 정서적 아픔을 나누고 싶은 욕구이다.

내담자가 문제가 있는 반사적 지점(reaction point)을 보일 때, 상담치료사는 그 삽화를 자세하게 묘사하고 거기로 인도한 사건들과 함께 이야기할 것을 권한다. 상담치료사는 내담자가 인식된 상황과 그 상황에서의 내적인 정서적 반응을 번갈아 가면서 탐색하도록 돕는다. 상담치료사는 반응과 그 촉발(trigger)의 정확한 순간을 찾는 경험적 탐색을 독려하며, 내담자는 그 반응을 다시 경험한다. 다른 작업과 마찬가지로 해소는 정도의 문제이다. 가장 좁은 의미에서 해소는 난해한 반응의 원인을 이해하게 되는 것을 말한다. 이는 의미 다리(meaning bridge)로 불린다. 그렇지만 의미의 다리는 자기반성 프로세스의 시작에 불과하다. 이때 내담자는 자기(self)와 관련된 정서 도식을 살펴보고 상징화하고 자기를 바라보는 다른 대안적인 관점들을 살펴보게 된다. 완전한 해소는 자기인식의 명확한 변화를 요구하며, 이와 함께 새로운 관점과 일관된 인생의 변화를 만들어 나갈 힘을 얻었다는 감각이 필요하다.

의미 창조 작업(meaning creation work)은 인생의 어떤 사건에 대한 의미 저항(protest)을 요한다. 클라크(Clarke, 1989)는 의미 저항 표식을 흔들리기 시작한 소중한 신념에 대한 묘사와 함께 인생의 고통스러운 사건에 대한 강한 정서와 혼란 또는 난해함(puzzlement)의 표현으로 묘사했다. 의미 저항은 주로 상실, 실망 또는 인생의 다른 위기와 관련되어 있으므로 의미 창조 작업은 깊은 슬픔, 만성적인 질병 또는 트라우마 후에 특히 더 큰 효과를 발휘한다. 이 기법은 높은 정서적 각성 상태에 있는 내담자가 그 정서적 경험을 내포하고 상징화하는 언어와 이미지로 자신의 경험을 포착하도록 돕는 역할을 한다. 상담치료사는 내담자가 그의 아끼는 신념(예: 착한 사람에게는 나쁜 일이 일어나지 않는다), 불일치하는 경험(트라우마나 다른 고통스러운 사건) 그리고 신념과 경험 사이의 불일치를 명확하게 하고 상징화할 수 있도록 돕는다.

적극적 표현 기법

적극적 표현 기법(active expression tasks)은 게슈탈트 및 심리극의 전통에서 나오며 내담자가 자기 자신의 측면들 사이에서 또는 자기와 타자 사이에서 대화를 재연할 것을 요구한다. 이 기법은 내담자가 자기의 버려진(disowned) 혹은 외적으로 귀인된(externally attributed) 측면들을 회상, 접촉 그리고 바꿀 수 있도록 돕기 위해 사용된다. 특히 내담자가 스스로에 대하여 행동하는 방식을 바꿀 수 있도록 돕는 데 유용하다(예: 자기공격에서 자기지지로 옮겨 가는 것). [그림 2-1]과 [그림 2-2]에서는 부정적인 자기평가적 갈등 분리를 위한 두 의자 대화 그리고 미해결 과제를 위한 빈 의자 대화라는 두 개의 핵심 작업의 모델이 제시된다.

두 의자 대화(two-chair dialogue)는 내담자가 어떤 형태의 갈등 분리 표식을 나타낼 때 사용된다(Goldman, 2002; Whelton & Greenberg, 2005). 전형적으로 나타나는 표식들은 다음과 같다.

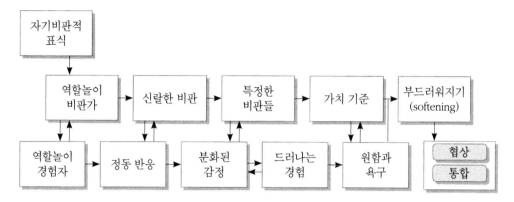

[그림 2-1] 부정적인 자기평가적 갈등 분리를 위한 두 의자 대화의 해소 모델

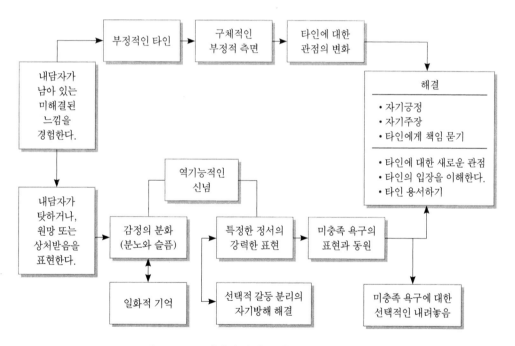

[그림 2-2] 미해결 과제를 위한 빈 의자 작업

- 결정적인 갈등: 내담자가 두 개의 대안적인 행동 방향 사이에서 갈등을 느낀다(예: 관계를 끊을지 말지).
- 코칭 분리: 내담자가 무엇을 하거나 느끼도록 자기 자신을 격려하려고 한

다. 여기서의 갈등은 코치와 그 사람의 자기측면 사이의 갈등을 말한다.

• 자기비판 분리: 내담자는 자기 자신을 비판한다. 이는 비판가 측면과 자기측면들 사이의 갈등으로 본다.

• 귀인 분리: 내담자는 비판적이거나 조종한다고 인식되는 타자 또는 상황에 대한 과민반응을 다룬다. 이는 자기 측면과 내담자 자신의 비판적 측면 사이의 갈등을 다룬다. 부연 설명을 하면, 이는 자기와 '다른 사람이나 상황에 투사된' 내담자 자신의 비판가 측면 또는 코치의 측면 사이의 갈등으로 이해된다.

불안 분리나 우울 분리는 불안하거나 우울한 내담자들에게서 흔히 발견되는 분리 형태들이다. 상담치료사는 내담자가 두 의자 사이에서 왔다 갔다 하라고 제안함으로써 두 의자 대화를 시작한다. 이것은 두 부분 사이의 내적인 대화를 재연하기 위해서 사용된다. 귀인 분리(attribution split)의 경우, 내담자는 타자나 외적 상황을 재연하도록 요구된다.

분리 대화의 또 다른 형태는 자기방해 작업을 위한 두 의자 재연(two-chair enactment)이다. 이는 자기방해를 의미하는, 회기 내 정서적 회피나 거리두기의 삽화를 다루는 것과 연관성이 있다(Elliott, Watson, et al., 2004). 우울하고 불안하거나 트라우마를 가지고 있는 내담자는 주로 이면에 깔린 자기의 정서적/경험하기 및 지적/거리두기라는 측면들의 정서적 프로세싱 분리 때문에 괴로워한다. 이런 프로세싱 분리는 정서적 막힘 또는 '붙잡힘(stuck-ness)'에 이른다. 자기방해 표식은 내담자가 회기 중에 무엇을 느끼기 시작하거나 무엇을 하기 시작하다가(예: 분노 표출) 어떤 비언어적인 행동(예: 눈을 찔끔 감아서 눈물 멈추기) 또는 호소하는 신체적인 감각(예: 두통)으로 자기 자신을 멈추게 할 때 가장 알아보기 쉽다. 그러나 자기방해는 포기, 무감각, 붙잡힘의 언급 또는 부담을 느낀다는 이야기에서도 찾아볼 수 있다.

방해의 과정이 재연되는 두 의자 대화에서 상담치료사는 내담자의 주의를 방해에 두게 하고 내담자를 보고 '(예를 들어) 분노를 느끼지 않기 위해 어떻게 하는지' 보여 줄 것을 제안한다. 이 개입은 내담자가 자기의 자동적인 회피 측면을 자각하고 의도적인 통제의 영역으로 가져올 수 있도록 돕는 것이 목표이다. 이는 또한 내담자가 방해된 정서를 알아차릴 수 있도록 도와주어 그 정서가 적절하고 적응적인 태도로 표현될 수 있게 된다. 최소한의 해소는 방해된 정서의 표현으로 시작하며, 더욱 온전한 해소를 위해서는 근원적인 욕구들의 표현과 자기강화(self-empowerment)가 필요하다.

　빈 의자 기법(empty-chair work)은 일차적인 적응적 정서(예: 상실에 대한 슬픔, 침해에 대한 분노)들은 충분히 표현될 필요가 있다는 가정에 특별히 기반을 둔다. 이로 인해 내담자는 충족되지 못한 욕구를 접촉할 수 있으며 그 정서와 관련 있는 유용한 행동들을 식별할 수 있다. 그러므로 이 기법은 내담자가 성장 과정에서 중요한 타자(보통 부모)에 대해 남아 있는 안 좋은 감정들(보통 슬픔이나 분노)을 해소하는 것을 돕는 데에 목표를 둔다. 미해결 과제라 불리는 표식은 부정적인 감정 표현의 방해를 다루며, 흔히 불평이나 탓하기의 형태로 나타난다. 빈 의자 작업은 우울증이나 외상 후 어려움을 겪고 있는 내담자들에게 광범위하게 사용된다.

　이 기법에서 상담치료사는 내담자에게 상상 속에서 빈 의자에 타자를 앉혀 놓고 그 사람에게 기존에 언급하지 못했거나 해소되지 못한 감정들을 표현하라고 제안한다. 필요에 따라서는 내담자가 타자의 역할을 갖고 자기에게 말하게 한다. 타자에게 충족되지 못한 욕구를 표현함으로써 최소한의 해소가 될 수도 있으며, 완전한 해소를 위해서는 그 충족되지 못한 욕구를 재구조화하고 자기에 대한 더 긍정적인 관점과 타자에 대한 더욱 분화된 관점으로 전환할 필요가 있다(Greenberg, Elliott, & Foerster, 1990; Greenberg & Malcolm, 2002; Greenberg, Warwar, & Malcolm, 2008).

　페이비오와 그린버그(Paivio & Greenberg, 1995)의 연구는 내담자들이 트라우마에 관련된 문제들을 해결하도록 돕는 빈 의자 작업의 효과를 뒷받침한다. 이 작업은 우울증을 치료할 때 광범위하게 사용되기도 하며, 특히 대인관계적 상실이 특징적인 우울증의 내담자에게 효과적이다.

동정적인 자기달래기(compassionate self-soothing)는 가장 최근에 개발된 EFT 기법이며(Goldman & Fox, 2012; Goldman & Greenberg, 2013) 내담자가 막힌 또는 조율되지 못한 고뇌를 경험할 때 사용되는데, 전형적으로 이 고뇌는 타자에게 충족되지 않았거나 충족될 수 없는 막강한 실존적인 욕구(예: 사랑 또는 인정) 앞에서 일어난다. 동정심은 자기비판의 반대이다. 자기 자신에게 동정심을 표현하는 것은 그 고통스러운 정서(예: 수치심, 두려움, 슬픔)를 내적으로 다른 정서와 대립시킴으로써 바꾸는 한 방법이다. 이 기법에서 상담치료사는 내담자가 자신의 고뇌의 느낌을 먼저 더 심화시킬 수 있도록 도와줌으로써 내담자가 핵심 실존적 고통에 접촉하며 그와 관련된 충족되지 못한 욕구를 표현하도록 돕는다. 그다음에 두 의자 과정에서 내담자는 자기가 필요한 것(예: 인정, 지지, 보호)을 재연/실행하는데, 직접적으로 또는 어린아이나 비슷한 경험을 한 친한 친구로 상징화된 도움이 필요한 측면(needy part)과 함께 두 의자 대화를 해 나갈 수 있다. 위로적인 측면은 돌보아 주는 성향이 강한 자기 측면 또는 이상화된 부모상을 드러내 주는 것이 좋다.

정서중심치료의 문화적 이슈

EFT 상담치료사들은 문화적 역량을 키우기 위해서 노력하며(Goh, 2005; D. W. Sue & Sue, 2008), "사람들은 다른 문화의 그룹을 받아들이고(appreciate) 인정할 뿐 아니라 그들과 효율적으로 협력할 수 있어야 한다."고 믿는다(S. Sue, 1998, p. 440). EFT의 철학적인 전제들(즉, 공감의 우선성, 다양성 및 차이에 대한 존중)은 문화적 역량을 가능하게 하는 이론적인 틀을 제공해 주기 때문에 상담치료사들은 문화적 역량을 갖추기 위해 의식적으로 노력해야 한다. 인종 매치(ethnic match, 즉 인종적으로 비슷한 내담자와 상담치료사) 및 서비스 매치(service match, 즉 각 인종에 특유한 서비스의 활용)는 중요하기도 하고 좋은 결과도 많이 가져오지만(Goh, 2005; S. Sue, 1998), 인지적 매치(cognitive match, 즉 내담자와 상담치료사가 같은 방식으로 생각하는 것) 또한 긍정적인 결과를 예측할 수 있다. 인지적 매치 연구는 상담치료사와 내담자가 치료 과정에 대한 공통된 개념과 기대치를 가질 때 결과가 더 좋다는 것을 알려 준다(Goh, 2005). 수(S. Sue, 1998)는 문화적인 역량이 있는 정신건강 전문가들이 다음과 같은 특징들을 소유하고 있어야 한다고 제시하는데, 이에는 동의할 수밖에 없다. ① 문화적 의미가 불확실할 때 가설을 시험할 수 있는 과학 지향적인 생각, ② 다이내믹 사이즈(dynamic-size, 본래는 컴퓨터 과학에서 빌려온 용어이지만 정신건강 실습에도 적용한다)를 할 수 있는 능력, 즉 내담자에 대해서 언제 개인화하고 언제 일반화해야 하는지 아는 것, ③ 문화에 특별하게 관련된 전문성의 개발, 즉 특정한 지식의 개발이 그 특징들이다.

많은 사람이 EFT가 정서에 대한 태도에 따라 모든 문화에게 적절하고 적합한지에 대해서 묻는다. 연구에 따르면 정서를 드러내는 규칙은 문화에 따라 다르지만 정서 그 자체는 보편적으로 느껴진다(그리고 전 세계적으로 상담치료사를 훈련시킨 필자들의 경험이 이를 뒷받침한다). 다양한 정서에 관한 문화적 태도나 표현 규칙을 알게 되는 것은 흥미로운 일이다(Safdar et al., 2009). 문화적 역량을 갖춘 상담치료사로서의 역할에는 앞서 언급된 수(S. Sue, 1998)의 제안뿐만 아니라 ① 정서에 관한 문화별 지식을 활용하고 ② 내담자에게 적용함에 있어서 그런 정보를 언제 개별화하고 언제 일반화할지 아는 것도 포함된다.

정서중심치료를 위한 실증적 지지

생산적인 상담치료 결과를 얻기 위해서 EFT의 효과에 대한 광범위한 연구가 이뤄져 왔다. 예를 들면, EFT에서 나타나는 변화 과정에 대한 연구가 다른 어떤 치료 접근에 대한 연구보다 많다(Elliott, Greenberg,& Lietaer, 2004; Goldman, 출판 중; Greenberg, 2013). 공감적인 관계라는 배경에서 특정한 활성화 방법들이 사용되는 우울증을 위한 EFT는 세 개의 연구에서 매우 효과적인 것으로 나타났다(Goldman, Greenberg, & Angus, 2006; Greenberg & Watson, 1998; Watson et al., 2003). EFT는 또한 사회불안장애를 치료할 때 효과적인 것으로 나타났으며(Elliott, 2013), 내담자중심 공감적 치료(client-centered empathetic therapy)나 인지행동치료(cognitive behavior treatment: CBT)와 동등하거나 더 효과적인 것으로 판명되었다(Watson et al., 2003). EFT와 비교된 두 가지의 치료 또한 우울증을 줄이는 데 매우 효과적인 것으로 나타났으나, 대인관계의 문제를 해소하는 데에 있어서 EFT가 내담자중심치료와 CBT보다 효과적이었으며, 증상에서 변화를 이끌어 내는 데에서도 내담자중심치료보다 효과적이었고 재발을 방지하는 데에도 크게 효력을 발휘한 것으로 밝혀졌다(77% 비재발률; Ellison, Greenberg, Goldman, & Angus, 2009).

요크 I 우울증 연구에서, 그린버그와 왓슨(Greenberg & Watson, 1998)은 주요우울증이 있는 34명의 성인을 대상으로 EFT와 내담자중심치료의 효과를 비교하였다. 내담자중심치료는 내담자 중심의 관계 여건 및 공감적 반영의 확립과 유지를 강조하며, 이 또한 EFT의 핵심 구성 요소이다. EFT는 내담자 중심치료에 체계적인 기억 회상, 포커싱, 두 의자 대화 및 빈 의자 대화와 같은 구체적인 기법의 활용을 더하였다. 종료 시 그리고 6개월에 걸친 추후 작업 시 우울증 증상이 감소한 데에는 차이가 없었다. 하지만 우울증을 위한 EFT는 치료 중기와 종결 단계에서 전체적인 증상에 있어서 탁월한 효과를 보였다. 따라서 적절한 지점에서 구체적인 기법을 추가한 것이 우울증의 치료를 앞당겨 주고 촉진시켜 주는 것으로 보인다.

요크 II 우울증 연구에서 골드먼 등(Goldman et al., 2006)은 요크 I 연구를 복제하여 주요우울증이 있는 38명의 내담자를 대상으로 내담자중심치료와 EFT의 효과를 비교하였는데, EFT의 +.71라는 상대 효과 크기를 얻었다. 그 다음에 요크 I과 II의 표본을 합쳐 특히 추후 상담에서 나타난 치료 집단마다의 차이점을 대조하는 데 용이하도록 했다. 합쳐진 표본에서 변화의 모든 지표에서는 치료 방법마다 상당한 통계적 차이가 나타났으며 이 차이는 6개월 및 18개월의 추후 작업에서도 유지되었다. 이는 내담자중심 관계의 기반 위에 정서중심 개입을 추가하였을 때 결과가 향상된다는 것을 더욱 증명해 준다. 이에 더하여 18개월 추수 작업 시 EFT 집단이 내담자중심 집단보다 확실히 더 잘 지내고 있다는 것을 중요하게 볼 수 있다(Ellison et al., 2009). 생존곡선은 70%의 EFT 내담자들이 추후 작업을 할 수 있었다고(즉, 재발되지 않았다고) 나타났으며, 이와 비교하여 관계치료만 했던 사람들은 40%의 생존율을 보였다.

한편, 왓슨 등(Watson et al., 2003)은 주요우울증 치료에서 EFT와 CBT를 비교하는 무작위 임상시험을 시행했다. 66명의 내담자가 주 1회 16회의 상담치료에 참여했다. 두 집단 간에는 우울증의 결과에 큰 차이가 나타나지 않았다. 내담자의 우울증, 자존감, 전반적 증상 고통(general symptom distress) 그리고 역기능적인 태도들의 정도를 향상시키는 데 두 치료 모두 효과적이었다. 하지만 치료의 종결에 이르러서는 CBT 내담자들보다 EFT 내담자들이 확실히 더 자기주장적이었으며 남의 말을 과도하게 따르는 모습을 더 적게 보였다. 치료를 마치고 두 집단의 내담자는 고통스러운 문제를 해결하기 위해 정서적 반영을 상당히 많이 발달시켰다.

우울증 치료에서는 세 가지 요소, 즉 동맹, 각성된 정서적 표현의 빈도수 그리고 결과 간의 상관관계가 고찰되었다(Carryer & Greenberg, 2010). 표현의 빈도수의 데이터는 보통에서 높은 각성된 정서적 표현의 25%의 빈도수가 결과를 가장 잘 예측하는 것으로 나타났다. 낮은 빈도수는 정서적 참여의 부족을 가리키며, 결과가 낮은 빈도수에 편향되어 있다는 것은 '낮은 수준의 정서적 각성 표현—치료 효과가 없다.'라는 일반적인 상관관계의 연장선에 있는 현상으로 보인다. 반면에, 결과가 높은 빈도수로 편향되어 있다는 것은 강한 정서적 각성 상태가 지나치게 잦을 경우 좋은 치료 결과와는 상반되는 관련성을 가진다는 것을 의미한다. 즉, 이는 내담자가 최대치의 강력한 정서적 표현을 너무 오래 또는 너무 자주 유지시키지 않는 한 좋은 치료 결과를 예측할 수 있음을 제시해 준다. 또한 최소 또는 극소 수준의 각성 빈도수는 안 좋은 결과를 예측케 한다. 따라서 높은 정서적 각성 표현의 목표에 못 미친 표현 또는 온전한 각성을 표현하지 못하거나 각성에 방해받고 있음을 가리키는 표현은 더 낮지만 바람직한(desirable) 목표보다도 바람직하지 못한 것(undesirable)으로 나타났다.

EFT의 기본적인 정서적 변화 가설은 각성된 정서를 이해하는 것에 큰 중요성을 둔다. 이러한 주장을 뒷받침하는 것이 우울증에 대한 EFT 치료－결과 연구인데, 이 연구에서는 치료 중기에 더 높은 정서적 각성과 함께 각성된 정서에 대한 성찰을 병행하는 경우(Missirlian, Toukmanian, Warwar, & Greenberg, 2005) 그리고 치료 후반기에 더 심화된 정서적 프로세싱을 진행할 경우(Goldman et al., 2005) 좋은 치료 결과를 얻을 확률이 높음을 밝혀냈다. 높은 정서적 각성과 각성된 정서에 대한 깊은 성찰이 결과의 좋고 나쁨을 구별하는 기준이 되었으며, 이는 각성과 의미 구성을 합치는 것이 얼마나 중요한지 보여 준다(Missirlian et al., 2005). 따라서 EFT는 사람들이 자기의 정서를 경험하고 수용하고 이해하도록(make sense) 돕는 정서적 처리를 향상시킴으로써 효과를 거두는 것으로 보인다. 애덤스와 그린버그(Adams & Greenberg, 1999)는 내담자－상담치료사 간의 상호작용을 매 순간 포착(track)함으로써, 경험하기에 있어서 높은 점수를 얻는 상담치료사의 말(statements)들이 내담자의 경험하기에 영향을 미쳤고 상담치료사의 경험적 초점의 깊이가 결과를 예측한다는 것이 발견되었다. 더욱 구체적으로, 내담자의 초점이 외적인 것에 맞춰져 있을 때 상담치료사가 내적인 경험으로 방향을 돌리는 개입을 하였다면 내담자가 더욱 깊은 수준의 경험하기로 옮겨 갈 가능성이 컸다. 애덤스의 연구는 내적인 내러티브 프로세스에 초점을 맞추는 상담치료사의 역할의 중요성을 강조한다. 내담자의 경험하기가 결과를 예측한다는 점과 상담치료사의 경험적 초점의 깊이가 내담자의 경험하기에 영향을 주며 결과를 예측한다는 점을 생각하면 결과로 향하는 길은 다 닦인 셈이다. 즉, 상담치료사의 경험적 초점의 깊이가 내담자의 경험하기의 깊이에 영향을 주며, 또 이는 결과에 영향을 준다.

또 다른 연구는 생산적인 그리고 비생산적인 각성을 더 확실히 구분할 수 있게 해 주었다. 네 개의 나쁜 결과와 네 개의 좋은 결과에 대한 집중적인 평가에서 그린버그, 아우즈라 그리고 헤르만(Greenberg, Auszra, & Herrmann, 2007)은 치료 중 표현된 정서적 각성의 빈도수와 결과 사이에 의미 있는 연관성을 찾지 못했다. 그들은 각성된 정서적 표현과 그 표현된 정서의 생산성을 둘 다 측정해 본 결과, 치료적 결과에 있어서 각성된 정서적 표현의 생산성이 단순히 각성 그 자체보다 중요하다는 결론에 도달했다.

앞의 연구에서 사용되었던 생산적인 정서적 각성의 척도는 더욱 개발되어서 요크 우울증 연구에서는 74명의 표본에 예측타당도를 실험하였다(Auszra & Greenberg, 2007). 정서적 생산성은 현재 활성화된 정서를 접촉하여 알아차리는 것(contactfully aware)으로 정의되었으며, 여기서 접촉하여 알아차린다는 것은 다음의 일곱 가지 필수적 특징이 있는 것으로 정의되었다. 바로 주의력(attending), 상징화(symbolization), 일치성(congruence), 수용(acceptance), 주체성(agency), 조율(regulation) 그리고 분화(differentiation)이다. 이 일곱 가지 특징은 정서에 대해 성찰하고 정서로부터 의미를 생성해 낼 수 있는 능력을 가리킨다. 정서적 생산성은 상담치료 초기부터 종결 단계에 이르는 동안 증가하는 것으로 나타났다. 초기 단계의 정서적 생산성, 상담사−내담자 유대감, 그리고 표현된 정서적 각성에 따른 오차를 고려하더라도 작업 단계(working phase)의 정서적 생산성은 66%의 치료 결과를 예측하는 것으로 나타났다. 이러한 결론은 정서의 생산적인 처리가 지금까지 연구된 모든 변수 중에 결과를 가장 잘 예측하는 것을 가리킨다.

이 장에서는 EFT의 기본적인 이론을 살펴보았으며 이와 관련하여 정서와 내러티브에 관한 EFT의 관점, 정서적 역기능의 여러 원천, EFT 접근을 뒷받침하는 경험적 증거, 그리고 상담치료의 기본 작업까지 살펴보았다. 사례개념화는 EFT에서 상담치료를 구성하는 데 도움을 주며, 여기에 있는 정보를 통해 독자들은 사례개념화가 속한 EFT 치료를 더 잘 이해할 수 있을 것이다.

정서중심치료 사례개념화의
역사적 · 인식론적 그리고 철학적 토대

지금까지 일반적으로 진단과 개념화는 인본주의적 및 경험적 치료 그리고 특히 정서중심치료(EFT)와 연관이 없다고 여겨져 왔다. 이는 아마 전통적인 진단적 평가(그리고 그것의 연장선에 있는 개념화)는 의학적 모델과 연관되어 왔기 때문이다. 진단은 단지 나타나는 증상의 패턴(pattern of symptoms)을 묘사할 뿐이지만 이는 질병의 인과적 메커니즘(causal mechanism)을 설명하는 것과 혼동되어 왔다. 질병의 인과적 메커니즘에 대한 정보가 더 많은 의학에서는 진단은 장애의 원인에 대한 설명과 동일시될 때가 많다. 심리치료의 경우에는 이와 거리가 멀다. 그 예로, 우울증의 진단과 증상은 그 속에 있는 인과적 메커니즘 또는 일반적으로 우울증 근저에 존재하는 결정 요인들이라고 불리는 것들에 대해서 거의 아무것도 알려 주지 못한다.

그렇지만 EFT 사례개념화는 상담치료사에게 내담자의 문제를 결정 요인을 통해 이해할 수 있도록 설명해 주는 틀(framework)을 제공해 주기 위해서 진화했다. 인과적인 설명을 제시해 주는 이 틀은 치료과정에서의 결정과 행위의 기반이 되는 상담치료사의 이해를 안내해 준다. 이 장에서는 인본주의적 및 경험적 치료에 있어서, 진단 및 사례개념화에 대한 역사적인 관점들을 간략히 살펴보며 EFT 사례개념화에 대한 접근의 진화를 탐구한다. 그리고 나서 EFT 개념화의 인식론적인 토대에 대한 설명을 한다. 마지막으로, 사례개념화를 하는 상담치료사들이 문제를 인식하고 그것을 설명하도록 돕는 추론 과정(reasoning process)을 소개한다.

정서중심치료 사례개념화의 역사

EFT는 인본주의−경험적 분야에 깊이 뿌리 두고 있으며, 여기에 내담자중심치료(Rogers, 1957, 1961, 1975), 게슈탈트(Perls, 1973; Perls, Hefferline, & Goodman, 1951) 그리고 포커싱 심리치료(Gendlin, 1978, 1996)와 같은 치료적 전통을 찾을 수 있다. 하지만 인본주의−경험적 심리치료들이 항상 사례개념화가 기본적인 이론들의 핵심 원리를 따른다고 본 것은 아니다. 그 이유 중 하나는 상담치료사가 '전문가'의 역할을 도맡는 치료를 통해 사례개념화가 이루어진다고 보는 견해 때문이다(정신역동 심리치료의 경우). 또 다른 이유는 문제적 행동을 일으키는 원인과 그 촉발 요인에 대한 선험적 가정을 세우는 과정, 그리고 그 이후에 총체적 인간상을 고려하여 사람을 유형별로 분류하는 과정에 사례개념화가 예로부터 포함되어 왔기 때문이다(인지행동적 치료의 경우). 심리적 진단과 개념화에 관한 우려는 주로 치료적 과정을 약화(compromise)시키거나 무방향성(nondirectivity), 평등주의, 진정성(authenticity) 그리고 이해(understanding)와 연결된 핵심 관계적 원리들을 침해할지도 모른다는 내용에 대한 것이었다.

칼 로저스(Carl Rogers, 1951, 1957)는 진단이 내담자중심 치료의 기초가 되는 치료적 관계에 방해가 된다고 생각했다. 내담자중심 치료사들은 어느 정도는 본래 정신역동 심리치료사들과 대립하여 자신들의 정체성을 정립했으며 이에 따라 평등한 치료적 관계의 형성을 크게 강조하였다. 치료적 관계에서 공감은 핵심적이고 기초적인 측면이며 상담치료사에게 "타인의 입장에서 생각하는 것"을 끊임없이 노력할 것을 요구한다(Rogers, 1957, p. 57). 공감적 관계는 상담치료사들이 내담자의 경험 및 감정의 상징적 표현을 돕는 일차적인 통로가 된다고 본 것이다. 이 과정을 통해서 내담자들은 새로운 이해에 도달할 수 있었으며 느낌과 정서를 숙고함으로써 살아가는 데 필요한 새로운 방법들을 발달시킬 수 있었다. 로저스(1951)는 이 점을 다음과 같이 아주 분명하게 주장했다.

> 상담가는 자신이 의사소통하고 있는 사람 속으로 들어가는 것에 최대의 노력을 기울인다. 표현되는 태도를 관찰하는 것이 아니라 그 속에 빠져들어 그 태도를 살아내고 그 변하는 성질의 모든 뉘앙스를 알아차리려고 노력한다. …… 이러한 이해를 습득해야 한다. …… 다른 어떤 종류의 주의를 배제한 타인의 감정을 향한 가장 강렬하고 지속적이고 능동적인 주의를 통해서 말이다(p. 29).

따라서 개념화라는 행위는 핵심적이고 기초적인 치료 과정을 잠재적으로 방해한다고 인식되었으며 이는 내담자에게 최대한 정서적으로 열려 있고 함께하는 것을 막는 것이었다. 상담치료사가 생각과 감정이 행동과 핵심 역동과 어떻게 연관되는지에 주의를 기울이면 내담자에 의해서 만들어지고 있는 의미와 현재의 감정들에 온전히 집중하지 못한다고 생각되어 왔다. 또한 상담치료사가 정해진 또는 정리된 가설을 가지고 들어간다면 기본적으로 내담자에 대한 자신의 이해를 그 가설들에 끼워 맞추려고 할 것이며 내담자의 경험을 그대로 받아들이기보다 부당한 영향을 줄 것이라고 생각되었다(Rogers, 1951).

게슈탈트 치료는 상담치료사가 내담자와의 진정성 있는 관계(authentic relationship)를 형성하는 것을 강조하며(Yontef, 1993), 여기서 타인의 주관성 (subjectivity of the other)이 타인으로부터 거리를 둔 객관적인 관점보다 인정받고 추구된다. 게슈탈트 치료에서는 두 주체 간의 상호작용으로 보는 나-너의 관계(I-Thou relationship; Buber, 1970)가 선택된다. 이는 상대방을 대상으로 보고 돕는 자의 주체성을 드러내지 않는 나-그것의 관계와 대조되며, 상대방을 더 객관적인 측면에서 바라볼 수 있도록 한다. 이에 더하여 자기(self)는 구성 부분의 집합이 아닌 총체적인 측면에서 이해될 수 있다(Perls, 1973). 진단과 그것의 연장선에 있는 개념화는 상담치료사를 더 냉담하고 거리감이 있는 분석적인 입장으로 만들 수도 있다. 그리고 내담자를 기계적인 자동 인형(automaton)으로, 잘 돌아가지 않는 부분들의 집합으로 여기게 될 잠재성이 있는 것이다.

개념화에 관해서 인본주의-경험적 이론가들 및 치료사들이 표현한 우려는 크게 두 가지로 나눌 수 있다. 한 가지 우려는 개념화가(그리고 이와 비슷한 진단이) 내담자와 상담치료사 사이에 원치 않는 정서적 거리를 만든다는 것이었다. 진단 또는 개념화의 행위 자체가 내담자로부터 물러나서 상담치료사의 주의를 분석과 분류로 돌리며, 내담자에게 정서적으로 닫혀서 함께하지 못하도록 할 수도 있다는 것이다. 둘째, 진단과 개념화는 상담치료사를 더 힘 있는 '한 수 위'로 만들고 '전문가' 역할을 갖게 하여 관계의 불균형을 형성하게 할 수도 있다는 것이다. 이러한 우려에 대해, 로저스(1951)는 진단이 "대다수의 사회적 통제를 소수의 손에 쥐어 줄"(p. 224) 수 있다는 사회철학적인 표현을 했다.

필자들은 사례개념화에 대해 다음과 같은 입장을 취한다. 사례개념화는 내담자중심 및 게슈탈트 치료의 핵심 관계 원리를 따르면서, EFT의 인본주의 이론적 뿌리와 본질적으로 양립할 수 있다고 본다. 이론에 수정과 추가를 거듭하고 향상시켜 가면서 사례개념화의 유용성이 드러나게 되었고, 그중에서도 특히 '치료과정을 구성하고 그에 초점을 부여하는 내러티브 구조를 내담자와 함께 만들어 간다는 것'이 매우 유용한 것으로 나타났다. EFT에서 활용되는 사례개념화가 치료적 관계의 정서적 직접성을 방해하는 것으로 보이지 않는다. 그보다 해리 스택 설리번(Harry Stack Sullivan, 1954)이 이러한 과정에서의 '참여-관찰자'를 일컫기 위해 쓴 말인 '관찰하는 자아(observing ego)'와 연관이 깊으며, 이는 개념화에서 필수적인 부분이라고 할 수 있다. 관찰하는 자아를 참여시킨다는 것은 판단 없이 받아들이는 것과 생각, 손짓, 또는 행동에 그 어떠한 가치도 매기지 않는 것을 말한다. 그리고 나서 상담치료사는 한 발짝 물러나 앞으로 어떻게 진행하는 것이 좋을지 결정하며, 내담자에게 어떻게 처리할지를 제안하면서 정서적으로 다시 시작한다. 이 복잡한 과정은 재빠르게 순식간에 일어나며 상담치료 시간에 여러 번 변하고 다시 만들어진다.

진단에 대해서

EFT는 내담자가 자신의 정서와 경험을 식별할 수 있는 것에 높은 가치를 매기며, 내담자들에게 경험의 '주체'는 자기 자신이라고 강조한다. 변화는 이러한 인식 없이는 일어날 수 없다. 이러한 치료 관계적인 조건의 전제에 대한 근본적인 신념 때문에 EFT는 개념화의 행동이[과정 진단(process diagnosis)이라 불리는] 반드시 권력을 "소수의 손"(p. 224)에 쥐여 준다는 로저스(1951)의 우려에 동의하지 않는 것이다. 관계적 이론의 핵심 측면은 내담자의 경험에 대해서 상담치료사가 내담자보다 더 많이 알고 있다고 가정하지 않는다는 것이다. 평등한 관계에 들어가며 그들의 정서적 프로세싱이 어떻게 뒤틀렸는지 이해하려고 함께 길을 떠나는 것이다. 즉, 내담자의 문제를 해결하는 제일 좋은 방법을 이해하기 위해서 내담자와 함께 작업하는 것이다. 이 이론에 함축되어 있는 것은 EFT 치료사들이 정서적 경험의 성공적인 변화를 가져오는 필요한 기술과 능력을 가진 프로세스 전문가라는 관점이다. 비록 진단명에서 생길 수 있는 낙인(stigma)에 대한 우려도 있지만(그래서 내담자와 있을 때는 일반적으로 사용하지 않으려고 한다), 개념화의 과정은 낙인에 기여하기보다 일관성을 부여하는 데 도움이 된다고 본다. 진단명, 특히 다른 의미를 가지고 있는 말(예: 경계선, borderline)들은 제한적이고 해를 끼칠 수 있으며, 지금 제공되고 있는 진단적 분류는 내담자 경험에 대한 적절한 묘사를 제공하는 데 대부분의 경우 도움이 안 되는 것으로 보인다.

다른 한편, 진단적 분류는 연구와 임상적 경험들에 의해 생성된 많은 지식과 정보를 모으는 것을 가능하게 했다. 예를 들어, 우울증의 병인과 치료에 대한 많은 양의 정보가 있다. 절대적인 사실보다는 임시적인 가설의 세트를 제공해 준다고 이해하고 받아들이는 한 이러한 진단적 분류는 도움이 되고 유익할 수 있다. 그러므로 사람을 이해하는 데 도움을 주지만 사람의 경험보다 우선순위가 되어서는 안 되고 사람에 대한 관점을 한 범주로 제한시키는 렌즈로 사용되면 안 될 것이다. 진단명에서 생기는 낙인은 어떻게 보면 사회에 의해서 만들어지며 상담치료사들에 의해 영속된다(어떤 때는 내담자도 이에 동참한다). 그래서 때때로 상담치료에서 이러한 고정관념을 다루고 고정관념을 없애는 과정으로 상담치료를 바라볼 필요가 있다. 하지만 낙인에 관한 우려는 개념화보다는 진단(두 개를 다른 프로세스로 여긴다)과 더 관련이 있다.

EFT 실습에서 개념화는 선험적 분류가 필요하지 않은, 내담자와 상담치료사가 협력하여 함께 만들어 가는 과정이다. 상담치료사는 어렵고 문제가 되는 정서적 경험들을 풀어내고 새롭고 더 만족스러운 경험들을 만들어 낼 수 있도록 도와주는 컨설턴트 또는 코치로서 자신을 본다.

사례개념화에 대한 다른 접근

켄젤릭과 엘스(Kendjelic & Eells, 2007)는 사례개념화의 일반적인 모델을 제시했는데, 이 모델의 "추리된 설명적 메커니즘"(p. 68)은 ① 증상과 문제, ② 촉발 스트레스 요인(precipitating stressors),[1] 그리고 ③ 소인적인[2] 사건

---

1) 역자 주: 촉발 요인 또는 촉진 요인이란 결과를 재촉하는 요인을 말한다. 예를 들어, 사랑하는 사람을 상실해서 우울증에 걸렸다고 했을 경우에, 상실의 경험은 우울증의 촉발 요인 또는 촉진 요인이 된다. 상담심리학이나 정신보건학에서 precipitating factor를 한국어로는 촉발 요인과 촉진 요인으로 혼용하고 있다.

과 조건들을 식별하고 설명해 준다. 엘스(2013)는 이론과 증거라는 두 가지 기본적인 정보의 출처에서 개념화가 나오며 순차적인 과정을 따라야 한다고 제안했다. 그 과정은 문제 목록 만들기, 진단하기, 설명 가설(explanatory hypothesis) 세우기, 치료 계획하기로 이루어진다. EFT 사례개념화는 이러한 요소들을 똑같이 강조하지 않지만, EFT 상담치료사들이 설명 가설을 세우는 것은 맞다. 김과 안(Kim & Ahn, 2002)은 임상심리학자들이 비이론적 진단 매뉴얼(Diagnostic and Statistical Manual of Mental Disorders, 4th ed.; American Psychiatric Association, 1994)에 따라 훈련을 받았지만 내담자의 임상적 문제를 이해할 때는 인과이론을 사용했다는 것을 보여 줬다. 상담치료사에 따라 다른 부분은 인과적 메커니즘을 추리하는 방식이었다.

대부분의 경우 심리치료사들과 임상가들은 정서, 기분, 행동 그리고 인지에서 표면적으로 드러나는 어려움(예: 슬픔, 기분 가라앉음, 좋지 못한 업무 성과, 자기비판)과 이면에 숨어 있는 심리적 메커니즘들(예: 핵심 정서 도식, 핵심 신념, 갈등, 애착 불안)을 구분한다. 표면적 어려움은 설명되어야 하는 현상이고 이면에 깔린 심리적 메커니즘들은 그 현상들에 대한 설명이다. 더 행동 지향적인 접근들은 주로 표면적으로 드러나는 어려움(overt difficulties)에 대한 개입을 옹호한다. 일반적으로 내담자들이 자신의 어려움에 적응할 수 있도록 도와주는 대처 능력(coping skills)을 가르치는 데 초점이 맞춰져 있으며, 이를 통해 이면에 숨어 있는 메커니즘들을 바꾸고자 하는 것이다. 퍼슨스(Persons, 2008)는 사례개념화에 대한 인지행동적 접근의 윤곽을 그려 주는 자신의 저서에서 표면적인 문제에서 개입이 가장 효과적이며, 표면적 문제를 변화시키면 그 문제를 만들어 내는 이면의 신념의 변화를 이끌어 낼 수 있다고 제안했다. 이는 바로 결과(표면적 어려움)를 바꾸는 것이 원인(이면에 깔려 있는 심리적 메커니즘)을 바꾼다는 말과 거의 동등한 것이다. 물론 퍼슨스는 이면에 깔

---

2) 역자 주: 소인이란 질병에 대한 경향 또는 민감성을 가진 것을 가리킨다. 예를 들어, 가족력에 심장질환이 있는 경우, 그 사람은 심장질환에 걸릴 소인이 있다고 말한다.

려 있는 태도의 변화가 표면적 어려움의 변화를 이끌어 낼 수 있다고도 인정한다. 하지만 전반적으로 행동적 및 인지행동적 접근들의 사례개념화는 이면의 결정 인자보다는 표면적인 행동과 환경적인 강화 요인을 식별하는 것에 더 초점이 맞춰져 있다.

다른 한편으로는, 정신역동 심리치료나 EFT와 같이 치료에 대한 심층적인 접근들(in-depth approaches)은 이면에 깔린 인과적 메커니즘이 현상을 만들어 내므로 현상의 지속적인 변화를 위해서는 이면의 결정 인자에 개입하는 것이 가장 효과적이라고 가정한다. 따라서 표면적 문제의 수준에서 개입하는 접근과 이면에 깔린 결정 인자에 초점을 맞추는 접근 간의 상당한 차이가 존재한다. 심층적인 접근(depth-oriented approaches)에서 상담치료사는 이면의 원인에 대해 가설을 세우고 치료하려고 한다. 예로, 어떤 정신역동적 접근에서 이면의 메커니즘은 갈등과 바람(wishes) 그리고 이와 함께 부정과 이상화와 같은 방어기제가 합쳐져서 만들어진다. 이와 대조적으로 EFT에서의 이면의 결정 인자들은 사람 이면의 정서 도식 그리고 이와 연관된 도식적인 자기조직화로 구성되며 가능한 원인들은 정서적 알아차림의 결여, 정서적 경험의 부정, 정서의 과잉 혹은 과소 조율 그리고 내러티브 구성의 특징과 같은 메커니즘이 있다.

다음 부분에서 논하게 될 내용은 EFT가 질적−해석학적 접근과 가설 추론적(귀추적, abductive) 방법(Peirce, 1931~1958)으로 일반적인 결정 인자들을 개념화하는 반면, 정신역동적 접근들은 주로 유도−추론적인 방법을 택하여 여러 상황에 걸쳐 결론을 추론한다는 것이다. EFT는 정신역동적 접근에서 하는 것과 같이 여러 상황에 걸쳐 패턴을 추론하거나 하향처리(top-down)하기보다는 상향처리(bottom-up processing)를 사용하여 구체적인 경험에서 개별적이고 특이한 세부 사항을 발견하려고 한다(Pascual-Leone & Greenberg, 2007b).

사례개념화에 대한 질적-해석학적 접근

사례개념화에 대한 EFT 접근은 조사에 대한 질적-해석학적 접근과 그 맥락을 같이한다. 질적 탐구는 구조를 만드는 데 있어 처음 기초부터 시작해야 한다(Glaser & Strauss, 1967). 이와 비슷하게, 정서중심 사례개념화도 상담치료 과정에서 드러나는 구조를 세우고 만드는 것과 관련되어 있다. 사례개념화를 고정되고 구성된 계획보다는 역동적이고 상호작용적인 과정으로 인식하는 것이 더 도움이 될 것이다(Eells, 1997, 2010). 개념화는 과정을 통해 유기적으로 생성되며 내담자와 처리에 대한 새로운 정보에 의해 끊임없이 변경되는 것이다. 정보는 기존의 틀에 조직화되며, 기존의 개념화에 들어맞지 않는 정보가 새로 주어질 경우 개념화는 변경된다. 따라서 개념화 자체도 끊임없이 변화하는 과정이므로 표식이 나타나고 작업을 수행하고 정서적 처리 문제를 해소하는 이 모든 단계는 더 새롭고 심화된 정서적 처리 문제와 자기(self)를 새롭게 발견하도록 하는 의미를 향해 이끌어 준다. 들어오는 새로운 정보에 의해 개념화는 늘 창조되고 재창조되고 있으며 이 반복적인 과정은 내담자가 호소하는 핵심 문제의 해소가 있을 때까지 지속된다.

예를 들어, 개념화의 초반에는 대인관계를 어렵게 하는 파괴적인 분노와 몰아침을 조절하는 것에 대해 고민하는 어떤 남성 내담자의 호소 문제에 초점이 맞춰질 수 있다. 여러 EFT 회기가 지나고서 개념화는 내담자의 이면에 있는 참기 힘든 수치심으로 초점이 돌아간다. 내담자는 자신이 인정받지 못한다고 생각되면 갑자기 화가 치솟아 오른다는 것을 발견할 수 있다. 개념화에는 내담자가 자신의 분노를 자극하는 것이 무엇인지 알아차리지 못한다는 내용이 포함될 수 있다. 상담치료는 내담자가 화가 올라오는 것을 초기에 알아차리고 자신을 진정시킬 수 있도록 도와주는 역할을 할 수 있으며, 이면에 깔려 있는 수치심을 기반으로 한 자기를 접촉했을 때 화를 내기보다 수치심을 경험하고 이를 대인관계 속에서 표현할 수 있게 된다. 이러한 재조직화는 재개념화로 이어져 수치심을 자부심, 자신감 그리고 자신이 가치 있다는 느낌으로 어떻게 변화시킬지에 대한 초점으로 전환되어야 한다. 이를 통해 내담자는 자기에 대한 새로운 관점이 생기고 다른 사람들에게 다가가거나 새로운 과제를 부담할 수 있게 된다. 개념화는 더 심화된 정서적 탐색을 목표로 하는 특정한 과제들로 이끄는 반복적인 과정이다. 그리고 이것은 새로운 처리 문제와 새로운 의미에 대한 개념화에 기여하는 정서적 상태들로 인도한다. 따라서 개념화는 일관된 자기감이 과정 속에서 나올 때까지 새롭고 더욱 깊은 탐색과 새로운 정서적 상태 및 의미로 인도해 준다. EFT 사례개념화는 시간이 지나며 드러나는 것들에 반응하고, 상담치료가 진행되면서 형성된다. 이는 안전하고 신뢰 있는 관계를 배경으로 이루어지며, 현재 일어나는 정서적 처리에 대한 관찰에 기반을 두고 치료 과정의 결과로 함께 생기는 변화하는 삶의 상황들이나 지속되는 대인관계에서 매주 내담자가 주는 새로운 정보를 고려한다. 그러므로 개념화는 내담자들이 자신의 삶 그리고 상담치료 회기에서 만들어 내는 변화에 따라 항상 달라진다.

사례개념화 및 과학에서의 추론 방식

개념화 과정은 과학에서의 이론 구축 과정에 비유할 수 있다. 과학적 연구를 수행해 나가는 것에 있어서 심리적 메커니즘의 식별은 매우 복잡한 과제이다. 임상의 상담치료 작업에서 더욱 어려운데, 상담치료사들에게 제시되는 의미들과 행동들은 개인마다 그 차이가 크며 고유한 모호성과 변동성이 곳곳에 침투해 있지만 여기에 심리적인 개입을 위한 틀을 제공해 주는 포괄적인 개념화를 만들어 내야 하기 때문이다.

EFT는 비판적 실재론(critical realism)의 한 형태인 변증법적 구성주의의 인식론적인 접근(dialectical constructivist epistemological approach)에 기초해 있다(Bhaskar, 1993). 변증법적 구성주의가 본질적으로 논하는 것은 무언가를 알아 가는 과정에서 인간의 지식의 상태와 그 무엇 자체도 변화한다는 것이다(Elliott, Watson, et al., 2004; Greenberg & Pascual-Leone, 1995, 2001). 인간이 알게 되는 것은 '사물 그 자체'와 인간의 알아 가는 과정이 합쳐져서 구성되는 것이다. 단지 정보를 논리적인 방법으로 처리하는 것이 아니라 경험의 구성 요소들에 작용하고 종합하는 변증법적인 과정을 통해 새로운 의미를 만드는 것이다.

이 입장은 실재는 무관하며 세상에 대한 해석 또는 '이형(versions)'만이 관심 분야라고 하는 포스트모던 또는 상대론적인 관점인 '근본적(radical) 구성주의라 불리는 것과 다르다. 이와 대조적으로, 변증법적 구성주의자들은 실재가 인간의 구성을 제한한다고 논한다. 따라서 모든 구성이 동등하게 데이터와 잘 맞지는 않더라도 여러 가지 다른 설명(또는 이형)이 합리적이고 유효한 것으로 나타날 수도 있는 것이다. 따라서 변증법적 구성주의는 상대론('아무거나 된다.')과 실재론('사실 외에는 아무것도 안 된다.')의 사이에서 방향을 찾으려는 현대 비판적 실재론적 과학철학들과 양립이 가능하다.

심리치료에서 많은 임상적 추론은 심리적 연구에서 채택된 실재론적인 과학 방법에서 가져온 연역적 방법과 귀납적 방법에 의해 인도되어 왔다. 연역적 추론 또는 연역법은 일반적인 명제 또는 가설에서 시작하여 어떤 구체적이고 논리적인 결론에 도달할 수 있는 가능한 수들을 살펴보는 것이다. 과학적 방법은 가설과 이론을 시험하기 위해 연역법을 사용한다. 이론을 먼저 구축한 후 내담자의 어려움을 그 이론의 관점에서 이해하는 것이다. 이 방법은 우울증이 자신을 향한 분노에 의해서 생성되었다는 초기 정신분석학의 이론적 개념화(Freud, 1917/1957) 또는 부정적인 인식들(negative cognitions)이 우울증의 원인이 된다는 이론을 가진 인지치료(Beck, Rush, Shaw, & Emery, 1979)에서 사용된 것을 볼 수 있다. 따라서 우울증이 내면을 향하는 분노 또는 부정적인 인식에 의해 생겼다고 추론하게 되는 것이다(빌은 자기를 향해 분노를 돌리거나 자기가 멍청하다고 생각해서 우울한 것이다 등). 그렇지만 이러한 방법의 임상적 문제 해결 과정은 이 특정한 장애 또는 특정한 내담자에 대한 상담치료사의 사전 지식을 명시된 이론 이상으로 나가도록 하지 않는 것이 약점이다. 임상 작업은 사실 연역 추론을 넘어 더 많은 것을 사용한다. 이론, 임상 경험, 일반적인 인간의 경험 그리고 당사자인 내담자를 기반으로 하여 여러 연관된 사전 지식에 크게 의존하기 때문이다.

그렇다면 심리치료 사례개념화에서는 현상이 이론보다 우선되며 현상을 이해하고 설명하기 위해 개념화가 구성되는 것이다. 예를 들어, 특정한 내담자의 경우 부모를 향한 분노가 강하다는 것을 알아차렸다고 하자. 이 현상으로부터 시작하여 그 사람이 사랑받지 못한다고 느꼈고 애착에 대한 충족되지 못한 갈망들이 있다는 개념화를 구성할 수 있다. 반면, 다른 내담자의 경우에 분노는 모욕감에 대한 반응일 수 있는 것이다.

연역적 추론과 대조되는 귀납적 추론 또한 과학적 연구에서 이론 생성에 쓰인다. 이 형태의 추론은 사례개념화에 더 적합하게 보이지만 이것 또한 EFT 개념화에서 무엇이 일어나고 있는지 부분적으로만 설명해 줄 뿐이다. 귀납적 추론은 연역적 추론의 반대이다. 귀납적 추론은 구체적인 관찰에서 광범위한 일반화를 도출하는 것이다. 따로 떨어져 있는 각각의 사실들을 연결해서 일반적인 가설을 세우는 것이므로 여기서는 원인을 추리하고 패턴을 인식하는 것이 필요하다. 연역적 논증의 결론은 확실하다고 말하는 반면에 귀납적 논증의 진실은 주어진 증거를 기반으로 하여 개연적(probable)이라고 한다. 예를 들어, 우울한 내담자에게서 자기비판적인 모습이 반복적으로 관찰되면 자기비판이 그의 우울증의 이면에 있는 개연적 원인이라고 추론(infer)할 수 있는 것이다. 귀납적인 형태의 추론은 데이터에서 개념화로 가는 상향적인 방법(하향식과 대조하여)의 추론을 더 사용한다.

EFT 상담치료사들은 사례개념화를 인도하기 위해 귀납적 추론을 사용하지만 가설을 세울 때 연역적이거나 순전히 귀납적인 접근만을 사용하는 것은 아니다. 연역적 추론 방법으로부터 나오는 개념화는 상담치료 전에 고안된 구체적인 전제에서 추론된(deduced) 가설을 만드는 것이 요구된다. 한 예로, 강박 행동의 원인은 특정한 내용의 생각들이라는 것이다. 이것은 이 상태에 있는 한 개인에 대한 현상학적으로 근거가 있는 관찰보다는 이론 중심의 가정을 기반으로 한 것이다. 귀납적 추론 방법은 더 현상 중심이며 행동 관찰 및 데이터에서 연결고리와 패턴을 찾는 끊임 없는 탐색이 요구된다. 그리고 이 모든 것은 일반화에 대한 내용을 주는 것들이다.

　하지만 잘 알려지지 않은 다른 형태의 추론이 개념화에 대한 정서중심 접근을 더욱 면밀히 설명해 주는데, 바로 가설적 추론(귀추적 추론, abductive reasoning)이다(Peirce, 1931~1958). 법학, 컴퓨터 과학 그리고 인공지능 분야 연구에서 귀추법에 대한 관심이 재개되고 있다(Josephson & Josephson, 1996; Lipton, 2001). 진단 전문가 시스템(diagnostic expert systems)들은 귀추법을 자주 사용한다. 연역적이지도 귀납적이지도 않은 귀추법은 추측 또는 상상력을 사용하여 무엇이 일어나고 있는지에 대한 모델을 구성한다. 귀추적 추론은 의학적인 진단을 내릴 때도 사용된다. 즉, 의사는 자신이 알고 있는 것을 가지고 일련의 증상을 고려하여 많은 증상들을 가장 잘 설명하는 진단을 택한다.

　미국의 논리학자이자 철학자인 퍼스(Peirce, 1931~1958)는 귀추법에 의해 과학이 앞으로 나아간다고 주장했는데, 이 귀추법(abduction)은 "사실을 연구하고 그 사실들을 설명해 주는 이론을 만드는 것으로 이루어지는" 추론(inference)의 한 유형이라고 말했다(1934, Vol. 5, p. 90). 차이를 강조하기 위해서 그는 추측(guessing)이라는 용어를 도입했다. 퍼스는 (B)라는 어떤 관찰된 놀라운 상황으로부터 (A)라는 가설적인 설명을 형성하는 것은 A가 참되면 B는 당연한 결과이기 때문에 A가 참될 수 있다고 추량(surmise)하는 것이다. 따라서 B에서 A를 귀추하는 것은 B라는 결과를 가져오기에 A가 절대적으로 필요한 것은 아니지만 충분(또는 거의 충분)하다는 것을 보여 주는 것을 말한다. 그렇기 때문에 귀추법은 일련의 관찰된 현상에서 출발하여 그 현상을 가장 잘 설명하는 가정들을 이끌어 내는 추론 과정인 것이다. 예를 든다면, 잔디가 젖었다. 하지만 어젯밤에 비가 왔다면 잔디가 젖은 것이 놀라운 사실이 아닐 것이다. 그러므로 귀추적 추론에 따르면 어제 비가 왔을 가능성은 타당하다. 이에 더하여, 젖은 잔디를 관찰한 것에서 어젯밤에 비가 왔다는 것을 귀추하는 것은 잘못된 결론으로 이끌 수도 있는 것이다. 이 예시에서 비가 오지 않았더라도 이슬, 잔디 스프링클러, 또는 어떤 다른 과정을 통해 젖은 잔디라는 결과가 나타났을 수 있는 것이다. 그렇게 원인에 대해 추측을 하고 추론하지 못한 부분은 상상하여 구성해 보는 것이다. 한 예로, 아인슈타인의 업적은 단지 귀납적이거나 연역적이었던 것이 아니라 나아가는 기차와 추락하는 엘리베이터에 대한 관찰만으로는 정당화되기 힘들 정도의 창의적인 상상력의 도약과 시각화가 있었기에 가능했던 것이다. 실제로, 많은 아인슈타인의 작업이 '사고 실험'으로 이루어졌기 때문에(그는 실험을 위해 실제로 엘리베이터를 떨어뜨린 적이 없다) 그의 동료들도 기상천외하다며 그의 결과들을 인정하지 않았다. EFT에서 상담치료사는 신호를 읽어 내담자의 이면에 숨어 있는 핵심 고통이 무엇일지 상상해 봄으로써 그 핵심 고통을 귀추한다.

　다른 말로 하자면, 귀추적 추론은 최선의 설명을 추론하는 것이다. 보통 불완전한 일련의 관찰에서 시작하여 그에 대한 설명들 중에 가장 가능성 있는 설명으로 나아가는 것이다. 귀추법은 추정된 결과로 이해되는 현상들로부터 이면에 있는 인과적 메커니즘의 관점에서 그것들의 이론적인 설명으로 추론하는 것이다(Haigh, 2005; Vertue & Haig, 2008). 이 관점에서 새로운 지식은 전제에 결과가 포함되어 있는 수학처럼 연역법에서 오지 않는다. 또한 오로지 귀납법에서 오는 것도 아니다. 왜냐하면 진정으로 새로운 것에 대한 인지와 구성적인 묘사에 필요한 상상력은 관찰한 것이 설명해 주지 못하기 때문이다. 밝혀진 바와 같이, 사람은 자기가 주의를 주지 않는 것과 기대하지 않는 것은 쉽게 보지 못하는데, 본 적이 없기 때문에 마음속에 쉽게 그릴 수 없는 것이다. 그 대신에 새로움(novel)은 귀납법과 귀추법의 상호작용에서 등장하게 된다. 귀납법에서 상담치료사는 임상적 현상을 경험적(empirically)으로 관찰한다. 내담자의 시선이 아래로 떨어지는 것을 보고, 목소리에서 떨림을 듣고, 내담자가 쓰는 단어와 이미지가 회상적이라는 것을 눈치챈 상담치료사는 내담자가 모욕을 느낀다고 생각한다(imagines). 귀추법에서는 상담치료사가 상상 속에서 그리고 상상력의 인도에 따르는 관찰 사이에서 계속 전환하면서 어떤 그림 이론(Hanson, 1958)을 만들거나 추측하여 새롭게 관찰된 것(특정한 표정이나 목소리 톤 그리고 비판 받는 내용의 문장)을 설명해 주는 가설을 세운다 (즉, "당신은 작아진 기분이 드는 것 같군요."). 본질적으로, 귀추적 추론은 데이터 패턴이나 현상의 묘사에서 그 현상을 이해할 수 있도록 설명해 주는 한 가지 이상의 가능한 설명으로 옮겨 가는 추리의 한 형태이다. 이러한 설명적인 움직임은 가정된 하나의 효과 혹은 복수의 효과에서 이면에 깔린 인과적 메커니즘에 도달하는 것이다. 이는 규칙성(regularity) 또는 법칙에 이르는 귀납적인 움직임이 아니며 명제의 관찰에서 나오는 또는 명제의 관찰로 인도하는 연역적 추론 또한 아니다.

　앞의 예를 더 상세하게 서술하면, 내담자는 학대적인 남편으로부터 아들들을 지키지 못했던 것을 이야기한다. 내담자의 목소리가 살짝 느려지는 것과 주저함, 시선을 아래로 떨구는 것을 관찰하고 상담치료사는 내담자의 자책감이 부모님의 인정을 받지 못하고 자라 온 과거로부터 발달한 그녀의 핵심 감각인 수치와 무가치를 활성화했다고 상상(추측)한다. 이 예시에서, 개념화하는 과정은 관찰된 것을 설명하기 위해 관찰한 것으로부터 가설을 세우는 것을 말한다. 다른 예에서 상담치료사는 내담자의 목소리 톤이 부모로부터 부당한 대우를 받은 것에 대해 불평할 때 높아지는 것을 듣고 그 사람의 분노가 이면의 거부당한 감정에 대한 반응이며 상실에 대한 해결되지 못한 슬픔이 쌓여 있다고 추측한다. 이 평가들은 단순히 이론으로부터 연역법을 사용한 것도 반복된 관찰에서 일반화된 귀납법의 사용 또한 아니라는 것에 주목하기 바란다. 오히려 이는 이론에 영향을 받고 현상에 근거한 창의적인 추측들로, 최선의 설명에 대한 추론들이라고 할 수 있다.

　과학적 연구에서 그렇듯이, EFT 사례개념화에서도 어떤 현상이 설명되어야 하는지 선택하는 것은 중요한 일이다. 하지만 사례개념화에서 설명되어야 할 현상은 임상 관찰의 원 데이터가 아니라 오히려 의미 있는 패턴으로 응집하도록 상상에서 조직화된 특정한 현상들이다. 표식의 개념은 EFT에서 기본이 된다. 문제가 되는 반응, 미해결 과제, 자기비판적 분리, 정서적 조율불능, 회피, 또는 불명확한 신체적인 감각과 같은 표식의 임상적 현상은 특정 유형의 언어적 패턴들(verbalization patterns)의 발생 그리고 정동적으로 동시에 발생하는 것들(원 데이터)을 알아차림으로써 형성된다. 귀추적 추론 또는 창의적 상상은 이면의 결정 요소들의 표식의 실증적인 규칙성 또는 현상들을 찾아내기 위해 관찰된 내담자의 언어적 및 비언어적 표현의 원 데이터에서 정보를 얻고 영향을 받는다. 표식으로부터 다양한 인과적 메커니즘이 귀추적으로 추리될 수 있다. 예를 들어, 미해결 과제의 표식에 대한 관찰에서 두려움의 핵심 정서 도식을 귀추적으로 추리할 수 있으며, 자기비판의 내용에서 수치심의 핵심 정서 도식을 추리할 수 있고, 섭식장애의 증상 발현에서 핵심 두려움, 트라우마 또는 경험을 상징화하는 능력의 상실 등을 추리할 수 있을 것이다. 이런 가능한 설명들은 관찰된 현상들에 가장 알맞은 인과적 설명을 찾는 데에 고려된다.

여기에서 소개되는 사례개념화 접근법에는 여러 회기에 걸쳐 현상을 관찰하고 감지하여 원인을 귀추하는 과정이 수반되는데, 이는 많은 인터뷰 평가 절차보다 더 느린 접근을 요구한다. 이러한 더 느린 형태의 사례개념화가 EFT에서 가치 있게 여겨지는 이유는 그것이 진단적 정확성을 목표로 하기 때문이다. 연구에 따르면 진단적 정확성에 기여하는 요소 중 하나가 결정하기까지 걸린 시간이며, 더 정확한 진단자일수록 결정을 내리는 데에 더 오랜 시간을 투자한다(Falvey et al., 2005). 시기상조의 상담 완료는 가장 흔한 평가 오류 중 하나이며, 스펭글러, 스트로머, 딕슨과 시비(Spengler, Strohmer, Dixon, & Shivy, 1995)는 이러한 오류를 줄이는 데 가장 효과적인 전략 중 하나가 결정 과정의 속도를 늦추는 것이라고 제시했다. "그렇지 않으면 첫 한 시간 만에 상담가들은 바꾸기 쉽지 않은 가설들을 설정하는 경향이 있다." (p. 524)

이런 방식으로 구축되는 개념화와 그 구성 요소들은 항상 잠정적이고 절대적이지 않으며 개념화가 형성(발달)되는 것은 상담치료사의 반복된 관찰과 그에 관련된 슈퍼바이저나 컨설턴트들의 의견 일치의 확대와 상관관계에 있다는 것에 주목할 필요가 있다. 따라서 개념화의 모든 측면은 계속되는 관찰에 의한 검증(validation)을 기다리고 있는 귀추법의 결과(구성된 가설)들이다. 구성 요소(하위 가설)들은 사례 과정에 대한 지속적인 이해에 따라 변경되거나 버려지거나 다른 요소들과 합쳐진다.

귀추적 추론, 사례개념화 그리고 과제 분석

그린버그(Greenberg, 1984, 1986, 2007; Greenberg & Pinsof, 1986; Rice & Greenberg, 1984)는 심리치료에서 변화의 과정을 이해하기 위한 임상과학적 연구에서 사용될 수 있는 과제 분석적 모델과 유용한 측정 방법을 제시하였다. 사례개념화와 관련된 임상적 추론 과정은 이러한 과제 분석에서 사용되는 과정과 유사하다. 과제 분석을 통해 모델을 만드는 것과 유사하게, 개념화는 경험적인 현실(empirical reality)과 구상의 혼합인 설명적 메커니즘을 구축하는 결과를 가져온다(Greenberg & Pascual-Leone, 1995, 2001; Neimeyer & Mahoney, 1995). 특히 이면 처리 과정의 설명적 모델들은 내담자 성과의 불변성(invariants of client performance)을 일부 포착하는 데 도움을 주며, 사례개념화에서 과제 분석적 접근의 목표는 이러한 모델들을 구성하는 것이다. 이는 문제되는 현상들의 이면 결정 요인들을 접촉하고 변화시키는 데 도움이 되게끔 개입을 할 수 있도록 상담치료사를 안내해 준다. 후설(Husserl, 1962/1977)의 '사고 실험'의 개념에 비유할 수 있는 이러한 일련의 과정은, 제시된 현상들을 가장 잘 묘사할 수 있도록 가능한 인과적 메커니즘들을 상상 속에서 자유롭게 변동시킴으로써 가장 그럴듯한 명확하고 응집력 있는 개념화에 도달한다.

상담치료사의 내면적인 추론 과정 단계들은 변화 과정을 식별하는 과제 분석적 연구 방법을 따른다(Greenberg, 1984, 2007). 과제 분석적 접근은 현상을 식별하고 발견 지향적인 모델 구축에 적극적으로 참여하는 것을 강조한다.

이와 비슷하게, 임상가는 내담자의 문제의 이면적 원인에 대한 모델(개념화)을 개발하기 위해 과제 분석적 방법을 수정하여 적용한다. 다음의 여섯 가지 단계는 설명적 모델을 만들 때 관여된 지식 생성 과정에 대한 설명이며, 사례개념화의 임상적 과정의 14단계가 아니라는 것에 주의하라.

① 현상을 식별한다. 이미 데이터에서 구성되었기에 현상은 대체로 직접적으로 관찰되지 못한다(즉, 우울증, 불안 또는 공황, 불안정적인 관계들, 공격적인 행동, 섭식장애).

② 내담자와 상의하면서 상담치료사는 내재적인 인지 지도를 만들기 시작하는데 시간이 지남에 따라 현상과 원인(origins)에 대한 이해를 언어로 표현하면서 외현적으로 나타나게 된다.

③ 이면 원인의 가설적인 모델이 귀추적으로 상상된다.

④ 내담자가 계속해서 기능하는 것에 대한 관찰을 기반으로 하여 귀납적인 추출에 의해 실증적으로 관찰된 현상을 구상하고 가설에 빗대어 확인해 본다.

⑤ 상상력이 원동력이 되면서 실증적으로 관찰되어 형성되어 가는 모델은 내담자에게 다시 반영되고, 이와 관련된 더 많은 현상 사례가 등장하면서 내러티브에 통합되며(synthesized) 반복적으로 수정된다.

⑥ 모델에 대한 설명을 귀추적으로 생성한다.

실증적 현상을 감지하는 것은 사례개념화의 주요 목표이며 성공적인 감지는 그 자체로도 개념화의 중요한 유형 중 하나를 구성한다. 하지만 감지되고 나서는 현상이 중요한 기능을 하는데, 바로 설명적 이론을 구성함으로써 이해를 추구하는 것을 촉구하는 기능이다. 이렇게 EFT 개념화는 이면에 있는 인과적 메커니즘을 상상함으로써 관찰을 넘어서 개입을 안내한다.

여러 가능한 설명 가설이 귀추적으로 생성되고 난 후에 당면하는 과제는 그 가설들을 내담자의 문제의 인과적 모델에 수용 가능한 정도로 발전시켜 가장 적합한 치료적 목표를 식별할 수 있도록 하는 것이다. 보통 내담자의 현상을 만드는 데 있어 어떤 메커니즘들은 다른 메커니즘보다 더 많이 관여되어 있다는 것이 나타나는데, 그중 무엇이 가장 중요한지에 대한 결정은 당연히 이론적인 영향을 받지만 어쩌면 관찰의 영향을 더 많이 받는다. 결국 상담치료 중에 일어나는 탐색은 계속해서 (때때로 핵심 메커니즘이라 불리는) 근본적인 인과적 메커니즘인 특정한 주요 난관으로 돌아오게 된다는 것을 보게 된다.

인과적 메커니즘 개념화가 형성되고 나면 이는 설명적 적합도(explanatory goodness)에 따라 경쟁 상대인 다른 개념화들과 비교 평가된다. 이 평가는 서로 경쟁하는 설명들 중 최선의 설명을 가려내기 위한 판단을 하는 것으로, 개념화가 잠정적으로 받아들여질 수 있을 정도의 개연성이 요구된다. 성공 가능성에 대한 예측(predictive success), 단순성 그리고 설명 가능한 폭(explanatory breadth)과 같은 기준에 근거하여 사실과 사실의 근사치로서의 정당화를 분별하는 것은 중요하다. 그렇다면 어느 이론의 설명적 일관성은 설명 가능한 폭, 단순성 그리고 유추(analogy)와 같은 기준에 따라 평가된다(Thagard, 1992). 최선의 설명을 선택하는 데 가장 중요한 기준이 되는 설명 가능한 폭은 어떤 이론이 더 넓은 범위의 현상을 설명한다면 경쟁 이론들보다 일관성이 높은 설명이 된다는 개념이다. 단순성의 개념은 특별한 가정들이 더 적은 이론일수록 우대받아야 한다는 입장을 가지고 있다. 마지막으로, 유추에 의해 기존의 신용 가능한 이론들에게 뒷받침이 된다면 그런 설명들은 더 일관성 있는 것으로 판명된다.

요인 선택

개념화 과정을 이끄는 이론적 모델에서는 심리적인 인과 메커니즘들이 본질적으로 정동적이며(예: 정서에 대한 알아차림의 결여, 부적응적인 정서 도식, 정서 조절 어려움, 미해결된 애착 갈망, 또는 의미 아니면 궁극적인 목적에 관한 문제들) 생물적 요인, 체계 요인, 인지 요인 그리고 행동 요인과 상호작용한다고 가정한다. EFT에서 두려움이라는 핵심 도식 또는 수치심이 기반이 된 무가치의 느낌과 같은 인과 메커니즘은 무능하다는 생각, 도전 기피, 불안 그리고 우울한 기분(low mood)과 같은 결과를 발생시킬 수 있다. 또한 불안정한 애착 유형과 같은 인과 메커니즘은 대인관계에서의 실패 및 사회적 상호작용의 회피를 유발할 수 있다.

심리적 강점과 취약점 또한 고려의 대상이 된다. 이혼 또는 직장을 잃은 것과 관련된 스트레스와 같은 최근의 요인뿐만 아니라 유전성, 유기성 그리고 과거의 트라우마와 같은 과거로부터 시작된 다른 변수들도 포함되어야 한다. (환경 요인을 포함해서) 변화 과정 가운데 접할 수 있는 유지 요인(maintaining factors) 및 난관들은 내담자의 어려움에 대한 적합한 설명을 위해서 말로 표현되어야 한다. 생물심리사회적 모델 또는 스트레스 취약성 모델(diathesis-stress model)과 같이 방향성을 제시해 주는 틀(orienting frameworks)은 개연성 있는 원인을 향한 탐색에 체계를 더해 준다.

결론

개념화에 대한 사고방식은 EFT가 실전에 어떻게 사용되는지 최대한 진실되게 나타내기 위한 시도를 통해 진화해 왔다. EFT 분야를 연구하면서 필자들은 시간이 지남에 따라 치료 과정에 주제가 나타나고 개념화와 초점이 형성되는 것을 보게 된다. 그러면서도 내용보다 과정을 중시하는 과정 접근 및 정서적인 직접성(immediacy), 안전함 그리고 평등을 높이 평가하는 관계적 접근 역시 계속 적용해 나갈 수 있다. 이 장에서는 증상(phenomena)에 대한 감지에서 시작하여 설명적인 인과 메커니즘의 제안을 거쳐, 이러한 메커니즘을 위한 모델의 구축 그리고 마지막으로 모델을 평가하는 개념화에 대한 논의를 다뤄 보았다. 그렇지만 임상 작업은 위에 언급된 절차 및 내러티브 구성(흔히 사례를 정리하고 보험처리 서류에 기재할 때 쓰는) 이전에 데이터를 모으는 과정 역시 포함한다는 것을 명시할 필요가 있다. 개념화의 주된 임상적 절차는 단순히 귀납하거나 연역하는 것이 아니라 귀추적으로 개연성 있는 이면 원인을 상상하는 것이다. 덧붙이자면, 인과 메커니즘의 개연적 본성은 개념화가 구성되는 과정의 한 특징으로 인정되며 따라서 확실성에 대한 주장은 없다.

CASE FORMULATION IN EMOTION-FOCUSED THERAPY

II

정서중심
사례개념화 3단계

제1단계: 내러티브를 풀어 나가며 내담자의 정서처리 스타일을 관찰한다

이 장에서는 정서중심치료(EFT) 사례개념화에 있어 그 첫 단계에 관한 이론을 소개하고자 한다. 그 첫 단계는 다음과 같은 과정[1]을 거친다.

① 호소하는 문제(관계적인 어려움과 행동 문제)를 경청하기
② 감정의 동요 및 고통스러운 정서적 경험에 귀를 기울이고 식별하기
③ 내담자의 정서처리 스타일에 주의하며 관찰하기
④ (애착 및 정체성과 관련된) 정서 기반의 내러티브 또는 삶의 이야기 풀어 내기

첫 번째 단계에서의 사례개념화는 EFT에 있어 핵심이 되는 변증법적 과정

---

1) 역자 주: 저자들은 단계(stage)를 상위 범주로 표시하고, 과정(steps)을 하위 범주로 진술했다.

의 두 수준, 즉 정서와 내러티브를 오가며 이루어진다. 상담치료사는 언제나 이 두 가지를 함께 인식해야 하는데, 보다 생물학적으로 풀이될 수 있는 내담자의 경험에 관심을 기울이는 동시에 내담자의 경험들을 파악하고 구조화하는 과정을 진행하여야 한다. 상담치료사는 내담자가 호소하는 문제 가운데 관계적이거나 행동상의 어려움을 포착하여 세밀한 분석을 통해 초기 상담 과정을 시작한다. 이 초기 단계 전반에 걸쳐 상담치료사는 내담자가 겪고 있는 고통과 정서처리 스타일의 파악에 주력하는 정서적 과정과 내담자의 삶에 대한 내러티브에서 나타나는 주제들을 듣고 그 소재들의 관념적 구성을 파악하는 과정을 오가며 이 두 과정을 병행하게 된다. 내담자의 인생과 고민들에 대한 내러티브적 묘사 속에 순간순간 이루어지는 정서처리 스타일을 주의 깊게 관찰함으로써 상담치료사는 사례의 대략적인 모습을 알 수 있는 정보를 얻게 된다.

이 단계에서 상담치료사와 내담자 사이의 관계가 서서히 형성되어 간다. 상담치료사는 내담자의 이야기에 주의를 기울여서 듣고 내담자가 호소하는 관계 또는 행동에서의 어려움을 파악하기 위한 정보를 모은다. 이 단계 전반에 걸쳐 상담치료사는 핵심 문제와 관련하여 내담자의 고통을 인정하고 공감해 주는 동시에 정서처리 스타일과 그 성향을 세심히 관찰한다. 이를 통해 상담치료사는 내담자의 정서처리 스타일은 어떠한 것인지, 그리고 그 내면에 숨겨진 정서적 경험에는 얼마나 접근할 수 있는지를 대략적으로 파악하게 된다. 사례개념화는 단순한 일련의 과정이 아니기 때문에 치료 과정은 상담 전에 미리 짜이지 않는다. 오히려 상담치료사들은 아주 작은 가정들로부터 시작해서 매 상담시간마다 내담자가 자신이 현재 겪고 있는 일들에 집중하게끔 한다. 첫 번째 단계가 끝날 때쯤이 되면 아직 상세하지는 않더라도 내러티브의 대략적인 구조가 그 모습을 드러내기 시작한다. 여기서 강조되어야 할 것은 내담자가 지속적으로 나타나는 모습(enduring aspects)을 순간순간의 대화를 통해 이해함으로써(즉, 사례개념화) 전체적인 치료의 초점을 어디에 두어야 할지 정하는 것이다. 이 초점은 두 번째 단계에 이르러 더욱 극명하게 드러나게 된다. 세 번째 단계에서는 내담자가 새로운 정서들을 느끼고 새로운 의미들을 발견하게끔 이끌어 감에 따라 상담의 초점이 개념화의 적용과 현재의 상황들에 맞추어지며, 이는 곧 사례개념화를 더욱 알맞게 조정해 나가는 데에 쓰인다.

과정 1:
호소하는 문제(관계적인 어려움과 행동 문제)를 경청하기

EFT 사례개념화 과정은 내담자와의 첫 만남에서 시작한다. 상담치료사는 가설의 타당성을 확인하는 통계적인 가설 검증이나 형식적인 평가를 하지 않는다. 그렇기에, 개념화를 하는 것은 내담자가 호소하는 문제로부터 시작하여, 핵심을 이루고 있는 결정 요인들을 이해할 수 있도록 돕는 창문과도 같은 것이다. 여기서 이루어질 개념화의 작업은 내담자의 주관적인 세계 안으로 들어가 공감함으로써 내담자가 어떻게 자신의 문제를 인식하고 구성해 나가는지를 이해하는 것이다. 상담치료사의 궁극적인 목표는 핵심 정서 도식의 과정(core emotion schematic processing)을 이해하는 것이며 또한 이를 통해 내담자가 겪고 있는 문제들을 이해하는 것이지만, 이는 두 번째 단계에 가서야 비로소 가능하게 된다.

사람들이 심리상담을 받으러 오는 문제들은 주로 관계적인 것이거나 행동적인 것이다. 전자의 경우 스트레스, 주변 사람들과의 갈등, 거부당하는 것에 대한 예민함, 자신이 기대치에 못 미친다는 느낌, 분노와 충동 조절의 어려움, 최근 연인과 헤어진 일이라든가 실패한 혹은 불안정한 결혼생활, 외로움에 대한 공포 등이 있을 수 있다. 행동상의 어려움들에는 수행불안, 공황장애와 사회불안증과 같이 심신을 쇠약하게 하는 불안 증세, 또는 정상적인 일상생활을 불가능하게 하는 심리적 장애나 공포증, 중독, 섭식장애, 자신의 외모에 대한 부정적 인식, 낮은 자존감, 우울증 등이 있을 수 있다.

상담치료사들이 해야 할 일은 내담자가 어떻게 이러한 문제들을 구성하고 표현하며 인식하는지를 파악하는 것이다. 따라서 내담자가 어떠한 관점에서 자신의 문제들을 바라보는지 그리고 어떤 식으로 해결하려 하였는지를 아는 것이 상담치료사의 주된 관심사가 되며, 내담자가 얼마나 오래 이러한 어려움을 안고 살아왔는지 그리고 스스로 무엇이 원인이라고 생각하는지를 알아내게 된다. 상담이 진행되고 탐구가 더 깊이 진척될수록, 내러티브는 더욱 정교해지고 핵심 결정 요인들(core determinants)이 드러나게 될 것이다. 다시 말하자면, 겉으로 드러난 문제들 속에 문제의 근원이 숨겨져 있으며, 이는 내담자의 심리를 탐구하면서 비로소 보이게 된다는 것이다. 이 단계에서 상담치료사는 내담자가 주변을 어떻게 인식하고 있으며, 상담을 시작함으로써 무엇을 얻고자 하는지 파악하려는 시도를 한다.

앞에서 언급했듯이, 진단 단계를 초기 상담과 별개의 것으로 나누는 것은 EFT의 접근법과 거리가 멀다. EFT 상담치료사들은 그러기보다 내담자와 강한 유대감을 맺고 서로 깊이 신뢰하는 정서적 연대를 형성하는 것을 더 중시한다. 이러한 요소들이야말로 사례개념화 과정과 상담의 성공에 반드시 필요하기 때문이다. 뿐만 아니라 첫 상담에서 상담치료사는 사례개념화 과정에 필요한 정보들을 얻기 위해 특정 주제들과 연관된 질문들을 해 볼 수 있는데, 이어지는 내용에서 상담치료에서의 유대관계가 어떻게 형성되는지 간략하게 살펴보고 첫 상담에서 어떤 일들이 일어나는지 되짚어 보자.

치료적 관계 형성 및 동맹 확립

동맹 형성은 사례개념화에 있어서 필수적이다. 상담치료사들은 내담자가 더 힘든 경험들을 겪고 탐구함에 있어 자발적으로 참여할 수 있도록 내담자와의 협력을 통해 상호적인 신뢰를 쌓고 안전한 환경을 만들어 간다(Elliott, Watson, et al., 2004; Watson & Greenberg, 1998). 동맹 형성은 여러 연속적인 단계들을 거쳐 진행되고 그 결과 상담치료사와 내담자 간에 생산적인 작업관계가 성립될 수 있다.

또 다른 중요한 점은 내담자와 상담치료사가 치료 목적(무엇을 개선해야 할지)과 과제들(어떻게 개선할 수 있을지)에 대한 상호 간의 동의를 상담 초기에 확립해 두는 것이다(Horvath & Greenberg, 1989). 이를 위해서는 상담치료사가 내담자에게 치료의 본질적 특성과 상담의 과제와 목적 그리고 변화 과정에서의 정서의 역할 등을 분명히 알려 주고 내담자에게 있어 제일 힘든 점, 이루지 못한 인생 목표 등을 반영해 상담의 초점을 다시 내담자에게 맞추는 것이 도움이 될 수 있다.

EFT에서 내담자가 목표를 이루는 것과 관련하여 인식해야 할 첫 번째의 전반적인 과제들은 공개, 탐구 그리고 경험하기의 심화이다. 개념화는 내담자가 이러한 과제들에 참여하면서 시작된다. 상담 초기 단계에서의 초점 확립과 호소하는 문제에 내재된 결정 요인들(underlying determinants)에 대한 대화는 향후 심리적 탐구의 방향을 설정하는 큰 틀이 된다. 무엇이 문제이고 무엇에 주안점을 두어야 하는지에 대한 개념화는 매우 신중하게 이뤄져야 하며 내담자의 상황과 관련이 있는지, 혹은 적합한 것인지 수시로 재고되어야 한다. 이 과정에 있어 결정적인 가이드는 상담 과정 중 내담자가 보여 주는 매 순간의 정서처리 과정(processing)이 된다.

상담치료사는 내담자가 치료 과정의 과제들과 목표를 성취해 가는 과정에서 상담치료사와 쉽게 협력할 수 있도록 돕는다. 이러한 협력관계는 내담자가 겪고 있는 문제들과 삶에 대한 내러티브의 배경을 탐구하는 데 있어 매우 중요한 요소가 되며, 앞으로의 사례개념화와 상담 과정에서도 마찬가지로 큰 영향을 주게 될 것이다. 상담치료사와 내담자는 문제의 근원을 이해하고 정서적 변화를 이루어내기 위해 서로 협력하기로 동의한다. 여기서 중요한 것은 내담자가 자신의 정서와 개인적 경험들을 이야기하는 것이 상담에 큰 도움이 될 수 있다는 것에 동의하고, 문제적 정서를 야기하는 정서적 과정에 자기도 모르는 사이에 관여하게 될 수 있음을 인식하는 것이다. 내담자는 상담치료사가 자신과 같은 입장에서 문제를 바라보고 있으며, 문제 해결을 위해 상담치료사가 내놓는 제안들이 자신의 원하는 목표나 결과를 위한 것임을 느껴야 한다. 내담자는 자신의 변화 과정에 스스로 자발적으로 참여하고 있다고 느껴야 할 필요가 있다(Bohart, 2000).

상담치료의 첫 단계에서는 관계 또는 행동적인 어려움을 하나씩 살펴보게 되는데, 이 과정을 통해 상담에 필수적인 토대가 되는 상담치료사-내담자 관계가 성립되어야 한다. 상담치료사는 내담자에게 있어서 진정성과 공감 그리고 무조건적인 긍정적 존중을 표현해 주는 존재로 자리 잡는다(Geller & Greenberg, 2012). 개념화의 바탕이 되는 치료적 관계를 형성하기 위해, 상담치료사는 내담자 곁에서 그가 말하는 경험에 집중하며 내러티브의 의미에 담긴 뉘앙스에 주의를 기울이고, 이를 다른 비언어적 표현들과 함께 종합적으로 해석하여야 한다. 상담의 초기 단계에서 상담치료사는 자기 앞에 앉아 있는 사람과 이제부터 어떠한 관계를 형성해 나가야 하는지도 염두에 두어야 하므로, 정서를 중점적으로 탐구하는 것이 상담의 성공에 핵심적인 역할을 한다는 것을 고려하여 과연 어떤 관계가 내담자로 하여금 자신의 정서에 접근하도록 하는 데 도움이 될지 판단하여야 한다. 정서의 취약성과 접근성을 평가하기 위해서는 공감적 조율(empathic attunement)이 필요하다. 상담치료사는 '내담자와의 관계는 충분히 견고한가? 신뢰가 확실히 형성되도록 하려면 어떠한 조건들이 필요한가?' 등의 질문을 자문해 보게 된다. 내담자들 중에는 무관심, 신체적 혹은 성적인 폭력, 타인으로부터의 심한 학대, 불안정적인 환경, 심각한 갈등과 혼란 등을 겪으며 자라 온 사람들이 있다. 이러한 이들은 취약한 감성을 가지고 있고 심적으로 망가진 상태이며, 경계심이 강하고 자기보호적이며 다른 사람에 대한 신뢰도가 떨어지거나 자신의 정서와 격리된 상태인 경우가 많다. 그들의 정서적 표현을 기반으로 대화 내용도 일부 참조해 가며 상담치료사는 어느 정도의 시간을 들여야 내담자와 정서적 작업을 서서히 진행해 나갈 수 있는 안정성 있고 신뢰적인 관계를 형성할 수 있을지 판단한다.

이 단계에서 이루어지는 내담자와의 언어적 그리고 비언어적 상호작용은 그가 다른 사람과 어떠한 방식으로 소통하는지 이해하는 데 중요한 힌트가 된다. 비언어적 표정들의 패턴, 활력 징후 정동들(vitality affects; Stern, 1985, 1995), 대인관계적 인력(引力)과 같은 요소들은 모두 상담치료사가 느낄 수는 있어도 의식적으로 정확히 짚어낼 수 있는 것은 아니다. 그런 만큼 상담치료사는 효과적인 작업 동맹에 영향을 줄 만한 그 어떤 대인 민감성(interpersonal sensitivities)이라도 바로 알아챌 수 있도록 주의를 기울인다. 이렇게 얻어지는 정보는 상담치료사가 내담자를 있는 그대로 받아들이며 담담하고 무비판적인 자세로 소통할 수 있게끔 함으로써 내담자가 위안을 찾고 인정받을 수 있는 대인관계를 내면화할 수 있도록 돕는다(Vanaerschot, 2007).

내담자가 취약한 정서 상태에 있다고 판단되면, 상담치료사는 상담을 천천히 진행하며 더욱 신중한 자세로 대화를 이끌어 간다. 이러한 경우 상담 초기에는 과제를 제안하지 않는다. 과제를 수행하는 동안 정서적 경험이 빠르게 심화되기 때문이다. 그 대신 상담치료사는 내담자와의 관계를 구축하고 안정적인 공감적 토대를 마련하는 데에 시간을 들인다. 이 시기에 시도할 수 있는 과제들은 주로 공감성 과제들로, 내담자가 무언가를 수행하거나 상담치료사가 중간에 끼어드는 일 없이 단순히 듣고, 탐구하고, 평가하는 활동만으로 이루어진 것들이다. 이러한 과제들에는 내담자가 내비치는 약한 모습에 공감적으로 호응해 주고, 정서적 경험에의 접근성을 높이는 데에 집중하고, 고통스러운 정서들을 진정시키고 완화하기 위해 스스로를 다독이는 활동 등이 포함된다(과제에 대한 내용은 2장에서 더 자세히 다루고 있다).

EFT 상담치료사는 내담자의 이야기를 듣고 소통하는 과정을 통해 내담자가 어떻게 특정 사건에 반응하는지를 관찰하고 상담치료사의 개입이 개연적이고 의미 있게 이루어질 수 있게끔 치료법을 내담자에게 맞추어 다듬어 간다. 예를 들어, 자신과 비슷한 역할이나 위치에 있는 사람들과 자신을 항상 비교하며 자신이 그들에 비해 부족하다고 느끼고 이 때문에 우울하고 신경질적이 되어 버린 내담자의 경우, 상담치료사는 내담자가 어떠한 삶을 살아왔는지 경청함으로써 내담자의 아버지가 알코올 중독이었고, 내담자에게 직접적인 비판을 가하지는 않았어도 그를 못마땅해했고 무시해 왔으며 어머니는 같이 있기는 해도 정서적으로는 소원한 관계였음을 알아낼 수 있을 것이다. 이와 더불어 상담치료사는 내담자가 매 순간 느끼는 자신의 정서를 습관적으로 부정하고, 자기가 느끼는 것과 필요로 하는 것은 무시한 채 끊임없이 더 잘하고 더 많은 일을 해내기 위해 무리하는 것을 관찰할 수 있다.

첫 회기

이 부분에서는 EFT 상담치료사가 첫 상담에서 전형적으로 다루는 항목들을 정리해 보고자 한다. 여기서 설명하고 있는 대부분의 주제는 모두 관계 및 행동에 관련된 문제들에 영향을 미치기 때문에 근본적으로 연관되어 있다고 할 수 있다. 상담치료사는 문제를 듣고 두드러지게 나타나는 정서를 가이드로 삼아 따라가게 되는데, 이러한 정서 영역을 통해 상담치료사는 현재 내담자의 정서 처리 및 기능을 통찰력 있게 파악할 수 있고 앞으로 지목해야 할 주제들에 대해서도 생각해 볼 수 있다.

심리상담치료의 적합성

상담치료사는 EFT 치료가 적합한지, 그리고 EFT를 다른 치료법과 병행하는 것이 바람직한지에 대한 여부를 확인해야 한다. EFT 상담치료사는 치료를 통합적인 과정으로 여기며, 임상적으로 나타난 결과에 따라 필요하다고 판단될 경우 EFT 치료를 다른 형태의 치료와 병행하는 것에 대해 개방적인 입장을 취한다. 따라서 EFT 치료는 섭식장애의 경우 가족기반 치료(family-based treatment), 중독 증상의 경우 동기강화 상담(motivational interviewing), 성격장애의 경우 변증법적 행동치료(dialectical behavior therapy)와 결합될 수 있다. 또한 EFT가 치료의 특정 단계에서 부분적으로 도입될 경우 더 큰 효과를 낼 수 있는 경우도 있다. 예를 들어, 신경성 식욕부진증(anorexia nervosa)이 있는 내담자의 경우, EFT를 시작하기 전에 식사 습관을 직접적으로 교정하여 정상적인 체중을 회복할 수 있도록 하는 거주치료 프로그램(residental treatment program)을 우선적으로 진행하는 것이 바람직하다. 혹 내담자가 인지적 결함의 징후를 보이고 있다고 판단되는 경우에는 신경 심리학적 평가를 의뢰할 수 있으며, 정신적 장애 또는 해리성 장애를 호소하는 내담자는 보다 적합한 치료를 받을 수 있도록 조치해야 한다. 치료를 진행하는 방법에 대한 결정은 내담자와의 협의를 통해 함께 구성할 수 있다.

촉발 요인 및 유지 요인

촉발 및 유지 요인은 처음부터 평가 항목에 들어가지는 않으며 오히려 상담치료 초기에 내담자가 서술하는 내러티브의 일부로 간주된다. 중요한 촉발 요인들은 내담자가 전개하는 내러티브에서 표출되며, 내담자의 과거 중이와 관련된 측면들은 정서적 탐구와 경험의 심화를 통해 치료적 관계를 구축하는 과정을 통해 나타나게 된다. EFT는 상담의 초점이 되는 부적응적인 정서 도식을 드러내는 단편적이고 자전적인(autobiographical) 기억들을 활성화시킨다. 치료는 중요한 과거의 경험들에 새로이 접근하고 탐구할 기회를 제공하며, 그 경험들의 의미를 통합하거나 변화시킬 수 있다. 이는 상담을 시작할 때 제시된 일련의 질문을 통해서가 아니라 전체적인 상담 과정을 통해 진행된다. 그러나 이러한 주제가 등장하게 되면, 상담치료사는 이에 큰 관심을 두게 되며 정서적 고통의 원천이나 핵심 정서 도식을 더 깊이 이해하는 데에 기여할 수 있다.

유지 요인은 치료와 관련 있다고 판단될 때 고려의 대상이 된다. EFT는 내담자의 반응을 기반으로 한 접근 방식이다. 현재의 문제들을 '유지'하는 요인은 학습된 생존 전략이라고 여겨진다. 사람들은 생존에는 도움이 되지만 발전에는 그다지 도움이 되지 않는 방식들을 창의적으로 고안해 냄으로써 자신이 맞닥뜨리는 어려운 문제에 대응한다. 예를 들어, 폭식 섭식장애의 경우 음식으로 위안을 삼는 것이 습관화되어 버린 것인데, 이 역시 정서적인 과정으로 이해될 수 있다. 폭식은 문제적 상황에 부딪혔을 때 고안해 낼 수 있는 가장 적절한 반응이었을지 모르지만 어떤 면에서는 부적절하다고밖에 할 수 없다. 심리상담은 정서적 반응의 적응적인 구성 요소(adaptive components)에 접근하기 위해 이를 탐구하고 해체하는 것을 포함한다. 위의 예에서 폭식이라는 정서적 반응 형태에서는 마음을 위로하고 진정시키려는 욕구가 그 적응적인 구성 요소가 된다. 이 경우 상담치료사는 내담자가 이 내면의 욕구를 인식하도록 하는 등의 방법을 통해 새롭고 더 적응적인 정서를 조성할 수 있도록 돕는다. 뿐만 아니라 내담자가 스스로를 위로하고 포용하며 해로운 식습관이 아닌 다른 방식으로 자신을 돌보게끔 하는 등, 욕구를 충족시키기 위한 새로운 방안을 찾도록 도와줄 수 있다.

애착과 정체성에 관한 과거

자신에 대한 그리고 인간관계에 대한 견해를 형성하는 데 있어 유년기에 가졌던 애착 대상에 대한 경험과 원가족 경험은 중요한 영향을 끼친다(Fosha, 2000; Greenberg&Goldman, 2007; Watson, 2010). 이 사실을 고려할 때, 상담치료사는 내담자의 과거 핵심 애착과 정체성에 대해 관심을 갖지 않을 수 없다. 따라서 내담자가 이 주제에 대해 먼저 말문을 열지 않는 경우 상담치료사가 첫 상담에서 이 주제를 지목하게 된다(사례개념화의 맥락에서 이를 확인하는 법에 대한 자세한 내용은 이 장의 '과정 4' 부분 참조).

정서적 탄력성 및 자원

내담자들 중 어떤 사람들은 다른 이들보다 더 강한 정서적 탄력성을 가지고 있다는 것은 이미 잘 알려진 사실이며(Brom, Pato-Horenczyk, & Ford, 2009), 이는 치료를 시작할 때에도 고려의 대상이 된다. 일부 내담자는 특출한 정서적 탄력성을 지니고 있어, 정신적 외상을 유발하기 충분할 정도의 혼란스러운 상황이라고 할지라도 성공하고 발전하기 위해 확고한 결심으로 가득 찬 모습으로 이겨 낸다. 반면, 일상생활에서 겪는 수많은 고난을 견뎌 낼 수 없다고 느끼는 내담자들은 연이은 자살 시도, 불안정한 관계, 마약이나 또는 자해와 같은 자학적 행동, 임상적 장애로 인한 입원과 퇴원의 반복, 아직도 끊지 못하고 있는 정신약물 치료 등에 대해 상담치료사에게 털어놓는다. 과거 경험들은 중요하므로 상담치료사는 당시 상황들에서 어떤 감정을 느꼈는지, 어떤 감정이 그 후로도 계속 남아 있는지, 그리고 그들이 정서를 조절하는 방법이 그때와 지금 어떻게 다른지 알고자 한다. 정서적으로 무너져 약물을 시도하거나 스스로 목숨을 끊으려고 시도했던 사람들은 정서적 자원이 적은 유형으로, 적어도 치료 초반에는 정서조절에 대한 구체적인 도움이 필요하다. 이 유형의 내담자들을 위한 작업은 자신의 트라우마가 된 경험들을 '생존자' 정체성으로 통합하는 것이다. 일부 경우에는 상담치료 초반에 내담자의 정서적 자원을 미리 평가해야 하는데, 이는 치료 중 일시적으로 겪을 수 있는 불안정성과 불균형 상태를 내담자가 견딜 수 있는지, 상담 과정에서 부딪히게 될 장애물들을 극복하는 데 필요한 정서적 탄력성을 가지고 있는지를 확인하기 위한 것이다.

성장 환경, 학교 또는 또래 집단 내의 경험

EFT 상담치료사들은 유년 시절의 성장 환경이 유년기의 애착관계만큼 개인의 발달 과정에 큰 영향을 준다는 견해를 가지고 있기 때문에, 치료 시작 단계에서 그러한 요인이 언급될 경우 더욱 관심을 가지게 된다. 한 연구 결과에 따르면 또래 집단 내에서의 관계는 아이의 발달 과정을 크게 형성하며, 또래와의 관계에서 지속적인 어려움을 겪는 경우 성인이 된 후 임상적 장애를 갖게 될 가능성이 높아진다. 아이들은 또래 친구들이 자신을 어떻게 대우하는지를 통해 자신의 정체성을 일부 형성하게 된다(Parker, Rubin, Erath, Wojslawowicz, & Buskirk, 2006). 따라서 괴롭힘을 당하거나 사회로부터 낙오되거나 타인에게 거부당했던 경험들을 포함하여, 과거에 학교에서 또는 또래들 사이에서 내담자가 겪었던 일들에 EFT 상담치료사가 관심을 가지는 것은 당연한 일일 것이다. 이러한 경험들은 강하게 내면화되어 타인에게 거부당하거나 수치스러운 일을 당할까 봐 항상 두려워하며 살게 된다. 여기에 성장 과정에서 중요한 역할을 하는 어른이나 형제자매에게서 유년기 내내 지속적으로 거부당했던 경험이 더해지거나, 이를 완화시켜 줄 만큼 사려 깊은 어른이 주변에 없었다면 더욱 심한 트라우마가 유발될 수 있다.

종교적 경험 또한 발달 과정에서 잠재적 영향력을 지니는데, 특히 개인의 정체성에 대한 사회적 및 도덕적 이해가 종교적 교리를 기반으로 하고 있을 때 그 영향이 더 커진다. 특히 성 정체성에 대한 부정적인 시각을 보여 주는 종교적 경험은 내담자에게 거부당했다는 강한 느낌과 수치심을 줄 수 있다.

이전에 있었던 상담 경험

상담을 시작함에 있어서 내담자의 과거 상담 내력은 EFT 상담치료사에게 참고거리가 된다. 상담치료사는 내담자와 예전 상담치료사와의 관계 및 치료 경험에 대해 질문함으로써 내담자가 어떤 방식의 인간관계를 선호하며 상담치료사에게 무엇을 바라는지에 대해 통찰력 있는 파악을 할 수 있다. 그러나 개인의 인간관계 방식이 바뀌지 않는다고 단정지을 수는 없다. 예를 들어, 불안형 대 회피형 인간관계에 대해 평가한 것을 토대로 치료 과정에서도 이와 똑같은 인간관계 구도가 나타날 것이라고 섣불리 가정하는 것은 바람직하지 않다. 이것은 지나치게 환원주의적이며 인간적인 감성에 대한 EFT 이론의 구성주의 견해와 일치하지 않는 것이다. 따라서 예전 치료에서 긍정적인 결과를 얻지 못한 사람이라고 해서 '다루기 어려운 내담자'라고 가정하는 것 역시 곤란하다. 경험은 액면 그대로 이해해야 할 뿐 확대 해석해서는 안 된다. 내담자가 그동안 자신과 '잘 맞는' 상담치료사 혹은 치료법을 찾지 못했을 수도 있다. 상담치료사는 내담자가 필요로 하는 것을 충족시켜 주기 위해 예전 치료 경험에서 겪었던 어려움이 무엇이었는지를 참조하여 활용할 수 있다.

과정 2: 감정의 동요 및 고통스러운 정서적 경험에 귀를 기울이고 식별하기

　　상담치료사가 내담자의 문제와 관련된 내러티브를 분석함에 있어서 참고할 수 있는 두 가지 주요 기준점은 다음과 같은 암묵적 질문으로 표현된다. 즉, 내러티브에서 감정을 가장 동요시키는 부분은 무엇인가? 듣는 이의 마음을 움직이고 '심금을 울리는 것'은 무엇인가? 이와 관련된 또 다른 질문으로, '내담자가 상담치료를 찾은 결정적인 계기가 된 아픔은 무엇인가?'를 물어볼 수 있을 것이다. 다시 말하자면 (자발적인 의지로 상담치료를 받는 경우), '내담자를 괴롭히고 지금 이 시점에서 상담치료를 받지 않으면 못 배기도록 한 정신적 고통은 무엇인가?'를 질문할 수 있다.

　　고통스러운 것이 감정을 동요시키는 것일 수도 있지만(그 반대도 마찬가지다), 고통과 감정의 동요는 서로 다르다. 이는 별개의 두 요인으로서, 상담치료사에게 상담의 첫 단계뿐만 아니라 이어질 상담치료 전반에 걸쳐 어떠한 점에 유의하며 내담자의 말을 들어야 하는지를 알려 주는 역할을 한다.

감정의 동요

　　EFT 치료의 근본적인 특징은 현 시점에서 내담자의 내적 세계에 지속적으로 초점을 맞추고 진행된다는 것이다. 의미 분석 역시 현재 일어나는 사건들이 내담자의 주관적이고 정서적인 내적 세계에 미치는 영향에 중점을 두고 전개된다. 이 과정에서 상담치료사에게 안내자 역할을 하는 지표는 감정의 동요를 일으키는 부분들이다. 상담치료사는 내담자가 감정을 실어 전달하는 의미 있는 이야기들이나 '심금을 울리는' 이야기들을 다시 곱씹어 보고, 핵심에 있는 고통스러운 정서가 무엇인지 알아내기 위해 심도 있게 탐구한다. 이것이 감정의 동요(poignancy)로, 내담자가 전달하는 복잡한 이야기 속에서 무엇이 가장 중요한지 상담치료사가 포착할 수 있게끔 하는 주요 지표 중 하나이다. 상담치료사는 무엇이 가장 중요한지는 내담자가 알려 줄 것이며, 이 단계에서 상담치료사로서 해야 할 일은 이를 경청하는 것이라고 믿어야 한다. 라이스(Rice, 1974)는 「상담치료사의 연상기능(The Evocative Function of the Therapist)」이라는 영향력 있는 논문에서 처음으로 감정의 동요를 상담치료사의 안내 지표로서 다루고 있다.

> 감정의 동요를 불러일으키는 것 또는 활기는 상담치료사에게 있어 최고의 가이드일 것이다. 그렇다면 감정의 동요를 불러일으키는 것을 어떻게 식별할 수 있는가? 내담자가 '미완성의 경험(unfinished experience)'으로 옮겨 가고 있음을 어떻게 인지할 수 있는가? …… 가장 분명한 징후는 내담자가 주어진 상황에서 느끼는 모순성이나 불편함이다. 어떤 경우에는 일종의 강렬함이 목소리를 통해 전달된다. 반면, 정서가 별로 강렬하지 않더라도 내담자가 경험을 이해할 수 없다고 느끼는 경우도 있다(p. 304).

다시 말하면, 내담자가 특히 강조하거나 신경 쓰는 부분은 그가 말하는 다른 많은 정보 중에서도 특히 두드러지게 들린다. 이는 상담치료사의 관심과 주의를 요하며 상담을 그 방향으로 진행하도록 한다. 민감성은 목소리 톤의 변화로 나타날 수도 있고, 신체, 얼굴 표정 또는 자세에 더 격렬한 감정이 실리는 등의 형태로 나타날 수도 있다. 감정을 못 이기고 소리를 지르거나 분통을 터뜨리는 등 강한 정서 표현이 유발될 수도 있고, 내담자 스스로도 혼란스럽고 어리둥절해하면서 갑작스럽게 산만하고 모호한 표현을 하는 모습을 보일 수도 있다. 이러한 것들이 모두 민감성의 표시이다. 민감성을 이해하는 또 다른 방법은 재미있는 소설이나 영화에 빠져 있는 상태와 비교해 보는 것이다. 어느 순간, 줄거리에 완전히 몰입되어 그 세계 안으로 들어가게 되고(Martin, 2010), 이러한 몰입의 상태는 몸으로도 나타나게 된다. 이는 실제로 시각화되거나 느껴질 수 있는데, 내담자가 설명하는 것이 중요한 의미를 갖고 있을 때 상담치료사는 이를 가슴속의 미세한 떨림을 통해 알아차린다. 이러한 징후는 상담치료사의 주의를 끌어 상담을 진행하게끔 한다.

고통 나침반

EFT 상담치료사들은 치료 과정을 진행하는 데에 활용할 수 있는 '고통 나침반(pain compass)'의 개념을 도입하였다. 고통 나침반이란 고통스러운 경험, 특히 내담자의 정서적 반응을 향해 끌리는 자석에 비유할 수 있다. 즉, 이 나침반은 상담치료사에게 어떤 영역에 치료를 집중해야 할지 가리켜 주는 역할을 한다. 문제가 되는 정서적 인지 과정을 식별하고 명확히 밝혀내는 것(사례개념화 제2단계의 주요 목표)은 항상 내담자의 만성적인 심리적 고통이 무엇인지 확인하는 것으로부터 시작된다(Bolger, 1999; Greenberg & Bolger, 2001; Greenberg & Paivio, 1998). 고통스러운 문제를 해소하는 것이 곧 상담치료의 목표가 되기 때문이다. 고통은 자신이 괴로워하고 있으며 다른 이들의 위로가 필요하다는 신호를 보내는 기능뿐만 아니라 무언가가 고장났거나 더 이상 제대로 작동하지 않고 있음을 알리는 강한 경고의 역할을 한다. 사례개념화에 있어서, 고통을 향해 나아가는 것은 내담자의 경험을 새로이 이해할 수 있는 기회를 제공하고 무엇을 더 탐구하고 변화시켜야 하는지 알려 준다. 상담치료사는 내담자의 고통에 끌리며 처음에는 그것을 확인하고 탐색하고자 하지만, 궁극적으로 그 고통을 변화시킬 수 있도록 돕는다. 상담치료사는 보고 듣고 느끼는 등 다양한 감각 매체를 통해 사람들의 고통에 대해 '듣는다'. 상담치료사가 자신의 고통을 인정하고 확인(affirmation)해 줌으로써 내담자는 유대감을 느끼고 자신의 경험에서 중요한 것이 무엇인지 표현하기 시작한다. 이는 그동안 내담자가 최소화하고 별것 아닌 것으로 치부해 온 경험들의 중요성을 내담자에게 일깨워 줄 때 이를 인정해 주는 역할(validating function)을 한다. 다른 사람의 고통을 정확하게 들어 주는 것은 그들이 경험을 되살려서 필요에 따라 해체하고 변화시킬 수 있도록 도와준다. EFT 이론에서는 한 사람이 다른 사람의 고통을 듣고 인정할 때 일어날 수 있는 강력한 치료 효과를 지지하며, 상담치료는 이 과정을 더욱 수월하게 만들어 주는 것이라고 여긴다. 상담치료사가 모두 완전히 낫게 할 수는 없어도, 상담치료사와 내담자 간의 관계를 통하여 사람들이 고통을 받아들이고 치유받을 수 있게 된다고 믿는 것이 EFT 이론이다.

심리적 고통은 귀 기울이고 확인해 주는 것뿐 아니라 치료적 관계의 과정을 통해서도 나아질 수 있을 것이며(Greenberg, 2002a), 낮은 자존감 등의 고통스러운 정서들을 탐구함으로써 정서를 변형·완화시키는 것이 가능하리라고 보인다. 고통의 해소는 자신의 고통을 인정해 줄 수 있는 다른 누군가와 아픈 경험들을 공유함으로써 가능해진다. 실제로 EFT의 핵심 과제 중 하나(2장 참조)는 고통을 경청하고 이를 확인해 주는 데 전념하는 것이다. EFT 이론에서는 이를 취약성 표식에 대한 공감적 확인(empathic affirmation at a vulnerability marker)이라고 하는데, 이는 과제 분석을 통해 광범위하게 연구되어 왔다. 이는 내담자에게 완전한 공감을 표현해 주는 것을 포함하며, 내담자가 밑바닥까지 추락했다가 다시 올라오는 과정을 함께하는 것을 말한다. 내담자는 이 과정을 통해 상담치료사와의 더 굳건한 유대감을 확인하고 이를 기쁘게 받아들일 수 있게 된다. 앞에서도 언급했듯이, 치료의 초기 단계에서는 과제 참여가 이루어지지 않겠지만, 공감적 확인 과제는 고통스러운 경험을 독립적인 변화 메커니즘으로서 받아들이고 인정하는 것이 얼마나 중요한지 강조한다. 초기 몇 번의 상담을 통해 내담자가 취약성 표식을 보일 경우(더 안정적인 관계가 다져지기 전에는 그럴 가능성이 낮다) 상담치료사는 확인해 주는 자세로 내담자와 함께하며, 과제 수행보다는 오히려 인정과 확인의 자세로 상담을 계속 진행한다. 심리적 고통은 풍부한 의미를 함축하고 있으며 더 심도 있는 탐구와 변화 그리고 치유의 기회를 제공하기 때문에, 상담은 이를 목표로 하여 진행된다. 심리상담의 초기 단계에서 상담치료사는 심리적 고통과 감정의 동요에 끌리며, 개념화 과정은 이를 안내자로 삼아 이루어지게 된다.

과정 3:
내담자의 정서처리 스타일에 주목하며 관찰하기

정서처리 스타일을 파악하는 것은 상담치료사가 내담자가 정서에 얼마나 가까이 다가갈 수 있는지(정서적 접근성, emotional accessibility), 그리고 EFT에 대한 즉각적인 협조가 가능한지에 대한 판단을 내리는 데에 도움이 되며, 또한 정서적 접근성을 높이기 위해 보다 구체적인 작업이 필요한지에 대한 여부를 결정하는 데에도 참고할 수 있다. 상담치료사는 내담자가 정서를 분별하고 상징화하는 능력과 정서표현불능증의 정도를 평가한다. 다음에서는 정서처리 스타일의 기능과 양상들, 또 상담치료사가 평가를 내리는 데에 쓰이는 기준들에 대해 알아본다.

정동적인 의미 상태[2]

파스쿠알−레옹과 그린버그(Pascual-Leone & Greenberg, 2007a), 파스쿠알−레옹(Pascual-Leone, 2009)에 의하면, 경험적 치료를 받고 있는 대부분의 사람들은 전반적 고통(global distress)을 호소하며 부적응적 정서(예: 전반적 고통) 및 적응적 정서(예: 자기달래기) 사이를 오가고 있는 것으로 나타났다. 서로 다른 정동적 의미 상태들(affective meaning states)을 거치는 이러한 변화 과정은 일정하지 않으며 다양한 '경로'를 취할 수 있다. 내담자는 새로운 적응적 정서 의미 상태, 긍정적인 자기평가 및 주체감(a sense of agency)을 경험함으로써 발전 성과를 이룰 수 있다. 성공적인 상담치료를 위해서는 정서적인 문제를 식별할 수 있는 내담자의 능력과 더 적응적인 정서처리 스타일을 갖추어 가는 전반적 성장 또한 요구된다(Pascual-Leone, 2009). 전반적 고통

---

2) 역자 주: 정서와 정동의 의미 구별에 관해서는 1장 15쪽을 참조.

(global distress)은 고통(pain), 무력감, 불만, 자기연민, 혼란 그리고 절망감이 특징적인 증상으로 나타나며, 각성의 표현력은 높지만(예: 눈물을 흘리거나 격정적인 음성으로 말한다) 의미의 구체성은 떨어지는 것을 볼 수 있다(예: 괴로움의 원인을 설명하지 못하는 경우가 대다수이며, 말하고자 하는 바를 본인도 알지 못한다). 보통 전반적 고통의 징후는 갑작스럽게 나타나고, 일단 시작되면 정서 조절이 불가능해지며 문제의 원인 역시 지나치게 애매모호하고 포괄적일 때가 많다. 상담치료사가 심리 상태를 탐구하기 시작할 때 내담자는 자신도 왜 자기가 감당 못할 정도로 괴로워하고 있는지 모르겠다고 솔직히 털어놓을 때가 있다. 예를 들어, "나는 상처받았고 비참하고 화가 나요. 이제는 이러기에도 지쳤어요. 모든 게 너무 벅차게만 느껴져요."라고 말하면서 "나는 이 고통이 뭔지 모르겠어요."라고 덧붙이는 것이다.

EFT 상담치료사는 이러한 정서들뿐 아니라 다른 정서적 의미 상태들에 대해서도 익히 알고 있으므로, 내담자가 전반적인 괴로움의 상태에 있는 것인지 혹은 공포, 부끄러움, 또는 알 수 없는 분노와 같은 다른 정서적 상태에 있는 것인지 언제라도 판별할 수 있다. 일단 판별되고 나면 사례개념화는 내담자가 변화를 향한 과정 중 어디쯤 와 있는지에 대한 평가, 무엇이 부족한지에 대한 평가 그리고 앞으로 택할 수 있는 방향들을 모두 포함하여 이루어진다.

근본적인 부적응적 정서의 경험과 탐구를 권장하지 않는 치료법으로는 제자리 걸음만 하거나 실패할 수 있다. 일반적으로 변화 과정은 전반적 괴로움의 상태에서 이차적 정서와 부적응적 정서를 거쳐 욕구의 표현이 이루어지고, 결과적으로 일차적 정서에 접근하는 순서로 진행된다(Pascual-Leone & Greenberg, 2009). 사례개념화 과정 중 현 단계에서 상담치료사는 전반적 괴로움이 부적응적 두려움이나 수치심과 다른지, 그리고 다르다면 얼마나 다른지 평가하게 된다. 예를 들어, 내담자가 눈물을 흘린다면 이 정서 표현은 과연 전반적 괴로움의 특성을 지니고 있는지(예: 아쉬움이 가득하지만 공허하고, 투정 섞인 높은 음색으로 "그냥 난 사랑받을 만한 사람이 아닌가 봐요."라고 말하는 경우) 혹은 부적응적인 일차적 두려움의 특성에 가까운지(예: "어쩌면 나는 별로 사랑스럽지 않은가 봐요."라고 말하는 경우)를 고려해 볼 수 있다.

내담자가 정서 표현을 하면 상담치료사는 그 표현이 일차적 정서에서 나온 것인지 혹은 이차적 정서에서 나온 것인지, 아니면 그저 도구적 표현인지를 식별해야 한다(Herrmann & Greenberg, 2007). 상담치료의 최우선 목표는 효과적인 정서처리이고, 이를 위해서는 일차적 정서가 타깃(target)이 되어야 한다. 따라서 EFT 상담치료사는 상담을 진행함에 있어서 내담자가 표현하는 정서가 어떤 유형의 것인지 판단해야 한다. 2장에서 다룬 적응적인 일차적 정서, 부적응적 정서, 이차적 정서 그리고 도구적(instrumental) 정서의 차이에 대한 설명을 기반으로 한 다음과 같은 기준이 순간적인 정서 평가를 개념화하는 데 사용된다.

① 표정과 목소리 톤을 비롯한 비언어적 표현을 표현 방식과 더불어 관찰한다. 적응적 정서가 표현될 때에는 신체 리듬이 자연스러워지는 경향이 있으며 시스템 전체가 통일성 있게 유기적으로 연결된 것처럼 보인다('정서적 생산성' 부분에서 더 자세히 다룬다).

② 상담치료사는 보편적인 정서적 반응에 대해서도 숙지하고 있기 때문에, 사람들은 누군가에게 험한 대우를 받으면 화가 나고 소중한 사람을 잃으면 슬퍼한다는 것을 안다. 상담치료사의 입장에서 적응적 정서 반응들은 쉽게 이해할 수 있으며 이에 자연스레 영향을 받게 된다. 따라서 내담자가 정서 표현을 할 때마다 상담치료사는 스스로에게 암묵적으로 다음과 같은 질문들을 한다. "이 분노는 자신과 타인 사이에 경계선을 긋기 위한 것인가, 아니면 그저 악에 받친 파괴적 행위인가?" "아픔을 표현하는 건 자기가 얻고 싶은 걸 얻지 못해서인가, 아니면 진심으로 죽음을 애도하는 것인가?"

③ 상담치료사는 또한 내담자의 정서를 평가하기 위해 같은 상황에서 자신의 정서적 반응이나 정서적 인식에 대한 지식을 참고하기도 한다. EFT 상담치료사는 내담자가 무엇을 느끼는지 알기 위해 자신의 경험을 활

용한다. 자기 몸과 정서 도식에서 발생한 것을 잘 파악하는 데 훈련된 EFT 상담치료사는 내담자의 몸과 정서에서 일어난 것을 잘 파악할 수 있다. 상담치료사는 내담자가 경험을 설명하는 것을 들으며, "내 몸이라면 어떤 느낌이 들까?" 또는 "내담자의 상황에서 나는 어떤 느낌이 들었을까?"라고 자문해 보는 것도 내담자의 정서 도식을 파악하는 데 도움이 된다.

④ 시간이 지나면서 상담치료사는 내담자가 반응하는 방식의 특징들을 파악하기 시작한다. 즉, 상담치료사는 사람들이 누군가에게 무시당하면 자신이 힘없다고 느껴져 화를 내고, 타인에게 거부당하면 사실은 수치스러워 어쩔 줄 모르면서도 겉으로는 화를 낸다는 사실 등을 알게 된다. 과거에도 이러한 과정들을 여러 번 관찰했으므로 상담치료사는 이차적 반응(앞의 두 가지 예시의 경우 '분노')을 빨리 인정한 후 더욱 근본적인 문제인 수치심을 집중적으로 다룰 수 있다.

⑤ 상담치료사는 상담에서 일어나는 일들을 항상 명확하게 인식하고 있으며, 내담자가 현재 느끼는 정서가 상담실 밖에서 있었던 일에 대한 반응일지라도 그 정서에 우선순위를 부여한다. 상담 내용의 맥락을 통해서 상담치료사는 현재 사건을 파악하고 더 나아가 무엇이 빠져 있는지 그리고 내담자가 어쩌다 과거의 일에 얽매이게 되었는지 자문해 볼 수 있다. 예를 들어, 학대하는 사람을 묘사할 때마다 희망을 잃고 슬퍼지는 내담자의 경우 그러한 정서에만 치중하는 건 크게 도움이 되지 못한다. 같은 상황이 반복되면 상담치료사는 내담자의 슬픔을 보기보다 그 이면에 표현되지 않은 분노가 있을 가능성을 고려해 보아야 한다.

이러한 점에서 볼 때 상담치료사는 정서의 바다에서 방향을 잡는 항해사와 비슷한 셈이다. 상담치료사는 항상 호기심과 관심을 가지고 내담자의 경험을 탐구하는 데 함께 임한다. 사례개념화는 상담치료사가 자문해 보아야 할 일련의 질문과 항상 관련되어 있다. 예를 들어, '이 정서적 경험에서 전에는 볼 수 없었던 것은 무엇인가?' '이 정서적 경험에 대해 이야기할 때 내담는 그 기억에 얽매이게 되는가?' '정서를 표현한 후에는 무슨 일이 일어나는가?' '정서를 심화시키는 것만으로 정서 변화가 가능한가, 아니면 따로 과제를 치료에 도입하여 정서 변화를 이끌어 내야 하는가?' '정서는 변화하고 있는가?' 등이 그러한 질문들에 속한다. 이 질문들에 답함으로써 상담치료사는 이 이후에 치료를 어떻게 진행할지 정할 수 있다.

정서처리 스타일을 관찰함에 있어서, 상담치료사는 내담자가 자신의 정서를 어떻게 처리하는지 매 순간 판단하고 진단한다(Greenberg, 1992). 이 단계에서는 정서처리 과정을 보여 주는 다음과 같은 네 가지 단서와 요인을 고려해 볼 수 있다. 바로 내담자의 목소리와 정서적 각성의 정도, 경험하기의 수준들(levels of experiencing) 그리고 특정한 정서의 생산성이다.

내담자 목소리의 질

개념화는 주어진 순간에 내담자의 목소리의 질(client vocal quality)을 분간하는 것을 수반한다. 내담자 목소리의 질은 상호 배타적인 네 가지의 범주로 나뉘는데 순간적인 주의의 배치와 화자의 에너지를 반영하는 음성적인 특징들의 패턴을 묘사한다(Rice & Kerr, 1986; Rice & Wagstaff, 1967). 집중된, 형식적인, 감정적인 그리고 제한된이라는 네 가지의 범주는 각각 특정한 종류의 참여를 묘사하며 다음과 같은 측면들에 주의를 줌으로써 발견할 수 있다. 즉, 강조 패턴(accentuation pattern), 속도의 균등성(regularity of pace), 말 끝의 음조(terminal contours) 그리고 말하는 방식의 방해(disruption of speech patterns)이다. 집중된 목소리(focused voice)는 내담자가 내적으로 들어가서 경험을 되짚으며 말로 상징화하려고 시도하고 있다는 것을 가리킨다. 형식적인 목소리(external voice)는 균등하고 박자감 있는 음성과 밖으로 향하는 에너지를 통해 표시된다. 미리 연습된 연설 같은 특질이 있으며 자발성의 결여를 나타낸다. 표현력은 좋을 수 있지만, 대화보다는 '어디에 대고 말하는(talking at)'

특질이 있다. 말하는 내용이 신선하고 새롭게 경험되고 있을 가능성이 적다. 감정적인 목소리(emotional voice)는 내담자가 말하는 동안 정서가 뚫고 나오는 것으로 표현되는데 "말하는 방식으로 넘쳐나오는 정서"의 특징이 나타난다(Warwar & Greenberg, 1999, p. 5; Rice, Koke, Greenberg, & Watstaff, 1979 참조). 제한된 목소리(limited voice)는 주로 가늘고 찍찍거리는 소리처럼 들리며 경계심을 표현한다. 이것은 말하는 사람이 남을 쉽게 신뢰하지 못하며 정동이 질식되고 있는 것을 가리킨다. 집중된 목소리와 감정적인 목소리의 존재는 경험적 치료에서 좋은 결과로 이어질 가능성이 높다는 것이 발견되었으며(Rice & Kerr, 1986; Watson & Greenberg, 1998), 이러한 연구 결과를 알고 있기에 상담치료사는 집중된 및 감정적인 목소리의 사용 비율이 낮은 내담자들이 자신을 표현할 때 이 두 목소리의 비율을 높이는 쪽으로 유도한다.

정서적 각성

사례개념화에서는 정서적 각성의 정도나 수준에 대한 순간순간의 평가가 수반된다. 상담치료사들은 목소리와 신체적인 강도를 통해 정서적 각성을 이해한다. 정서적 각성에 대한 이해는 정서적 각성 척도(Emotional Arousal Scale; Warwar & Greenberg, 1999)에서 추출된다. 이 척도는 내담자의 목소리와 몸에 있는 각성의 정도 및 표현 제한의 정도에 대한 평가에 근거하여 내담자의 정서의 질과 강도를 평가한다. 정서적 각성을 평가할 때 상담치료사들은 일차적 정서에 대한 식별에 관해 먼저 생각하고 두 번째로는 내담자의 일차적 정서의 전반적인 강도에 대해 생각한다. (척도에 의해 측정된) 더 높은 정도의 정서적 각성은 더 높은 각성의 강도를 가리킨다. 극단적인 경우, 정서적 흥분은 목소리와 몸에서 극도로 강력하며 충만하게(full) 느껴지며, 평상시의 말하는 방식(speech patterns)은 정서적인 범람(emotional overflow)에 의해 완전히 방해받는다. 각성은 통제할 수 없고 지속되는 것으로 보이며 분해되는(falling apart) 특성이 있다. 낮은 각성은 내담자가 정서를 표현하지 않는 것을 가리키며 목소리나 몸짓이 정서적 각성을 드러내지 않는다. 중도의 각성은 목소리와 몸에서 중간 정도로 나타난다. 보통 말하는 방식이 정서적 범람에 의해서 약간 방해받으며 강조 패턴이 달라지거나 속도가 균등하지 않거나 음조가 변화하는 것으로 나타난다. 통제와 제지로부터 어느 정도 자유롭지만 각성이 아직도 제한받고 있을 수 있는 여지가 있다. 연구에 따르면 경험적 치료에서는 단순한 고도의 정서적 각성보다 중도의 정서적 각성이 의미 생성과 결합했을 때 긍정적인 결과를 가져올 가능성이 높다고 밝혀졌다(Carryer & Greenberg, 2010; Missirlian et al., 2005).

치료 초기에, 상담치료사는 내담자가 조금이라도 정서적 흥분을 느낄 수 있는지에 특히 주의를 기울인다. 정서적인 흥분의 완전한 결여는 감정표현 불능증(alexithymia)을 가리키며 이는 곧 신체적인 정서적 경험에 접촉하기 위해 더 많은 작업이 필요하다는 것을 가리킨다. 상담치료가 진행됨에 따라 정서적 각성에 대한 평가는 계속된다. 의미 있고 중요한 사건이나 주제에 대해서 말하면서도 내담자가 아무런 정서적 각성을 느끼지 못할 때 상담치료사는 더욱 경각심을 갖게 된다. 예를 들면, 경멸적이고 학대적인 태도로 스스로를 비판하고 심하게 야단치는 내담자가 있다(예: "너는 온몸에서 피 흘리고 멍드는 게 마땅해."). 이에 대한 반응으로 무엇을 느끼는지 물었을 때 그녀는 "아무것도 안 느껴요."라고 말했는데, 더 중요한 점은 얼굴, 목소리 그리고 몸에서 아무런 표현을 보이지 않았다는 것이다. 이것은 신체적으로 느껴지는 경험의 탐색이 더 필요하다는 것을 가리킨다.

내담자 경험 상태(Client Experiencing)

내담자 경험의 깊이는 경험척도(Experiencing Scale; Klein, Mathieu, Gendlin, & Kiesler, 1969)에 따라 평가된다. 이 척도는 자기 이해와 문제 해결을 이루기 위한 내담자의 내적 경험의 탐색의 질과 범위를 평가하는 연구에 널리 쓰이는 7점 기준의 척도이며 부가 설명과 기준점들이 구체적으로 나와 있다.

경험척도는 철저하게 연구되어 왔으며 치료에서 긍정적인 결과와 연관이 있다. 연구에 의하면 내담자가 치료 중에 주제와 관련된 문제(thematic issues)에 대해서 이야기하면서 표현되는 경험하기가 더욱 심화되어 있을수록 EFT에서 긍정적 결과를 얻을 가능성이 높다(Goldman et al., 2005; Pos, Greenberg, Goldman, & Korman, 2003). 그리고 경험하기와 결과 사이의 긍정적인 상관관계는 다른 치료 방법에서도 마찬가지로 적용된다(Castonguay, Goldfried, Wiser, Raue, & Hayes, 1996). 애덤스와 그린버그(Adams & Greenberg, 1999)는 높은 경험척도 평가를 얻은 내담자와 상담사 간의 상호작용은 내담자의 경험하기가 심화될 가능성을 8배 증가시켰으며 이는 긍정적 결과를 예측 가능하게 한다는 연구 결과를 내놓았다.

내담자가 상담치료를 시작할 때부터 상담치료사들은 경험하기에 관한 내담자의 역량을 염두에 두고 시작한다. 상담치료사는 내담자가 경험척도에서 지속적으로 낮은 점수를 받을 때 이를 인식한다. 예를 들어서, 상담치료사는 공감적인 반영과 탐색을 제공하고 이어서 내담자가 안으로 초점을 돌리는지(즉, "안에서부터 찢겨진 느낌이 들어요."), 아니면 계속하여 외적으로 초점을 맞추는지(즉, "그게……. 그가 언제 집에 올지 몰랐어요.")를 관찰할 것이다. 다른 말로, 내담자가 자신의 삶에서 의미 있는 사건에 대해 이야기하면서 아무런 깊이 없이 그리고 개인적인 의미를 부여하거나 주관적인 정서를 관여시키지 않고 이야기한다는 것을 눈치챘다. 상담치료사는 회기 중에 계속해서 내담자가 내적으로 느끼는 주관적인 경험에 대해 성찰한다. 하지만 그러한 시도들이 효과를 내지 못하면 상담치료사는 한 발짝 뒤로 물러나 내담자를 막고 있는 것이 무엇인지 이해하려고 하고 내담자의 정서적 경험을 어떻게 더 깊게 할 것인지 생각해 볼 것이다.

정서적 생산성

사례개념화를 하면서 정서처리 방식을 관찰할 때 EFT 상담치료사들이 내리는 핵심적인 판단 중 하나는 정서적 처리가 생산적인지에 대한 것이다 (Auszra & Greenberg, 2007; Greenberg, Auszra, & Herrmann, 2007; Herrmann & Greenberg, 2007). 한편으로 이 판단은 경험 상태, 각성 그리고 목소리의 질에 대한 평가의 영향을 받지만 정서적 표현의 본질에 대한 더 높은 수준의 사고를 요구한다. 여기서 정서적 표현은 정서적 경험을 소통하거나 상징화할 수 있는, 관찰 가능한 언어적 혹은 비언어적 행동이라고 정의되며(Kennedy-Moore & Watson, 1999), 이는 자아인식의 유무와 상관없이 일어날 수 있다.

사례개념화 과정은 언어적 및 비언어적인 표현에 초점을 맞춤으로써 정서가 활성화되었는지를 평가하는 것으로 시작한다. 즉, 내담자가 정서를 말로서 표현하면 상담치료사는 내담자가 단순히 정서적 경험에 대해 말하고 있는 것인지, 지적으로 생각하고 있는지, 아니면 이면의 어느 정서 도식적 구조가 '돌아가고' 있다는 언어적 또는 비언어적 표시가 있는지 분별하여 결정해야 한다.

비언어적인 정서적 행동은 표현력이 풍부한 행동의 경향이 있을 때 볼 수 있는데, 예를 들어 (분노에 의해) 주먹을 꽉 쥐거나, (체념하여) 무시하듯이 어깨를 으쓱하거나 분명하게 한숨을 쉰다거나, (수치나 두려움에) 뒤로 움츠러들거나, (슬픔 또는 고통에) 우는 것 등이 있다. 이것은 에크먼(Ekman, 2003)이 제시한 특징적인 표정(예: 혐오감을 가리키는 코를 찌푸리는 행위와 윗입술을 올리는 행위)을 비롯한 분명하고 뚜렷한 표정들 또한 포함한다. 비언어적인 행동은 표정과 맞는 언어적 내용과 함께 고려하여 판단한다.

내담자가 어떤 종류의 정서를 경험하고 있는지에 대한 결정을 내릴 경우, 개념화는 내담자가 활성화된 일차적 정서에 충분히 접촉하여 이를 인지하려는 태도로 처리하고 있는지에 대한 판단을 수반한다. 상담치료사들은 일곱 가지의 측면을 가지고 평가를 내리는데, 그것은 주의력, 상징화, 일치성, 수용, 조율, 주체성 그리고 분화이다.

주의력

기본적으로 개념화는 내담자가 정서에 주의를 주고 있는지 확인하는 것과 관련되어 있다. 따라서 내담자는 자신의 정서적인 경험에 대해 인식하고 주의를 주고 있어야 한다. 인식의 단계에서는 상징화된 정서적 반응에 꼭 주의를 주지는 않는다. 따라서 상담치료사는 내담자가 정서에 주의를 주고 있는지 않은지 분별하기 위해 비언어적 표현에 관심을 돌린다. 내담자가 자신이 느끼고 있는 것에 주의를 주지 않거나 인식하지 못하고 있다는 분명한 지표가 있지 않는 이상 비언어적으로 표현되는 정서들은 주의를 받고 있다고 여겨진다. 따라서 상담치료사는 정서적 표현을 공감적으로 반영하여 주의를 집중시켜 내담자가 주의를 주고 있는지를 확인할 수도 있다. 예를 들어서, 빈의자 작업에서 내담자는 다른 의자에 있는 폭력적인 부모에게 말을 하면서 주먹을 꽉 쥘 수 있다. 상담치료사는 내담자에게 자신이 주먹을 쥐고 있다는 것을 알고 있는지 물음으로써 내담자가 자신의 행동에 주의를 기울이도록 할 수 있다.

상징화

상담치료사는 내담자가 자신의 정서적 반응에 주의를 주고 알아차리고 있는지, 아니면 말로 상징화하는 것에 의지하는지 평가한다. 때때로 내담자는 자신의 경험에 이름을 붙이지 않더라도 상징화할 수도 있는데, 상담치료는 이를 보다 명확하게 할 수 있도록 도움을 준다. 정서적 경험이 상징화되었다고 여겨지기 위해서는 내담자가 그것을 말로 묘사해 나가기만 하면 된다. 예를 들면, 내담자는 "이 문제에 대해서 어떻게 느끼는지 진짜 잘 모르겠어요. 그냥 일어난 일에 대해 기분이 좋지 않다는 것만 알아요."라고 말할 수 있다. 이 경우 상담치료사는 공감하면서 그 답변으로 "그냥 맞지 않는 느낌이 들었죠?"라고 말하고, 내담자는 "네, 공평하지 않았어요. 그거였던 것 같네요. 불공평하게 느껴져요. 저를 그렇게 대하고 저한테 그렇게 행동하면 안 되는 거였어요."라고 말한다. 바로 이것이 상징화된 정서라고 할 수 있다. 다른 한편으로는 내담자가 비언어적으로 표현된 정서(예: 한숨)를 인정하고 그에 주의를 기울이지만 그것의 의미에 대해서는 상세하게 이야기하지 못할 때 상징화의 결여가 있다고 할 수 있다.

일치성

상담치료사들은 정서 불일치를 감지할 때 그것에 끌리게 된다. 예를 들어서, 내담자의 정서적 표현과 말하는 내용 사이에 모순이 생길 수 있다(예: 학대받은 이야기를 하면서 웃는 것은 정서가 온전하게 경험되고 있지 않음을 가리킨다). 불일치 또는 부조리의 다른 예시는 비참하거나 절망적으로 느끼는 것에 대해서 이야기하면서 밝게 미소 짓는다든지, 분노를 표현할 때 완전히 밟힌 것같이 패기 없는 목소리로 말한다든지, 화난 이야기를 하면서 웃는 것과 같은 것들이 있다. 이렇게 상응하지 않는 조합들은 EFT 상담치료사들에게 중요한 초점이 된다. 불일치를 개념화할 때는 내담자를 위협하거나 정서적인 치료적 유대감을 훼손시키지 않으면서 내담자가 불일치되는 점들을 알아차릴 수 있도록 해야 한다. 내담자가 그러한 불일치를 변호하도록 하는 것이 아니라 오히려 상담치료사와 함께 그것이 어떻게 발생했고 무엇을 의미하는지에 대한 호기심을 갖도록 하는 것이 목표이다.

수용

이러한 미세 수준에서의 사례개념화에도 역시 내담자들이 자신의 정서를 수용하고 있는지에 대한 평가가 포함되어 있다. 수용이란 내담자가 자신의 정서적 경험을 향해서 갖는 입장을 가리킨다. 내담자의 정서적 반응에 대해서 설명적인 태도를 취하고 받아 주는 열린 태도로 듣는 것이 내담자에게 가장 좋다. 이것은 내담자가 그 정서와 또 그것을 느낀 자신도 받아들이는 것을 의미한다. 비수용(nonacceptance)은 내담자가 자신을 부정적으로 평가하거나(예: "제가 이렇게 울보가 될 때 정말 싫어요." "이렇게 느낀다는 것은 제가 얼마나 약한지 보여 주죠.") 정서를 충분히 표현하기보다 불편을 표현하는 것(예: 얼굴이 빨개지는 것, 눈물을 참는 것, 웃음, 말 돌리기, 순수히 이성적인 분석으로 전환하는 것)을 통해 표시된다.

조율

사례개념화의 일부로, 상담치료사들은 내담자가 자신의 정서적 경험을 적합하게 조율하는 능력을 평가한다(Paivio & Greenberg, 2001). 과잉조율은 내담자가 정서를 하나도 식별하지 못하고 공감적 반영 및 탐색적 질문에 대답하지 못한 채 멍하게 쳐다보기만 하는 것(stare back blankly)으로 나타난다. 정서의 과소조율은 내담자가 정서로부터의 작업 거리(working distance)를 형성하여 유지하지 못하거나(Gendlin, 1996), 정서를 정보로서 받아들이고 인지적으로 다가가지 못해 인지와 정동의 통합이 불가능하게 되는 것으로 나타난다. 내담자는 정서를 납득할(make sense of) 수 있어야 한다. 내담자가 정서적 각성의 강도에 압도당하고 있다는 표시에는 상담치료사와의 접촉(contact)이 유지되지 못하거나 끊긴 것 혹은 상담치료사의 개입에 반응하지 못하는 것(예: 분리적인 상태로 들어가는 것)과 같은 현상들이 포함된다. 이러한 내담자는 상담치료사의 공감적인 반영이나 탐색적인 질문에 반응을 하지 못하는데, 이는 그들이 정서(보통 분노나 슬픔)에 휩싸여 있기 때문이다. 상담치료사들은 이러한 조율불능(dysregulation)을 감지하게 되면 그에 집중해야 한다. 과잉조율의 경우, 상담치료사는 포커싱 작업(Elliott, Watson, et al., 2004)을 수행하거나 자기방해 기법(2장 참조)을 소개하기로 결정할 수 있고 과소조율의 경우에는 자기달래기 작업이 더 필요할 수도 있다.

주체성

상담치료사들은 사례개념화의 한 부분으로 내담자가 정서적 변화의 과정에서 자신의 역할을 어떻게 의식하고 있는지 평가한다. 이상적인 것은 내담자가 수동적인 피해자의 입장을 취하는 것이 아니라 반대로 정서에 대한 책임을 지는 상황이다. 이것은 정서적 반응이 특정한 상황에 있는 자신의 개인적인 목표, 욕구 그리고 걱정에 근거하여 자기 및 현실에 대한 개인적인 구성이라는 것을 인정하는 것을 의미한다. 이것이 의미하는 또 한 가지는 내담자가 정서와 적극적으로 작업(정서를 탐색하는 것, 정보로 인식하여 사용하는 것,

성찰하는 것)할 마음이 있고 동기부여가 되어 있다는 것이다. 피해자의 입장을 취한다는 표시 중 하나는 느껴진 정서(felt emotion)에 대한 책임을 외부적인 출처로 돌리는 것인데, 이는 경험의 내적인 흐름을 무시하는 것이다. 주체감이 부족한 내담자들은 느껴진 정서에 대한 책임을 외부로 돌린다(예: "제 남편은 저를 항상 슬프게 만들어요."). 그들은 화났을 때 남을 탓하고, 상처받았을 때 타인의 행위에 집중하며(예: "자녀들은 저를 사랑하지 않아요. 그리고 사랑받지 않는 것은 아파요."), 해결의 책임을 타인에게 돌린다(예: "저를 사랑해 주는 사람을 찾으면 기분이 더 좋아질 거예요."). 또한 주체성이 부족한 내담자들은 자신이 느끼는 것은 스스로의 힘으로 바꿀 수 없다고 믿으며 변화를 향해 노력할 동기를 갖고 있지 않다. 그들은 정서적 경험을 방해하거나(예: 상담치료의 주제를 바꿈으로써), 체념을 표현하거나, 상담치료사가 요구하는 일은 안 하면서 정서를 단순히 없애고 싶은 증상으로 대한다.

분화

사례개념화에는 내담자의 정서적 인식 수준에 있어서 변화의 정도를 평가하는 것도 필요하다. 시간이 지남에 따라 인식의 정도가 향상되길 기대해 볼 수 있는데, 이는 내담자가 정서적인 반응을 말로서 더 복합적인 느낌이나 의미 또는 다른 순서의 느낌이나 의미로 분화하여 풀어 가는 것을 통해 확인할 수 있다(Lane & Schwartz, 1992). 분화는 단지 의미 만들기 과정의 인지적인 측면만을 가리키지 않는다는 것을 염두에 두는 것이 중요하다. 분화는 정서가 더 충분히 허용되거나 더 자유롭게 표현되거나 표현이 변하는 것을 의미할 수도 있다.

예를 들면, 내담자가 학대적인 타인에 대한 반응으로 두려움에 굳었다가 그다음에 운다고 하면, 아직 말이 없는 비언어적인 표현이라 할지라도 정서적인 과정에 유동성이 있으며 앞으로 나아가고 있다고 할 수 있는 것이다. 내담자의 정서적 처리가 도중에 걸려서 움직이지 못하거나(stuck) 막혀 있는 것이다. 내담자의 몸은 강한 정서적 반응을 통제하기 위해서 굳어지지만 내담자는 그 정서에 대해 더 설명하거나 탐색하거나 성찰하지 못한다. 고통스러운 정서를 표현할 뿐 기본적인 상징화 이상으로 나아가지 못한다면 내담자는 분화의 결여(오로지 슬픔만이 존재하는 상태)를 나타내고 있는 것이다.

과정 4: (애착 및 정체성과 관련된) 정서 기반의 내러티브 또는 삶의 이야기 풀어내기

상담치료사의 초점은 내담자의 문제에 대한 일관된 그림을 만들어 나가는 것에 맞춰져 있다. 상담치료사는 그들이 여기 오기로 결정하게 되기까지의 이야기를 알고 싶어 하고 그들이 무엇을 바꾸고 싶은지 알기 원한다. 내담자들이 나눠 주는 이야기들이 일관된 의미를 갖고 있는지에 대한 관심이 있으며 그렇지 못할 때 더 깊이 알아본다. 내담자들은 대부분 자신의 현재 삶에서 어떤 일들이 일어나고 있는지에 대한 이야기를 털어놓으면서 시작한다. 상담치료가 진행됨에 따라 치료 과정의 초점은 재빠르게 바뀌어 구체적으로 무엇이 문제가 되고 있으며 그 문제를 유발하고 있는 부적응적인 정서처리가 무엇인지에 주안점을 두기 시작한다.

내담자들은 상담치료사와 마주앉아서 이야기할 때 대인관계에서 겪는 심한 갈등이나 괴로움 또는 직장에서의 우울함이나 지루함과 같은 관계적이거나 행동적인 어려움들을 나열한다. 그다음에 자신의 이야기를 하기 시작한다. 상담치료사는 그들의 이야기를 집중해서 듣고 특히 그 이면에 녹아 있는 정서적인 톤에 마음이 동요한다. 내러티브의 정서적인 톤은 개인적인 기억과 내러티브가 서로 연결되는 방법 중 하나인 것으로 보인다. 이야기를 통해서 내담자는 상담치료사에게 자신이 느끼는 것을 드러내며 이전에 다루어졌을 수도 있고 다루어지지 않았을 수도 있는 내재적인 욕구나 우려도 함께 드러낸다. 내러티브의 틀은 이러한 요소들로 구성되며 이 틀을 중심으로 정서가 조직화된다(Angus & Greenberg, 2011; Angus, Lewin, Bouffard, & Rotondi-

Trevisan, 2004). 즉, 상담치료사는 이야기에서 전개되는 내용을 듣지만 그 이야기 가운데 녹아 있는 정서를 따라가게 된다. 내담자들이 자신의 현재 대인관계나 어린 시절을 묘사할 때, 상담치료사는 스스로에게 이렇게 묻는다. "그들은 슬픈가, 화나 있는가, 열정적인가(exuberant), 또는 정서적인 거리감을 가지고 있는가?" 내담자가 최근에 배우자와 있었던 일을 말해 줄 때는 스스로에게 이렇게 질문해 볼 수 있다. "내담자는 슬프고 외로운 것처럼 들리는가? 아니면 화나고 거리를 두는가? 또는 행복하고 만족감이 있는 것처럼 들리는가?" 특히 상담치료의 초기에는 내담자들이 이야기를 전개하는 방식에 주의를 기울여야 한다. 이야기하는 방식을 통해 문제가 되는 것을 드러내는 경향이 있기 때문이다. 이것이 내담자의 과거 애착관계와 어떻게 연관되어 있는지 또한 눈여겨보아야 한다. 내담자가 과거 가족관계를 언급하지 않으면서 현재 관계에 대해 눈물을 흘리면서 묘사하고 취약감을 느끼지 못할 때, 상담치료사는 이렇게 질문해 볼 수 있다. "이런 취약감(sense of fragility)을 언제부터 느끼기 시작했는지 궁금하네요." 또는 "자라면서 누가 당신이 중요하지 않다고, 당신의 감정이 중요하지 않다고 느끼게 만들었나요?"

현재 문제나 관계의 탐색이 과거의 중요한 관계에 대한 탐색으로 이어지지 않는다면 상담치료사는 가족사나 가족구도(family constellation)에 대해 묻는다. 따라서 상담치료사는 구체적으로 내담자가 누구와 함께 살았는지, 가족구도는 어떠한지, 이혼이나 사망을 겪었는지, 그리고 어떤 관계들이 (긍정적이든 부정적이든) 가장 큰 영향을 미쳤는지 알아내려고 할 것이다. 그리고 성장 과정에서 긍정적인 또는 부정적인 영향력을 준 한 형제와의 관계에 특별한 문제가 있었는지 또한 알고 싶어 할 것이다.

예를 들어서, 상담치료에 온 한 내담자는 일곱 자녀 중에 넷째였다. 그녀는 '나쁘고 나를 괴롭혔다'고 묘사된 한 살 위의 언니와 어머니의 관심을 뺏어 간 쌍둥이 동생 사이에 끼여 있었다. 아버지는 정서적으로 부재했다고 묘사되었다. 초기적인 탐색을 통해 내담자가 현재의 관계들에서 그리고 특히 중요한 타인(significant other)과의 관계에서 중요시되지 않고 무시되는 것처럼 느끼고 있다는 것이 분명해졌다. 현재 관계들에 대한 탐색은 계속해서 예전의 경험들로 이어졌는데, 특히 내담자가 사춘기 전에 대인관계를 어색해하고 사회적 외톨이로 보냈던 시간들로 이끌어 주었다. 내담자는 어머니의 보살핌과 관심을 갈망했지만 억압적인 언니와 관심이 많이 필요한 쌍둥이 동생 사이에서 갈길을 잃은 것처럼 느꼈다. 이렇듯 내담자에게 태어난 순서와 가족 구도는 의미 깊고 중요한 영향을 미쳤다. 상담치료사는 첫 회기에서도 여기에 주목을 하긴 했지만 후에 정서적 탐색이 계속되어 이전 기억들로 이끌어 갔을 때 그에 더 큰 강조점을 두었다. 그때가 되어서야 그런 경험들이 성장하는 데 얼마나 많은 영향을 미치는지 알게 되었다.

반대로, 내담자의 배경이 특히 혼란스럽고 많은 갈등 또는 트라우마를 겪어 왔다면 초기 시점에서 상담치료사는 먼 이모나 할머니나 할아버지와의 관계였더라도, 내담자가 긍정적인 경험으로 여기는 중요한 관계가 하나라도 있었는지 알아본다(즉, 자신이 사랑받는다고 또는 특별히 여겨진다고 느끼게 한 어떤 사람이 있었는지; Sandler, 2011). 이것은 중요한 정보가 될 수 있다. 이후에 상담치료 중 내담자들이 고통스럽고 트라우마가 된 기억들을 다시 이야기하거나 취약하고 깨지기 쉬운 감정들을 접촉하면서 자신에 대한 긍정적인 느낌을 접촉하지 못하거나 그런 느낌을 받은 것을 기억하지 못할 때, 상담치료사는 이 특별한 관계에 대해서 다시 물어볼 수 있다. 그 특정한 순간 사랑받았던 정서적인 기억에 접촉하는 것은 신경 간에 새로운 연결을 생기도록 도와 향후에 슬픔 또는 비통함 대신에 자부심 또는 사랑의 느낌을 접촉할 수 있도록 해 줄 수 있다(Fosha, Siegel, & Solomon, 2009).

내담자가 특히 불안정하고, 혼란스럽고, 학대받았던 어린 시절에 대한 이야기를 할 때 상담치료사는 호기심이 생긴다. 과거가 심하게 불안정했던 경우에는 내담자가 안정을 찾았는지(그리고 찾았다면 어떻게 찾게 되었는지)를 이해하고 싶어 한다. 추가로, 심한 트라우마 또는 학대를 경험한 내담자는 정서적인 유대감과 치료적 관계를 형성하는 데 시간이 더 필요할 수도 있으며 내적인 안정이 더 생기고 자기구조가 형성되었을 때까지 치료에는 과제 작업

(task work)이 없을 수도 있다. 또한 과제 작업은 자기조율을 구별할 수 있는 역량의 차이에 따라 과제가 변경 또는 수정될 수 있다(Pos & Greenberg, 2010).

상담치료사가 내담자에게 중요한 이야기를 듣는 것에 관심이 있는 이유는 이야기에 정서적 주제가 들어 있기 때문이다. 초기 단계에서는 주제가 온전히 형성되어 있지 않다. 그렇지만 상담치료사는 내러티브를 통해 애착이나 정체성의 문제와 관련된 주제에 귀를 기울인다. 애착과 정체성 둘 다 사람들의 인생에서 근본적인 것으로 보인다(Greenberg & Goldman, 2008). 타인과의 관계에 대한 이야기에서는 애착 문제가 드러나는 반면, 정체성 문제는 자기가 자신에 대해서 어떻게 느끼는지를 드러낸다. 핵심적인 정서 문제들은 이 두 주제를 중심으로 조직화된다. 따라서 내담자가 다른 사람이 자기한테 친절하게 대했다고 생각한 상황에 대한 내러티브를 이야기해 줄 때는 감사함을 느끼거나 기분이 좋고, 상대방이 화났을 때 또는 타인이 자기를 해치려고 한다고 생각했을 때는 분노 또는 무서움을 느낀다고 듣게 될 수 있다(애착 관련). 다른 한편으로, 직장에서 성과를 평가받을 때 또는 더 높은 권위를 가진 동료가 자기한테 화를 낼 때 기분이 안 좋았다는 이야기는 매우 자기비판적이라는 것을 드러낼 수 있고 이것은 정체성의 주제와 더 관련이 있을 것이다. 따라서 내담자들이 로맨틱한 사랑 경험에 대한 이야기를 해 줄 때 상담치료사는 그의 내적인 세계에 '실제로 무엇이 일어나고 있는지(really going on)' 스스로에게 묻고 내담자가 그 경험을 주관적으로 어떻게 받아들일지 평가한다. 의도, 목적, 목표, 바람과 갈망은 무엇인가? 배우자(partner)가 믿을 만하지 못하다는 것을 깨달았던 경험을 묘사하고 그의 행동에 악의가 있다고 말한다면 내담자에게 무엇이 두렵고 무엇이 분한지에 대해서 물어볼 수 있다(애착 관련 문제). 타인이 자신을 깎아내린다고(put down) 자주 느끼는 내담자의 경우, 타인의 비판에 대한 그의 예민함을 어떻게 이해할 수 있을지에 대해서 자문해 보고 내담자가 스스로에 대한 부정적인 시각을 가지고 있는지 생각해 볼 수 있다. 정서적 경험의 내러티브 조직화는 어떤 경험이 내담자에게 무슨 의미를 지니는지 이해할 수 있게 해 준다.

애착과 정체성의 주제들은 대인관계 및 상호작용의 차원에서도 주목받는다. 상담치료사는 접근과 회피, 부끄러움과 적극적인 표현력에 대한 더 미묘한 지표들뿐만 아니라 상담 초기에 나타나는 두 가지의 대인관계적 차원의 연결됨(가까움과 거리감) 그리고 영향력(지배와 순응)에 대한 내담자의 행동에 특별히 주의를 기울인다. 내담자는 타인의 침입(intrusion) 또는 통제에 민감한가? 내담자는 접촉(contact)을 찾고 있거나 매달리기까지 하는가? 내담자는 리드를 하고 관계를 주도하는가, 아니면 따르는 경향이 강하고 누군가가 이끌어 주길 요구하는가?

현재의 내러티브 구성을 탐색하는 것은 내담자가 자신의 삶을 어떻게 인식하고 어떻게 이해하고 있는지 보여 주는 창을 만들어 준다. 내담자들은 이를 통해 자신과의 관계, 타인과의 관계를 드러낸다. 이야기를 드러내는 것은 이면의 결정 요인들을 밝히는 데 도움이 되는 유형의 자기성찰을 가능하게 한다. 사례개념화 과정은 내담자가 이러한 초기의 애착과 정체성 관련 주제들에서 다음 단계로, 즉 이야기 속에 들어 있는 핵심 정서 도식이 드러나고 표현되는 단계로 갈 수 있도록 해 준다. 두 번째 단계 말미쯤에는 치료적 주제들이 드러나고 합쳐지는데, 이러한 주제들은 초기의 애착 및 정체성 관련 주제들과 사실 연관되어 있을 수 있다. 처음에는 주제들이 보통 관념적인 상징화의 수준으로만 드러난다. 이 주제들과 연관된 이면의 정서는 탐색되어야 하며 정서 도식을 풀어내야 한다. 하지만 이것은 사례개념화의 두번째 단계에 이르러 핵심 고통에 접촉하고 핵심 정서 도식을 식별·탐색할 때까지 일어나지 않는다.

개념화 과정 중 이 시점에서는 아직 주제들이 합쳐지거나(coalesced) 굳혀지지는(solidified) 않았지만 협력적인 초점들(collaborative foci)은 확립되었다. 이 단계에서는 협력적인 초점 및 목표들의 여러 예시가 세워질 수 있다. 지적화하는 또는 회피하는 내담자에게는 안으로 주의를 돌려서 자신의 경험을 알아차리지 못하는 무능력이 고통의 주된 원천임을 인식하며 자신의 정서에 주의를 기울이고 이해할 수 있는 바로 그 능력이 상담치료의 초점이 될 수 있는 것이다. 다른 내담자의 경우, 직장과 대인관계에서 자기를 인정하고 자기 목소리를 내는 것(stand up for themselves)이 초점이자 목표가 될 수 있는 것이다. 자존감이 낮은 내담자를 위해서는 자신의 느낌과 필요를 더 잘 알아차리고 분명하게 표현할 수 있게 되는 것이 초점과 목표가 되며, 또 다른 의존적인 내담자에게는 상대방에게 지배당하는 느낌에 대한 원망을 단호하게 표현하고 해소하는 것이 초점과 목표가 될 수 있는 것이다. 불안한 내담자의 경우에는 자기지지(self-support)를 할 수 있는 방안을 개발하는 것이 될 수 있다. 다른 내담자들은 과거의 트라우마나 상실에서 오는 불안들(insecurities)과 버림받는 것에 대한 깊은 두려움을 다루고 싶어 할 수 있다. 다른 이들은 고통스러운 실존의 문제들을 직면하고 헤쳐 나가고 싶어 할 수 있다. 하지만 변화라는 궁극적인 치료의 목적을 두고 정서 도식이라는 형태로 이면의 결정요인들을 탐색해야 하는 것이 먼저이기에 두 번째 단계로 나아가게 된다.

그레이엄의 사례는 사례개념화의 첫 단계 및 그 안에 있는 과정이 더욱 구체적으로 어떻게 이루어지는지에 대한 좋은 예가 된다. 그레이엄은 당황하고 좌절하고 통제하지 못하는 느낌에 지쳐서 상담치료를 받으러 왔다. 그는 소기업을 운영하는 사람으로, 어느 순간부터 동료들과 직원들과의 상호작용에서 답답함과 짜증을 느끼게 되었다. 그는 자기 자신을 무례하고 나쁜 상사, 나쁜 동료라고 생각했다. 결혼생활에서는 아내를 실망시키는 것을 두려워하면서 살았다. 외국에서 아내를 만나 미국의 도시로 함께 이사 왔다. 그는 늘 아내가 불행해져서 그녀의 본국으로 돌아가서 자기를 혼자 버려 둘 것이라는 걱정을 했다. 서로 싸울 때, 그는 특히 그녀가 떠날 수 있다는 생각에 공황을 느꼈다. 과거에는 코카인과 항불안제 중독 때문에 힘들어했다. 지금은 약물로부터 자유로워졌지만 자신을 안정시키고 안심시킬 다른 방법들을 항상 찾고 있었다.

그의 정서처리 방식을 관찰하면서, 상담치료사는 그레이엄의 경험하기 역량이 낮은 수준에서 중간 수준이라는 것을 알아차렸다. 이것은 바로 개인적인 내용을 다루지만 (내적인 탐색과 대조하여) 매우 외부적인 초점을 가지고 있다는 것을 의미한다. 그의 음성의 질은 외부적이었고, 정서적인 또는 주의하는 (눈을 안으로 향하여 내적으로 정서를 처리하는) 목소리는 작았다. 각성 역량은 높았으나 상담치료에서는 대부분 통제했다. 상담치료사는 그가 정서를 처리하는 본래 방식이 비생산적이라 생각했는데, 이는 바로 그가 자신의 정서에 대해서 말하면서도 그 정서에 거의 주의를 기울이지 않았기 때문이다. 그레이엄은 정서를 상징화하는 데 관심을 두지 않았으며 정서의 순차적인 흐름을 인식하지 못했다(일차적 감정과 이차적 감정을 구별하지 못함). 본래는 자신의 정서를 처리하는 것을 되도록 피했지만, 정서를 처리하게 되면 과잉조율보다는 과소조율을 하는 경향이 있었다. 정서가 치밀어오르면 그레이엄은 숨 쉬는게 어려워졌고 공황이 찾아왔다. 거의 대부분의 상담치료를 고도의 전반적 고통을 가지고 시작했으며 자기달래기에 대한 역량은 적었다(예: "모르겠어요. 그냥 모든 것이 잘못된 것처럼 느껴져요.").

상담치료사는 그레이엄이 자신의 정서적 세계에 대한 내적 인식을 발달시킬 수 있도록 도와주는 더 구체적인 작업이 필요하다고 결정했다. 그렇게 해야 정서가 접촉되고 나서도 자신을 달랠 수 있는 역량이 생길 것이기 때문이다. 과정 초기에는 정서 도식이 완전히 표현되지 않았지만, 상담치료사는 그레이엄의 핵심 주제가 애착의 영역에 속해 있다는 것을 알 수 있었다. 그레이엄이 갖고 있는 부모에 대한 인식은 한편으로는 매우 지배적이고 정서적으로 숨막히게 하면서 다른 한편으론 불안하고 정서적으로 다가가기 힘든 모습이었다. 그레이엄은 남동생이 아파 감정적으로 동요했던 경험에 대해 이야기했다. 제1형 당뇨병을 진단 받은 남동생은 발작이 일어나 당뇨병 혼수에 빠질 뻔했다. 그레이엄은 정말 무서웠던 특정한 한 기억을 떠올렸는데, 자기가 5세일 때 남동생이 병원으로 급히 실려 가는 장면이었다. 혼란 속에서 그레이엄의 부모님은 그를 친척들에게 맡겨 두고 갔다. 그때 부모님이 자기를 데리러 오지 않을 것이라는 두려움으로 크게 고통스러웠던 기억이 남아 있었다. 현재 일어나는 핵심 문제들은 다른 사람(상사, 아버지, 아내)을 실망시켜서 그들이 기분이 상해서 자신을 두고 가는 것과 관련되어 있었다.

상담치료사는 이 단계를 넘어서 부적응적인 핵심 정서 도식과 핵심 주제들을 더욱 명확하게 식별할 수 있도록 치료를 진행했다. 구체적으로, 상담치료는 다른 사람을 기쁘게 해야 한다는 그레이엄의 욕구 그리고 버려지고 사랑받지 못하는 것에 대한 핵심 두려움에 집중했다.

결론

첫 단계에서, 내러티브와 정서는 긴밀히 연결되어 있으며 내담자들은 그 사이에서 항상 움직이고 있다. 내담자들은 자신의 이야기를 나누기 위해 상담치료에 온다. 내담자가 호소하는 관계적 및 행동적 어려움에 대해 들으면서 고통과 감정을 동요하는 것에 주의를 기울이고 내담자의 경험과 상담치료사 자신의 경험에 대한 관찰을 통해 내러티브 주제의 시작이 되는 애착과 정체성이라는 중요한 조각들을 골라낼 수 있다. 상담치료사가 이야기를 통해서 정서처리 방식과 방법을 듣는 동안, 정서처리의 잠재적인 어려움을 엿볼 수 있는 창이 생기기 시작하고 이것은 결국 호소하는 문제들의 근원적인 결정 요인들이 될 것이다. 제2단계에서는 핵심 정서 도식의 정확한 본질을 명확히 하고, 그 여러 가지 측면과 핵심 정서 도식이 한 사람의 인생에서 어떻게 기능하여 문제를 만들어 내는지에 초점을 맞출 것이다.

제2단계:
함께 초점을 만들고 핵심 정서를 식별한다

이 장에서는 EFT 사례개념화 제2단계와 관련된 이론을 제시한다. EFT의 두 번째 단계에서는 내담자의 경험과 어려움을 이해하기 위해 공동으로 구성한 내러티브와 관련된 여섯 가지 주요 상호 활동(MENSIT; [그림 5-1] 참조)을 고찰한다. 첫 번째 단계는 처리가 잘 안된 이면에 깔려 있는 표식들을 찾아내는 것으로, 예를 들자면 회기 동안 문제 반응에 대한 설명이 잘 안 되는 경험적 상태, 이야기 안 된 정서, 자신을 비판하는 것 또는 중요한 타인에 대한 미진한 나쁜 정서를 느껴 보는 것 등이다. 두 번째 단계의 주요 초점은 핵심 정서 도식과 그에 수반되는 자기조직화를 찾아내는 것이다. 이것은 대개 표식에 따른 개입을 통해 내담자가 이면의 감정을 접촉하여 고통스러운 핵심 정서 도식을 나타낼 수도 있고, 아니면 깊은 공감적 탐색을 통해서 접촉할 수도 있다. 여기서 핵심 도식은 적응적일 수도 있고 부적응적일 수도 있다. 핵심 도식이 식별되면 핵심 욕구는 핵심 도식의 중심에 있으며 핵심 정서 도식을 모호하게 하는 이차 정서도 식별된다. 여기

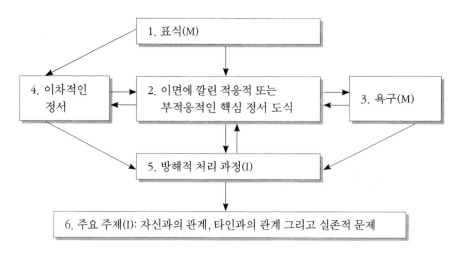

[그림 5-1] 초점 형성의 핵심 요소

주: 제2단계에서 다루어지는 6요소는 약어 MENSIT로서 각 요소의 머리글자의 조합이다.

서 핵심 정서가 보통 느끼기 싫어하는 상태들이기 때문에, 상담치료사는 내
담자로 하여금 고통스러운 상태로 접근하는 통로점을 차단하는 방해 프로세
스를 식별해야 한다. 시간이 지나면서 서서히 함께 진화하고 있는 주제들이
드러나기 시작한다.

　정서는 관계적인 핵심 주제들의 줄거리를 재연하는 경향을 가지고 있다.
예를 들자면, 슬픔이나 두려움과 같은 특정 유형의 정서를 유도하는 많은 상
황은 상실이나 위험과 같은 핵심적인 관계형 주제를 재연하게 한다. 각 정서
는 사람과 환경 사이의 관계에 대한 양상을 드러내는 이야기로 볼 수 있다.
분노는 침해를 받고, 다른 사람 앞에서 창피를 당하며, 상대방에게 잘난 척해
보이고 싶어 하는 우쭐함 등이 깔려 있다. 정서 기반의 이러한 내러티브는 애
착과 정체성 관련 문제에 대한 초기 이해를 중심으로 두 번째 단계에서 명확
하고 확실해진다. 이러한 정서를 담고 있는 내러티브는 자기(self)를 중심으
로 모아지는 경향을 나타낸다. 자기가 자신을 어떻게 대우하는지 또는 자기
가 하나 이상의 자기(selves)에게 어떻게 대우받고 어떻게 대하는지(그러나 어
떤 때는 주제가 외로움, 상실, 선택, 죽음과 같은 한계 상황을 다루는 실존적 관심사

에 더 가까울 때도 있다), 두 번째 단계가 끝날 때쯤에서는 MENSIT에 초점을 맞추어 내러티브 주제가 형성되고 상담치료를 받으러 오게 한 핵심적인 행동 및 관계상의 어려움과 어떻게 연관되는지 알게 된다. 또한 내담자는 유발 사건이 어떻게 핵심 정서 도식을 자극하여 시작하게 했는지 이해하고 자신의 정서 대처 스타일의 결과들이 호소하는 문제에 어떻게 기여했는지 이해하게 된다.

[그림 5-1]에서 묘사된 바와 같이, 상담치료사는 표식을 식별하는 것으로 시작하는데, 이는 일반적으로 특정 방식으로 개입할 수 있는 기회가 된다. 치료 개입의 목적은 핵심 정서 도식에 접근하기 위한 것이다. 그러나 이때 접근되는 첫 번째 정서는 사실 이차 정서로서 근저에 깔려 있는 정서를 모호하게 할 수도 있다는 점을 염두에 두어야 한다. 일차적인 정서 도식과 욕구가 드러남에 따라 방해 프로세스가 활성화될 수도 있고 보다 분명해질 수 있다. 정서 도식과 그 주위의 정서 집합체가 명확해지면 주요 주제로 집중된다. [그림 5-1]에서 정서 도식은 가운데에 자리 잡고 있다. 그것은 개념화의 핵심이다. 다른 프로세스는 정서 도식을 둘러싸고 있다. 핵심 도식에서 앞뒤로 향하는 양방향 화살표는 각 주변 구성 요소의 명료화가 핵심 정서 도식을 명확히 하는 데 도움이 된다는 점을 말해 준다.

과정 5: 과제 작업을 위한 표식 식별하기

EFT 접근 방식의 특징 중 하나는 상담치료 개입이 표식을 따라간다는 것이다. 연구 결과에 따르면 내담자는 문제가 되는 특정한 정서처리 상태에 들어가게 된다. 이러한 정서 상태는 회기 때 드러나는 정서 문제에 내포되어 있는 언사나 행동으로 나타나며 또한 이러한 문제는 효과적인 개입 방향을 설정해 준다(Greenberg et al., 1993; Rice & Greenberg, 1984). 각 회기에서 내담자는 자신에게 일어난 일과 자신의 삶에서 일어나는 사건에 대해 어떻게 느끼는지 이야기한다. 상담치료사는 상상력으로 내담자의 내면세계에 들어서고 적응하며 내담자 표식, 내담자 상태의 지표, 사용할 개입의 유형 및 작업할 문제에 대해 내담자의 현재 상태에 귀 기울이기 시작한다. EFT 상담치료사는 문제가 되는 정서처리 문제의 여러 유형의 표식을 식별하고 이러한 문제에 가장 적합한 특정 방식으로 개입한다. 따라서 표식 및 과제 개입은 특정 방식으로 작업할 때 핵심적인 자기조직화에 접근을 제공하는 진입점이다.

따라서 상담치료사는 끊임없이 과정 진단을 한다. 즉, 생산적 정서 탐구를 진행하도록 하기 위해 내담자에게 현재 일어나는 일들을 개념화하는 것이다. 그런 다음 상담치료사는 근본적인 핵심 정서에 접근하기 위해 표식들에 적절한 작업을 제안한다. 내담자 표식의 과정 진단은 내담자의 현 회기 내 처리 과정을 개념화하여 회기에 초점을 맞추고(작업 과정에서 드러나는 것이 무엇인지에 따라 다름) 전체 상담치료 초점 개발에 추가한다.

연구에 따르면 특정 상담치료 요법 상태는 특정 역기능적 처리 과정을 치료해 줄 수 있는 표식으로 나타난다(Elliott, Greenberg, & Lietaer, 2004; Greenberg et al., 1993; Rice & Greenberg, 1984). 표식은 특정한 개입에 잘 반응하는 특정한 유형의 정서 문제를 가리킨다. 따라서 상담치료사는 표식이 나타나면 그 유형의 처리 문제의 해결을 용이하게 하는 특정한 방법으로 개입을 한다. 이러한 표식들과 정서 과제는 다음과 같이 식별되고 연구되었다.

- 문제 반응은 특정 상황에 대한 정서 또는 행동 반응에 대한 모호함으로 표현되며 체계적인 연상 전개로 탐색할 준비가 되었음을 나타낸다. 이는 삽화적 기억에 내장된 것은 접근이 되나 응축된 경험 내러티브에는 아직 접근할 수 없다(예: 내담자는 "여기 상담치료 받으러 오는 도중에 귀가 길게 늘어진 작은 강아지를 보면서 갑자기 너무 슬프게 느꼈는데 왜 그런지 모르겠어요."라고 말할 수 있다). 이 진술은 기억된 경험에서 다시 경험된 사건으로 내담자를 데리고 가서 반응을 유발시킨 것에 접근하게 한다.
- 갈등 분리는 자기 내의 부분들이 서로 대립하는 상태이다. 대부분 자기

의 한 부분이 다른 부분에 대해 비판적이거나 강제적인 성격을 띤다. 예를 들어, 자매들의 시선에 실패자라고 보이는 여성은 절망적이기도 하고 패배감을 느끼면서 또 한편으로는 이러한 비판에도 불구하고 화가 날 것이다.

- 자기방해 분리는 자기 자신의 한 부분이 정서 경험과 표현을 방해하거나 제재할 때 발생한다(예: "눈물이 나올 것 같지만, 꼭 누르고 참아서 눈물을 속으로 삼키게 돼요. 절대로 울지 않을 거예요.").

- 불분명한 감각 표식은 사람이 혼란스럽게 느껴지고 자신의 경험에 대한 분명한 인식을 갖지 못할 때 나타난다(예: "어떤 느낌은 있는데 그것이 무엇인지 모르겠어요."). 혼란스러워하는 내담자는 초점을 맞출 준비가 되어 있으며 포커싱을 통해 자신의 경험을 상징화하고 신체적 느낌을 전환시킬 수 있다.

- 미해결 과제 표식은 중요한 타인에 대한 아직 머물고 있는 해소되지 못한 느낌에 대한 말에서 나타난다(예: 첫 회기에서 "제 아버지는 내게 사랑을 주지도 않았고 나와 무관한 사람이었어요. 저는 결코 아버지를 용서할 수 없어요."라며 고조된 상태를 말하는 내담자).

- 취약성 표식은 내담자의 취약성, 심한 수치 또는 불안감을 나타낸다(예: "제게 남은 것이라고는 아무것도 없어요. 바닥 났어요. 더 이상 삶을 지속하는 것은 저한테 너무 어려워요").

- 자기달래기 표식은 고뇌와 익숙한 절망의 형태로 표현되는 정서 비조절 상태를 통해 표시된다(예: "저는 괜찮을 것 같지 않아요. 무너져 버릴 것 같고 제 자신을 돌볼 자신이 없고 이게 문제예요. 아무도 저를 위하는 사람이 없었고 그렇기 때문에 저도 제 자신을 위하는 방법을 몰라요.").

연구 조사는 다른 중요한 문제 상태와 그에 상응하는 특정 개입 프로세스의 다양한 표식을 밝혀 주고 있다. 동맹 파열, 소중히 여기던 신념이 깨졌을 때 새로운 의미 창출; 트라우마 내러티브, 트라우마를 처음으로 다시 말하기;

고뇌와 자기달래기; 그리고 혼란스러움과 심리적 공간 만들기(Elliott, Watson, et al., 2004; Goldman & Fox, 2010; Greenberg, 2002a; Greenberg & Watson, 2006; Keating & Goldman, 2003). 추가로 정서와 내러티브에 대한 작업을 결합한 내러티브 표식과 개입이 구체화되었다(Angus & Greenberg, 2011). 동일한 오래된 이야기와 특정 사건을 기억해 내어 재호출(재경험); 아무에게도 말하지 않은 이야기와 이야기가 드러날 때에 공감 어린 탐색; 비어 있는 이야기와 함축적인 정서에 대한 공감적 추측; 연결이 안 되는 깨진 이야기의 경우 일관성 촉진(표식 및 작업 설명에 대한 자세한 내용은 2장 및 6장 참조).

EFT가 다른 이론과 달리 차별화된 특징은 미해결된 정서 문제를 해결하기 위해 각각 회기 안에서 작업 과제를 사용하는 것이다. EFT 상담치료사는 내담자의 내러티브를 듣고 특정 회기에서 어떤 행동이 정서적 어려움의 지표인지 식별한다. 내담자 이야기 속에서 부적절하게 처리된 경험에서 고통스럽고 어려운 측면의 내러티브에 대한 상담치료사의 이해와 내담자의 현재 언어적 및 비언어적 의사소통 방식의 모든 정보에 근거하여 문제 표식을 식별하는 것이다.

근본적인 결정 요인에 초점을 맞추고 부적절한 도식에 접근하고 작업하여 내담자가 이전에 허용되지 않거나 소거된 정보에 접촉하여 탐색하고 다시 통합할 수 있게 해 주는 상담치료 작업을 용이하게 함으로써 도움을 제공한다. 상담치료법이 진행됨에 따라 특정한 정서 문제 표식과 과제가 점점 더 포커싱될 수 있다. 각 표식과 작업에는 특정 해결 과정과 결과가 있지만 모든 상담치료 작업에는 고통스러운 핵심 정서가 활성화되어야 한다. 이것은 개념화하기 위한 일종의 이중 초점 렌즈를 만드는 것과 같다. 사례를 특징짓는 표식 유형과 작업 유형을 중심으로 사례를 구성하거나 고통스러운 부적응적인 핵심 정서 도식과 자기조직화 측면에서 사례를 생각할 수 있다. 전자는 회기 진행 과정을 강조하고, 후자는 사람의 자기조직화와 근본적인 정서 도식을 강조한다. 자기조직화와 정서 도식은 표식과 작업 전반에 걸쳐 공통적인 기본 형태이며 개념화의 중심에 있는 것으로 나타난다. 그러나 표식과 작업은 여전히 사례를 보는 데 있어 중요한 렌즈이다.

과정 6: 이면에 깔린 적응적 또는 부적응적인 핵심 정서 도식 찾아내기

사례개념화에 대한 EFT 접근법의 핵심은 내담자의 핵심적인 고통(일차 정서)을 식별하고 따라가는 것이다. 이것은 일차적·이차적 및 도구적 정서 반응의 구분(Greenberg et al., 993, Greenberg & Safran, 1987)과 적응적인 일차 정서와 부적응적인 일차 정서의 구분이 필요하다. EFT 상담치료사는 내담자의 경험을 추적할 수 있는 정서 추적 장치 역할을 하는 고통 나침반을 통하여(Greenberg & Watson, 2006) 핵심 도식과 자기조직화를 이끌어 낸다. 상담치료사는 내담자의 경험에서 가장 고통스러운 측면에 초점을 맞추고 내담자의 만성적인 고통을 파악한다. 내담자의 순간 경험에 초점을 맞출 때 고통이나 다른 강력한 정서는 잠재적으로 효율 높은 상담치료 부분을 알려 주는 단서이다. 고통스러운 핵심 정서에는 충족되지 않은 핵심 욕구 혹은 목표가 깔려 있기 때문이다.

여기에서 언급되는 핵심적인 고통은 심리적인 고통이며, 그 현상은 심층적으로 연구되어 잘 이해되고 있다. 내담자의 주관적인 고통 경험을 다룬 질적 연구에서 내담자는 종종 부서지거나 산산 조각난 느낌을 묘사한다(Bolger, 1999; Greenberg & Bolger, 2001). 내담자는 종종 죽은 시체같이 깊고 어두운 장소에 버려지거나 오장육부가 손상된 것 같은 경험(예: 일부가 찢어져 출혈이 생기는 것처럼) 또는 자기가 갈기갈기 찢어진 느낌을 받는 경우가 있다.

이러한 심리적 고통이나 정서적 고통은 충족되지 않은 욕구로부터 오는 매우 불쾌한 내적 감각으로 피할 수 없는 경험으로 정의된다. 고통이 내부로부터 오는 경우, 사람은 욕구를 충족시키거나 심리적인 침입이나 손상을 막고 자신을 보호할 수 없는 무력감을 느끼게 된다. 이것이 바로 무력감의 정체이다. 여기서 고통과 슬픔은 구분된다. 고통은 생존에 중요하다고 느끼는 충족되지 않은 욕구와 충족시키지 못하는 데서 오는 무력감을 수반한다. 반면, 슬픔은 고통과 달리 상실에 대한 생물학적인 반응으로 상실의 수용과 연민의 느낌과 자기위로를 포함한다. 그래서 고통은 중요한 욕구를 충족시키지 못하는 무력함과 관련하여 산산조각이 나고 속수무책의 느낌이라고 말할 수 있다. 일반적으로 느끼는 주된 고통스러운 정서는 버려짐에 대한 두려움, 외로움과 슬픔, 자기응집력이나 정체성을 보호하거나 유지하지 못할 때의 붕괴감과 수치스러움 등이다. 정서적인 고통은 생존과 복지에 필수적인 유대감이 파손되고 자신의 정체성이 산산조각 났을 때 발생하는 것이다.

　고통스러운 핵심 정서를 확인하는 주요 측면은 한번 접촉한 핵심 경험이 적응적인 일차 정서(안내 대상)인지, 아니면 핵심적인 역기능적 정서 도식(변형되어야 하는 주요 부적응적인 정서 경험)에 의한 부적응적인 일차 정서인지 결정하는 데 있다(Greenberg, 2002a). 내담자와 상담치료사는 일차 정서가 변화에 대한 지침으로 따라갈 수 있는지, 아니면 반대로 부적응적이기에 스스로 건강한 경험으로 변경되어야 하는지를 결정해야 한다. 고통스러운 핵심 정서가 내담자의 복지를 향상시키는 슬픔이나 억압된 분노와 같이 부정된 적응적 정서로 보인다면, 상담치료사는 내담자에게 이 고통스러운 경험을 계속 느끼게 하여 고통이 내포하고 있는 의미 탐색을 하도록 안내한다. 그러나 내담자와 상담치료사가 핵심적인 고통스러운 느낌이 더 이상 기능적이지 않고 내담자를 향상시키지 않는다고 동의할 경우, 이는 부적응적인 일차 핵심 정서로 인식된다. 상담치료사와의 대화에서 내담자가 좋은 정보의 원천으로서 그들이 도달한 느낌(예: 외로움, 버려진 느낌 또는 무가치한 느낌)을 믿을 수 없다고 판단하면 정서를 변형시켜야 한다. 부적응적인 핵심 정서에 도달하기 위해서는 EFT 상담치료사가 먼저 내담자 이야기 가운데서 감정을 가장 동요시키는 것에 귀를 기울여야 한다. 또한 즉시 내담자가 견뎌 낸 고통스러운 삶의 사건들을 표시하고 짚어 내기 시작한다. 버림당함, 굴욕, 외상과 같은 고통스러운 사건은 내담자가 자신 또는 다른 사람들에 대해 형성했을 수 있는 부적응적인 핵심 정서 도식의 근원에 대한 단서를 제공하며, 이러한 실마리는 내담자의 고통과 취약성의 근원을 이해하는 초석이 된다.

공포와 수치심이라는 두 개의 주요 부적응적 정서는 각각 애착에서 오는 안정 및 정체성 인정과 관련이 있다. 추가적으로, 버림당함에 대한 슬픔은 종종 기본적으로 불안에 대한 두려움을 동반한다. 다른 부적응적인 핵심 정서로 학대, 복잡한 슬픔, 혐오로 인한 분노 등도 있다. EFT에 따르면 이러한 고통스러운 정서 경험을 재통과할 때만이 정신적인 고통이 완화될 수 있다. 무가치함 또는 불안정한 느낌에 '도달'할 때까지 그 부적응적 정서에서 '떠날' 수 없다. 상담치료사는 무엇보다도 먼저 이러한 무가치함이나 취약함의 느낌을 상징화한 다음 자기조직화 기반의 다른 적응적인 정서에 접근한다. 차선책은 현재 경험된 고통스러운 정서에 반응하여 활성화되는 적응적 정서와 욕구에 접촉하는 것을 기반으로 한다. 고통을 적응적 정서로 상징화하여 생명을 주어 자원화하는 것은 내담자와 상담치료사가 함께 도모하는 것이다.

EFT에서 변화의 핵심은 적응적인 일차 정서에 접근하는 데 있다. 개념화의 핵심은 호소하는 문제에서 어떤 정서가 근본적인 고통스러운 핵심 정서인지 식별하는 것이다. 목표는 이전에 접근할 수 없고 상징화가 되지 않았던 적응적인 일차 정서와 욕구를 인정하고 경험하는 것이다. 욕구, 목표, 관심사 및 행동 경향이 일차적인 정서와 함께 경험될 때 치유 효과를 볼 수 있다. 적응적인 일차적 핵심 정서가 야기되고 받아들여지고 용인될 때, 그것은 문제의 강도가 자연스레 상승하고 떨어짐을 포함하는 자각 과정을 따른다(Greenberg, 2010). 강도가 감소하는 것은 성찰(reflection)을 가능케 한다. 또한 각성은 많은 새로운 도식의 활성화 및 연관된 것들을 이끌어 낸다. 정서를 이해하는 작업에 특별히 주의집중을 할 때 더욱 그렇다. 따라서 자극, 수용, 용납, 규제, 상징화 및 반영의 조합은 변화 과정을 진행한다.

복합적인 정서 도식 경험에는 부적응적인 일차적 핵심 정서가 깔려 있는 것으로 이해된다. 부적응적인 핵심 도식은 부정적인 자기조직화를 초래하는데, 바로 불안감, 의존감, 무기력감, 수치감, 상처 또는 무가치함, 무존재감 또는 사랑받지 못하거나 사랑할 수 없다고 느끼는 것들이다. 이러한 핵심 정서들은 절망, 공포, 절망, 또는 만성적 고민과 같은 안 좋은 이차 정서의 근본에 깔려 있는 경향이 있다(Greenberg, 2002b; Greenberg & Paivio, 1997). 부정적인 자기감이란 끊임없이 자기 자신을 비하하고, 의존 핵심은 남의 도움 없이는 자신이 설 수 없다고 느끼는 것으로 발견되었다. 자신이 약하거나 부적절하다고 보는 자기감이 정서 기반의 핵심 자기조직화이기에 무가치함, 약점 또는 불안감에 대한 주요 부적응적 정서에 접근할 때만 변화가 가능하다.

정서 도식 체계는 자기조직화의 중심 결정체이며, 많은 때 역기능의 뿌리에 있고 궁극적으로 치료에 도달할 수 있는 길이다. 단순화를 위해 필자들은 정서 도식 과정(emotion schematic process)이라는 용어를 사용한다. 이는 세계를 향해 통일된 자기감을 형성하기 위해 여러 활성화된 정서 도식이 함께 적용되는 복합적인 합성 과정이다(Greenberg & Pascual-Leone, 1995; Greenberg & Watson, 2006). 어느 특정 순간 자신의 경험 상태를 현재의 자기조직화라고 부른다. 예를 들어 우울증의 경우, 과거의 경험에서 치명적인 상실, 굴욕 또는 실패라는 정서 도식 기억의 활성화 때문에 일반적으로 사랑받을 수 없고 쓸모 없고 무기력하거나 무능력하다고 하는 '자기'가 조직화된다(Greenberg & Watson, 2006). 이러한 정서 기억은 현재의 상실이나 실패에 대한 반응으로 유발되어 자신이 회복력을 잃고 무력화되는 원인이 된다. 이런 상태는 내담자가 절망하거나, 쓸모 없다고 느끼거나 극심한 불안감을 느끼는 것으로 상징화된다.

따라서 자기조직화라는 도식은 자기가 누구인지를 신체 감각을 통하여 드러내며 또한 한 단계 더 나아가 자신의 내러티브 정체성을 통해 표현된 조직된 자기를 이루고자 한다(Greenberg & Angus, 2004; Whelton & Greenberg, 2004). 이 정체성은 축적된 경험과 다양한 자기표현의 통합을 일종의 일관성 있는 이야기 또는 내러티브로 연결하는 것을 포함한다. 사람들의 정체성과 세상 속의 자기(self-in-the-world)에 대한 경험은 이러한 내러티브와 별개로 이해될 수 없다. 일관성과 의미가 있는 인간의 삶은 이야기에서 '구성

(emplotted)'되어야 한다. 이 과정에서 사건은 인간 생활의 이질적인 행동과 경험이 일관된 내러티브 구조로 형성되도록 내러티브 담론에 의해 조직된다. 이 이야기들은 의미 있는 내러티브가 취할 수 있는 형식에 대한 복잡한 규칙을 지닌 다른 문화권의 영향을 받는다. 우리가 누구인지를 말해 주는 이야기는 자기기능함(self-functioning)의 경험하는 측면과 설명하는 측면 간의 변증법적인 상호작용 가운데 드러난다(Greenberg, 2010).

과정 7: 욕구 파악하기

개념화의 중추적인 측면은 고통스러운 핵심 정서와 수반되는 충족되지 않은 욕구를 찾아내는 것이다. 정서 도식 이면에는 핵심 욕구가 깔려 있다. 일반적으로 애착 관련 욕구(예: 친밀한 관계에서 용납되고, 사랑받고 싶은 욕구) 및 정체성 관련 욕구(예: 인정 및 확인, 통제, 목표 달성, 자신감 등)로 분류할 수 있다. 이러한 충족되지 않은 욕구는 고통스러운 핵심 정서를 수반하는데, 이는 아직 성취되지 않았고 만족되기를 고대하고 있는 정서의 적응적인 목표이다. 고통스러운 핵심 정서에 접촉했을 때 문제의 내러티브가 밝혀지고 연결되면서 개념화된다. 각각의 정서는 사람과 자신의 환경의 관계에 관한 특정한 구조나 이야기를 구성한다. 슬프다는 느낌은 누군가 가까이에 있어서 연결되고 싶은 욕구를 나타낸다. 화난다는 느낌은 경계를 주장하거나 장애물을 극복할 필요가 있다는 것이다. 일차 정서로 전환하여 그것을 자원으로 사용할 때 변화는 일어난다. 따라서 내담자가 적응력 있는 일차적인 분노에 접촉하여 경계를 확정 짓고, 적응적인 슬픔에 접촉하여 상실을 슬퍼하고, 적정 거리를 두고 회복하며 자신을 조직화하거나, 위로와 지원을 요청할 때 변화가 일어나는 경우도 있다. 이러한 상황에서 정서에 포함된 욕구와 행동 경향을 접촉하는 것은 변화의 동기, 방향, 대안적인 반응 방식을 제공한다. 포기 대신 행동을, 절망 대신 동기부여를 대체한다. 부적응적인 도식에서 충족되

지 않은 욕구에 접근하는 것은 내담자가 욕구를 충족시키는 것이 가치 있는
일이라고 느끼도록 도움을 준다.

과정 8: 이차 정서 파악하기

사례개념화는 이차 정서가 내담자의 일차 정서를 어떻게 흐리게 하는지를
인식하고 이해하는 것이 필요한데, 순간적인 수준에서 그리고 더 깊은 특징
적인 수준에서 파악할 수 있어야 한다. 어떤 사람들은 근본적인 정서에서 자
신을 보호해 주는 특징적인 이차 정서 표현의 스타일이 있다. 또 어떤 사람들
에게는 이것이 일시적으로만 일어날 수도 있다. 이차 정서는 원래의 상황이
아닌 다른 자극에 기초한 정서이다. 더 일차적인 정서 경험에 대한 이차적인
반작용적 반응인 것이다(Greenberg & Paivio, 1997; Greenberg & Safran, 1987).
이차 정서는 일차적인 욕구와 관련이 없으며 더 일차적인 경험을 가린다. 그
들은 다른 정서(예: 두려움이나 부끄러움을 느끼지만 분노를 표현함) 또는 생각
(예: 과도한 걱정 후 불안감)에 대한 이차적인 반응일 수 있다. 또는 다른 정서
(예: 분노를 느끼거나 자신의 두려움을 부끄러워하는 것에 대해 죄책감을 느끼는 경
우)에 대한 것일 수 있다. 정서는 많은 경우 근저에 깔린 더 위협적이거나 고
통스럽거나 압도적인 일차적인 정서를 숨기는 데 목적이 있다. 이차적인 정
서 상태는 뚜렷한 정서(예: 두려움, 분노, 수치) 또는 융합된 혹은 전반적인 정
서 적 상태의 형태를 취할 수 있다. 이차 정서는 종종 내담자가 겪는 증상(예:
불안, 우울증, 절망감, 짜증)의 일부이며, 일반적으로 내담자가 처음 상담치료
에 들어갈 때 나타난다.

사람들은 주로 처음의 적응적인 일차 정서에 대해 반응하며, 이러한 정서
적 반응이 정서적인 풍경을 지배한다. 이 '반응에 대한 반응'은 원래의 정서를
흐리게 하거나 변형시키고 현재 상황에 완전히 부합하지 않는 행동을 유도한
다. 예를 들어, 거절을 당해서 슬프거나 두려워하기 시작한 사람은 화난 행동

이 기능적이지 않거나 부적절하다 할지라도 거절당함(외부 집중적)에 화를 낼 수도 있고, 두려움(자기집중적)을 느낀 것에 대해 자신에게 화를 낼 수도 있다. 이런 이차 정서는 일차 정서(예: 수치심에 대한 방어)가 고통스럽기에 이를 무마시키려거나 방어하기 위한 것이다. 반면에 다른 이차 정서는 일차 정서에 대한 자동 반응일 수도 있다. 남자들의 경우 두려움에 대해 수치스럽게 느끼는 것은 회피가 아닌 반사적인 것일 수 있다. 그러면서 이차적인 수치심이 생긴다. 따라서 사람들은 자신의 분노를 두려워하거나 슬픔을 부끄러워하거나 불안함에 대해 슬프게 느낄 수 있다. 이차 정서는 선행 사고에 대한 반응일 수도 있다(예: 거부당할 것이라고 예상될 때 오는 불안감). 그러나 그 생각 자체는 부적응적인 정서 도식에서 나올 수 있다. 말하자면 거절에 대한 두려움이라는 주된 프로세싱 사고방식에 기인한다. 이렇듯 생각은 정서를 만들어 낼 수 있지만, 그렇다고 모든 정서가 생각에 의해 만들어지는 것을 의미하지는 않는다.

　부차적(이차적)인 정서의 또 다른 형태는 도구적 정서로서, 더 일차적인 정서를 가리기 위함이라기보다는 목표를 성취하기 위한 잘못 지시된 시도이다. 그들은 다른 사람들에게 영향을 미치거나 조작하기 위해(의식적으로 또는 무의식적으로) 사용되는 표현 행동이나 학습된 경험일 수 있다(Greenberg & Paivio, 1997; Greenberg & Safran, 1987). 정서는 조작적이거나 이차적인 이득을 가질 수 있다. 대표적인 예는 위압성 분노나 동정심을 불러일으키는 '억지로 쥐어짠 악어의 눈물'이다.

과정 9: 핵심 정서 도식에의 접근을 방해 또는 차단하는 것을 찾아내기

　내담자들은 핵심적인 고통과 관련된 것들을 다시 경험하는 것이 너무 두려운 나머지 여러 가지 방법으로 상담치료에서조차 고통스러움을 드러내지 않으려 한다. 상담치료사는 고통을 따라가면서 어떤 방식으로 내담자가 고통스러운 정서를 피하거나 막으려 하는지 알아내야 한다. 이러한 과정은 일반적으로 두려움(죽을 것같이 견디기 힘든 고통)에 의해 유발된다는 것을 알면 도움이 된다. 정서는 또한 욕구 자체를 포기함으로써 중단된다(충족되지 않은 욕구는 고통스럽기에 아예 욕구 자체를 거부). 장애물은 특정 상황에서 특정 정서를 느끼거나 일반적으로 느껴지는 것에 대한 강한 문화 또는 가족 규칙에서 비롯되기도 한다. 막는 표식은 장애물을 다루는 특정 개입이 요구되기도 한다(자기방해 과정을 다루기 위해 고안된 구체적인 과제는 2장과 6장에 설명되어 있다). 때로는 정서 방해 과정이 유용한 대처 메커니즘이 될 수 있다. 상담치료사는 내담자가 고통에 대처하기 위해 고통스러운 정서를 조절하는 데 부족한 기술을 식별하기 위해 임시방편적인 대처 전략의 유형과 종류에 세심한 관심을 기울여야 한다.

과정 10: 주제를 식별하기: 자기-자기 관계, 자기-타인 관계, 실존적인 문제

주제는 주로 자기-자기와 자기-타인을 중심으로 집합하는 경향이 있지만 때로는 외로움, 상실, 선택, 죽음과 같은 실존적 주제로 한계 상황을 다루는 것으로도 나타난다. 골드먼 등(Goldman et al., 2005)은 우울증 상담치료를 받은 36명의 내담자를 대상으로 핵심 주제를 밝히고, 그들 모두에게 자기-자기와 자기-타인 관계에 적어도 하나의 주제가 있음을 발견했다. 내담자 고통의 핵심 정서에 기여하는 주제는 시간이 지남에 따라 나타났으며, 이러한 주제는 다음 네 가지 중 하나로 분류되었다. ① 자기-내면 관계 문제, ② 대인관계 문제, ③ 실존적 문제, 또는 ④ 이들 세 가지 문제의 조합, 즉 대인관계, 자기-자기 또는 실존적 문제의 일부 조합이다. 여기서 자기-자기 관계 문제는 일반적으로 자기 자신을 대하는 태도(예: 비판적이거나 자기 자신을 거부함) 또는 정서를 억압 내지 마비시켜 회피하는 것과 관련이 있다. 대인관계 문제는 일반적으로 다른 사람의 대우를 수반하며 애착과 상호 의존성과 관련된다. 여기에는 버림당하거나 거절당함, 또는 통제 문제, 굴욕감, 인정받지 못함 또는 는 학대 경험들이 있다. 실존 문제는 상실, 선택, 자유, 소외 및 죽음과 관련된 인간으로서의 절대 한계 상황과 관련이 있다. 9장에서는 서로 다른 사례 개념화 그룹에서 나오는 예들을 다룬다. 실존적 주제는 종종 임상 증상(예: 배우자, 신체 일부 또는 의미의 상실, 임박한 죽음, 소외, 자유의 제한)보다 삶 자체에 문제가 있는 사람들에게서 더욱 많이 발생한다. 우울증에 대한 경험적 상담치료법에 대한 요크 I(York I; Greenberg & Watson, 1998)의 연구에서 발견된 주제들은 〈참조 5-1〉(Goldman et al., 2005)에 제시되어 있다.

사례개념화의 경우 중요한 것은 떠오르는 이슈 유형을 식별하여 초점화하고 그것들을 연관시키는 기술이다. 다른 말로, 자기가 어떻게 자기를 다루는가, 또는 어떻게 자기가 다른 사람에 의해 대우받거나 대우하는가는 주제별 이해의 중요한 부분이 된다. 따라서 자기-자기 영역(the self-self area)에서 자기 자신을 비난, 방해, 회피, 무시하여 자신을 처벌하거나, 버리거나, 꾸짖거나, 모욕하거나, 의심하거나, 두려워하거나, 겁 먹거나, 감금하거나, 찌그러뜨리거나, 입을 막을 수도 있다. 다른 사람들과 관련하여, 타인으로부터 철수하고, 추구하고, 공격하고, 비난하고, 포기하고, 통제할 수 있다. 더 특이하게는 자신이 움츠러들어 작아지거나, 도망하여 숨어 보호하고, 또는 다른 사람을 밀거나, 쫓거나, 지시하거나 충고를 할 수도 있다. 종합해 보면, 내담자 특유의 방식은 다음과 같이 이해될 수 있다.

- 관계 유형: 자기, 타인, 실존적 이슈
- 관계 내용: 예를 들면, 학대하는 아버지 또는 편애하는 어머니와 미해결된 과제
- 관계 방식: 예를 들면, 다른 사람으로부터의 철수

참조 5-1 **주제의 구체적인 예시**

- 남편에 대한 미해결된 분노(자기-타인)
- 자기의 비판적이고 취약한 측면 간의 갈등(자기-자기)
- 불행한 결혼생활에 갇힌 느낌(자기-타인)
- 과제 지향, 비난, 열정적인 자기(자기-자기)
- 실제적인 면과 자유롭고 즐거움을 추구하는 자기 사이의 갈등(자기-자기)
- 다른 사람이 판단하고 비난하는 느낌(자기-타인)
- '탄력을 잃은' 또는 정서 부재의 느낌(자기-자기)
- 자기주장과 관련된 어려움; 정서에 대한 욕구와 욕구가 정당하지 않음(자기-타인)
- 일자리 상실(실존적)
- 전남편과 그의 가족에 대한 미해결된 정서(자기-타인)
- 강한 실패감; 부적당함의 느낌(자기-자기)
- 취약하고 깨지기 쉬운 자기감각(자기-자기)
- 어머니에 대한 해결되지 않은 정서(자기-타인)
- 방향과 무의미함(실존적)
- 딸과의 어렵고 문제가 되는 관계(자기-타인)
- 신뢰의 어려움(자기-타인)
- 완벽에 대한 높은 욕구(자기-자기)
- 두려움과 미래에 관련된 공포(실존적)
- 집을 떠나는 아이들에 대한 상실감과 슬픔에 대한 느낌(자기-타인)

다른 예를 들어 보면, 타인관계 유형에서 어릴 때 어머니를 상실하여 충족되지 않은 애착 욕구를 다른 사람들에게 집착하여 매달리며 충족하려는 경우가 있을 수 있다. 자기-자기 유형에서, 내용은 낮은 자존심이나 자기 자신을 경멸하는 방식일 수도 있고, 반면에 사람에 따라서는 매우 경직되거나 몰아붙이는 자기 자신에 대한 관계일 수 있다.

사람들이 존재의 궁극적인 한계를 직면하게 될 때 드러나는 실존적 주제는 EFT에서 핵심 관심사로 대두된다. 내담자들에게 주된 실존적 주제는 삶의 문제가 있거나 적응하는 데 어려움을 겪을 때, 자유와 선택의 한계, 소속감과 소외, 질병, 상실 및 죽음에 대한 우려 등으로 나타난다. 상담치료사는 한 회기에서 다음 회기로 문제 내용을 그대로 다루지는 않지만 건강한 순기능을 방해하는 근본 고통 정서 문제와 관련된 주제에 계속 집중할 수 있다. 공감 탐색과 과제 수행은 내담자 대인관계의 이해에서 연결고리를 형성하는 중요한 주제 자료이다. 상담치료에서, 이것은 내담자의 우려를 둘러싸고 일관되게 공유된 내러티브로 짜인다. 우리는 성공한 사례에서 핵심 주제의 문제가 상담치료를 통해 나타나 상담치료에 초점을 제공한다는 사실을 발견했다. 예를 들어, 자기비판적 표식을 다루는 작업을 수행한 내담자는 매사에 주제가처럼 '자신이 무가치하다.'는 핵심 정서를 끈질기게 활성화시키는 가혹한 비난가를 직면하는 경우도 있는데, 이것이 상담치료 과정의 초점이 된다. 다른 내담자의 경우 해결되지 않은 분노와 중요한 타인에 대한 상처는 핵심 불안감과 상처를 활성화할 수 있으며, 주제 초점으로 부상할 수 있다.

과정 11: '호소하는 관계나 행동에서의 어려움'을 유발시키는 사건들과 핵심 정서 도식을 연결하여 사례개념화 내러티브를 함께 구성하기

MENSIT 요소(표식, 정서, 욕구, 이차 정서, 방해 및 주제)를 기반으로 하여, 구조화된 내러티브가 형성되어 내담자와 공유되는 틀이 된다. 이 틀은 위의 MENSIT 요소와 제시되는 문제 사이의 관계, 방아쇠 같은 촉발 요인 그리고 행동 반응과 그에 따르는 정서 대응 과정 결과를 반영해 준다. 이 내러티브는 내담자 인생 경험의 다양한 요소를 내담자의 어려움과 연결시켜 준다. 개념화된 내러티브는 상담치료가 어떻게 진행되고 무엇이 행해지고 있는지를 조직화하는 데 도움을 주기 위해 내담자에게 제공되며 내담자와의 대화에 의해서 함께 개발된다. 내러티브는 내담자의 경험을 자기이해를 위한 일종의 앵커로 하여 일관적으로 구성하도록 한다. 이 내러티브 이해는 목표를 분명히 하고 특히 상담치료에서 작업 과제와의 관련성을 명확히 하는 데 도움이 된다. MENSIT 모델로 하여 그 구성 요소와 또 서로 다른 요소가 일관된 내러티브로 구성되도록 하여 증상이 어떻게 생성되는지 더 잘 이해할 수 있다. 대개 상담치료사는 요소들을 일관된 내러티브로 조직하고 현재까지 논의된 내용이 경험된 것을 기준으로 통합하여 내담자에게 제시한다. 내담자와 상담치료사는 함께 그들의 상담치료 탐색에서 나온 경험을 통합적으로 이해하며 진행한다. 이 이해는 함께 구성된 내러티브로 이어진다.

한 내담자의 내러티브는 다음과 같이 요약될 수 있다.

남편의 도박이나 계속되는 비판(유발시킨 요소)이 당신을 절박하고 우울하게 만드는군요(결과). 남편이 도박을 하는 것을 보거나 그가 당신을 비판할 때, 당신이 죄책감을 느끼는 것(이차 정서)은 당신은 나쁜 아내이고 당신이 그를 더 도왔어야 한다고 느끼는 것 때문이군요. 그러나 또한 화도 났나 봐요(적응적 일차 정서). 하지만 당신은 그와 대면하는 것을 피하고 가급적이면 분노를 표현하지 않으려고(방해), 전력을 다하면서 모든 에너지는 소모되고 정작 당신 자신은 한없이 외롭다고 느꼈군요. 우리가 탐색한 바와 같이, 당신은 분노를 중단하고 대신에 죄책감을 느끼고 혼자가 되는 것을 두려워함으로써 당신의 필요를 간접적으로 표현하고 있어요. 아시다시피, 어린 시절 당신이 부모 아래에서 성장한 과정을 감안할 때, 이 모든 것이 사랑받지 못할 것에 대한 핵심적인 두려움(정서 도식)과 자신이 보잘것없고 중요하지 않고 무가치하다고 느끼는 것을 촉발시키는 것이죠. 당신이 정말로 필요로 하고 원하고 바라는 것(욕구)은 더 많은 지지와 이해이며 당신의 목소리를 들려주기 위한 것이지만, 어린 시절의 부정적 경험으로 당신이 이러한 사랑을 받을 자격이 있다고 기대하는 것조차 힘들어서 심한 절망감에 빠져 있군요.

직장에서 해고되면서 우울증이 유발된 여성 내담자의 예를 들어 보자. 그

녀의 이차 정서는 절망감(이차적)이지만, 그 탐색에서 나오는 것은 남편으로
부터 버림받은 것에서 오는 해결되지 않은 슬픔과 불안정함(정서)에 대한 정
서 도식 기억이었다. 15년 전 어느 아침 집을 나가 결코 돌아오지 않은 그녀
의 남편에 의해 버려졌다는 핵심 정서가 깔려 있었다. 이것은 미해결 과제의
표식이다(표식). 그녀의 충족되지 않은 핵심 욕구는 사랑받고 싶은 욕구이다
(욕구). 또한 그녀는 버림받음으로 인한 외로움과 두려움에 대한 그녀의 느
낌을 없애 버리고(방해) 불공평하게 대우받은 것에 대해 정당하게 분노하는
대신 자신을 비난하고 죄책감으로 덮는다. 주된 주제는 자기다움이다(주제).
그녀는 자신이 버림받아 마땅한 불필요한 존재라고 느끼는 것이다. 말하자
면, 그녀는 자기거부에 근거하여 자신을 쓸데없는 것으로 여기는 자기비판
적 성향을 지니고 있다. 그녀의 행동 반응은 더 이상 거절을 피하기 위해 다
른 사람들로부터 철회하는 것이고, 그 결과로 심한 외로움을 느끼고 있다. 이
렇듯 거절과 불필요한 존재감은 외로움에 대한 그녀의 느낌을 더욱더 악화
시킨다.

　정신신체화 증상과 주요우울장애를 앓고 있는 51세의 내담자 메리의 다음
사례는 보다 상세히 공동으로 구성된 내러티브를 보여 준다. 그녀의 고통스
러운 부적응적인 정서 도식은 버림받는 것에 대한 두려움과 자기는 부족하다
(not good enough)는 느낌의 수치(정서)로 드러났다. 그녀의 자기조직화는 걱
정스럽고 불안정하고 결점투성이로 드러났다. 그녀는 어릴 적 경험으로 인
해 자신이 소홀한 존재로 느껴졌고, 어머니가 동생만을 좋아하여 차별받아
버림받을까 두렵고 자신이 무가치하게 느껴지는 혼합된 자기조직화가 형성
되었다. 이 어린 시절 경험으로 인해 그녀는 버림받음에 대한 두려움이 깔려
있는 불안정한 애착관계에 의해 애정관계가 형성되었고, 버림받음이 두려워
자기주장을 할 수가 없게 되었다. 그녀는 또한 그녀의 부적당함(정체성과 관
련된 걱정들)에 대한 깊은 수치심으로 인해 어려움을 겪었다. 친밀감과 인정
받고 싶은 그녀의 충족되지 않은 욕구(욕구)는 늘 그녀의 가족과 남편의 친밀
감에 목말라하게 만들었다. 속으로는 인정과 친밀한 애정을 은근히 바라며

겉으로는 가족 모두를 위해 헌신 봉사하게 하면서 자신이 **뼈빠**지게 일한 것에 대한 보상을 확인하고 관심을 받기를 원했다.

상담치료의 초반에는 메리의 정서처리 스타일은 과잉조율된 성격을 띠었다. 그녀는 근본 기본 정서는 물론 심지어 그녀의 이차 정서에도 거의 접근하지 못했다. 그녀는 자신의 정서를 질식시켰다. 왜냐하면 통제력을 잃을까, 자신이 무너질까, 버림받을까, 또는 뭔가 뒤떨어진 사람으로 보일까 하는 두려움으로 가득 차 있었기 때문이다. 상담치료가 진행됨에 따라 그녀는 두려움과 수치심의 부적응적인 일차 정서를 접하고 표현할 수 있게 되었다. 그러나 처음에는 이러한 정서에 압도되곤 하여 되려 이차 정서인 스트레스 곤경에 **빠**지곤 하였다. 핵심 정서 고통은 그녀에게 견딜 수 없는 것처럼 보였고, 그래서 그녀는 그것을 피하려 안간힘을 썼다. 그녀는 절망과 무력감과 같은 이차 정서에 **빠**졌다. 메리는 자라면서 늘 어머니로부터 무시와 핀잔을 받았다. 집안일을 도와 어머니를 기쁘게 하여 어떻게 하든지 무시와 핀잔을 피하고 인정을 받으려 안간힘을 다했지만 한 번도 인정을 받지 못했다. 어머니와 관계에서 미해결 과제 표식이 많았다("어머니는 내 동생을 편애했어요." "나는 항상 관심을 끌려고 했으나 어머니는 늘 다른 일로 바빴어요." "어머니의 비판은 내게 깊은 상처를 줬어요." "나는 불행하게도 언제나 별 볼일 없는, 있으나 마나 한 부수적인 존재였어요." "나는 늘 돌봄과 관심에 굶주린 어린 여자아이였어요."). 남편과 관계에서도 미해결 과제 표식이 있었다("제 친구는 저를 그대로 받아 주지만 남편은 저의 필요를 채워 주지 않아요." "저는 매우 약한 느낌이 들고, 음, 내 남편 말 한마디에 쉽게 좌지우지 당해야만 했어요. 얼마나 상처가 되는지 알죠?").

자기가치가 부족한 표식도 꽤 분명했다. "가족 중 처음으로 이혼하여 부모님을 실망시켰고 내 아이들을 보호하지 못했어요." "저는 부모가 기대했던 완벽한 딸이 아니에요." "저는 비정상적이고 그래서 아무도 저를 사랑하지 않아요." 내담자는 또한 자신이 어른으로서, 그녀의 부재한 수동적인 아버지가 느꼈던 것과 비슷한 정서로, 자신을 주장하고 사람들과 대면함으로써 '문제를 만들고 싶지 않다'고 말했다.

　메리는 20세에 집을 나가 결혼했고, 12년 후 이혼했다. 그녀의 남편은 육체적·정서적으로 그녀를 학대했고, 그 결과로 그녀는 자신이 무가치하다는 생각이 더욱 굳어지게 되었다. 15번째 회기 정도에서 그녀는 학대적인 아버지로부터 아들을 온전히 보호하지 못한 것에 대한 고통스러운 수치심(정서)을 드러내었다. 중심적인 주제인 정체성 문제가 나타났다. 메리는 어머니와 아내로서 자신이 부적절할 뿐만 아니라 그녀의 삶에 적절하게 대처하지 못한다고 인식하여 수치심과 죄책감을 느꼈다. 무가치한 존재로서 관계에서 거부되고 버려지는 것에 대한 두려움과 관련된 불안 애착 욕구가 핵심 주제였다. 공포, 수치심, 외로운 정서의 행동 결과는 철저히 정서를 통제하고 지나치게 남을 보살피는 것이었다. 그녀는 갈등을 피했다. 그녀는 남편이 버릴까 봐 두려워서 15년 결혼생활에서 한 번도 남편에게 따질 수 없었다. 그 결과, 그녀는 정서를 차단했다. 이러한 정서와 행동 회피로 인해 그녀는 핵심 정서 고통과 상처를 전혀 처리하지 못하게 되었고, 결과적으로 사랑의 상실감과 슬픔에 대한 분노의 적응적인 일차 정서에 대한 접근을 용납치 않았다. 그리하여 메리는 산재된 고통과 절망감을 포함한 광범위한 이차적인 정서들을 경험했다(이차적 정서). 그녀는 무가치하고 버림받을까 두려워하는 정서를 결단코 용납하거나 해결할 수 없다고 굳게 믿었고, 정서적 붕괴에 대한 두려움이 편만히 깔려 있는 가운데 우울증과 늘 쏟아져 나올 것 같은 수많은 눈물은 물론 위장병과 피부 문제로 고생했다.

　메리의 핵심적인 부적응적 상태인 수치와 두려움의 주요 촉발 요인은 부엌 싱크대에 쌓여 있는 설거지였다. 남편이 집안일에 더 많은 책임을 분담하기를 바라는 마음과 버림받을까 하는 두려움 간의 갈등이 활성화된 것이다. 그녀의 부모와 자매로부터의 배제와 거부, 남편의 거절과 배척이라는 대인관계의 어려움은 가족 회의에서 야기되었다. 메리는 자신이 사랑받지 못하고 사랑받을 가치도 없다는 감정을 활성화시켰다. 자기주장에 대한 모든 욕구는 거절에 대한 두려움으로 덮였다. 자신의 일차적인 정서를 다루지 못하는 그녀의 무능력감은 이차 정서를 야기했다. 소망이 끊어진 것 같은 절망감 그리고 남편과 가족에 대한 역반응으로 거부하는 분노 등이었다. 상담치료의 주요 주제는 메리가 자신을 심하게 질책하고 자학하는 방식과 관련되어 있었다. 그녀는 남편을 비롯한 다른 사람에게 자신의 필요를 주장하는 것을 어려워했다. 그녀는 부적절하고 혹독한 비난을 자신에게 퍼부었으며 아들과 남편을 떠난 자신을 심하게 자책하였다.

함께 구성된 내러티브는 메리가 관계 및 행동에서 어려운 문제의 장애물, 표식, 정서 도식과 호소하는 문제를 연결시키는 데 도움이 되었다. 네 번째 회기에서 상담치료사는 그녀의 현재 남편과 어머니와의 미해결 과제(표식)를 작업하도록 도왔다. 그녀의 고통스러운 핵심 정서로는 불안한 애착의 자기조직화를 받치고 있는 거절에 대한 두려움, 그리고 무가치하다고 느끼는 자기조직화의 기반이 되는 수치심이 있었다. 바로 친밀감과 자기가치 인정에 대한 채워지지 않은 욕구를 가리켰다. 이 일차적인 욕구가 충족되지 않았을 때 나타난 이차 정서는 고통, 절망, 우울이었다. 시간이 지남에 따라 상담치료사는 거부 및 인정받지 못한 욕구와 연관되어 나타난 합리화, 분노, 억제의 방해 프로세스 등을 강조하여 드러내어 이해하도록 도움을 주었다. 그녀가 자신과 다른 사람을 돌보는 데 있어서, 다른 사람으로부터 사랑과 인정을 얻기 위해 슈퍼우먼이 되어야 한다는 것이 주제로 드러났다. 내러티브 개념화를 통해 메리의 부적응적인 정서처리를 유발시키는 자극은 가족과 남편의 거절 및 남편이 자신의 감정을 무시하는 것임을 깨달았다. 그럴 때마다 그녀는 가족과 동료로부터 자신을 멀리하고, 남편 달래기와 의기소침해하는 사이를 왔다 갔다 하며, 자신을 비애하는 쓴 눈물을 쏟아 내는 한편 육체적으로는 정신신체적인 증상도 나타났다.

상담치료에서, 메리는 그녀의 가족 및 친척과 남편에 의해 사랑을 받지 못하고 인정받지 못한다는 느낌과 관련된 거절감과 버림받는 것에 대한 두려움의 부적응적인 일차 정서를 직면했다. 상담치료를 진행한 메리는 억제되었던 자기주장적인 분노를 표현하게 되었다. 여기에는 그녀에게 가장 가까운 사람들로부터 사랑과 인정을 받지 못한 외로움이라는 핵심적인 고통스러운 정서의 표현도 포함된다. 상담치료가 진행됨에 따라 그녀는 점차 자신이 사랑받을 가치가 있으며 이런 욕구가 충족되는 것을 느끼기 시작했다. 또한 그녀는 매일 밤 늦게 들어오는 남편의 습관에 맞설 경우 남편을 잃고 혼자될지도 모른다는 두려움을 탐색할 수 있었다. 그녀는 남편과의 친밀감(외로움 관련)과 인정(수치 관련)의 욕구와 연결된 자기주장적인 분노에 접근할 수 있었으며 자신의 외로움에 대해 비난하기보다 자기달래기와 자기연민을 갖게 되었다. 그녀가 남편에 대한 사랑과 아내로서 남편으로부터 사랑받을 자격 등을 이야기하면서 상담치료는 종료되었다. 예를 들어, 두 의자 대화에서 메리는 그녀의 필요를 대변하는 자기의 부분(the part expressing her need)에게 "이번에는 당신의 주장을 내세워 보세요."라고 말했다. 그녀는 자신이 사랑받고 싶고 지지 및 사랑을 받을 가치가 있는 사람으로 느낄 수 있는 미충족된 욕구를 접촉할 수 있었다. 그러면서 어린 시절 받지 못했던 것에 대한 슬픔을 경험할 수 있게 되었다. 상담치료사의 공감 조율은 그녀가 자신의 욕구를 인정하고, 가치를 주장하고, 사랑받을 가치가 있다고 숙지하도록 도왔다.

결론

EFT에서 제2단계는 개념화 과정에서 중요한 심장부이다. 상담치료 개입을 안내하는 표식의 식별을 통해 고통스러운 핵심 정서 도식을 분명히 한다. 개념화하면서 상담치료사는 고통 나침반을 따른다. 표식 안내를 받는 개입을 통해, 상담치료사는 확인된 핵심 정서와 호소하는 문제의 이면에 깔려 있는 근본적으로 충족되지 않은 필요에 접촉한다. 이 과정에서 이차 정서, 방해 프로세스 및 핵심 주제가 확인되며 촉발 요인, 결과와 호소하는 문제를 연결시킨다.

제3단계:
프로세스 표식 및 새로운 의미에 주목한다

이 장은 EFT 사례개념화 제3단계의 근본이 되는 이론을 제시하며 이는 나타나는 과제 표식 및 미세한 표식을 식별하고 새로운 내러티브의 재구조화에 의미가 어떤 영향을 미치는지 또는 어떻게 맞아떨어지는지 그리고 당면해 있는 문제와 기존의 내러티브 구조에 어떻게 연결되는지를 평가하는 것을 포함한다.

제3단계에서 상담치료사는 생산적인 개입을 결정하기 위해 제2단계에서 함께 만들어진 주제 있는 구조와 내러티브의 틀 내에서 작업한다. 제2단계에서는 초기 표식들이 식별되었고 관련된 개입이 적용되었다. 명확하게 하고 정서적으로 더 깊이 들어가는 과정을 통해 부적응적인 핵심 정서 도식과 정서적 방해가 식별되었으며, 치료 주제들이 유착되었다. 정서 도식과 관련 주제가 표면화된 대인관계 및 행동의 문제들에 연결되었으며 어려움을 해소하는 것을 더욱 방해하는 원동력으로 작용하였다. 제3단계는 주로 이러한 사례 관점에서 상태에 집중된 관점으로 옮겨 가는 것을 나타낸다. 즉, 상담치료사는 끊임없이 매 순간 일어나고 있는 것을 개념화하고 어떻게 나아갈지 순간 순간 결정하는 모드로 들어가는 것이다.

과정의 개념화(process formulation)는 내담자의 비언어적 그리고 언어적인 정서 표현에서 무엇이 일어나고 있는지 관찰하고 관찰된 것을 기반으로 하여 정서적 탐색을 어떻게 진행할지 제안하는 것을 가리킨다. 제3단계에서 과정의 개념화는 내담자의 내적 과정처리를 더욱 섬세하게 식별하는 것으로 이끌며 이는 부적응적인 핵심 도식과 그것의 형성 과정에 대한 더욱 풍부하고 깊은 이해를 도와줌으로써 사례개념화를 향상시켜 준다. 그리고 상담치료가 진행됨에 따라 초점은 순간을 정확하게 읽어 내는 것에 맞춰진다. 이러한 과정의 진단적 개념화는 다음 개입의 방향을 제시해 준다.

매 회기에 상담치료사는 내담자에게 표상적인 것이 무엇인지에 집중한다. 내담자가 배우자와 싸운 이야기, 두려웠던 공황 발작 이야기, 동료와의 갈등, 대인관계에서의 창피했던 순간들, 공격받는다고 느껴졌던 또는 내적 고뇌의 느낌과 실패감의 이야기들을 나눌 때, 상담치료사는 공감적으로 반영해 주며 표식들에 귀 기울이고 개입을 한다. 나타나고 있는 상태의 순간순간의 표식들을 찾기 위해서 경청하며 정서처리 과정을 심화시키며 핵심 정서 도식에 접근할 수 있도록 적절하게 개입한다. 과정에 예민한 이런 작업은 제2단계에서 개념화된 전반적인 상담치료 틀 안에서 이루어진다.

이 장은 일반적으로 등장하는 과제 표식 및 미세한 표식을 어떻게 개념화하고 어떤 지점에서는 어떤 과정을 거쳐야 하는지에 대한 윤곽을 그려 준다. 예를 들어, 치료 초기에 내담자를 두 의자 작업으로 이끈 첫 표식은 부정적 자기평가와 갈등이었지만 작업이 진행됨에 따라 성장 과정에 중요한 타인(developmentally significant other)과의 미해결 과제의 새로운 표식이 발굴될 수도 있는 것이다.

회기 중에 그리고 과제 내에서도 미세한 표식은 나타나며, 이는 상담치료사가 어떤 방향으로 갈지 결정해야 하는 순간을 가리킨다. 상담치료사들은 핵심 정서 도식에 접근하는 것과 EFT의 주요 과제의 처리를 돕는 가운데 다양한 지점에서 어떻게 나아갈지에 대한 결정에 직면하게 된다. 이에 필자들의 상담치료 경험에서 배운 내용을 토대로, 일반적으로 막히는 지점들(common stuck points)을 통과하도록 돕고 개입을 가이드하여 최선의 평가를 할 수 있도록 돕는 지도를 만들었다. 여기서 식별하는 대부분의 미세 표식은 EFT에서 깊이 연구된 두 개의 핵심 과제를 배경으로 일어난다. 부정적 자기 비판을 위한 두 의자 대화에서 내담자는 한 의자에서 자신을 비판하고 다른 의자로 옮겨 '비판가'와 동의한다. 일반적으로 상담치료사들은 무엇이 일어나고 있는지 그리고 어떻게 개입할지에 대한 개념화를 해야 한다.

제3단계의 말미에서 상담치료사와 내담자는 감정 및 의미의 변화가 새로운 내러티브 구조를 만드는 방면을 함께 탐색한다.

과정 12: 드러나는 과제 표식 식별하기

상담치료사는 사례개념화 과정 가운데 내담자의 화법에서 나타나는 표식들을 식별할 수 있다. 하지만 특정한 지점에 내담자가 어떤 상태에 있는지 그리고 거기에서 제일 좋은 개입이 무엇일지 결정하는 것은 어려울 수 있다. 아래에서는 일반적인 표식들과 동반되는 결정 지점들을 살펴볼 것이다.

상호 갈등의 표식

내담자가 성장 과정에 중요한 타인과의 현재 진행 중인 갈등에 대해서 이야기할 때 관심이 가는 것은 일반적으로 현재의 관계적 문제를 해결하기 위한 것이지만 관계 내에 있는 과거의 해결되지 못한 문제들로 인해 복잡해질 수 있다. 상담치료사는 이슈를 '현재'의 문제로 다루는 것이 좋을지 혹은 과거에 충족되지 못한 욕구와 관련된 '미해결' 과제로 다루는 것이 좋을지 분별해야 한다(Elliott, Watson, et al., 2004; Paivio & Greenberg, 1995). 한 가지 방법은 상상해서 의자에 타인을 앉히고 내담자에게 무엇이 가장 관련이 있고 현재 중요한지 배우는 것이다. '더 어린' 자신과 소통함으로써 내담자는 처리되지 못했던 감정을 다루고 미충족 욕구에 대한 주장을 하게 된다. 대조적으로, 현재의 대인관계 갈등은 현 관계에서 경계를 정하는 것과 연관이 가장 많다. 부모와 함께 살고 있는 청소년의 경우를 비롯하여, 내담자가 같이 살고 있는 사람과 대인관계적인 어려움이 있는 것이라면 과거와 현재를 구분하는 것은 상담치료사의 과제이며 상당히 어려운 과제일 수 있다. 여기서 한 가지 접근 방법은 현재의 문제를 먼저 해결한 다음에 미해결 과제로 돌아가는 것이다. 현재 이성관계에서 문제를 겪고 있는 내담자의 경우, 상담치료사는 조금 더 체계적인 커플치료 접근(couple therapy approach)을 택하여 부정적인 상호작용의 순환을 파악하고 어떻게 돌아가고 있는지 먼저 이해하려고 할 수 있다.

수치심의 표식

정서적 탐색을 통해 그리고 특히 자신에 대해서 어떻게 느끼는지 탐색할 때 수치심의 느낌이 일어날 수 있는데, 이는 "나는 그냥 본질적으로 결함이 있다고 느껴져요." 또는 "나한테 그냥 문제가 있는 것 같아요."와 같은 진술에서 분명히 나타난다. 이는 보통 결점이 있는 자기감(defective sense of self)으로 표현된다. 내담자는 이 느낌을 오랫동안 가지고 있던 느낌으로 묘사한다. 이 느낌은 두 가지의 배경에서 등장하는 경향이 있는데, 바로 정서적 탐색 또는 자기비판 의자 작업에서이다. 예로, 내담자는 '경험하는 자기(experiencing self)'의 의자에 앉아서 신랄한 자기비판에 대한 반응으로 근저에 깔려 있는 정서들을 탐색해 볼 수 있다. 수치심의 느낌은 정서적 탐색의 상황에서 가장 흔히 나타난다(Greenberg & Iwakabe, 2011). 다음 예화에서 내담자는 최근에 자기 남자 친구와 싸운 것에 대해서 대화를 나눈다.

내담자: 제 딸한테 말하는 방식이 마음에 안 든다고 말했을 때 그는 매우 화

를 냈어요. 저는 그냥 어떻게 더 친절하게 말할 수 있을지 몇 가지 간단한 제안을 해 주려고 했는데, 그가 너무 화나서 저한테 온갖 심한 말들을 퍼부었고 (목소리가 갈라지면서) 저는 제가 왜 이 이야기를 꺼냈나 싶으면서 바로 입 다물고 마음을 닫았어요. 그리고 남은 저녁 시간 동안 그와 말하고 싶지 않았어요.

상담사: 정말 상처받았을 것 같네요. 그런 심한 말들이 안에 깊이 파고들어서 대답하기 힘들었던 것처럼.

내담자: 네. 그와의 관계 전부와 그를 파트너로 골랐던 이유까지 의구심이 들게 해요. 이런 느낌을 가졌던 다른 많은 경험을 생각나게 해요.

상담사: 그렇군요. 지금 어떤 것이 기억나요? 특정한 것인가요?

내담자: 앞마당에서 가족이랑 시간을 보내고 있고 모두 말하고 웃고 있는 기억이 있어요. 아마 제가 11세나 12세일 때인 것 같은데 제가 투명인간이 된 것처럼 느꼈어요. 제가 없어도 상관없을 것 같고 저를 원하지 않는다거나 그런 느낌요(목소리가 갈라지고 울먹거려서 단어들을 말하는 것이 어려워짐).

상담사: 투명인간처럼 느껴져 보이지도 않고 내가 아무 쓸모가 없다고 느껴졌군요.

내담자: 네, 이 느낌은 어떻게 보면 항상 느끼고 있는 느낌 같아요(울음).

상담사: 그렇군요. "나는 아무 쓸모없어." 또는 "내가 여기 있든 없든 아무런 차이가 없어."와 같은 기분이군요.

내담자: 네, 그리고 나한테 뭔가 문제가 있다고 느껴지고요.

상담사: 나한테 문제가 있다고 느끼는군요. 그리고 내가 뭔가 잘못되어서 아무도 나한테 관심을 보이지 않는다고 느끼고 있고요.

내담자: 네, 제가 부족하고 결점이 있는 것처럼요.

상담사: 네, 그랬군요.

여기서 두 가지의 표식이 드러난다. 수치심과 부서지기 쉽다는 핵심 감각을 나타내는 취약성 표식(vulnerability marker)과 그에 동반되는 고통(Elliott, Watson, et al., 2004; Keating & Goldman, 2003), 그리고 한쪽이 다른 쪽을 신랄하게 평가하는(즉, "너는 결점이 있어.") 부정적인 자기평가 분리 표식(negative self-evaluative split marker)과 동반되는 무시와 방치의 느낌이다. 이 지점에서 상담치료사는 내담자가 약해서 공감적인 조율(attunement)이 필요한지 결정해야 한다. 그리고 지금 상담 과정의 초점이 두 의자 대화를 요하는 자기경멸의 경우인지, 아니면 부모와의 미해결 과제가 필요한 중요한 타인으로부터의 모욕의 경우인지를 정확히 파악하여 선택해야 한다(Elliott, Watson, et al., 2004; Greenberg et al., 1993). 부정적 자기평가 분리를 위한 의자 작업은 그녀 앞에 의자를 가져와서 "어떤 식으로 자기 자신이 결함투성이에 쓸모가 없다고 느껴지게 되나요? 여기 와서 보여 줄 수 있나요?"라고 물어볼 수 있다. 미해결 과제를 위한 의자 작업의 경우, 상담치료사는 내담자에게 "부모를 그 의자에 앉혀서 그(그들)를 봤을 때 무엇을 느끼는지 말해 주세요."라고 제안할 수 있다. 공감적인 반영 모드에 있다는 것은 "그래서 '나는 정말 근본적으로 결함이 있고, 부족하고, 쓸모가 없다'는 깊은 느낌이 마음 한구석에 있군요." 라고 같은 맥락에 이어서 말할 수 있는 것이다.

앞의 대화에서 묘사된 상황을 보면, 상담치료사는 공감적 관계의 틀에 남아 있기로 결정했다. 상담치료사는 내담자가 그 감정과 연관된 고통을 이미 느끼고 있으며 더 확대시킬 필요(의자 작업의 한 기능)가 없다고 판단하였다. 내담자가 어떤 식으로 자기가 판단받고 있다는 느낌을 받고 있는지(자기비판적 의자 작업) 듣고 이해를 했으며 미해결 과제(빈 의자 작업)를 가지고 있다는 것 또한 알아차릴 수 있었다. 내담자는 그 순간에 그녀의 취약한 감정(fragile feelings)에 대한 인정과 지지가 필요하다는 것을 느꼈다(Greenberg, 2004b). 상담치료사가 생산적인 정서적 탐색이 일어나고 있다고 느끼고 더 깊은 탐색을 위해서는 자신의 지지가 전적으로 필요하다고 생각되어 관계적 모드에 남아 있기로 정한 것이다. (내담자가 취약성을 강하게 표현하지 않았다면 상담치료사는 두 의자 대화로 넘어가는 것을 결정했을 수도 있다는 것을 참고하라. 내담자가 체념의 느낌을 가지고 취약감을 표현하고 이 느낌과 관련하여 성장 과정에 중요한 타인을 특정하게 언급하였다면 상담치료사는 빈 의자 대화를 사용했을 수도 있다.)

정서 접촉불능의 표식

정서 접촉불능을 내포하는 표식은 (상담치료 중에 언제든지 일어날 수 있지만) 의자 작업이라는 배경에서 가장 많이 나타난다. 내담자는 정서를 접근하도록 인도받는데, 접근하지 못하며 이 정서는 주로 일차적이고 취약한 (vulnerable) 정서이다. 다음 예화에서 주고받는 대화는 두 의자 대화의 상황이며 내담자는 비판가 의자에 앉아 있다.

> 내담자: (비판가의 입장에서 자신의 다른 측면에게 말한다.) 너는 그냥 완전히 쓸모가 없어. 분명히 언젠가 실수할 거라는 것을 알고 있기 때문에 나는 너한테 절대로 의지할 수가 없어.
>
> 상담사: 맞아, 너는 일을 저지를 게 뻔해. 왜냐하면 항상 그러니까. 그리고 넌 분명히 또 실수할 게 뻔하니까 그냥 또 언제 실수하나 기다리고 있을 뿐이야. 똑똑히 말해 줘.
>
> 내담자: (자기한테) 응, 너는 분명히 실패할 거야. 항상 그래 왔잖아.
>
> 상담사: 응, 너는 그냥 실패작이야.
>
> 내담자: 응 맞아, 완전 실패작이지. (무시하는 눈길로 경멸스럽게 바라본다.)
>
> 상담사: (경험하는 의자를 가리키며) 당신은 그에 대해서 어떤 느낌이 드나요?
>
> 내담자: 음, 되게 형편없어 보여요. 진짜 맘에 안 들어요.
>
> 상담사: (다른 의자를 가리키면서) 그럼 그에 대해서 어떤 느낌인 거죠? 깔보는 것 같은, 아니면…… 어떤 느낌이죠? 무시? 경멸?
>
> 내담자: 네, 뭐 그렇죠, 완전 실패자니까. 무시하게 돼요. 완전 루저.
>
> 상담사: 그렇군요, 그를 향해서 이렇게 말해 보실래요? "너는 실패자야. 넌

아무것도 아니야."

내담자: 그래, 너 보면 토하고 싶어, 완전 형편없어.

상담사: 네, 이쪽으로 와 주세요. (다른 의자를 가리키며) 여기에 앉아 주실래요? (내담자는 다른 의자로 간다.) 그래서 이렇게 "너는 형편없어."라는 말을 들었을 때 안에서 무엇을 느끼나요? 안에서 어때요?

내담자: 글쎄요, 잘 모르겠어요. …… (약간 명한 표정을 짓는다.) 음, 그냥 약간 그를 모른 체하고 싶은 것 같아요. 그가 틀렸다고 말해 주고 싶어요.

상담사: 그리고 안에서는 어떤 느낌이 나나요? "넌 형편없어."라는 말을 들을 때 당신의 몸 안에서 느끼는 것이 무엇인가요?

내담자: 글쎄요, 잘 모르겠어요. …… (15초 동안 멈춘다.) 음, 무감각한 것 같아요(kind of numb), 아무것도 아닌 것처럼요. (상담치료사를 향해서 몸을 돌리고 멍하게 쳐다본다.)

상담사: 무감각이라……. 약간 희망이 없는 것처럼(hopeless).

내담자는 두 의자 대화에서 더 이상 앞으로 나아가지 못하고 특히 이면에 깔려 있는 일차적 정서에 접근하지 못하고 있다. 여기서 두 가지의 개념화를 생각해 보는 것이 가능하다. 한 부분이 "넌 형편없어."라는 비판에 상처받는 다른 부분을 (자동으로 일어나는 것일지라도) 적극적으로 막고, 방해하고, 못 나오게 하는 것으로 이해할 수 있는데, 이는 자기방해 과제를 제시해 준다. 다른 가능성은 내담자가 신체적 감각에는 주의를 주지 않아 불분명한 감각(unclear felt sense)을 느끼며 (자기경멸과 관련해서) 수치를 느끼는 것을 신체적인 감각으로 상징화할 수 없는 것이며, 이 경우 포커싱 과제가 필요한 것이다.

상담치료사는 자기방해 과제를 고려하다가 포커싱 과제가 지금 필요하다고 결정한다. 내담자가 어떠한 정서(예: 고통, 슬픔, 수치)를 접촉했다가 멈추는 것을 상담치료사가 관찰했다면 자기방해가 더 적합했을 것이다. 예를 들어, 눈에 보이게 이를 악물거나 주먹을 꽉 쥐거나 숨을 참는 것과 같은 행동

이다. 앞의 대화에서 상담치료사는 여러 회기에 걸쳐 내담자와 상담을 해 왔
고 내담자가 신체적으로 느끼는 경험에 접촉하는 데 전반적인 어려움이 있다
는 것을 알고 있었다. 이 어려움은 내담자가 취약한 정서에 접촉하려고 할 때
문제가 되었다. 상담치료사는 포커싱 과제를 시행하기로 결정했다.

> 상담사: 그러면 지금 당신의 몸에 집중해 보실래요? 그러한 절망감이 몸 어
> 느 부분에서 느껴지나요?(현재 느껴지는 감정에 집중하기)
> 내담자: 음, 그냥 제 배 안쪽에서 가라앉는 느낌이에요.
> 상담사: 그렇군요. 거기에 잠깐 집중해 봐 주세요. 거기에 손을 얹는 것이
> 도움이 될 수도 있어요. 이제 그 지점에 집중하면서 떠오르는 단어
> 나 문구나 그림이 있나요?
> 내담자: (복부에 손을 얹고 눈이 감긴 상태에서) 네, 깊은 우물 같은 것이 있
> 고, 텅 비어 있고 제 자신이 저 구석에서 숨어 있는 것이 보이고 너
> 무 느낌이 안 좋아요.
> 상담사: 그래요, 숨어 있고, 구석에서 조그맣게, 아파하고 있는 것처럼. 당
> 신이 자신에게 "넌 구역질나게 해."라는 말을 들을 때 아프죠.

이 대화의 경우 포커싱 과제가 가장 적합했지만 자기방해적 과제를 사용
하는 것이 더 맞을 때도 있으며, 특히 매끄럽게 진행되지 못하고 있는 과제의
경우에는 더욱 그렇다. 그 예로, 다음과 같은 미해결 과제에서 타마라가 어머
니에게 정말 화가 나 있지만 그것을 빈 의자에 표현하는 것을 힘들어하는 경
우를 살펴보자.

> 타마라: 그래요, 엄마한테는 제가 하는 모든 것이 성에 차지 않았죠. 제가
> 어렸을 때 엄마는 제가 피아노를 배우기 바랐어요. 저는 관심이 없
> 었어요. 그래도 그냥 배웠어요. 근데 엄마는 나중에 제가 바이올린
> 으로 바꾸면 더 좋을 거라고 생각하셨어요. 그것도 좋아하지 않았

어요. 근데 했어요. 그리고 저는 진짜 열심히 했어요. 연습하는 게 정말 싫었지만 그래도 했어요. 하지만 저는 수석이 되지 못했고, 저한테 화가 나셨죠. 어떻게 감히 저한테……. (목소리가 흔들린다.)

상담사: 이런 것이군요. 나는 이 악기들을 배우기 싫었는데 엄마가 원했고 그래서 나는 했고, 근데 그럼에도 엄마 기대에 못 미치고 엄마 성에 안 찼어요. 이에 대해서 무엇을 느끼세요?

타마라: (중얼거리면서) 화난 것 같아요.

상담사: 그래요, 그럼 엄마한테 말해 볼래요? 내가 어떻게 해도 엄마한테는 그게 항상 부족해서 저는 엄마한테 너무 화나요.

타마라: (반대편 의자에 있는 엄마의 이미지를 바라보면서) 음, 제가 화난 건 맞는데 엄마 얼굴 보고 말 못하겠어요.

상담사: 근데 엄마한테 화나 있는 것 같은데요. 엄마한테 무엇이 원망스러운지 말해 보세요. "저는 ……이 원망스러워요."처럼 말해 보세요. "항상 엄마의 기대치에 미치지 못하는 것이 너무 원망스럽고 화나요."처럼 아니면……?

타마라: (작고 불확실한 목소리로) 음, 음, 저는…….

상담사: 그래요, 엄마한테 화가 나 있어도 화내는 것이 어렵죠. (다른 의자를 가리키며) 이쪽으로 와 볼래요?

타마라: (다른 의자로 자리를 옮기고 상담치료사를 바라본다.)

상담사: (자기방해적 의자 작업을 시작한다.) 그 자리에 엄마가 있는 대신에 (아까 타마라가 앉아 있던 의자를 가리키며) 이제 저기에 앉아 있는 여자를 막는 자신의 다른 부분이 되어 보세요. 그녀가 화를 못 내게 막아 봐요. …… 어떻게 해서든 그렇게 해 보세요. 그녀에게 무엇이라고 말하고 있나요?

타마라: 음, 당신은 엄마한테 화내면 안 돼요. 엄마잖아요. 당신을 사랑해 줬고, 먹여 줬고, 옷을 입혀 줬어요.

상담사: 그래요. 그럼 그녀에게 그렇게 말해 보세요.

타마라: 그래요, "엄마한테 화나 있지 마세요."

상담사: 그리고 또 뭐가 있나요? 그녀를 어떻게 막죠? 깔아뭉개나요, 밑으로 누르나요, 뒤로 밀치나요, 화내지 못하도록 그녀에게 어떻게 하죠?

타마라: 음, 그녀 위에 앉는 것 같아요. 엄청 무거운 짐처럼, 그녀의 어깨에 올려져 있는 바이스(vice, 역자 주: 고정시키는 도구)처럼 있으면서 소리를 못 내게 덮어씌우고 있어요.

상담사: 그렇군요. 그 바이스가 되세요. 그리고 그녀 위에 앉아서 소리를 못 내게, 표현을 못하게 막아요. (손으로 짓누르는 동작을 보여 준다.)

타마라: (상담치료사를 따라 하면서 자신의 손을 공중에 들고 스스로를 눌러 내리는 동작을 한다.) 그래, 그냥 화내지 마, 표현하지 마. 엄마한테 말하면 안 돼, 엄마니까.

이 예화에서 상담치료사는 중요한 타인과의 미해결 과제를 위한 빈 의자 대화에서 내담자가 (상상 속의) 엄마에게 화를 표현하는 데에 어려움을 겪고 있으며 따라서 자기방해적 대화로 전환하는 것이 최선이라는 개념화를 한다. 내담자는 자신이 화나 있음을 인정했지만 그것을 충분히 표현하지 못하고 있다. 이 개념화는 내담자의 목소리(높은 톤), 자세(구부러진 등) 그리고 내담자의 말을 확신 없이 그냥 따라 하는 태도를 통해 이끌어 낼 수 있다. 상담치료사는 내담자가 분노를 표현하지 못해 더 이상 진도를 나갈 수 없음을 직감하고 분노 표출에 필요한 특정한 작업을 개념화한다. 그래서 그녀가 자신의 화를 억제하는 데에 어떤 역할을 하고 있는지 알아차리고 이해할 수 있도록 도와준다. 내담자가 이를 인식하게 되었을 때 분노를 표현할 수 있는 자유가 생긴다.

과도한 정서의 표식

왜 그런지 모르겠어요……. 오늘 그냥 정신이 없고 모든 게 다 잘못되어 가고 있는 것 같아요. 한 가지가 아니고, 모든 것이. (울기 시작한다.) 이제 그냥 감당 못하겠어요, 사는 게. 그냥 울고만 싶으니까 그나마 여기 올 수 있는 것이 다행이라고 하죠.

내담자가 이렇게 상담 회기를 시작하면, 상담치료사는 내담자가 어떤 상태에 있는지 결정해야 한다. 내담자가 취약한 일차적 정서에 있는지(이런 경우 일차적 정서에 접근하여 내담자의 경험을 인정해 주는 것이 자기를 강화시키는 데 도움을 준다), 고뇌 상태에 있어서 일차적으로 위로가 필요한지(이때는 연민을 가지고 고통을 변화시키기 위한 자기달래기가 권장된다), 또는 정서의 늪에 빠져 압도되어 있는 상태인지(이런 경우 정서를 다루고 조율하는 데 도움을 주는 공간 만들기 과제가 권장된다)를 정해야 한다(Greenberg, 2004b). 자기달래기(Goldman & Fox, 2012; Goldman & Greenberg, 2013)는 고통스러운 정서를 변화시키도록 만들어진 반면, 공간 만들기 과제(Elliott, Watson, et al., 2004)는 정서적 거리를 확보하고 내적인 작업 공간을 만드는 데 도움을 주어 내담자가 정서를 더욱 잘 관리하여 문제를 다루고 해결하도록 돕는다. 이 개념화 결정은 다음과 같은 요소들에 대한 순간적인 판단에 달려 있다. ① 특정한 정서에 의해 얼마나 압도되는지(각성의 강도), ② 느낌과 욕구들이 절대로 충족되지 못할 것이라는 익숙한 절망감과 동반하여 얼마나 고뇌를 느끼는지, ③ 내담자가 얼마나 어려운 상황에 있는지, 그리고 ④ 정서적 상태가 어느 정도로 취약한지에 의해 결정되는 것이다. 표현된 익숙한 절망감이 크고 정리가 되지 않고 혼란스러운 느낌을 가진 내담자는 자기달래기 과제가 유익할 것이다. 자신의 삶의 다양한 문제를 어떻게 다루기 시작해야 할지 모르고 여러 가지를 정리하지 못하는 내담자는 작업 가능한 거리를 형성하고, 숨 쉬고, 해결책을 도출할 수 있는 충분한 시야를 확보하지 못할 수도 있다. 이 상황에서는 공간 만들기 과제가 가장 적합하다(Elliott, Watson, et al., 2004).

외상적 경험의 표식

상담치료가 구체적으로 정신적 외상이나 미해결 과제에 초점이 맞춰져 있을 때, 상담치료사들은 내담자가 아직 정서적 경험을 동화시키지 못하여 응집력 있는 내러티브를 형성하지 못했는지 또는 활성화되고 더 충분히 처리되어야 할 억제된 감정들(blocked feelings)이 있는지 이해해야 한다. 뿐만 아니라 상담치료사는 '이야기하기 좋아하는(storytelling)' 내담자, 즉 이야기의 내용을 더욱 상세하게 설명하기 위해 조직화하고 그러기 위해서 사건의 정서적 충격으로부터 거리를 두는 사람, 그리고 외상적 경험을 겪은 내담자, 즉 이야기를 재처리(reprocess)하여 수치심을 직시하고 관련된 정서들을 재경험하면서 다루고, 깨어진 내러티브를 결국 고쳐 싸매고, 응집력을 만들어 가는 사람을 구분해야 한다. 후자의 경우 내담자가 이야기를 나눌 수 있는 공간을 만들어 주어 조각난 내러티브의 모든 조각과 상응하는 정서들의 공존을 가능하게 하는 것이 중요하다(Angus & Greenberg, 2011). 이를 위해서 트라우마 다시 이야기하기 과제(trauma-retelling task)가 필요할 수도 있다. 그렇지만 스토리텔링이 안전한 강도에서 새롭게 경험에 접근할 수 있도록 돕고 있는지, 아니면 고통이나 분노와 같은 어려운 정서에 접촉하지 못하도록 방해하고 있는지를 판단하는 것은 상담치료사의 몫이다. 이야기를 다 나눈 후 안정되고 신뢰 있는 치료적 유대감이 형성되면, 내담자가 더 깊이 들어가고 탐색하기 두려워하는 어려운 정서들을 다루기 시작하기 위해 상상대면(imaginal confrontation)이나 미해결 과제가 필요한 시점이 올 수 있다. 트라우마를 겪은 일부 내담자는 가해자와의 빈 의자 대화를 원하지 않는다는 것이 연구 결과에서 밝혀진 바 있다(Paivio, Jarry, Chagigiorgis, Hall, & Ralston, 2010). 이러한 내담자들에게는 빈 의자 대화보다 공감적 탐색이 유익할 수도 있으며, 이 경우 의자는 사용되지 않지만 대화의 단계들을 거쳐 가야 한다.

이야기하기 좋아하는 내담자와 이야기를 해야 할 필요가 있는 내담자를 구분할 수 있는 다른 방법은 내담자의 순간적인 정서적 표정에 집중하는 것이다. 때때로 내담자들은 두려움, 수치, 또는 분노와 같은 심란한 정서를 접촉했을 때 이를 악물거나, 숨을 참거나, 다른 곳으로 시선을 돌림으로써 빠르게 피하거나 정서를 멈추게 한다. 이는 내담자가 정서적 각성으로부터 재빠르게 거리를 둔다는 것을 가리키며 상담치료사는 이러한 상태에 있는 내담자들이 다시 그 정서로 되돌아올 수 있도록 도울 방도를 찾아야 한다.

의미에 대한 항의

의미 창출과 미해결 과제는 자주 겹치는 두 과제이다. 의미 창출 작업(Clarke, 1989; Elliott, Watson, et al., 2004)은 주로 내담자가 고통스러운 인생 위기(life crisis)를 직면하고 있을 때 사용되며 현재와 과거의 트라우마 및 상실을 포함할 수 있다. 그리고 발달단계에서의 중요한 타인과 관련된 미충족된 욕구와 억제된 고통스러운 감정들에 대한 반응으로 빈 의자 작업이 사용된다. 트라우마와 상실을 경험할 때에는 개인의 정체성을 이루는 깊이 품고 있으며 소중히 여기는 신념들이 도전을 받는다. 소중히 여기는 신념들은 세상일은 이성적으로 설명된다거나 정의롭다는, 기존 사고방식에 당연히 받아들여지는 가정들을 포함하며, 또한 우리는 다칠 수 없고 가치가 있다는 생각 그리고 지지와 보호를 제공해 주기 위해 다른 사람들은 항상 있을 것이라는 생각들도 있다(Elliott, Greenberg, & Lietaer, 2004). 이러한 신념들이 도전을 받아 흔들리는 내담자들을 돕기 위한 상담치료적 작업은 종종 두 개의 과제를 모두 포함한다. 하지만 표식이 나타날 때 상담치료사는 그것들을 분별해야 하며 어떤 것을 먼저 다루어야 할지 결정해야 한다. 구별시켜 주는 주된 요소는 정서적인 표현 및 표시(emotional presentation)와 관련되어 있다. 미해결 과제 표식은 조금 더 보편적인 방법으로 나타나며 탓하기, 불평하기, 또는 상처받기와 같은 이차적 정서들을 다양하게 포함하고 중요한 타인을 강조할 수 있

다. 이런 내담자들은 다음의 예에서 보듯 주로 자신의 정서에 갇혀 있는 경우
가 많다.

> 저는 엄마가 지난 주말에 오셨을 때 항상 자기가 옳아야 하며 다른 사람
> 들을 전혀 염두에 두지 않는 다는 것을 알아차리게 되었어요. 제 아내가 섭
> 식장애로 힘들어했다는 것을 알면서도 다양한 고기의 부위에 대한 얘기를
> 계속했어요. 엄마에게 화를 폭발하지 않도록 정말 많은 힘을 기울여야 했
> 어요.

내담자는 화가 나고 짜증이 난 것처럼 보이지만 정서가 과도하게 그를 압
도하고 있지는 않다. 그의 분노는 다른 더 일차적인 정서에 비해서 이차적인
것이며 그의 목소리 톤에는 절망과 가망이 없는 느낌이 묻어난다. 상담치료
사는 표식이 미해결 과제인 것으로 개념화하고 그의 앞에 다른 의자를 가져
오기로 선택한다. 그리고 그 빈 의자에 엄마를 연상해서 거기에 자기의 감정
을 표현해 보라고 한다.

하지만 치료의 다른 시점에서 이 내담자는 다음과 같이 어머니에 대해서
말한다.

> 이번 주말에 엄마한테서 전화가 왔어요. 왜 제가 생일 선물을 보내지 않
> 았냐고 하면서요. 어떻게 아직도 모르시는 걸까요. 지난번에 오셨을 때 제
> 가 어렸을 때 방치되고 버려진 것처럼 느꼈다고 얘기하려고 시도했는데 엄
> 마가 그냥 울기 시작했어요. 자기가 항상 뒷전이고 아무도 자기를 중요하
> 게 생각 안 해 준다면서요. 어떻게 된 일인지, 내가 무슨 말을 하든 엄마는
> 항상 그걸 비꼬아서 듣고 자기가 희생자인 것처럼 만들어요.

내담자는 흐느끼기 시작했다. 상담치료사는 그가 슬픔을 많이 표현하는
것을 보고 빈 의자를 가져오지 않기로 결정하고 대신에 그의 정서를 반영해

주고 인정해 주었다. "정말 너무 아프죠. 당신을 위하는 사람이 아무도 없다고 느껴졌죠. 아무도 응답해 주지 않았던 거죠." 눈물과 슬픔이 가득한 얼굴로 내담자는 자기가 19세 때 할아버지의 일기장을 읽었던 이야기를 해 줬다. 홀로코스트에서 살아남은 그의 할아버지는 젊은 나이에 자신의 두 아이를 죽음의 수용소로 데리고 가서 작별인사를 해야 했다. 전쟁에서 살아남고(자녀들은 그렇지 못했지만) 그는 북미로 피난을 가서 새로운 가정을 시작했고 내담자의 어머니가 거기서 태어난 것이다. 내담자는 여기서 상담치료사를 향해 몸을 돌리고 깊은 실존적인 절망을 가지고 말했다. "그래서 아무것도 없어요. 인간이 이런 극악무도한 행위를 하는 마당에 뭔들 의미가 있겠어요?" 상담치료사는 고개를 끄덕이고 그의 절망을 반영해 주며 내담자가 우는 동안 같이 앉아 있어 주었다. 내담자는 이어서 자신이 혼자 텅 빈 동굴에 있고 아무리 불러도 아무도 자기 목소리를 들을 수 없다고 자신의 상황을 묘사했다. 상담치료사가 그 공간 안에서 무엇을 원하는지 물어봤을 때 그는 "아무것도 원하지 않아요."라고 대답했다. 그러고는 더 울었다. 결국에 상담치료사가 "내가 당신이 있는 그 동굴 같은 곳으로 손을 뻗어 준다면 당신은 그 손을 잡을 것인가요?" 내담자가 긍정을 표시했을 때 상담치료사는 손을 뻗었고, 내담자는 그 손을 잡고 진정하기 시작했다. 몇 분 후에 그는 더 온전하고 차분하고 희망에 찬 느낌이 든다고 말했다.

이 사례의 내담자는 정서에 갇혀 있던 것이 아니었기 때문에 그 정서를 더 심화시키거나 정서를 다른 사람에게 표현해야 할 필요가 없었다. 따라서 상담치료사는 빈 의자에 엄마를 연상시켜서 정서 및 미충족된 욕구를 표현하도록 요구하는 대신에 의미에 대한 항의(meaning protest)를 공감적으로 탐색했다. 상담치료사는 내담자에게 가장 필요한 것은 사건을 이해하는 것이라고 느꼈던 것이다. 상담치료사가 빈 의자 작업을 시행했다면 내담자는 그것을 공감적 이해의 실패라고 혹은 자신이 버림받았다고 느꼈을 수도 있다. 나중에 다른 회기에서 내담자와 상담치료사는 다시 어머니와의 미해결 과제에 대한 작업을 해 나갔다.

다른 과제들 가운데 나타나는 과제 표식 식별

가장 많이 활용되는 작업들은 미해결 과제를 위한 빈 의자 작업과 부정적이고 자기평가적인 갈등 분리를 위한 두 의자 작업이다(Elliott, Watson, et al., 2004; Greenberg, Rice, & Elliott, 1993). 이 두 작업에서 상담치료사가 모델을 끝까지 따라갈 때도 자주 있지만, 때로는 치료 중 드러나는 정서적 상태에 대한 개념화 결정을 해야 할 때도 있다. 다른 말로 하면, 정서적인 탐색에 있어서 어떻게 앞으로 나아가는 것이 가장 좋을지는 순간적인 융통성을 발휘하여 결정해야 한다.

미해결 과제를 위한 빈 의자 작업 동안 자기방해 개념화하기

자기방해 표식은 자기비판과제를 위한 두 의자 작업 또는 다른 상황에서도 종종 일어나지만 빈 의자 대화에서 내담자가 고통스러운 핵심 정서 및 욕구들을 맞은편 의자에 있는 '타인'에게 표현하려고 할 때 빈번하게 일어난다(Elliott, Watson, et al., 2004; Greenberg et al., 1993). 대다수의 경우 미충족 욕구를 다루는 방법은 내담자에게 있어 곧 생존의 문제나 다름없다는 것을 생각했을 때, 미충족된 욕구를 드러내고 표현하여 자신의 취약점을 스스로 드러내는 것은 상상 속에서라도 정말 어려운 일이다. 그리고 이는 큰 장애물이 된다. 내담자가 이처럼 멈춰선 채 앞으로 더 이상 나아가지 못할 때, 상담치료사는 내담자가 의자에 그대로 있고 자기의 '방해적' 측면의 역할이 되어 보라고 제안할 수 있다. 이와 비슷하게, 두 의자 대화에서 내담자는 자기 자신에 대해 비판적이 되면서 마음을 닫아 버리기 시작하고 침묵 속으로 빠져들 수 있다. 상담치료사는 내담자에게 직접 자신의 방해하는 측면이 되어 보거나 벽이나 문과 같은 것으로 형상화하여 그것의 특징이나 기능을 생생하게 묘사해 달라고 할 수 있다. 그리고 나서 내담자에게 다시 자기의 의자로 돌아와서 반응해 보라고 할 수 있다.

자기비판을 위한 두 의자 작업의 상황에서 표식을 개념화하기

비판가를 끌어내고 반사적인 이차적 정서들이 표현되고 근저에 깔려 있는 일차적 정서들과 관련된 욕구들이 뒤따를 때 대화가 막히는 경우가 있다. 강압적이고 경멸적인 비판가는 일차적이고 취약한 정서의 표현 앞에서 물러서지 않기 때문이다. 이러한 교착지점을 통과하기 위해서는 두 가지 선택을 고려해 볼 수 있으며 무엇을 결정할지는 상담치료사의 순간순간 개념화에 달려 있다. 여기서 상담치료의 진전을 막는 장애물(stuckness, 뭐가 막고 있는 것 같은 느낌)은 다루어져야 할 중요한 타인과의 해소되지 못한 문제에 의한 것일 수도 있고 아니면 비판가가 누그러지기까지 더 많은 정서 조율이 필요한 것일 수도 있다. 다음은 이러한 두 길을 묘사해 준다.

고집 센 비판가. 경멸적인 비판은 주로 중요한 타인의 목소리가 내면화되며 시작되기 때문에, 상담치료사는 그 '원천'으로 가는 것이 장애물을 해소하는 데 도움을 줄 것이라고 생각한다. 내담자가 이미 의자에 있는 것을 고려하여, 상담치료사는 내담자가 내사된 비판적인(대부분 평가하는 듯한 또는 인정해 주지 않는) 부모의 목소리가 되어 보라고 할 수 있다. 비판가는 이제 부모로 연출되지만 작업은 아직 자기비판적이며 미해결 과제의 작업이 아니다. 다음의 예화는 이러한 접근을 묘사해 준다.

> 내담자: (비판가의 역할에서 경멸스러운 목소리로) 너는 정말 멍청해. 아무것도 못하는 바보. …… 그와 얽히지 말아야 한다는 걸 알았어야지. 그가 너를 학대한 것은 네가 일찌감치 그런 낌새를 보고도 무시해서 그런 거잖아. 네 잘못이야.
>
> 상담사: 맞아, 왜 이렇게 멍청하니? 낌새를 알아차렸어야 한다고 말하는 거죠. 의자를 이제 바꿔 앉아 볼 수 있을까요? (내담자는 반대편 의자로 간다.) 이런 말, 바보고 멍청이라는 말 들으니까 어때요? 아프죠?
>
> 내담자: 네, 아파요, 정말 많이. (울면서) 그냥 죽고 싶어요, 왜냐하면 그녀

의 말이 맞는 것 같거든요. 너무 고통스러워요. 그냥 웅크려서 숨
어 버리고 싶어요.

상담사: 얼마나 아픈지 그녀한테 말해 줘요.

내담자: 진짜 많이 아파요. (자기를 방어하는 것처럼 손을 들면서) 그냥 웅
크려서 숨고 싶어요.

상담사: 그렇죠, "그냥 숨고 싶어." 그리고 뭐가 필요한지 그녀에게 말해 보
아요.

내담자: 당신이 나에게 얼마나 상처를 주고 있는지 알았으면 해요. 그리고
그가 나를 학대해서 계속 같이 있었던 것이 아니라 그를 만났을 때
내가 취약한 상태에 있었고 나를 기분 좋게 만들어 주었기 때문에
그를 계속 만났다는 것을 이해해 줬으면 좋겠어요.

상담사: 그래요, 자리를 바꿔 주세요. (내담자는 그렇게 한다.) 여기서 뭐라
고 답하나요? 그녀는 자기가 얼마나 아파하고 있는지 그리고 그가
자기를 때렸기 때문이 아니라 기분 좋게 만들어 주었기 때문에 계
속 그를 만났다는 것을 이해해 주길 원한다고 말하고 있어요. 어떻
게 반응하실 거예요?

내담자: (비웃는 목소리로) 세상 모르는 헤픈 여자네요.

상담사: 들으면서 궁금해지네요. 이 의자에 누가 있는 것 같아요? 당신이
무시하는 비판적인 목소리를 쓰고 있다는 것을 알고 계세요?

내담자: 그럼요 알죠, 저는 그녀를 싫어하고 깔보고 있어요.

상담사: 그렇죠, 당신의 인생 중에 이런 부분이 누구를 떠오르게 하나요?
누구에게 무시당하고 인정받지 못했다고 느꼈나요?

내담자: 음…… (입술을 깨물면서) 조금 아까 순간, 엄마의 이미지가 스쳐
가긴 했어요. 엄마는 자주 저를 비판적으로 바라봤죠.

상담사: 그렇군요, 그러면 이 의자에 앉아 있는 동안 당신 자신 대신에 엄마
가 되어 볼 수 있어요? 엄마가 되어서 자신을 바라보고 어떻게 생
각하는지 말해 볼 수 있어요?

내담자: 네. (엄마를 재연하며) 너는 그냥 아무것도 모르는 순진한 여자아
이야. 그리고 너는 단 한 번도 네 인생에서 좋은 결정을 내린 적이
없어.

비판의 원천에 대해서 묻기로 한 상담치료사의 개념화 결정은 여러 요소
에 의해 영향을 받았다. 첫째로, 상담치료사는 내담자의 목소리에서 '다름
(other-ness)'을 느꼈다. 마치 그 경멸과 비웃음이 예전의 관계에서 학습된 것
처럼 말이다. 내담자의 목소리 톤에 대한 상담치료사의 순간적인 판단은 내
담자와 중요한 타인 사이의 과거 관계에 대한 지식에 영향을 받는다. 추가로,
내담자가 일차적인 취약한 정서를 온전히 표현했는데도 경멸적인 위치에 있
는 비판가는 움직여지지 않았다. 예전에도 두 의자 작업을 하였을 때 똑같은
지점에서 막힌 적이 있는 상담치료사는 비판이 깊이 뿌리내리고 있다는 결론
을 내릴 수 있었다. 그러나 내담자의 어머니를 다른 의자에 데려오기로 결정
한 것은 그때 드러난 엄격하게 배운 비판처럼 들리는 목소리 톤과 표현 방법
에 대한 반응으로 그 순간에 결정한 것이다. 호기심이 생긴 상담치료사는 그
목소리가 어디에서 온 건지 내담자에게 묻고 내담자 자신도 그 원천을 알지
못할 수도 있다는 가능성을 열어 둔다. 내담자가 "모르겠어요."라고 답했더
라면 상담치료사는 그대로 받아들이고 놔두었을 테지만 여기서는 계속 진행
하여 나아갔다.

상담사: 그런 거군요. 사실 엄마는 당신에 대해서 정말 비판적이었군요.
내담자: 네, 제가 별로 똑똑하지 못하고 혼자서 결정을 할 수 없다고 생각했
죠. 그럴 능력이 없다고 생각하신 것 같아요.
상담사: 그래요. 엄마의 입장에서 당신 자신을 봤을 때 턱을 치켜들고 멸시
하듯 내려다보게 되죠? 스스로에게 말해 보세요. "너는 그냥 할 수
가 없어."
내담자: (엄마를 재현하여 비웃으면서) 너는 똑똑했던 적이 없어, 내가 뭔

말 하는지 알아듣는지는 모르겠지만. 내 기억으로는 넌 항상 멍청
한 결정을 했어. 넌 그냥 머리가 텅 비었어.

이 대화는 상담치료사의 임상 평가에 따라 두 가지 길로 나뉠 수 있다. 상
담치료사는 방금 전의 대화를 과거의 여러 상황에 걸쳐 내면화된 어머니의
목소리로 볼 수도 있다. 이 경우에 '엄마'는 자기 딸에 대해 비판적이며 내면
화된 비판을 반영하고 그에 맞는 메아리를 제공해 준다는 점에서 '내사물'로
본다. 여기에서 가장 중요한 목표는 자기 내에 있는 내면화된 비판을 해소하
는 것이 된다.

그렇지만 비판가가 누그러지지 않을 수도 있으며 미해결 과제가 해소될 때
까지 그것이 가능하지 않을 수도 있다. 대화가 진행됨에 따라 상담치료사는
주된 이슈가 부모와의 미해결 과제라는 것을 명확하게 알게 될 것이다. 상담
치료사는 내담자가 특정한 외로움, 무반응, 모욕감 또는 학대의 고통스러운
기억들을 언급하거나 중요한 타인이 충족시켜 주지 못했던 욕구를 표현하는
지 귀 기울일 것이다. 앞의 발췌된 대화에서는 상담치료사가 미해결 과제 모
드로 전환하고 빈 의자 작업을 계속 진행하기로 결정하는 것을 볼 수 있다.

상담사: 그럼 이제 여기로 와 보세요. 다시 자신이 되어서는 어떻게 반응하
　　　　시나요? 엄마한테 뭐라고 대답하실 거예요?
내담자: (자기 경험하기 의자에서) 그게, 엄마가 나에 대해서 그렇게 안 좋
　　　　게 생각해서 너무 아파요. 마음속에서 쑤시는 것처럼 너무 아파요.
　　　　지쳐요.
상담사: 그래요, 그 기분이 어떤지 엄마한테 말해 보세요.
내담자: 그게, 진짜 너무 많이 아파요. 이 기분을 견딜 수가 없어요. 사실 저
　　　　안 좋아하셨잖아요. 저는 알고 있었죠. 제가 강하지 않아서 실망
　　　　이라고 저한테 말하신 것이 기억나요. 그리고 항상 저를 혼자 두고
　　　　밤에 제가 울 때도 절대로 저한테 안 오셨죠.

> 상담사: 그래요, 그리고 엄마한테 뭐가 필요했는지. …… 엄마의 눈에 가치
> 있게 보이고 싶었다고 말해 보세요.
>
> 내담자: (엄마에게) 제가 괜찮다는 것을 알고 싶었어요. 엄마가 제가 괜찮
> 다고 생각하신다는 것을 아는 게 너무 필요했어요.

상담치료사에게는 내담자가 고통과 고뇌를 안고 있다는 것과 자기 어머니에게서 사랑과 존중을 받으려는 충족되지 못한 욕구가 있다는 것이 분명하다. 이 문제는 더 깊은 이해에 도달하고 용서하고 놓아 버리는 것으로 해소되거나, 어머니에게서 받지 못했던 것들을 인정하고 앞으로 나아감으로써 해결될 수 있다. 이것은 미해결 과제의 해소 역시 의미한다.

전반적으로 두 의자 작업 또는 빈 의자 작업을 하기로 결정하는 것은 상담을 통해 드러나는 내용에 의존한다. 두 작업 모두 해소되어야 하는 것일 수도 있고 또 그렇게 될 것이다. 앞서 묘사된 교착(impasse)이 상담 회기 종료 10분 전에 일어나서 상담치료사가 미해결 과제를 이번에는 다루지 않고 기억해 두었다가 나중에 다루기로 결정할 수 있다. 반대로, 상담치료사가 바로 계획을 전환하여 미해결 과제를 다루기 시작할 수도 있다.

마지막으로는 앞서 묘사된 상황과 정반대의 상황이 일어나는 경우도 생각해 볼 수 있다. 처음에 부모로 나타난 강한 비판가가 미해결 과제의 작업 가운데 등장할 수 있는것이다. 이것은 상담치료사에게 자기비판적 작업이 조금 필요할 수도 있다는 신호가 될 수 있다.

두려워하는 비판가. 비타협적이고 다루기 힘든 비판가의 경우에 상담치료사는 고뇌와 숨겨진 비조율된 정서의 표식을 보고 내담자가 괴로움을 겪고 있다는 것을 개념화한다. 보통 두 의자 대화가 진행될 때처럼 다음 정서가 나타날 때까지 기다리는 대신, 상담치료사는 자기달래기로 전환하기로 결정할 수도 있다. 이 상황에서 대체로 내담자는 친절하고 상냥하게 대우받았던 이전의 경험을 기억하지 못한다고 말한다.

　자기달래기로 전환할 것을 지시하는 또 다른 힌트는 전멸시키는 비판가와 탄력성이 부족한 자신의 존재가 드러날 때이다. 보통 비판가에 의해 자기는 깊은 절망감으로 무너지고 붕괴되기 시작한다. 다음은 두 의자 대화의 상황에서 주고받은 내용이다.

> 내담자: (경험하기 의자에서 비판가에게 말하며) 나를 지지해 줬으면 해요. 당신이 내편이고 뒤에서 받쳐 주고 있다는 걸 알고 싶어요.
>
> 상담사: 의자를 바꿔 보세요. (내담자가 비판가가 된다.) 맞아요, '당신이 내 등 뒤에서 받쳐 주고 있다는 걸 알고 싶어요.' 비판가로서 그것에 대해서 반응해 줄 수 있어요?
>
> 내담자: (비판가로) 글쎄, 널 약하고 쓸모없는 쓰레기라고 생각하기 때문에 그렇게 해 줄 수가 없어. 넌 그냥 지지해 줄 만한 가치가 없어. 네가 뭘 했어? 아무것도 안 했잖아. 내가 왜 널 두둔해 줘야 해?

　내담자는 이런 방향으로 나아가고 얼굴에서 경멸의 표시가 격하게 나타나며 모든 것을 전멸시키겠다는 느낌은 흔들리지 않는다. 어떤 때에는 사람 안에서 깊은 취약성과 고뇌가 드러나는 것이 보인다. 이런 태도로 내담자가 반응할 때 상담치료사가 자기달래기 대화를 소개하여 동떨어진 자기에 대한 연민을 조금이라도 느끼게 도와주는 시도를 할 수 있다.

> 상담사: 여기로 와 보실 수 있으세요? 저기에 당신이 아이였을 때처럼 깊은 고통을 느끼고 인정을 전혀 받지 못한 아이가 앉아 있다고 상상해 봐 주세요. 그 아이에게 뭐라고 말하실 거예요?
>
> 내담자: (손을 위로 들면서) 이게 문제예요. 할 수가 없어요. 제가 그런 말을 해 준 적이 없고, 저를 위해서 누군가가 그런 말을 해 준 적이 없어서 어떻게 해야 할지 전혀 몰라요. 저는 '실패작(lost cause)'인가 봐요.

상담사: (어려움에 공감하면서) 그게 진짜 어렵고 자신을 위해서 그런 말을 해 줄 수 없다고 느끼는군요. (잠시 멈추고) 이렇게 상상해 보는 것은 어때요? 정말 누군가의 지지가 필요하고 내 편이 있다는 걸 알고 싶어 하는 아이가 있다고 상상해 보세요. …… 좀 전에 아빠를 언급했죠? 그리고 그가 항상 있지는 않았어도 서커스랑 놀이동산도 데리고 갔다고요. 그때 무엇을 느꼈는지 모르겠지만 아마 그때 사랑받고, 특별하게 느껴지지 않았을까 싶어요. 아빠가 되어 보는 것 또는 그 아이를 사랑할 수 있는 다른 사람이 되어 보는 것이 맞는지 모르겠지만 이쪽으로 와서 그 아이에게 "괜찮아, 내가 있잖아."라고 말해 볼래요?

내담자: (한숨 쉬며) 글쎄, 아빠가 되어 볼 수 있죠. …… 그를 기억하기가 어렵지만 좋은 기분이 있긴 해요. 또 어른인 내가 어린 시절의 그 아이에게 "걱정하지 마, 내가 있잖아 꼬마야."라고 말하는 것을 상상해 볼 수 있을 것 같아요.

상담사: 그래요, 좋습니다. 그러면 그 아이에게 그렇게 말해 줄 수 있어요?

내담자: 네, 꼬마야, 내가 널 지킬게, 내가 여기 있을게. 걱정 안 해도 되고 내가 너 뒤에 있어. 너는 좋은 아이야. 너는 사랑받을 가치가 있어.

상담사: 좋아요, 그리고 이제 다시 다른 의자로 바꿔 앉아 볼 수 있어요? (바꾸는 동안 말을 멈춘다.) 그러면 그녀에게 한번 말해 보세요. 그런 말을 들은 느낌이 어떤지를요.

내담자: 정말 너무 좋아요. (울며) 정말 그 말이 필요했던 것 같아요.

상담사: 맞아요, 그 말이 정말 필요했죠, 당신이 괜찮다는 말 말이에요. 그렇게 말해 줘요.

내담자: 네, 그 말이 정말 필요했어요. 그리고 들으니까 너무 느낌이 좋아요. 더 강해진 것처럼 느껴져요. 그 말을 듣고 나니까.

과정 13: 미세한 표식 식별하기

　과제 작업 중에 상담치료사들은 진행 중인 과제 내에서 그리고 그 외에도 우리가 미세한 표식(micromakers)이라 부르는 것을 접하게 된다. 이 표식들은 개념화에 있어서 미세한 결정들을 안내하며 이 미세 결정들이 순간순간의 개입으로 인도해 주는 것이다. 이러한 개념화 결정을 하는 사고 과정은 아래에 상세하게 설명되어 있다. 하지만 EFT 상담치료사들은 상담치료에 기술(art)이 있으며 순간순간의 결정에 직관이 큰 역할을 담당한다는 것을 인정한다는 것을 기억해야 한다. 여기서 필자들은 상담치료사들이 선택의 순간에 직면했을 때 어떤 신호들을 보고 결정을 내리는지를 나눔으로써 조금 더 도움을 주고자 한다. 〈참조 6-1〉은 뒤따라 나올 내용에서 설명되는 결정 지점들과 기준들의 개요를 제공해 준다.

참조 6-1　미세한 표식

---

1. 두 의자 작업
   1) 의자를 바꾸는 시점
      (1) 자기(self) 의자에서 비판가가 등장할 때(분리해서 접촉을 시킨다.)
      (2) 비판가 의자에서 비판에 대한 정동 반응이 일어날 때[주의를 기울이며 다룰 것, 급하게 바꾸지 말 것, 시작 기준(baseline)을 고려할 것; 분리해서 접촉시킨다.]
      (3) 비판가가 신랄하게 또는 단순명료하게 전달 사항을 표현한 후에
      (4) 자기 의자에서 어떤 욕구가 표현되고 난 후에
   2) "자기(self)에 대해서 당신은 어떤 느낌 또는 태도를 가지고 있나요?"라는 질문은 언제 하는가?
      (1) 비판가의 자극 정도(stimulus quality)를 증폭시키기 위해서, 즉, 내적인 것을 외적으로 끌어내야 할 때(예: 얼굴과 손짓에서 경멸이 나타날 때)
      (2) 비판가가 누그러지는 표시가 보일 때(예: 두려움에서 누그러지기 또는 연민을 표현)

3) 무너진 자기를 다루는 방법(예: 내담자가 비판가와 동의한다.)

    (1) 정서적 프로세스에 집중한다(예: 당신이 동의하는 것 같군요. 그런 것을 받을 때 어떤 느낌이 드나요?)

    (2) '동의' 아래에 있는 정서적 반응에 닿으려고 노력한다.

4) 언제 욕구로 전환하는가?

    (1) 내담자가 일차적 정서에 접촉할 때

    (2) 프로세스에 더 깊이 들어가기 위해서(내담자가 아직 일차적 정서를 접촉하지 못했을 때 다른 쪽에서 욕구를 방해할 것을 예상하면서)

5) 자기 의자에서 욕구를 표현한 후에 비판가가 누그러지지 않았을 때

    비판가를 더 흥분시킨다; 내재적인 정동적 특성(예: 경멸)을 외적으로 드러내는 것

6) 비판가가 무엇을 두려워하고 있는지 물어볼 적당한 시점은 언제인가?

    누그러지는 것이 가능해 보이지만 자기가 주장을 내세우면서(경계선을 긋고, 비판가를 밖으로 밀어낼 때) 비판가가 방어적일 때

7) 코치 분리(coach split)를 식별하는 방법

    비판이 어떤 느낌 또는 증상에 대한 이차적인 비판일 때. "우울해하거나 불안해하면 안 되지." 혹은 "더 당당하고 성격이 활발해져야지." 하지만 내담자가 우울하거나 불안하다는 것이, 자신감이 없거나 활발하지 못하다는 것이 바로 문제이다. 내담자가 스스로를 어떻게 우울하게 만드는지 또는 자신감을 갖지 못하도록 만드는지로 초점을 옮겨야 한다.

8) '분리를 분리'해야 할 시점은?

    사람이 자기 의자에 있고 감정을 구별하고 있지만 감정 자체가 비판에 대한 반영일 때. 예: 비판가의 역할에서 "너는 재미없어." 혹은 "엄마한테 화나면 안 되지."라고 한 후에, 자기가 "사람들이 저를 좋아하지 않을까 봐 두려워요." 혹은 "죄책감 들어요."라고 말할 때, "다시 이쪽으로 와서 그녀가 무섭거나 죄책감을 느끼도록 해 봐요."라고 하는 것이 도움이 된다. 이는 분리 작업을 심화하는 것을 돕는다.

2. 빈 의자 작업

1) 현재 겪고 있는 대인관계 갈등 대 미해결 과제

    (1) 현재 대인관계 갈등을 다룰 때: 부정적인 대인관계적 악순환의 개념화: 빈 의자에 앉힌 '부정적 타인'을 자극으로 사용하여 내담자 안에 부적응적인 일차 정서를 활성화한다; 미해결 과제 표식(예: 부모와의)이 드러난

다면, 중요한 타인과의 미해결 과제로 전환한다.

  (2) 현재 일어나고 있는 중요한 타인과의 갈등의 경우: 미해결 과제랑 연결
      된다면 미해결 과제 방향으로 가지만, 초점이 갈등 해소가 아닌 내적인
      정서처리의 해결이라는 것을 분명하게 해야 한다[즉, "이것은 어린 소년
      (또는 소녀)으로서의 당신과 아버지 사이의 일이에요."]

 2) 미해결 과제에서 타인의 역할을 사용할 시기
  (1) '부정적인 타인': 다음과 같은 조건 둘 중에 하나라도 있을 때, 정동 과정
      을 심화시킬 목적으로 타인의 자극 정도를 증폭시키기 위해서 사용한다.
      – 낮은 정도의 흥분/정서에 접근하지 못하고 있을 때/분화되지 않은 이
        차적 정서
      – 욕구의 방해(욕구의 좌절이 예기됨)
  (2) 부정적인 타인에게 외적인 변화(explicit change)를 끌어내기 위해(예:
      미충족 욕구가 표현되고 난 후에).

 3) 욕구를 물어볼 적당한 시점
  (1) 내담자가 일차적 정서에 접촉했을 때
  (2) 과정을 심화시켜야 할 때(내담자가 일차적 정서를 아직 접촉하지 못했을
      시 다른 쪽에 의해서 욕구가 좌절될 것을 예상하고 있으므로)

 4) 미충족된 욕구에 대한 집착을 버리는 것을 도와주는 시점
    미충족 욕구에 관해서 타인이 반응하지 않을 때 혹은 타인에 의한 인정
    (validation)이 가능하지 않을 때

 5) 타인의 세계관을 상세하게 들여다봐야 할 시점
    미충족 욕구에 관해서 타인이 반응하지 않을 때 혹은 타인이 욕구를 인정해
    주지 않을 때; 타인에 대한 정서적인 이해를 키워 자기를 탓하지 않게 하기
    위해(예: "그래서 그녀의 내적인 세계에서는").

 6) 자기달래기로 전환하는 시점
    일차적 정서 또는 욕구가 표현은 되었는데 타인이 반응을 하지 않고 절망감
    혹은 미충족된 욕구 또는 일차적 정서를 다룰 능력이 없을 때; 욕구의 활성화
    가 더 탄력 있는 정서로 이끌어 주지 않고 오히려 절망감만 생기게 할 때; 비
    판가 이면에 깔려 있는 두려움을 달래야 할 때

3. 자기달래기
 1) 내담자의 항의에 대응하는 법: 욕구를 접촉하려고 할 때(예: 어차피 충족 안
    될 텐데요.) 또는 달래는 자기 측면을 양성할 때(어떻게 해야 할지 모르겠어
    요, 못하겠어요.)

무엇이 당신을 막고 있나요? 다른 사람을 위해서 할 수 있는 일을 정작 당신 자신을 위해서는 하지 못하도록 막는 것은 무엇인가요?

2) '긍정적인 내사물(positive introject)' 대 '내적인 아이' 대 '보편적인 아이'를 도입하는 시점

  (1) 긍정적인 내사물 혹은 자신을 돌봐 주던 사람(caregiver)이 달래 주던 기억들이 자연스레 떠오를 때(예: 욕구의 표현 후에) 긍정적인 내사물을 사용한다.

  (2) 자신에 대한 공감 또는 동정이 정말 적다면, 자신의 어린 시절의 모습 대신에 내적 아이를 사용한다. 왜냐하면 내담자에게 자기 자신을 달래라고 요청하는 것은 "안 할 거예요(I won't)."라는 대답을 불러올 것이기 때문이다.

  (3) 매우 취약하고 불안한 내담자들의 경우: 긍정적인 내사물로 시작하는 것이 보통 좋다. 왜냐하면 내담자에게 자기 자신을 달래라고 요청하는 것은 "못 해요(I can't)."라는 대답을 불러올 것이기 때문이다.

3) 욕구가 표현되고 나서 내담자를 달래는 의자로 옮긴 후에 고통이 다시 올라오면 어떤 조치를 취하는가?

정서를 방해하지 않기 위해서는 내담자를 다시 옮기지 말아야 한다.

4. **의자 작업에서 발생하는 일반적인 문제**

1) 절망감에 머무를지, 아니면 그것을 이용할지 결정하는 것
- 절망이 취약성의 표식이면(끝으로 이르는 느낌, 고백의 느낌) → 공감적 긍정
- 우울증에서 주도성을 높이고자 할 때 → 절망감 분리
- 자기에 대한 핵심 감각을 활성화시키고자 할 때(약한 나, 나쁜 나) → 절망감 분리

2) 분노를 느낄 때 언제 슬픔을 다루고, 반대로 슬픔을 느낄 때 언제 분노를 다루어야 할지
- 둘 중에 하나가 표현되었고 다른 하나가 등장하기 시작할 때
- 내담자가 둘 중에 하나로 기울이는 경향이 있고 다른 정서를 표현하는 데 어려움을 겪을 때

3) 자기비판적인 작업에서 불안 아니면 우울의 분리인지 구분하라.
- 불안의 경우, 파국적인 기대치가 나온다.
- 우울의 경우, 부정적인 평가가 나온다.

관계적 모드 아니면 과제 모드?

공감적 반응의 틀 안에서 계속 진행해 나갈지, 아니면 과제를 시작할지 결정하는 것은 중요한 개념화 결정이다. 전반적으로, 분명한 표식이 있을 때 과제 작업을 권하는데, 이는 과제 작업이 초점(focus)을 찾고 프로세스를 심화하기 위한 가장 효율적인 방법이기 때문이다. 하지만 상담치료사와 내담자 사이에 충분히 강한 유대감과 동맹의 관계가 형성되기 전에는 과제 작업이 시작되면 안 된다고 생각한다. 고려해야 할 또 다른 사항은 내담자의 취약성이다. 매우 취약한 내담자는 자신 내에서 안정감과 자기구조에 대한 인식을 강화시키기 위해 공감적이고 관계적인 모드를 유지시키는 시기가 더 길어야 한다. 취약한 내담자의 경우는 의자 작업을 시작하기 전에 6개월에서 12개월까지도 기다리게 될 수 있다.

작업을 시작하기로 결정할 때 고려해야 할 또 다른 실질적인 문제는 시간 계산이다. 보통 회기에서 15분 이하가 남았을 때(특히 과제 작업이 처음이거나 두 번째인 경우)는 과제를 시작하지 않을 것이다. 내담자가 이 경험을 성공적으로 기억하기 위해서는 그 과제로 진입할 때 충분한 시간을 주는 것이 중요하다. 불만족스러운 경험은 내담자가 다른 과제를 시도하고 싶지 않게 할 수도 있다.

이면에 깔린 정서를 탐색할 것인가, 표현된 정서를 경험하도록 격려할 것인가

상담치료사들이 흔히 접하는 미세한 표식은 이면의 깔려 있는 정서의 탐색을 택할지, 아니면 경험과 그 표현을 택할지에 대한 것이다. 보통 정서가 일차적인지, 이차적인지, 아니면 도구적인지에 따라 선택을 하게 되며 그러기 위해선 그 순간에 구별해 내는 평가가 필요하다. 정서의 여러 유형 그리고 탐색 또는 표현을 도와주기 위한 상담치료사의 반응의 여러 유형에 대한 묘사는 3장에 제시되어 있다. 상담치료사는 정서가 일차적일 때 내담자가 그 정서를 허용 또는 표현하도록 격려하고 이차적이거나 도구적인 정서일 때는 그 정서를 인정하고 지나가도록 격려할 수 있다.

아래에서는 멜리나의 사례를 발췌하여 소개한다. 축어록에서 내담자와 상담치료사는 현재 그녀가 겪고 있는 결혼 문제와 자기를 존중하지 않는 듯 보이는 다 큰 두 아들과의 문제에 대해서 이야기를 나누고 있다. 회기에서 접근할 수 있는 비언어적인 신호들이 대화 내용을 적었을 때 나타나지 않을 수 있기에, 독자에게 이 정보를 주기 위해 내담자의 말은 목소리 톤에 대한 묘사가 함께 표시된다. 이 비언어적 신호들은 정서가 일차적인지, 이차적인지, 또는 도구적인지를 구별할 수 있도록 도와준다. 또한 말하는 내용을 어떻게 전달하는지가 내용 못지 않게 또는 더 중요할 수도 있다는 것을 기억해야 한다. 내담자가 자신의 남편에 대해 말하면서 울기 시작한다. 아직 경험이 덜 쌓이고 일차적 정서와 이차적 정서를 구별하는 것에 능숙하지 않은 상담치료사는 그 슬픔을 인정하면서 이면의 일차적인 정서에 접근하게 하기보다는 바로 그 슬픔의 정서를 수용하고 더욱 탐색하도록 격려한다.

> 상담사: 그 감정을 그대로 유지하시면서 저에게 그 감정에 대해 더 얘기해 주세요.
>
> 내담자: (고음의 찡찡거리는 목소리로) 아플 거예요.
>
> 상담사: (차분하게) 네, 그런데 그 감정에 머물러 줬으면 좋겠어요.
>
> 내담자: 아파요. (마치 그 기분을 털어 버리기 위해서 손으로 입을 가리고 얼굴 앞에서 손을 위아래로 흔든다.). 진짜 아플 거예요. (고개를 들어서 상담치료사를 다시 바라보고 침을 꿀꺽 삼키며) 별거 아니었어요. 제가 원하는 것은 남편이나 제 엄마가 계속 소리지르는 것처럼 물질적인 게 아니었어요. (강하게 강조하며 목소리를 낮은 톤으로 내리며) 사랑이고 존중이고 따뜻한 가정이었어요. (고음의, 찡찡거리는 목소리로, 눈물은 거의 안 흐르면서 눈물을 닦으며) 저

는 진짜 따뜻한 가정을 원했어요. 저는 그런 가정을 갖기 위해 제가 진짜 열심히 많이 노력했다고 생각하고 그래서 정말 너무 화가 나요. (억지로 나오는 목소리 같고 어조가 내려간다.) 저는 정말 열심히 노력했는데 (무릎을 주먹으로 치며 헐떡거리며) 돌아오는 것이 아무것도 없는 것 같아요. 그리고 아파요. 정말 너무너무 아프고 물질적인 것도 아니에요. (손을 격렬하게 흔들며) 남편은 계속 저한테 물질만능주의라고 소리 지르는데 저는 아니에요. (아주 낮은 소리로 불평하는 소리를 내고 헉헉거리며) 저랑 결혼한 남자가 그냥 저를 사랑해 주고 존중해 줬으면 저는 작은 판잣집 같은 데서라도 살 수 있었을 거예요. (주먹을 치고 상담치료사를 바라본다.)

내담자는 이차적인 정서를 표현한다. 상담치료사는 그녀가 일차적으로 슬프다고 판단을 했는데, 사실 일차적으로 분노가 있고 슬픔과 절망은 도구적으로 있었던 것이다. 그녀의 목소리는 불평하고 찡찡거리는 특성이 있으며 실제로는 분노나 슬픔의 정서를 깊이 경험하고 있지 않은 것을 나타낸다. 손을 흔드는 것과 입을 가리고 억지로 짜낸 눈물 그리고 탐색에 있어서 전진하지 않으면서 자신의 말만 반복하는 것은 새로운 의미에 다가가거나 만들기 위해서 깊이 있는 경험을 하지도 않으며 자신이 느끼는 것을 탐색하지 않는다는 것을 보여 준다. 이것은 내담자가 내용을 조작하거나 진심이 아니라는 것은 아니다. 분노의 일차적인 감정이 느껴지지 못하고 있지만 그렇다고 해서 그녀가 느끼는 감정과 걱정이 가짜라고는 할 수 없다. 이차적인 슬픔인 그녀의 눈물과 절망감을 이렇게 계속 탐색하는 것은 생산적인 프로세싱으로 이어지지 못한다. 내담자의 주의를 현재 신체적으로 느껴지는 감각적 경험으로 집중시켜 자신의 몸 내에서 실제로 무엇이 일어나고 있는지 살펴보는 것을 추천한다. 이 방법은 발췌문에서 제시된 탐색 과정보다 생산적인 프로세싱을 가져다줄 확률이 높다. 다음 발췌문에서는 생산적인 프로세싱을 인정하고 독려하도록 상담치료사가 어떻게 반응했을 수 있었을지 보여 준다.

상담사: 정말 속상한 것처럼 들려요. 이해받지 못한다고 느끼고 정말 존중 받지 못한다고 느끼죠. 숨을 좀 돌리고 그에 대해서 말할 때 당신 의 몸 안에서 무엇이 일어나고 있는지 말해 줄 수 있어요? 지금 이 순간에 당신의 가슴 안에서 무엇이 느껴지나요?

내담자: (가슴에 손을 올리며) 글쎄요, 가슴 안에 약간 갑갑한 느낌이 있고 손바닥에 땀이 나요. (여기서 내담자는 불안을 경험하고 있으며 이 불안이 분노의 강도를 느끼는 것을 막고 있을 수 있다.)

상담사: 맞아요, 이런 일들을 다 생각해야 한다는 것은 무섭죠. 그리고 남편 에게 이런 얘기를 좀 해 본다고 상상할 때 어때요?

내담자: 그게 그냥 완전 열 받아요. 어떤 때는 그냥 남편이 정말 싫어요. 그 한테 화가 나요.

상담사: 상상 속에서 남편을 이 의자에 앉힌다면 이 느낌에 대해서 말할 수 있을 것 같아요?

상담치료사는 근저에 깔려 있는 분노의 일차적 정서에 대한 탐색이 일어날 수 있게끔 도와주었다. 그리고 그 분노에 다가가 인정하고 나서 상담치료사 는 내담자에게 그 정서를 표현해 보라고 격려한다.

의미에 초점 두기 또는 정서에 초점 두기?

여러 번 결혼을 한 63세인 내담자 짐은 이전의 결혼에서 낳은 두 명의 사춘 기 아이를 데리고 있는 지금의 아내에 대해서 이야기하고 있다.

그래서 추수감사절 준비를 하고 있는데 아내가 약간 기분이 처지고 슬퍼 보여서 제가 "당신 아이들이 지금 당신과 같이 있을 수 없어서 안됐어요." 라고 말을 했어요. 그러자 그녀는 "그것에 대해서 생각하고 있었어요. 이혼 은 불법이어야 한다고 생각해요."라고 답했어요. 그게 끝이었어요. 그 말이 저녁 식사를 망쳤어요. 식사하는 동안 저희는 침묵과 긴장 속에서 2시간 동안 같이 앉아 있었어요.

순간순간의 개념화에는 내담자가 자신의 감정이 무엇인지 모르는 것인지, 아니면 내담자가 그 감정의 의미를 모르는 것인지에 대한 판별이 필요하다. 느낌에 집중한다면 "그리고 당신은 상처를 받았죠."라고 반응할 수 있는 반면에 의미에 집중한다면 "무시하는 것처럼 느껴졌죠."라고 반응할 수 있다. 이러한 선택의 기로에서 어떤 경로는 다른 경로보다 이상적이고 좋을 수도 있지만 어차피 '모든 길은 로마로 통한다.'라고도 하니 한 길을 먼저 택하고 나중에 또 다른 길을 택하면 되는 것이다. 여기서는 꼭 완벽한 반응이 필요한 것이 아니라 '충분한(good enough)' 반응이 필요한 것이다.

고통스럽거나 취약한 정서를 수용하거나 포커싱하는 것을 특히 어려워하는 내담자들은 감정에 주의를 집중하도록 자신을 자연스럽게 조직화하는 일이 드문데, 이는 과거에 중요한 타인에게 자신의 감정이 자주 인정받지 못했기 때문이다. 이런 내담자는 상담치료사가 의미에 집중하는 공감적 반응을 하면 감정을 배제한 의미만을 탐색하게 되는 경향이 있다. 상담치료사가 의미에 집중하는 것에 대한 반응으로 내담자는 아내가 어떤 의미로 그 말을 했는지에 대한 평가를 하거나 자신의 반응(분노)을 합리화하게 될 수 있다. 결국에 내담자는 '자기 생각에 갇혀' 자기가 왜 이렇게 화났고 자기 아내는 뭘 잘못했는지에 대한 다양한 이론을 제시하게 될 것이다. 전반적으로 정서에 접근하는 데 어려움을 겪는 내담자들의 경우(정서적 프로세싱 스타일을 평가하는 것에 대해서는 4장 참조)에는 지금 느껴지는 내적 경험에 특히 주의집중을 하는 것을 핵심으로 여긴다.

과제 내에 나타나는 미세한 표식

구체적인 과제를 진행하였을 때 특정한 기술적인 지점에서 미세한 표식들이 많이 나타난다(특정한 과제 모델과 과제들에 대한 묘사는 3장 참조).

욕구 표현의 개념화

EFT 과제를 처음 접하는 상담치료사들은 "어느 시점에서 욕구를 표현하도록 도와주어야 하나요?"라고 묻는 경우가 자주 있다. 이 질문에 대한 답은 어떻게 보면 직관적이다. "혼자인 것 같고 너무 외로워요." 또는 "제가 다른 사람들에게 아무 상관이 없다는 것이 너무 두려워요."와 같은 핵심 정서(core emotion)가 표현되었을 때 상담치료사는 정서와 욕구가 정서 도식 내에서 연결되어 있다는 것을 알고 내담자가 함축적으로 욕구를 표현하는 것이라고 듣고 인식할 것이다. 마치 내담자가 앞으로 더 나아가고 싶은데 어떻게 해야 할지 모르는 상태와 비슷한 것이다. 앞으로 나아가도록 돕기 위해서 상담치료사는 현재 느껴지고 있는 정서적 경험에 집중하도록 요청하며 내담자가 자신의 내면으로부터 혹은 상상의 타인으로부터 무엇을 필요로 하는지 물어볼 수도 있다.

낙담과 절망에 대한 개념화

낙담과 절망의 정서적 표현은 미해결 과제나 자기비판을 위한 두 의자 작업의 일부로서 나타나는 경우가 가장 많다. 적응적 및 부적응적 핵심 정서들을 접촉할 때 낙담이 자주 발견된다. 상담치료사에게는 특정한 순간에 개념화 질문(formulation question)이 생기는데 이는 낙담을 위한 공간을 주거나 낙담에게 목소리를 주어 낙담을 수용하고 심화하는 것이 가장 좋을지, 아니면 내담자가 이를 극복할 수 있도록 돕기 위해 개입을 해야 할지 결정해야 하는 순간이다. 질문에 대한 답은 정해져 있지 않다. 내담자를 알고 이전에 낙담과 관련해서 일어났던 처리 과정에 대한 정보와 내담자가 그러한 상태에 대한 내성이 어느 정도 있는지를 기반으로 한 판단이 궁극적으로 답을 형성한다.

낙담의 감정에 이름을 붙이는 것은 내담자가 낙담의 느낌에 그만 맞서 싸우고 넘어가도록 도와줄 수 있다. 특히 내담자가 심각한 우울증 경향을 보이거나 정서적으로 매우 취약한 상태에 있다면 낙담의 상태에 너무 길게 머무는 것은 비생산적이고 과도하게 고통스러우며 잠재적으로 해를 끼칠 수 있다는 점도 우려하게 될 수 있다. 낙담은 지나가야 할 정서적인 지형의 한 부분이다. 낙담적인 상태를 인정하는 것은 내담자들이 인정받고 안전하다고 느끼게 해 주어 더욱 본질적이고 핵심적인 정서로 나아갈 수 있도록 돕는다.

자기비판을 위한 두 의자 기법에서 특정하게 발생하는 미세한 표식

우울과 불안에 관련한 이야기에 대한 개념화

자기비판 작업을 위한 두 의자 대화에서 주로 개념화를 결정하는 요점은 내담자로 하여금 어떤 종류의 비판을 표현하도록 격려할 것인가 하는 것이다. 즉, 내담자들이 자기비판 의자에 있을 때 상담치료사는 불안 또는 우울과 관련된 분리(split)를 듣게 된다는 것이다. 불안과 연관된 비판가는 두려움에 대한 열중, 파국화, 미래에 일어날 재앙에 초점을 맞추는 경우가 많다(예: 비판가: "네가 정신 차리고 네 일을 끝내지 않으면, 넌 열외로 제쳐질 거야!"). 반면에 우울과 연관된 비판가는 부정적인 평가를 더 확정지어서 말한다(예: "넌 단순히 약한 거야. 줏대가 없어."). 마찬가지로, 불안과 연관된 분리에서는 비판가에 대한 반응으로, 내담자는 두려움을 더 많이 경험하는 경향이 있고, 우울과 관련된 분리에서는 슬픔, 절망 그리고 수치를 더 많이 경험하는 경향이 있다. 불안과 우울은 서로 깊은 상관이 있기 때문에 내담자들은 두 가지 모두를 경험할 수도 있다. 그러나 문제가 드러날 때 상담치료사는 어떤 '유형'의 비판가가 드러나는지 인지하고 가장 적합한 절차로 도울 수 있어야 한다.

자기를 향한 태도의 표현을 개념화하기

자기비판 의자 작업에서는, 상담치료사들은 내담자 자신의 또 다른 한쪽을 향한 태도에 대해 언제 질문할 것인지에 대한 개념화 결정을 한다. 이것은 작업의 초반에 일어나지 않는다. 오히려 초반에는, 상담치료사는 내담자가 자기에 대해 더 엄격하고 구체적으로 정확하게 비판하도록 조력한다. 그리고 상담치료사는 내담자가 자기 의자로 옮겨 가서 필요뿐 아니라 이차적 감정(흔히 절망감)과 일차적 감정(흔히 수치심과 슬픔)을 모두 표현하며 반응하도록 도와준 다음에 비판가의 자리로 돌아가게 한다. 그 후에 상담치료사는 내담자가 비판 의자로 돌아가서 비판가에게 내담자가 필요를 표현한 것에 대해 반응하게 한다. 비판가가 즉시 자애심 많은 태도로 부드러워지지 않는 한, 상담치료사는 비판가가 자기와 '접촉'하지 않고 거리를 두고 저항하는 것임을 관찰하게 될 것이다. 이 지점에서 상담치료사는 비판가에게 자기에 대한 태도를 상세히 설명하도록 요청할 것이다. 이것은 감정에 접근하고 감정을 심화시키는 데 도움이 되는데, 가장 흔한 감정이 경멸감인 경우가 많다. 또한 비판가가 자기의 또 다른 부분에 접촉하는 데 도움이 된다. 이것이 대화를 계속 진행되게 해 줄 것이다.

예를 들어, 비판가는 그 의자로 바꿔 앉아서 자기의 또 다른 부분에 대한 수치심이나 슬픔의 표현에 대해 반응하고 난 뒤에, 아마 다음과 같이 반응할 것이다.

> 내담자: 당신은 그럴 자격이 없어요.
>
> 상담사: (태도를 점검하면서) 그(그녀)에 대해 어떻게 느끼시나요?
>
> 내담자: 글쎄요, 그는 형편없어요. 그가 미워요.
>
> 상담사: 그래서 그를 좋아하지 않는군요. 그가 당신에게 넌더리 내는 것처럼 당신도 그를 경멸하는군요.
>
> 내담자: 그에게 말해 주세요.
>
> 상담사: 당신은 나를 욕지기나게 해요. 당신은 존재할 가치가 없어요.

이 경우에, 내담자가 경멸감에 접근하는 것은 일차적 감정인 수치심에 다가가도록 돕는 것이다.

비판가 이면에 깔려 있는 감정을 표현하도록 격려할 시점에 대한 개념화

EFT 상담치료사들이 직면하게 되는 또 다른 일반적인 개념화 문제는 비판가에게 자신의 감정을 묻는 자기비판적 과제에서 발생한다. 중요한 것은 비판가가 비판가로서의 입장에서 변화가 있다고 감지되기 전까지는 그의 감정이나 내적 경험을 정교하게 물어보지 않아야 함을 인식하는 것이다. 전자의 예에서와 같이, 비판가에게 자기에 대한 태도에 관해 질문을 할 수도 있지만 이것은 비판가에게 (앞의 예와 같이) 느낌을 묻는 것과는 구별되어야 한다. 후자의 예에서, 비판가가 접근했던 경멸감 밑에 놓여 있던 일차적 감정이 끝난 뒤라 할지라도, 비판가는 자기와 관련한 경험을 상세히 설명하고 심화시키도록 요청을 받는다. 요지는 경멸을 강조하고 싶지 않다는 것이다. 앞의 예에서 경멸은 실제로 존재하고 있지만 자기 자신과 관련하여 접근된 것은 아니다. 태도에 대한 질문은 양쪽 사이의 접촉을 촉진시키고 자기에 대한 더 깊은 관심으로 이끌어 준다. 경멸적인 비판의 이면에 있는 감정이 올라올 때는 주로 두려움인데, 그것은 심화되고 탐구되고 표현될 필요가 있다. 그래서 어떤 변화가 있거나 부분적으로 부드러워진 것 같은 신호가 있을 때는 잘 따라가 봐야 한다. 새로운 일차적 감정(이 경우에는 두려움)이 떠오르면, 상담치료사는 그것을 탐색할 수 있다. 두려움에 대한 탐색에 이어, 상담치료사는 비판가가 자신에게 잠재되어 있는 필요를 분명하게 말하고 있는지 확인하기를 원할 것이다. 그래서 두려움이 드러나면, 흔히 그 필요를 통제하고 싶어 하거나 필요에 대한 목적을 갖고 있어야 한다. 두려움은 비판가에게 잠재되어 있는 가장 지배적인 감정인데, 그것은 흔히 기대치 않게 튀어나온다. 만약 그 사람이 두려움에 대해 이야기하지 않는다면, 상담치료사는 그것에 대해 물어보거나 내담자에게 그것을 정교화하도록 요청하는 것이 중요할 것이다. 그래서 자기(self)가 그 필요를 분명하게 말하고 주장한 뒤에 비판가는 좀 더 부드러운 태도가 되어 이런 말을 할지 모른다. "당신이 목소리가 필요하다는 것을 이해합니다. 당신이 들어 주지 않는다고 느꼈다니 유감이군요. 하지만 당신이 우리 둘을 아래로 끌어내리는 것을 사람들이 보게 할 수는 없어요. 이것은 우리 둘

다의 죽음일 수 있습니다." 여기에서 비판가는 경멸적인 태도에서 보호적인 태도로 바뀌었고, 상담치료사는 이것을 목소리로 내도록 도울 것이지만 대화가 어느 방향으로 흐를지는 확신할 수 없게 된다. 대화는 이 지점에서 중단될 수 있다. 무자비한 비판가가 이런 태도("당신이 말하게 할 수 없어요. 왜냐하면 그러면 나는 목적이 없게 되니까요." 또는 "난 존재하기를 멈출 거예요."와 같은 말을 하는 것)로 말할 때, 이런 순간들을 이해하는 것은 중요하다. 이것은 실제로 보호적인 두려움의 함축적인 표현이다. 그것은 새로운 감정이다. 비판가는 이전에 오직 경멸만을 알고 있었다. 그래서 상담치료사가 내담자로 하여금 비판가 의자에 앉아 있는 사람에게 "무엇을 두려워하세요?" 또는 "무엇이 두려운가요?"와 같은 질문으로 두려움을 명확하게 하도록 돕는 것은 중요하다.

미해결 과제를 위한 빈 의자 기법에서 특정하게 발생하는 미세한 표식

부정적인 타인의 표현을 격려할 시점에 대한 개념화

상담치료사들이 공통적으로 묻는 개념화 질문은 "제가 언제 내담자에게 부정적인 타인(negative other)의 역할을 하게 하나요?"이다. 내담자가 감정이 강하게 일어나거나 느껴지지는 않지만 타인에게 슬픔이나 분노의 감정을 표현하는 것이 한 가지 표시가 될 수 있다. 그렇지 않으면, 내담자는 일차적인 감정은 일어나지 않지만 의자에 있는 타인을 향하여 이차 감정이나 포괄적인 고통에 접근할 수 있을 것이다(예: "당신이 나에게 이렇게 하다니 믿을 수 없어요."). 내담자가 필요(욕구)를 방해하고 어떻게 그 필요를 타인이 좌절시키는지를 상상할 때, 상담치료사는 내담자에게 부정적인 타인의 역을 바꾸도록 요청할 수 있다. 예를 들어, 중요한 타인과 관련하여 자기 의자에서 감정을 탐색하는 동안, 그 사람은 이렇게 말할 것이다. "엄마가 듣지 않기 때문에 내가 얼마나 슬픈지를 말할 수 없어요. 엄마는 단지 자기 동료가 엄마를 얼마나 괴롭히는지만 얘기할 거예요." 그러면 상담치료사는 내담자에게 건너와서 '듣지 않고' 다른 데 정신이 팔려 있는 엄마 역할을 하도록 요청할 것이다.

일화적 기억의 정교화 혹은 정서의 표현을 격려할 시점에 대한 개념화

빈 의자 대화의 중간에, 내담자가 의자에 있는 의미 있는 타인에게 감정을 표현할 때, 그/그녀는 즉각적으로 삽화적 기억을 떠올리기 시작할지 모른다. 상담치료사는 그것을 정교화하도록 격려할 것인지, 아니면 감정을 표현하도록 할 것인지 결정해야 한다. 삽화적 기억은 핵심 감정을 느꼈던 구체적인 자서전적 기억(모든 상황에 걸쳐 일반화된 것은 아님)을 기억하는 내담자에 의해 표시된다(marked). 따라서 상담치료사는 그 이야기 속에 감정이 삽입된 것을 인지하지 못하고 빈 의자 작업에만 충실하면서 이야기를 말하는 것을 막을 수 있다. 사실, 상담치료사는 이야기를 하도록 허락하는 것이 감정을 심화시키는 것임을 기억해야 한다. 상담치료사는 이야기 속에 핵심 감정이 끼어 있음을 잘 듣고 대화 속에 그것을 되돌려 넣어야 한다. 핵심 감정에 접근할 때, 상담치료사는 계속되는 대화 속에 그 의미를 통합시키면서 타인에게 그 감정을 표현하도록 격려할 수 있다. 예를 들어, 의자 기법을 시행하는 남성 내담자가 외로움의 감정을 정교화하다가, 자기가 8세 때에 장난감 가게에 가서 장난감들에 정신이 팔려 있다가 갑자기 부모님을 찾을 수 없게 되었을 때의 공황 상태를 기억하게 되는 것이다. 그러면 상담치료사는 이야기를 들으면서 두려움과 외로움의 감정을 반영해 주고, 내담자가 다른 의자에 있는 엄마의 이미지에게 자신이 느꼈던 외로움과 슬픔을 표현하도록 격려할 것이다. "난 정말 무섭고 너무 외로웠어요. 난 엄마가 나에게 돌아올 건지 정말 몰랐다고요." 그러나 상담치료사는 궁극적으로 삽화적 기억이 탐색에 있어서 가장 생산적인 것인지를 결정해야 한다. 상담치료사들이 주의해야 할 것은 내담자들이 핵심 감정이 끼어 있지 않은 이야기를 너무 많이 해서 대화가 곁길로 빠지지 않도록 하는 것이다. 만약 이미 핵심 감정에 접근했거나 탐색이 되고 있다면, 삽화적 기억을 탐색하는 것은 잘못이다.

중요한 타인에게 슬픔 혹은 분노를 표현할 시점에 대한 개념화

슬픔과 분노는 의미 있는 타인에 대한 일차적인 감정들이다. 따라서 미해결 과제를 해결하기 위해서는 이 두 가지 감정을 모두 완전히 표현하는 것이 중요하다. 일차적인 감정들은 '내' 언어로 표현되어야 한다(예: "내가 슬픈 것은 내가 당신을 필요로 했을 때 당신이 거기 없었던 것이에요." "내가 화가 난 것은 당신은 내가 필요로 했던 것을 보지 않았던 것이에요.") 슬픔과 분노의 표현은 자연스러운 리듬을 타기 때문에, 한 가지 감정이 완전히 표현되면 흔히 다른 감정이 뒤따르게 된다. 빈 의자 기법에서는 내담자가 다른 의자에 있는 아버지에게 "아버지가 미워요. 아버지가 그렇게 통제력을 잃고 화를 낼 때 전 너무 무서웠어요. 저는 아버지가 무엇을 하실지 몰랐어요. 때로 아버지는 정말 공격적이셨잖아요. 저는 그것 때문에 아버지가 밉다고요."라고 말할 때 분노를 강하게 표현하도록 촉진한다. 몇 분 뒤에, 내담자는 아버지에 대한 친밀감을 상실한 것에 대해 깊은 슬픔을 표현할 것이고, "전 단지 아버지와 친밀할 수 있기를 원했다고요. 아버지하고 있을 때는 안전하다고 느끼지 못했기 때문에 아버지와 가까워지기를 원하지 않았던 거예요."라고 말할 것이다. 상담치료사에게 이 작업은 단순히 두 가지 감정을 모두 표현하도록 촉진하는 것이다. 만약 두 감정 중에 하나를 '놓쳤거나' 완전히 표현하지 못했다면, 상담치료사는 이것을 미세한 표식으로 간주하고, 다른 감정이 올라오기를 기다리면서 그것을 표현하도록 격려한다. 슬픔은 분노를 따라오고 분노는 슬픔을 따라오지만, 둘 다 해결이 되려면 깊게 표현되어야 한다.

타인의 관점을 정교화할 시점에 대한 개념화

빈 의자 기법에서 타인의 관점을 정교화할 최적의 시간은 언제인가? 내담자가 부정적인 타인과 완전히 접촉하여 일차적인 감정과 필요를 충분히 표현했을 때, 내담자는 타인의 의자로 옮겨 가도록 요청된다. 때로는 내담자들이 자발적으로 그렇게 하고 싶다는 것을 상담치료사에게 알린다. 때로는 상담치료사가 놀라도록, 내담자가 부모님의 주관적인 관점에서 말하기 시작할 것이다. 실제로 다음과 같이 말하면서 말이다.

(엄마로서) 난 네 말을 들을 수가 없었어. 왜냐하면 그것은 내 슬픔과 고
통에 더 다가가게 했기 때문이야. 난 그 감정을 견딜 수가 없었어. 그것은
바닥이 없는 구덩이 같았어. 그래서 난 피했던 거야. 그러곤 쓸모없는 일에
집중하거나 친구들에 관해 잡담을 한 것이지. 하지만 난 네가 필요로 하는
방법으로 네 곁에 있지 않았다는 것을 안단다.

상담치료사가 내담자의 목소리가 조금이라도 철회하거나 비판적인 태도
에서 좀 더 유연한 자세로 바뀌는 것을 듣고 감지했을 때, 상담치료사는 내담
자를 타인의 의자로 옮겨 가게 해야 하고, 감정의 직접적 표현을 격려하지 않
아야 한다. 그러기보다는 타인에게 잠재해 있는 감정들을 궁금해하고 탐색
해야 한다. 타인은 그 입장에서 어떤지를 말해야 한다. 그리고 목표는 내담자
에게 그렇게 할 여지를 주는 것이다.

내담자가 충족되지 못한 필요를 떠나보내도록 도울 시점에 대한 개념화
미해결 과제를 위한 빈 의자 기법에서 내담자가 핵심적인 적응적 감정들
과 욕구들을 탐색하고 표현하고 타인에게 감추어진 긍정적 감정들을 정교하
게 표현했지만 대화에 더 진전이 없는 것은 그/그녀가 충족되지 않는 필요를
떠나가게 할 수가 없기 때문이다. 내담자가 이런 방식으로 고착되어 있을 때,
상담치료사는 미세한 결정을 위한 개념화를 해야 한다. 이런 것에 대한 표시
들은 그 사람이 동일한 과정을 수차례 겪었고 절망의 상태에 빠지면서도 결
코 떠나보낼 수는 없다는 것이다. 이것은 자포자기하는 마음을 동반한다. 내
담자들은 그들이 아버지의 승인을 받을 만한 가치가 있다고 생각하고 여전히
그것을 입증하려고 결심하거나, 그들의 어머니로부터 사랑스러운 양육을 받
지 못했는데 그 사실을 받아들일 수 없는 것에 대해 찢겨지는 느낌을 느낄 것
이다. 이것은 치료사가 그 사람이 앞으로 나아갈 수 있도록 하기 위해서 그의
충족되지 않은 필요를 떠나가게 하도록 특별한 배려를 해야 한다는 표시이
다. 이것은 보통 명시적인 토론으로 이루어지는데, 그 토론에는 내담자와 상

담치료사가 함께 내담자가 떠나가게 하는 것을 방해하는 것이 무엇인지 개념화하는 것, 붙잡고 있는 것과 떠나보내는 것의 이점과 결점을 이야기하는 것, 때로는 떠나보내는 과정에 초점을 맞춘 의식을 구상하는 것이 포함된다. 아버지의 승인에 대한 필요를 떠나보내는 것을 무척 어려워한 내담자가 있었는데, 내담자와 상담치료사는 바닷가에 가서 바위들을 하나씩 모아서 각각의 바위가 아버지에 대한 각 감정과 가슴 아픈 기억을 상징하도록 하고, 그것들을 바다 속으로 던지기로 함께 결정했다. 내담자가 그 의식을 마치고 나서 상담치료사에게 그 경험을 중계해 주었으며, 상담치료사는 잘 듣고 타당성을 인정해 주었다. 그 회기의 끝에 내담자는 자기 가슴에서 그 무게가 벗겨지는 안도감을 보고했다.

체계적인 연상 전개 과제 가운데 문제적인 반사작용의 표식에서 특정하게 발생하는 미세한 표식

체계적인 연상 전개 과제(systematic evocative unfolding task)를 실행하는 맥락에서 내담자가 특정 상황에 대해 영문 모를 과잉 반작용을 보일 때, 상담치료사들은 때로 그 상황에 대해 내담자에게 잠재되어 있는 정서적 반응을 더 탐색할지, 아니면 그 사람이 재연한 상황을 더 해체시킬지에 대한 개념화를 해야 하는 지점에서 미세한 표식을 직면한다. 예를 들어, 상담치료사는 특정 표식의 모든 요소를 명확화하고 나서 내담자에게 "그래서 그와 점심을 먹은 후 당신 기분이 가라앉은 이유를 모르겠다는 것이군요."라고 말할 것이다. 내담자와 상담치료사는 함께 상황을 재검토하고 장면을 재구성한다. 상담치료사는 상황에 대한 반응을 탐색할 때, 그 과정의 속도를 늦추고 두 가지 요소(strand)를 따라갈 필요가 있음을 알고 있다. 그것은 자극이나 상황의 재건과 내적이고 정서적인 반응의 탐색이다. 여기에서 상담치료사는 먼저 무엇을 탐색할 것인지 개념화해야 한다(미세 결정 지점, microdecision point). 상담치료사는 현재 덜 인식하고 있는 것을 해체시키거나 탐색하려고 시도할 것이다. 그래서 그 사람이 "같이 점심을 먹은 후에 전 정말 우울해졌어요."라고 말하면, 상담치료사는 "마음이 가라앉는 것을 느꼈군요."라고 반영할 것이다. 이런 반영은 이해시키기는 하지만 인식을 더 높이지는 않는다. 대신에, 상담치료사는 상황적 상호작용에서 잠재되어 있는 반응을 유발시켰던 것이 무엇인지 더 깊이 탐색해야 한다. 여기에서 상담치료사는 공감적 탐구와 추측을 사용할 수 있다(예: "그의 경멸적인 듯한 목소리가 차갑게 느껴지고 거리감 느껴지게 했군요." "당신을 경멸하는 듯한 그의 태도가 당신으로 하여금 너무 작게 줄어드는 느낌을 들게 했군요."). 그래서 상담치료사가 자극을 다시 환기시켜야 할지 아니면 내적인 정서적 반응을 더 깊이 탐색해야 할지는 순간적인 판단에 따르는데, 정서적 측면은 신랄할지라도 탐색되지 않아서 더 눈에 띄고 더 깊은 해체가 요구된다.

과정 14: 새로운 의미가 새로운 내러티브의 재구조화에 어떤 영향을 미치는지, 그리고 호소하는 문제와 어떻게 연결되는지 평가하기

개념화의 마지막 단계에서 마지막 순서는 중요한 내러티브(이야기, narrative) 주제와 관련 있는 작업을 통해 발생하는데, 이때 정서와 의미가 드러난다. 여기에서 상담치료사들은 내담자가 계속 세상을 이해하며 살 수 있는 응집력 있고 일관성 있는 전체를 다시 만들려는 시도를 하는 데 있어서, 새로운 경험을 계속 진행되고 있는 내러티브(narrative) 구조 속으로 통합하도록 돕는 데 있어서 중요한 역할을 한다. 이 단계(stage)에서, 상담치료사들은 치료 전체를 통해 나타나는 내담자의 현존하는 애착과 정체성 관련 주제들에 관해서 내담자가 보이는 특정한 관계와 행동의 어려움들에 관해 새로운 발견과 의미를 이해할 수 있도록 내담자를 돕는다. 예를 들어서, 이전에 굉장히 많은 경멸과 수치와 절망적인 좌절을 겪었던(그리고 내담자가 각 회기에서 진행한 이야기를 통해 명백해진) 자기비판 작업 뒤에, 그리고 특정 회기에서 자만이나 분노에 접근한 뒤에, 샘은 어떤 (동료와 있었던) 사건에서 이전이라면 풀 죽고 자기를 비난하고 절망했을 터인데, 그 대신에 휘둘리지 않고 강해진 것을 느꼈다고 보고했다. 그에 대한 반응에서 상담치료사는 다음과 같이 말했다.

> 과거에 당신은 자신에 대해 반감을 품고, 정말로 자신을 무너뜨리고 나서는 그 여파로 며칠 동안 기분 나빠했죠. 그러나 이 상황에서 당신은 자제할 수 있었고, 다른 사람에게 좌우되지 않았고, 더 나아지고 강해졌다고 느꼈지요. 저는 이것이 정말로 중요한 것이라고 생각하고, 또 당신이 자신을 비난하지 않을 때 더 나아지고 강해진다고 느끼는 것을 알아차리는 것은 중요해요. 그리고 당신의 강한 부분이 "난 훌륭해. 나는 이것을 받아들이지 않을 것이며 그것을 말하지 않을 것이다."라고 느끼는 것을 알아채는 것은 중요하죠. 이걸 연습해 보는 것은 좋은 생각이죠?

남편에게 버려지고 거절당했다고 느끼는 경향이 있었던 내담자 젠은 최근에 남편이 휴가를 갔는데 버려졌다는 느낌 대신에 '조금 슬펐지만' 차분하고 평온하며 심지어 혼자 있는 시간을 즐기기까지 했던 사건을 가지고 이야기를 시작했다. 그녀는 거절감을 느끼는 대신에 남편이 얼마나 친구들과의 시간이 필요한지 자기가 이해하고 자신을 달랠 수 있었는지를 설명했다. 그러고 나서 상담치료사는 다음과 같이 말했다.

> 우리가 지난 회기에 만났던 당신의 내적 고요한 부분에 당신이 접근할 수 있었던 것 같군요. 남편이 없는데도 자신을 잘 돌보고 달랠 수 있게 된 것은 정말 중요해요.

그렇다면 이 단계에서 개념화 질문은 내담자들이 새로운 의미를 기존의 내러티브 구조에 끼어 맞추도록 돕고, 그들이 그것을 현재 문제에 연결시키도록 돕는 절차를 언제 촉진할 것인지 알아내는 것 중 하나이다. 이 질문에 대한 답은 사람들은 본래 의미 형성에 동기 부여된다는 것이다. 정서가 탐색될 때는 새로운 통찰이 따라오는 경향이 있다(Pascual-Leone & Greenberg, 2007b). 우리의 경험에서 보면, 새로운 정서가 깊게 탐색될 때, 내담자들은 그것을 '이해하려' 하고 세상에서의 자신들에 대한 이해에 그것을 끼어 맞추려는 경향이 있다. 그렇다면 여기에서 중요한 것은 상담치료사들은 내담자들이 언제 의미 형성을 촉진하도록 도울 때인지 들을 수 있다는 것이다. 반응에서 상담치료사들의 역할은 '따라가는' 자이다(치료의 다른 지점에서, 예를 들어 정서에 깊이 들어갈 때 행해진 '이끄는' 것에 대한 반대임; Elliott, Watson, et al., 2004; Greenberg, 2004a). 그러나 매우 중요한 것은 상담치료사들이 하는 격려하고, 지지하고, 조력하는 역할은 내담자들에게 그들 자신의 경험을 반영하고 변화들을 개념적으로 통합하도록 돕는다는 것이다(Angus & Greeberg, 2011; Greenberg et al., 1993). 그들은 새로운 의미를 가지고 전진하면서 그들의 매일의 삶에서 적극적으로 적용할 수 있다(Elliott, Watson, et al., 2004; Greenberg et al., 1993).

결론

이야기를 펼치고, 정서적 스타일을 관찰하고, 잠재해 있는 핵심 정서 도식과 결정 요인을 개념화하는 초기 단계 이후에, 사례개념화는 표식들과 미세한 표식들에 대한 진단 과정과 다음 순간을 어떻게 가장 잘 촉진할 수 있는지에 대한 미세한 결정들에 대한 후속 과정을 포함한다. 이 장에서는 상담치료사들이 직면하는 여러 치료적 시나리오를 제공했으며, EFT 상담치료사들이 어떻게 진행할지 선택할 수 있는 방법을 설명했다. 이 단계의 말미에서 달성된 새로운 의미는 다시 이야기되며 진행 중인 이야기와 궁극적으로 함께 구성되며 연결되고, 본래의 호소하는 관계 및 행동에서의 어려움과 연결된다.

CASE FORMULATION IN EMOTION-FOCUSED THERAPY

III

사례

사례: 소피

이 장은 사례개념화 첫 단계의 과정을 설명하는 사례를 소개한다. 내담자인 소피는 삶이 점차 견디기 어려워지자 상담을 받으러 왔다(이것은 소피가 두 번째로 상담을 받아 본 경우이다).

제1단계: 내러티브를 풀어 나가며 내담자의 정서처리 스타일을 관찰한다

과정 1: 호소하는 문제(관계적인 어려움과 행동 문제)를 경청하기

첫 회기에서 소피는 오랫동안 자신이 우울했던 것에 대해 이야기해 주었다.

상담사: 첫 회기니까 서로 알아 갈 수 있는 기회로 삼으면 좋을 것 같다는

생각을 했어요. 어떻게 오게 되었는지, 요즘 무슨 느낌이 드는지, 그런 느낌에 이른 과정이 어땠는지…….

소　　피: 특정한 순서가 있나요?

상담사: 음, 그냥 가장 긴급한 것(most pressing)부터……. 생각이 나는 대로…….

소　　피: (소리 내어 웃는다.) 글쎄요, 제 성인 생활의 기간 대부분 우울증으로 힘들어하고 있어요. 한 20대 중반부터 죽. 네, 꽤 안 좋은 상태였죠. 꽤 오랜 시간 동안.

상담사: 그러니까 꽤 오랫동안 아파하고 있었겠네요.

소　　피: 네, 힘들었어요. 유전적인 것 같아요. 어머니는 아무래도 조울증이 있는 것 같거든요. 정식으로 그렇게 진단받은 적은 없지만, 어머니께서 항상 우울증에 시달렸던 기억이 나요. 그래서 저한테는 정말 실제적인 두려움으로 다가와요, 이 문제가.

상담사: 그렇죠, 정말 무서운 거죠.

소　　피: 그게 그러니까……. 그게 피할 수 없는 그 어떤 것처럼 느껴져요. 감기, 감기 걸린 것처럼 약 먹고 다 나아질 수 있는 것이 아니잖아요.

상담사: 그렇죠. 그래서 어떨 때는 가망이 없는 것처럼 느껴지죠. 그것에 관해서 뭘 어떻게 아무리 해 봐도 절대로 이기지 못할 것처럼 또다시 돌아오죠.

　　개념화는 초반에 치료적 관계를 형성하는 상황에서 문제를 해체한다. 이 대화는 회기가 어떻게 시작될 수 있을지 그리고 공감적으로 추적해 주는 반응들(tracking response) 가운데 의미가 어떻게 펼쳐지는지에 대한 좋은 예를 보여 준다. '특정한 순서가 있는지'에 대한 소피의 요구는 과정의 구조에 대한 질문이다. 상담치료사는 강요된 틀에 따라 이야기하는 것이 아니라 현재에 자신의 의식과 지각에 떠오르는 것에 따라 말하면 된다고 곧바로 알려 준다. 이는 바로 치료 과정의 발견 지향적인(discovery-oriented) 성격뿐만 아니라 자신의 과정을 스스로 가이드하며 의미를 만드는 변화의 주체로 내담자를 본다는 것을 말해 준다.

이 단계에서 개념화 과정의 원동력은 상담치료사의 호기심이다. 상담치료사는 공감적 과정을 통해 문제를 명확하게 하고자 한다. 그러나 이 단계에서의 사례개념화는 상담 내용을 정하는(agenda setting) 단계는 아니다. 오히려 소피에게 자신의 내적 정서 처리 과정으로 '시선을 돌려' 무엇이 중요하고 상담 회기의 초점이 무엇이 되어야 할지 살펴보라고 격려한다. 이것은 EFT의 핵심 원리에 기반을 두는데, 바로 정서가 우리에게 무엇이 중요한지 그리고 우리가 사용하는 상황 대치 방법에 대한 정보를 제공해 주기에 정서가 필수적으로 개념화 과정을 이끄는 나침반이 된다는 것이다.

소피가 자신의 문제를 설명하기 시작할 때, 상담치료사는 공감적으로 따라 주어 내담자에게 정신적인 안정을 주고 말하고자 하는 의미를 이해하고 있다는 것을 전달해 준다. 상담치료사는 공감적으로 소피의 경험을 반영해 주며 소피로 하여금 이면의 감정들 및 핵심 의미들에 주의를 집중할 수 있도록 돕는다. 이것이 변증법적인 구성주의 개념화 과정이며 내담자와 상담치료사가 같이 문제를 구성함으로써 함께 상담의 초점을 정하기 시작하는 것이다. 여기서 중요한 것은 상담치료사가 단지 동정적으로 경청하며 고개를 끄덕이는 것으로 내담자를 무조건 따르면 안 된다는 것이다. 비록 이러한 비언어적이고 준언어적인 의사소통의 형태들이 공감의 중요한 신호들이지만 상담치료사는 반드시 자신의 이해를 구두로 소통해야 하며 소피가 상처에 '이름을 붙이도록' 도와줘야 한다. 이처럼 이름을 붙이는 것은 인정하는 과정 및 초점을 형성하는 데에 핵심적이다. 인정을 통해서 정서적인 안전을 형성하는 것이 개념화의 핵심적인 첫걸음인데, 바로 상담에서 더 친밀한 이슈 공개와 심화된 처리 과정을 독려하여, 이면에 깔려 있는 핵심 정서 도식들과 치료의 초점으로 안내해 주는 것을 돕기 때문이다.

소피는 자신의 문제를 명확히 제시했고, 상담치료사는 즉시 받아서 반영해 준다. 소피는 자신이 고통스럽고 다루기 힘든 우울증으로 괴로워하고 있다고 설명한다. 상담치료사는 소피가 호소하는 문제의 범위와 깊이를 이해한다는 것을 소피가 알기를 바란다. 상담치료사는 공감적으로 반영해 줌으로써 나중에 이 문제를 다룰 것을 '표시하며(book-marking)' 이것이 문제라는 것을 이해한다고 강조해 준다. 이에 더하여, 상담치료사는 무섭다거나 절망적이라는 말을 사용하여 정서적인 흐름(emotional track)을 처리 과정에 불어넣는다. 여기서는 소피와 상담치료사가 상담에서 집중해야 할 것이 우울증이며 그것의 정서적인 영향에 중점을 둘 것이라고 내포적으로 말하고 있다.

상담의 과제 중 하나는 정서를 탐색하는 것인데, 이는 내담자가 상담의 목표(이 경우, 우울 감소)를 달성하기 위해 필요한 자원을 모으는 데 도움이 되는 측면들에 접근할 수 있도록 해 준다. 이것이 포괄적인 목표이지만, 이 시점에서의 경험의 탐색은 시작에 불과하다. 동맹의 세 번째 측면, 즉 상담치료사와 내담자의 신뢰의 유대관계가 형성되고 있는 것이다. 이는 내담자의 경험에 대한 상담치료사의 정확한 반영과 그를 향한 동의와 인정을 통해서 이루어지고 있는 것이다. 이 태도는 시간이 지나면서 유대관계를 단단하게 하며 개념화를 하기 위한 안전하고 신뢰할 수 있는 환경을 조성할 것이다.

상담치료사는 더 이상 소피의 어머니와의 관계에 대해 묻지 않지만 어머니가 우울했다는 것을 기억에 새긴다. 그리고 이 문제는 감정적인 배경에서 다시 나타날 것이며 그때 탐색될 것이라고 여긴다. 다른 말로, EFT 개념화는 상담 내용에 의해 인도되는 것이 아니다. 심리의 유전적인(심인성, psychogentic) 원인이 문제의 근원이거나 특별히 추구해 봐야 하는 경로라는 가정을 하지 않는다. 물론 소피의 고통이 일부 어머니와의 관계에서 오는 것일 수 있지만 지금 단계에서 그것을 더 탐색하는 것은 추상적일 뿐이라고 상담치료사가 판단을 내린다. EFT는 체험적이고, 내담자로부터 시작되는 치료 접근이기 때문에 소피의 문제의 핵심을 찾기 위해서는 내담자의 내적 탐색에 중점을 둔다. 상담치료사가 계속 공감적인 탐색을 하는 동안 소피는 다른 주된 문제를 꺼낸다.

소　피: 바로 전 우울증이 시작한 계기는 열여섯 살짜리 아들이에요. 우린 아주 가까운 모자관계였는데 관계가 어려워졌어요. 아이가 어릴 적부터 아주 착한(wonderful) 아이였어요. 이제 16세가 되더니 학교도 안 가고 마약에 빠졌어요. 안 좋은 친구들을 사귀어서 이 모든 것을 다루는 게 힘들었어요. 내가 엄마로서 실패했다는 죄책감이 너무 컸어요. 그리고 그것 때문에 우울증의 악순환에 다시 빠지게 되었죠.

상담사: 악순환(tailspin, 역자 주: 비행기의 나선식 급강하). 아들을 키우는 데 실패했다는 느낌이었군요.

　　상담치료사는 소피의 문제 제시에 정서중심적이고 탐색적인 공감으로 반응한다. 또한 상담치료사는 소피가 말한 모든 내용을 반영하려고 하지 않는다(예: "이렇다는 거죠? 아들이 마약을 하기 시작해서 당신은……."). 오히려 공감적 반응들은 간결하고 생생해야 한다. 여기서 내용을 포괄적으로 묘사하고 요약하려고 하는 것이 아니라 문제의 핵심 요소들을 짚어내려고 해야 한다. 이렇게 함으로써 정서적인 초점을 정립하고 상담치료를 집중시킬 수 있도록 돕는다. 여기서 감정을 동요시키는 것(poignancy, 그녀가 아들을 실망시켰고 그것 때문에 기분이 축 처진 상태가 됐다는 것)이 상담치료사를 가이드한다. 여기서 내담자의 부적응적인 정서 도식의 흔적이 드러나고 있으며 결국에 개념화하는 과정에 있어서 핵심적인 역할을 할 것이다. 이것이 상담의 중점과 목표를 형성할 것이다. 여기서 개념화는 구체적인 내용이나 개념적인 이해에서 비롯되지 않는다. 오히려 소피가 "실패했어요."라고 말할 때 목소리가 갈라지며 가라앉는다는 것을 주목한다. 목소리에 비참함과 고통이 담겨 있는 것이다. 이것이 상담치료사를 움직이며 초점으로 인도해 준다.

　　이에 따라 개념화의 기초가 되는 동맹이 형성되고 있다. 명시적으로 드러나지 않지만 동맹의 세 가지 요소, 즉 과제, 목표, 유대 모두가 다 이 짧은 대화에서 다루어진다. 소피가 상담을 오게 된 이유를 탐색함으로써 상담치료사와 내담자는 상담의 목표를 함께 세우고 있다. 바로 ① 고통스럽고 무력하게 만드는 실패감을 해결하기 위해 노력하는 것, 그리고 ② 관련된 아들과의 문제를 탐색하는 것이다. 상담에 있어서 주된 일반적인 과제 중의 하나가 이 과정을 통해 나타난다. 즉, 안전한 관계 안에서 소피의 문제와 관련된 정서들을 현재중심적인 접근으로 탐색하는 것이다. 소피의 고통스러운 경험의 모든 측면을 비판적이지 않고 수용적인 자세로 탐색하면서 유대감은 형성되고 있다. 호소하는 주된 문제가 식별되었다. 소피는 매우 우울하다(그리고 오랜 기간 그랬다)는 것이다. 그리고 초점의 모습이 드러나기 시작했다. 즉, 소피는 아들이 마약을 하기 때문에 엄마로서 실패했다고 느낀다는 것이다.

과정 2: 감정의 동요 및 고통스러운 정서적 경험에 귀를 기울이고 식별하기

상담치료사는 소피의 말 그리고 눈에 고이기 시작한 눈물에 마음이 움직인다. 감정의 동요(poignancy)에 안내를 받아, 상담치료사는 고통스럽게 들리는 것들에 마음이 움직인다. 여기서 상담치료사는 소피의 감정을 대충 넘어가지 않도록 조심하며 소피가 슬픈 감정에 머무를 수 있게 도와준다. 소피가 경험으로부터 방해받고 멀어지고 싶겠지만, 상담치료사는 소피가 그러지 않고 경험에 주의를 기울일 수 있도록 도와주는 간단한 공감적인 반영을 해 준다. 소피는 가끔씩 웃는데, 상담치료사는 소피의 웃음에 거부감을 느끼게 되지 않도록 조심해야 하며 오히려 그 웃음이 정서적인 회피 전략이라는 개념화의 한 부분으로 생각하는 것이 중요하다.

소　피: 네. 저는 이 모든 시간을 투자했어요.
상담사: 그래서 슬픔이 커지죠.
소　피: (울며) 저는 그때까진 괜찮았는데. (약한 웃음)
상담사: 그래요. 그것이 다른 어떤 것을 움직이는군요. 실패했다는 또는 '내

가 뭘 또 잘못한 거지?'라는 그 느낌?

소　피: 맞아요.

상담사: 네, 그렇죠. 계속 따라다니고 당신을 떠나질 않죠.

상담치료사는 소피의 고통을 개념화하기 시작한다. 그녀가 울기 시작할 때, 상담치료사는 그 경험의 모든 것이 중요하다고 제안하며, 소피의 고통을 인정해 준다. 상담치료사는 부드럽게 말하지만 신념은 잃지 않는다. 상담치료사의 말 뒤에는 호기심(interest)이 있다(물어보는 목소리에 의해 표시됨). 이것은 설명을 요구하는 질문이 아니라 소피에게 함께하자는, 즉 고통에 중요한 정보가 있으며 그것을 들어보는 것이 중요할 수도 있다는 것을 경험하자는 초대이다.

과정 3: 내담자의 정서처리 스타일에 주목하며 관찰하기

개념화의 이러한 초기 단계에서는 소피의 특정한 정서처리 스타일에 주목할 것이 요구되는데, 이는 그녀의 가장 핵심적인 문제를 개념화하고 결국에는 그것을 어떻게 개입할지 알아 가는 데 도움이 된다. 정서적인 스타일은 여러 차원에서 평가되는데, 그것을 소피에게 세분화하여 적용할 것이다. 상담치료사는 유심히 관찰을 하고 있지만 정서적인 스타일에 대해서는 구체적인 혹은 명시적인 판단을 하는 과정에 있지 않다. 다음의 대화에서 상담치료사와 소피는 그녀가 아들과 그가 마약하는 것에 대해 어떻게 느끼는지를 나눠 본다.

소　피: 음, 아들한테 화나요.

상담사: 그렇군요. 어떤 분노를 느끼는군요.

소　피: 이 계기로 알게 되었는데……. 집에 앉아서 진짜 많이 생각해 보고 직장에서 일을 할 수가 없어서 며칠간 휴직도 해야 했고. 정말 어

떻게 해야 할지 몰랐어요. 아들은 모든 것에 트집을 잡고 많이 싸

웠어요. 저는 제가 그냥 화가 굉장히 많은 사람인 걸 발견했어요.

상담사: 아, 그렇셨군요.

소　피: 그리고 정말 몰랐어요. 사실 사람들이 저에 대해서 그렇게 생각하

지 않는다는 것을요.

상담사: 네.

소　피: (잘 안 들리는 소리로) 내가 진짜 누구지.

상담사: 음, 그렇군요. 당신은 화가, 화가 많이 나 있군요. 그 어떤 것에…….

소　피: 모든 것에요. …… (웃는다.)

상담사: 뭔가…….

소　피: 저는 사람들에게 화가 나요.

상담사: 어떤 특정한 사람에게요? 지금 많은 사람을 얘기하고 있잖아요.

(웃음)

소　피: 어떤 때는 인간 본성에 화가 나요. 사람들은 그냥……. 사람들은

가까이 할수록 더 큰 실망을 안겨 주는 경향이 있어요.

상담사: 그래서 그냥 모든 사람에 대해 느끼는 이런 감정이 있군요.

소　피: 저는 사람을 잘 믿지 못해요. 저도 알아요. 사람은 의지하면 안 되

거든요. 늘 제 아들과 저뿐이었어요. 진짜 제가 의지할 수 있었던

그 누구도 절대로 없었거든요.

상담사: 네. 그냥 어떤 실망감과 외로움의 느낌이 있는 거죠.

소　피: 음, 외로운 것보다 그냥 혼자인 거죠.

상담사: 혼자. 그렇죠.

소　피: 네, 제가 이걸 할 거면 혼자 해야 해요. 근데 외로운 건 아니에요. 이

모든 것을 겪어도.

상담사: 그럼 오히려…….

소　피: 이 모든 것에 화내느라 다른 것 신경 쓸 겨를이 없어요. (웃는다.)

상담사: 그렇죠, 그리고 다른 사람들에게 화나거나 탓하게 된다는 거죠? 화

내느라 바쁘다고 말할 때요…….

소　피: (큰 한숨) 그건 정말 설명하기가 힘든 거예요. 사람들이 저를 실망시킬 때 저는 그냥 모든 것을 끊어 버려요. 그래, 까짓거, 내가 혼자 할 수 있어.

상담사: 아, 그렇군요. 그냥 내가 다른 데로 가면 되지 하는 것처럼 말이죠?

소　피: 네. 그냥 제 자신을 단절시켜요. 그리고 한편으로는 그것이 화이기도 하지만 막 진짜 화내는 건 아니에요. 아무한테 소리 지르는 것도 아니고, 다른 사람한테 성질내는 것도 아니고, 그냥 모든 걸 끊는 것 같아요.

상담사: 그래요.

소　피: 네, (웃음) 그래서 저는 다른 사람을 향해서 첫걸음을 딛지 않아요. 제 마음을 열고 싶지 않은 거죠…….

상담사: 같이 있고 싶지 않아서.

소　피: 네. 그래서 그냥 약간 제 자신을 고립시켜요. 그리고 해가 지날수록 그렇게 점점 더 많이 하게 되었던 것 같고요. 제가 정말로 얼마나 스스로 고립되었는지 저도 잘 알고 있어요. 개인적인 일이라고 생각해서 누구한테 이야기를 할 수 있다 해도 아무도 마음속에 못 들어오게 하면 상관이 없어지죠.

상담사: 나한테 아무도 너무 가까이 오지 못하게 할 거라는 거죠.

소　피: 네.

상담사: 내게 상처를 줄 수 있으니까?

소　피: 네.

상담사: 나는 그런 과정을 통과하고 싶지 않고. 너무 고통스러우니까. 네. (침묵. 5~10초 지나고 소피 눈에 눈물이 고이는 것을 본다.) 그렇게 혼자…… 있다고 생각하면 너무 힘들죠.

소　피: (울기 시작한다.) 저는 오히려 안에 화가 있는 게 더 나아요.

상담사: 어렵죠…….

소　피: 왜냐하면 저는 슬퍼지면 우울해져요. 그러면 아무것도 못해요. 아무것도 안 해도 되는 사치는 저에게 (떨리는 목소리) 허락되지 않았어요.

상담사: 네, 그러기에는 책임이 너무 많죠. 아들도 돌봐야 하고 직장도 가야 하고…….

소　피: 제 자신도 돌봐야 하고, 아들도 돌봐야 하고. 그래서 저는……. (울먹이며) 저는 무너지면 안 돼요.

상담사: 그래서 그럴 수 있는 시간이 항상 없었죠. …… 그냥 모든 것을 내려놓고 그냥 울고 그렇게 말할 수 있는…….

소　피: 그런 게 싫어요. (울면서) 그렇게 해서 아무것도 해결되지 않으니까.

상담사: 생산적이지 않다고 느껴지죠.

소　피: (한숨 쉬며) 네, 바로 그거예요. 너무 비생산적인 것처럼 느껴져요. 저는 그냥……. 진짜 화가 나면 30분 안에 집을 다 청소할 수 있거든요. (웃음) 근데 슬프면 침대에서 나오기도 싫어요.

상담사: 네, 그렇죠. …… 슬픔이 더 큰 슬픔으로 이어지는 것 같은 거죠.

소　피: 슬픔은 진짜 저를 무기력하게 만들어요.

여기서 상담치료사는 소피의 정서의 여러 측면을 탐색하고 있으며, 분노, 슬픔, 실망과 배신 등이 그 가운데 포함된다.

소피는 보통 자신이 화가 많다고 얘기한다. 사례개념화에서는 소피의 분노가 얼마나 퍼져 있는지 그리고 분노가 일차적인지, 이차적인지, 혹은 도구적인지 순간순간 평가하는 것이 필요하다. 이것은 정서 평가의 일부분이다. 상담치료사는 첫째로 소피가 누구에게 화가 나 있는지 알아본다. 그러나 상담치료사가 봤을 때 분노가 소피의 일차적인 정서 같지 않다. 이 평가는 협력하여 발견한 탐색 과정에 대한 결과이며 소피의 분노 이면에 무엇이 깔려 있다는 것이다. 내담자는 항상 자신의 경험에 있어서 전문가이다. 상담치료사의 의무는 내담자가 탐색하여 일차적인 정서에 이르게 되도록 도와주는 것이다. 어떤 정서가 일차적인지 또는 이차적인지 내담자와 함께 평가 내리는 방법은 여러 가지가 있지만, 그중에 상담치료사가 내담자의 목소리와 감정 표현 방법을 살펴보는 것과 내담자가 자신의 경험에 주의하는 것이 있다. 이 사례의 경우에는 소피가 자신의 분노에 대해서 말을 할 때 분노가 활성화되지 않는다. 따라서 상담치료사의 평가는 분노가 아니라 오히려 누구에게 화가 났는지에 대한 질문에 상처받는 반응을 가리키는 소피의 목소리와 신체적인 신호에서 비롯된다. 소피는 자신의 실망과 상처에 대한 이야기로 반응하여 실망감이 분노 밑에 깔려 있다는 것이 명확해진다. 그녀는 계속해서 사람들이 자신을 실망시켰다고 느낀다. 이론적 · 개념적으로 상담치료사는 위반에 대한 반응으로 일차적인 분노를 느낀다는 것을 이해한다(그리고 일어서서 자신을 보호하는 것이 행동 경향이다). 반대로, 이차적인 분노는 더 근본적이고 일차적인 정서를 숨기거나 방어하거나 보호한다. 소피가 더 취약한 일차적인 정서로부터 자신을 보호하려고 하며, 그 실망과 상처가 그녀의 분노의 원천이 된다는 것이 분명하다.

상담치료사가 그녀의 실망감과 상처를 반영하고 난 후, 소피의 목소리가 약해지고 갈라지며 이 정서의 탐색에 머무를 때 개념화는 확증된다. 소피가 '단절한다(shutting down)'고 말하는 것은 보호적 기제로 부적응적인 정서 도식의 일부에 해당한다. 소피는 다른 사람들로부터 상처를 받거나 실망했을 때 큰 절망감을 느꼈고 아무도 자기의 아픔을 나누거나 달랠 수 없다고 결론 내린 것으로 보인다. 이러한 경험을 하지 못했던 그녀는 자신의 아픔을 달랠 방법이 없었다. 소피의 상처와 실망감은 뿌리가 깊이 내린 것으로 보인다. 이 시점에서 상담치료사는 이런 배경에 대해 아는 것이 없어서 그녀의 상처와 그 근원에 특정한 의미를 부여하지 않는다. 다만, 그것의 중요성을 이해한다. 이때 상담치료사는 소피에게 엄마와의 과거에 대해 물어보지 않고, 대신에 더 깊은 탐색이 필요한 중요한 정서 도식을 만나게 됐다는 것을 인식한다. 다른 말로, 부적응적인 핵심 정서 도식에 더 가까이 도달한 것이다. 지금까지 드러난 것은 부적응적인 정서 도식의 초기 식별이다. 이 부적응적인 정서 도식은 홀로 방치된 것(lonely abandonment)에 대한 슬픔과 실망의 상처로부터 자신을 보호하기 위한 자기폐쇄 현상으로 표출되었다. 이것은 결국에 상담의 초점이 될 것이며, 그녀는 격한 분노를 경험하지만 고통스럽고 견딜 수 없는 상처에 비하면 이차적이다. 하지만 소피는 그것을 바꿀 수 없다고 느껴서 고통을 막기 위해 스스로 폐쇄한다. 이런 처리의 유형은 슬픔 및 상실(Bowlby, 1980)과 이에 해당되는 신경생물학적인 현상들(Pansksepp & Watt, 2011)에 대한 정서적인 반응으로 묘사된 바 있다.

내담자 목소리의 특징

상담치료사는 소피가 말하면서 목소리가 바뀐다는 것을 알고 있다. 때때로 그녀의 에너지는 외부로 향한다. 예를 들면, 소피는 먼저 이렇게 이야기한다. "어머니는 아무래도 조울증이 있는 것 같거든요. 정식으로 그렇게 진단받은 적은 없지만, 어머니께서 항상 우울증에 시달렸던 기억이 나요." 소피가 정서에 대해 이야기하고 있는데도 객관적인 태도로 설명하고 있다는 것을 주목한다. 추가로, 아주 균등하고 리듬적인 목소리로 말하는 것을 보아 미리 연습된 것으로 보인다. 하지만 다른 때는 더 집중된 목소리를 쓴다(Rice & Kerr, 1986). 예를 들면, 소피가 "그리고 정말 몰랐어요. 사실 사람들이 저에 대해서 그렇게 생각하지 않는다는 것을요, 제가 진짜 누군지."라고 말할 때, 소피의 목소리에서 집중된, 자기 안을 살피고 찾는 특징을 볼 수 있다. 그녀의 목소리는 조금 더 거칠고 끊겨 있고 목소리의 굴곡은 고르지 않다. 처음 밖으로 표출이라도 한 것처럼 그녀의 탐색은 신선한 느낌이 있다. 바로 새로운 의미를 형성하고 있으며 생산적인 탐색을 할 수 있는 역량이 있다고 볼 수 있다. 다른 때는 확실히 감정적이다. 예를 들면, 그녀가 슬퍼하기 싫다고 호소하며 울 때, 그 이야기 사이로 눈물과 슬픔이 터져 나온다.

탐색을 할 수 있는 역량이 있어 좋은 상담 예후로 볼 수 있다. 감정과 목소리 집중(focused and emotional voice)이 높을수록 좋은 결과를 예측할 수 있고 (Watson & Greenberg, 1996), 공감적으로 유도된 탐색을 통해 내담자는 이러한 목소리의 특질을 달성할 수 있다. 집중된 목소리를 낼 수 없는 이들에게는 감정적으로 다가가기가 더 어렵기 때문에 더 집중된 유도를 하여 그들의 주의를 내부로 돌려 경험을 할 수 있도록 도와준다.

정서적 각성

소피의 정서처리 역량의 평가의 일부로 상담치료사는 그녀의 정서적인 각성의 역량도 평가한다(Warwar & Greenberg, 1999). 이전 예화를 통해 봤듯이 소피는 혼자 있다는 느낌을 설명할 때 울기 시작한다. 이 지점까지는 그녀의 정서적인 각성의 정도가 낮음에서 보통이었지만, 이때부터 증가한다. 그녀의 목소리는 점점 낮아지고, 갈라지며, 그녀는 울기 시작한다. 이 상태는 정서적 각성 척도(Emotional Arousal Scale)에서 4 정도가 된다. 점수가 더 높지 않은 것은 소피의 말이나 자세를 크게 방해하지 않기 때문이다. 개념화에 있어서는 정서적인 참여의 역량이 있다고 표시해 준다. 이것은 내담자가 자신에게 영향을 미치는 것에 대해 이야기한다고 말해 주고 이것이 상담의 초점을 제시해 준다고 보면 된다.

내담자 경험 상태

상담치료사는 내담자가 자신의 이야기 내용에 참여할 수 있는 역량이 되는지 평가한다. 이전 대화에서는, 소피는 분명하게 자신의 이야기 내용에 참여하고 있었다. 그녀는 자신의 경험을 정교하게 설명하며 매우 주관적인 태도를 취한다. 자신 또한 자신의 관계들에 대한 설명에서도 구체적이고 분명하다. 그녀의 설명은 생생하면서도 연상을 시키기도 한다. 이것은 경험수준의 척도(Experiencing Scale)에서 3 또는 4 단계를 가리키며(Klein et al., 1969), 말하는 내용에 참여할 수 있는 역량 또한 중간이라고 말해 준다. 때때로 그녀는 개념적인데("저는 그냥 화가 많은 사람이에요."), 이것은 경험하기에서 더 낮은 등급에 속한다(3단계). 다른 때, 그녀는 더욱 내적으로 초점을 맞추며, "저는 제 안에 (슬픔이 있기보단) 화가 있는 게 더 나아요."와 같은 경험적인 표현을 한다(4단계). 개념화의 관점에서는, 이 모든 것이 상담치료사에게 내담자가 경험에서 내적인 초점을 가질 수 있는 역량이 있음을 알려 준다. 즉, 상담치료사의 공감적인 반응을 통해 그녀는 '시선을 안으로 돌리고 탐색할 수 있는' 것이다. 어떠한 경우에는, 내담자가 상담치료사의 공감하는 말의 인도를 따라 내적인 탐색을 하는 것에 어려움을 느끼며 상담치료사로부터 더 구체적인 도움을 받아야 할 때도 있다. 상담치료사의 정확한 공감적인 탐색의 인도에도 불구하고 계속적으로 경험 능력이 부족한 내담자의 경우는 핵심 감정을 접촉할 수 있는 집중된 작업이 더 필요하다는 개념화를 할 수 있을 것이다. 내담자가 경험하기에서 낮은 점수를 받는다면 더 많은 심리교육과 지도된 처리 과정이 필요하다. 내담자가 경험하기에서 높은 점수를 받으면, 상담치료사가 팔로우하고 탐색적인 반응을 보여 내담자로 하여금 핵심 정서 도식에 이를 수 있도록 도와줘야 한다.

정서적 생산성

상담치료사는 상담 기간 중에 내담자가 생산적인 정서처리를 할 수 있는 역량을 평가한다(Greenberg, Auszra, & Herrmann, 2007). 다시 말해서, 이것은 명시적인 판단이 아니다. 상담치료사는 내담자의 이야기 내용뿐만 아니라 그의 표정, 자세, 억양의 변화를 포함한 말하는 방식을 유심히 듣고 본다.

주의

소피는 정서(슬픔, 분노, 절망)에 집중하고 주의하는 것으로 나타났다. 그녀는 상담치료사의 정서적인 탐색을 통해 정서를 더 깊게 탐색할 수 있었다.

상징화

상담치료사는 소피가 자신의 감정을 상징화할 수는 있었지만 하기 싫어한다는 것을 관찰했다. 소피는 분명하게 자기는 자신의 감정을 항상 믿지 않는다는 것을 말했다. 하지만 그녀는 이러한 처리 과정을 인식하고 있다는 것을 보여 주며 상담치료사는 그녀가 추후에 정서적 탐색을 할 수 있는 긍정적인 표시로 개념화한다. 예를 들면, 앞서 상담치료사와 내담자가 주고받는 대화 (축어록)에서 소피는 "저는 슬픔을 느끼는 것이 싫어요. 아무것도 할 수 없게 만들거든요."라고 하며 운다. 몇 분 후에 그녀의 아들에 대해선 어떻게 결정해야 하는지 잘 모르는 것에 대해 말하면서 "네, 저는 자주 제 감정이 무엇인지 잘 모르겠어요. 그것조차 알 수가 없어요. 그냥 너무 어려운 것 같아요. 제 머리와 마음은 항상 전쟁 중인 것 같아요."라고 말한다. 이렇게 그녀는 자신의 감정을 상징화할 수는 있지만 특히 슬픔과 같은 취약한 감정을 느끼기 싫어한다는 것을 의식하고 있다. 그리고 자신의 감정을 사용해서 결정을 내려도 되는지 확신하지 못한다. 그녀는 분명히 갈등 가운데 있으며 여러 다른 목소리를 나타낸다. 그녀는 상징화에 대한 두려움과 또한 상징화를 할 수 있는 역량을 보여 준다.

일치성

상담치료사는 소피가 정서를 처리하는 방식에서 불일치하는 면들이 있다는 것을 알았다. 예를 들면, 앞의 예화에서 누구한테 화가 났는지에 대한 질문에 소피는 '모든 것'이라고 답하면서 웃는다. EFT 상담치료사들은 불일치에 민감하며 내담자에게 "화난 것에 대해서 얘기하면서 웃는 것 아세요?"와 같은 말들을 하며 알아차릴 수 있도록 도와주기도 한다. 하지만 여기서는 상담 첫 회기인 것을 인식하며 신뢰의 관계를 형성하는 데 우선순위를 두었다. 이러한 관찰을 바로 이야기하는 것은 너무 직면하는 것이라 사료되어, 상담치료사는 정서적인 탐색을 통해 소피로 하여금 안에서 느끼고 있는 감정으로 다시 돌아오게 한다. 하지만 개념화의 관점에서는 상담치료사는 이 지점에서 그 감정에 대한 소피의 불편함을 주목하고 분노가 강하며 그 이면에 더 취약하고 더 깊이 뿌리내린 정서들이 있을 가능성이 있다고 본다.

수용

첫눈에는 소피가 자신의 정서를, 특히 슬픔을 수용하기 힘들어하는 것처럼 보인다. 그녀가 슬픔보다는 화를 느끼는 것이 더 낫다는 말이 좋은 예이다. 정서를 수용하는 것이란 감정에 대한 부정적인 판단을 내려놓고 탐색하는 자세로 마음을 열고 수용하는 것을 가리킨다. 개념화에 있어서는 내담자가 감정을 받아들일 수 있는 것이 상담의 목표 중 하나이지만 처음 시작할 때는 내담자가 이것을 어려워하는 것은 흔하다. 실제로 정서의 수용이 치료의 주목표가 될 때가 많다. 정서를 완전히 수용하는 것은 상담치료에 의지하지 않고 독립적으로 정서적인 문제를 해결할 수 있다는 표시일 수 있다. 그렇다면, 소피는 슬퍼하는 자신을 부정적으로 판단하는 것이 아니라 자신이 슬픔과 고통을 느낄 때 힘들어한다는 것이다. 여러 면에서, 소피는 자신의 정서를 받아들이는 것보다 조율하는 것이 더 어렵다는 것을 보여 주고 있다. 이것은 슬픔이 자신을 압도할 것이라는 두려움 때문에 피하는 것이 자신을 보호하는 방법 중의 하나라는 개념화를 또한 뒷받침해 준다. 다시 강조하지만, 이것들은 전부 처리 과정에 대한 개념화이지 사람에 대한 개념화가 아니다. 우리는 이것이 소피의 성격 구조라고 생각하지 않고 더 나아가 그녀가 슬픔을 피하는 것이 역기능적이라고 결론짓지도 않는다. 대신에, 이 시점에서는 그녀가 상담치료 중에 자신의 슬픔에 가까이 다가가는 것이 어려울 수도 있다는 것을 개념화할 뿐이다.

조율

과잉조율은 정서를 식별하지 못하는 것을 통해 표시된다. 과소조율은 정서로부터 거리를 두지 못하는 것을 통해 표시되는데, 이는 그 정서에 압도당하며 통제하지 못하는 느낌을 받는다. 정서를 조율하는 역량에 있어서, 소피는 복잡한 그림을 보여 주고 있다. 그녀는 화날 때 자신을 단절시킨다고 설명한다. 이는 그녀가 과소조율보다는 과잉조율에 가깝다고 말해 준다. 다른 한편으로, 그녀는 상담 회기 중에 감정에 접근할 수 있으며 실제로 눈물도 많이 흘리게 된다. 이야기하는 과정 중에 고통에 더 접근할수록 그녀의 각성은 정서적 각성 척도에서 5단계까지 올라가는데, 바로 그녀의 목소리, 신체 그리고 자세에서 정서적인 표현의 강한 방해가 나타난 것이다. 그녀가 말하면서 울음이 이제 터져 나오기 시작하고, 어떤 지점에서는 그녀가 말을 멈추고 10초간 울기만 한다. 그 후에 그녀는 슬픔이 얼마나 비생산적인지 말하면서 슬픔에 빠지면 정상적으로 기능하지 못한다고 알려 준다. 그녀는 슬플 때 압도당하며 대체적으로 강한 감정, 특히 슬픔을 느낄 때는 정서를 과소조율하게 됨을 보여 준다. 소피가 감정을 과잉조율하는 것은 그녀의 과소조율된 감정을 제어하려는 전략이라고 볼 수 있다.

주체성

주체성은 내담자가 자신의 경험에 대한 책임을 지는 것과 관련이 있다. 소피는 곧바로 엄마가 우울증이 있는 것 같다고 언급했다. 상담치료사는 이것이 소피의 우려라는 것을 염두에 두고 '성인 생활의 기간 대부분 힘들어하고 있는' 우울증 때문에 겪는 고통과 희망을 잃은 것에 대한 소피의 표현으로 듣는다. 상담치료사는 또한 소피가 우울증이 자신을 '찾아오는 것(visiting)'처럼 표현하는 것, 어쩌면 유전적인 요소가 있고 자신이 피해자라는 인식을 가지고 있다는 것에 주목한다. 이것은 소피가 자신의 문제의 주체(agent)인지, 즉 자신의 경험 중심에 있는 주체(subject)인지 혹은 문제를 외부로부터 오는 것으로 경험하는지(즉, 수동적인 피해자로)에 대한 개념화 질문에 적용된다.

또한 소피는 "이 모든 것에 화내느라 다른 것 신경 쓸 겨를이 없어요."라고 말하는데, 상담치료사는 이것을 남의 탓으로 돌리는 것으로 본다. 상담치료사는 소피가 자신의 문제에 대해서 얼마만큼 책임을 갖는지 궁금해진다. 다른 한편, 상담치료사의 질문에 대한 답으로 소피는 남들이 자신을 실망시키면 다른 사람에게서 자신을 단절시키고 그 경험을 슬픔, 실망 그리고 희망이 없는 것으로 구별한다고 한다. 이 부분은 그녀가 실제로는 자신의 감정에 관해서 주체적인 역할을 한다는 것을 보여 준다. 이에 더하여서, 회기 내에서 자신의 감정을 탐색할 마음이 있고 더 나아가 그 감정을 방해하거나 뒤로 밀어 넣는 것에 있어서 자신의 역할을 살펴볼 마음이 있다는 것으로 보인다. 이 것은 몇 분 후에 자신의 어린 시절과 관련된 아픔을 나눌 때 나타난다.

> 소 피: 어떤 것들은 어떤 시기이고, 어떤 것들은 보통 불쾌했던 사건들이에요. 구체적인 사건들을 항상 기억하지는 못하는데, 그냥 그때 슬펐던 느낌이 기억나요.
>
> 상담사: 더 기억해야 할 것 같은데 기억 못해서 힘들고 기억나는 것은 슬펐던 느낌이군요.
>
> 소 피: 네, 근데 제가 기억하고 싶지 않은 것일 수도 있어요. 아직도 그것과 씨름하고 있는 것 같아요. 싫었던 기억들이 아직도 많이 있거든요. 그 이유들도 아직 남아 있고, 부모님이 큰 부분을 차지해요.

소피는 주체성에 관해서 혼돈스러운 모습(mixed picture)을 보여 준다. 상담치료사는 소피가 현재 자신의 경험에 대한 책임을 충분히 지지 못하고 있지만 자신의 정서에 관해서 주체가 될 수 있는 역량과 그 과정 가운데 있다고 개념화한다.

분화

소피가 한 가지 정서에만 얽매여 있지 않은 것으로 보아 그녀는 정서를 세심하게 구별할 줄 안다고 보인다. 자신의 정서에 대해 말할 때 그녀는 복잡한 정서를 순차적으로 구별할 수 있다. 이러한 점은 "외롭다기보다는 홀로 남았다는 느낌이죠."라고 말하며 그 정서에 더 깊이 접근하려 하는 소피의 모습에서도 볼 수 있다. 그녀는 자신의 내면을 들여다보며 어떤 단어가 자신의 정서를 적절히 표현할 수 있는지 확인한 후 그 정서를 더 상세히 구별하기 위해 자신이 고른 단어를 사용하고 있다. 따라서 상담사는 소피가 자신의 정서를 구별하는 데에 뛰어난 능력을 가지고 있다고 결론지을 수 있으며, 이는 상담치료에 있어서 발전 가능성을 시사하는 긍정적인 현상이다.

과정 4: (애착 및 정체성과 관련된) 정서 기반의 내러티브 또는 삶의 이야기 풀어내기

소피는 자신의 이야기를 해 나가기 시작했다. 상담 초기 단계에 이루어지는 개념화란 핵심이 되는 정서들과 내러티브를 구성하는 말의 패턴 등을 파악하고 이를 이해하기 위해 내담자가 말하고자 하는 중요한 이야기에 귀를 기울이는 것을 말한다. 이 개념화의 목표는 부적응적인 핵심 도식에 어떻게 접근해야 할지를 알아내는 것이며, 상담 초기의 내러티브는 내담자의 정서들이 어떤 상호적 관계에 의해 자리를 잡게 되었는지, 그리고 부적응적인 핵심 도식이 어떻게 형성되었는지 이해하는 기본적인 틀을 제공한다. 상담을 시작하고 처음 몇 분 동안, 소피는 자신의 어머니가 조울증을 앓았으며 이로 인해 두려움을 느낀다고 했다. 여기서 내담자의 즉각적인 정서적 어조는 두려움, 체념 그리고 절망이다. 몇 분 후, 소피는 자신을 좀 더 상대적인 말로 표현한다. 그녀는 자신이 분노에 가득 차 있으며 이는 가까이 지냈던 사람들에 대한 실망 때문인 경우가 대부분이라고 말한다. 그러나 이 말을 하는 동안 내담자의 어조는 슬픈 기색을 띤다. 그러므로 상담사는 공감적 탐색을 통해 내담자의 복합적이고 고통스러운 부적응적 정서들을 드러낼 수 있다. 본인이 자신의 슬픔을 인지하고 느낌으로써 스스로 변화를 일으키고 이제껏 충족되지 못한 욕구를 의식하게 될 때, 이런 슬픔을 적응적인 일차적 슬픔(primary adaptive sadness)이라고 한다. 이를 통해 슬픔 말고도 새로운 정서들이 생겨난다. 그러나 여기서 소피의 슬픔은 부적응적인 것으로 보인다. 그녀의 경우에는 일단 슬픔을 느끼기 시작하면 멈출 수 없으며, 헤어날 수 없는 나머지 그 이후로도 며칠씩 (때때로 아무 일도 할 수 없을 만큼) 우울한 상태에 빠져 있게 된다. 이 사례를 개념화하기 위해 알아 두어야 할 중요한 사항은 소피의 슬픔은 다른 정서들과 분리된 순수한 느낌이라거나 적응적인 슬픔이 아니라는 것이다. 오히려 이는 절망감과 외로움에 대한 두려움 그리고 혹은 수치심이 섞인 복합적인 정서 도식의 일부이다. 덧붙여 말하자면 수치심은 그녀가 스스로 무능하게 느껴진다고 말할 때 드러난다. 지금까지의 정보들은 아직 조각들에 불과하다. 퍼즐은 아직 맞추어지지 않았고, 내담자의 주요 핵심 정서 도식의 개념화 과정은 이제 하나둘 밝혀지고 있을 뿐이다. 몇 분 후, 소피는 자신과 어머니의 관계에 대해 언급한다.

> 소　피: 어머니하고는 거의 소통하지 않아요. 아주 형식적인 관계죠. 어머니한테 뭔가를 말하는 건 정말 어려워요.
>
> 상담사: 그런가요. 그럼 사라지지 않은 안 좋은 기억들이 아직도 생각난다는 말이시군요.
>
> 소　피: 네. 특히 부모님이 아직 살아 계시니까 그런 기억들도 잊을래야 잊을 수가 없어요. 아주 떨쳐 내어 버리지 않는 한 말이에요.
>
> 상담사: 그러니까 부모님이 살아계신 한, 기억들을 떨쳐 낼 수 없다는 말씀이시군요.
>
> 소　피: 자꾸 기억을 상기시키는 것들이 여전히 있으니까요.
>
> 상담사: 아, 그렇군요. 그럼…….
>
> 소　피: 제 어머니는 정말 비판적이세요. 아주 심할 정도로. 어머니가 봤을 때 제가 제대로 한 일은 아무것도 없어요. 지금도 마찬가지고요. 아주 멀리 떨어져 살고 있는데도 말이지요. 그래서 어른이 된 후로도 제가 저 자신이나 제러미(아들)에게 좀 너그러워지고 너무 비판적이지 않으려고 노력해 봐도 어머니와 말할 때마다 예전 기억이 되살아나서…… 어머니는 정말 비판적이에요. 언제나 직설적으로 말하세요.
>
> 상담사: 무슨 말씀인지 알 것 같아요. 그렇군요.
>
> 소　피: 어머니랑 몇 달 동안 말할 일이 없으면 잘 지낼 수 있는데, 그러다가 어머니가 전화라도 한 번 하시면…….

상담사: 그럼 통화 한 번으로 그동안 당신이 해 온 걸 모두 물거품으로 만들
　　　　어 버리시는군요.

소　　피: 네…… 뭐…….

상담사: 아닌가요?

소　　피: 이제 제가 이게 문제의 원인이라는 걸 아니까 전부 물거품이 되거
　　　　나 하지는 않아요. 어머니는 절대 바뀌지 않을 거예요. 지금은 어
　　　　머니가 절 완전히 꺾어 버리지는 못하지만 그래도 제가 부족하고
　　　　무능하다는 과거의 감정들을 모두 다시 상기시켜요. 그건 내가 마
　　　　음속에 묻어 두려는 그런 감정들이죠.

　여기서 이루어지고 있는 탐색 과정은 내담자와 그녀에게 비판을 가하는 어
머니가 지금까지 가져온 관계를 이해할 수 있는 단면을 제공한다. 어머니의
지나친 평가와 비판 때문에 소피는 망연자실하고 심하면 아무 일도 할 수 없
을 정도로 우울해진다. 탐색을 더 깊이 진행하자 잠시 후 소피는 그녀와 어머
니의 관계 속에서 나타나는 이러한 패턴이 어디서 비롯되었는지 더 자세히
설명했다. 여기서 주의할 만한 부분은 상담사가 소피를 부추기거나 어린 시
절에 대한 세세한 질문들을 던지는 대신 그녀가 제시한 '무심함과 냉정함'이
란 감정들을 탐색한다는 점이다. 이 탐색 과정에서 소피는 정서를 자신의 가
족사적 배경에 연관 지음으로써 의미를 이끌어 낸다. 이는 내러티브의 흐름
과 정서의 흐름을 연결하는 과정의 시작이다. 내면적 탐색이 시작되면서 소
피는 자신의 외로움과 실망감을 표현하기 시작한다. 상담사는 소피의 과거
와 관련해 '정보를 모으기 위한' 질문들을 던지고, 소피의 성장 과정에 대해
알지 못하는 부분들을 메워 나간다. 이 정보는 과거 가족관계에 대한 서술적
인 맥락에서 표출되는 정보이기 때문에 더욱 그 가치가 높다. 이는 상담사가
부적응적인 핵심 정서 도식을 도출하는 데에 필요한 정서적인 뉘앙스를 띤
내용들에 접근할 수 있도록 한다. 이와 관련된 내러티브 조각들이 다음과 같
은 정서적 탐색 과정을 통해 드러나는 것을 눈여겨보자.

소 피: 제 자신이 점점 더 차가운 사람이 되어 가는 것처럼 느껴져요. 이것
       도 두려워요.

상담사: 두려우시다고요. 마치 어떤 게 없는 것처럼…….

소 피: 네, 뭔가. (10초간 운다.)

상담사: 그게……. 보살핌 같은 걸 말이에요.

소 피: 네. 하지만 전 아무나 저를 보살펴 주도록 내버려 두지 않아요. 그리
       고 정작 저를 보살펴 주었으면 하는 사람들은 보살펴 주지 않고요.

상담사: 정작 그들은 보살펴 주지 않는군요.

소 피: 지난 42년 동안 하지 않은 걸 이제 와서 해 주려고 하진 않을 거예요.

상담사: 어머니를 말씀하시는 건가요?

소 피: 그리고 제 아빠요.

상담사: 아버지요. 그럼 두 분 다…….

소 피: 그리고 제 오빠들이요.

상담사: 형제가 있군요?

소 피: 네 명이 있어요.

상담사: 그럼 오빠 네 명인가요.

소 피: 아뇨, 오빠 세 명에 남동생이 하나 있어요.

상담사: 그럼 당신이 하려던 말은, 나는 그들을 위해 있어 줬는데…….

소 피: (울면서) 맞아요.

상담사: 그런데 이런 대가족 속에서 나는 혼자야. 정말 힘드셨겠어요.

소 피: (울면서) 그래요.

상담사: 아프고 슬픈 일들이 많으셨겠어요.

소 피: 그리고 그런 건 절대 잊히지가 않아요.

상담사: 절대 잊히지 않고 계속 생각날 것 같죠.

소 피: 사실 잊히기는 해요. 마음을 닫아 버리면요.

상담사: 그럼 이 기억을 없애 버리고 싶다, 이런 감정이 있으신 거죠…….

소 피: 없애기보다는 스스로를 닫아 버리는 거죠.

　　상담사: 상처처럼 말이에요, 흉터가 남고 상처는 사실 완전히 사라지지 않
　　　　　아요.

　　여기서 눈여겨보아야 할 것은 부적응적인 정서 도식이 활성화되었다는 것
이다. 상담사는 이 도식에 들어갈 요소들의 더 완전한 모습을 개념화하는 데
에 가까워지고 있다. 소피는 상담사의 해석에 의해서가 아니라 스스로 생각
함으로써 연관성을 찾고 있다. 여기서의 전제이자 목표는 새로운 정서가 의
식에 통합될 때 새로운 의미가 자동적으로 구성된다는 것이다. 이 시점에서
상담사가 해야 할 일은 감정이입을 하며 이 과정을 따라가는 것이다. 즉, 상담
사는 소피가 의미를 만들어 가는 과정을 공감을 통해 탐색하고, 그와 동시에
현재 소피의 인생에서 분리되고 억제된 감정들을 과거의 가족들과의 관계와
연관 짓는 작업을 해내야 한다. 상담사가 소피가 겪고 있는 아픔이 얼마나 큰
것인지를 인정하고 알아줄 때, 소피는 다시금 그러한 괴로운 감정들을 피하
기 위해 마음을 닫아 버리고 싶은 것에 대해 이야기하기 시작한다. 소피는 충
족되지 못한 욕구에 의한 그리고 보살핌과 인정의 결여로 인한 아픔을 견딜
수 없다는 명확한 메시지를 보내고 있는 것이다. 소피는 스스로를 격리시키
는 것밖에 선택의 여지가 없었다고 말한다. 여기서 상담사는 소피가 선명하
게 느끼고 있는(그리고 간신히 숨기고 있는) 해소되지 못한 아픔이 충족되지 못
한 그녀의 욕구와 관련되어 있음을 개념화한다. 이와 더불어 상담사는 현재
까지 소피가 겪고 있는 어려움 중 하나는 자신을 위로하거나 돌볼 줄 모른다
는 것이라는 사실 역시 개념화한다. 스스로를 감정들로부터 '격리시키는' 방
법은 그녀가 선택한 해결 방법이긴 하지만 문제가 없는 건 아니다. 이 문제는
아들과 관련된 최근 사건들을 통해 다시 한 번 표출되었고 소피가 현재 겪고
있는 고통과 스트레스의 원인이 되고 있다. 이 시점에서 상담사는 해결되지
못한 욕구불만과 정서조율의 어려움이 큰 주제임을 개념화할 수 있다.
　　잠시 후 내담자는 가족들, 특히 어머니에게 무시당하고 정서적으로 홀로
방치되었던 그리고 비판당하던 때의 감정을 주제로 이야기를 계속 이어 나갔

다. 여기서 내담자의 가족사에 대한 세세한 사실들은 상담사의 추궁에 의해
서가 아니라 상담사가 그녀의 가족관계에 관심이 있음을 보여 줌으로써 표
출되기 시작했다는 것을 눈여겨보아야 할 것이다. 소피는 가족들에게 무시
당하고, 홀로 방치되고, 관심받지 못했다는 감정 그리고 이와 관련된 실망감,
슬픔 그리고 절망까지를 포함하고 있는 정서 도식을 통해 이야기를 하고 있
다(이는 개념화 과정 속에서 중심 주제로 부각된다). 이는 내담자를 고통스럽게
하는 부적응적인 관계 정서 도식으로서 표출되고 있다.

상담사: 음, 그럼 "가족분들이 관심을 가져 주었다면 좋았을 것이다."라고
        말씀하시는 거죠.

소 피: 가족들은 내게 아무것도 물어보지 않았어요.

상담사: 그들이 관심을 갖든 갖지 않든 신경 쓰고 싶지 않다, 하지만 관심을
        가져 주지 않는 건 역시 신경 쓰인다, 이런 시기가 있었겠군요.

소 피: 네, 그랬어요. 그리고 어머니는 자기 친구들에게 제가 얼마나 좋은
        엄마 역할을 하고 있는지, 그리고 제러미가 얼마나 좋은 아이인지 자
        랑하는 건 정말 잘하지만 저에게만은 그런 말을 일체 하지 않아요.

상담사: 어머니가 그런 말들을 직접 해 주면 좋을 텐데요.

소 피: 네.

상담사: 당신이 하는 일이 옳다고 말이죠.

소 피: 네. 그런데 그렇게 하질 못하세요.

상담사: 그럼 한편으로는 포기하고 신경 쓰지 않으려고 해도 다른 한편으
        로는 화가 나겠군요.

소 피: 제 형제들은 언제나 어머니한테서 더 많이 받았어요. 어쩌면 단지
        애정을 주는 방식이 달랐을 뿐이지만요. 엄마는 오빠들과 남동생
        의 삶에 훨씬 더 관심을 가졌어요. '남자애들은 뭐든지 잘해.' 하는
        식이죠.

상담사: 당신은 유일한 딸이니까 제일 불리한 처지에 몰려 있던 셈이네요.

…… 어머니는 당신만 다른 식으로 취급하셨죠.

소 피: 네, 부모님 두 분 다요. (운다.) 아들들은 다 잘해. 어머니가 매번 남자애 뒤치다꺼리를 해 주는 건 괜찮지만 여자애가 막 흘리고 다니면 못쓴다. 남자애가 늦는 건 괜찮지만 여자애가 늦는 건 안 된다.

상담사: 세상에, 당신에 대한 기대치는 훨씬 높았던 것 같군요.

소 피: 기대하는 게 완전히 달랐어요. 남자애들은 나가서 재미있게 놀아도 되지만 여자애들은 맘대로 나가서 놀거나 하면 안 된다는 식이죠.

상담사: 와, 당신에 대해서는 훨씬 엄격하셨군요.

소 피: 아주 엄격하셨죠.

상담사: 18세가 되었을 때는 어땠나요?

소 피: 저는 18세가 되자마자 최대한 빨리 집을 떠났어요. 18세 전에는 집을 나간다 해도 바로 집으로 다시 끌고 왔겠죠. 독립할 준비라면 이미 16세 때부터 되어 있었어요.

상담사: 그랬을 거예요. …… 정말 괴로웠던 거로군요.

소 피: 어, 네. 십 대 시절에는 누구나 힘들다는 걸 이제 제 아들을 통해서 배우고 있어요. 제 십 대 시절은 잘 기억이 나지 않아요. 학교에 갔죠. 매주 금요일마다 뭘 했는지는 잘 기억나지 않아요. 밖에 못 나가게 했다는 건 기억나요. 매일 저녁 집에서 뭘 했는지도 말해 드릴 수가 없네요. 학교에서 오자마자 바로 제 방으로 갔던 것 같아요.

상담사: 전부 흐릿한 거로군요. 공백이랄까.

소 피: 네. 학교에 갔고, 몇몇 여자아이와 어울렸던 게 기억나요. 딱 한 명 정말 친했던 아이가 있었어요. (운다.) 그 애가 정말 부러웠어요. 그 애의 가족 중에는 여자애가 셋이나 있었거든요. 전 정말 언니나 여동생이 갖고 싶었어요. 그냥 의지할 만한 누군가가 있었으면 했으니까요.

상담사: 기댈 수 있는 사람이 있었으면 하는 마음이 간절했군요.

소 피: 네. 전 정말 언니나 여동생이 있었으면 했어요. 제 오빠들과 남동

생은 별로 저에게 잘해 주지 않았어요. 뭔가가 필요할 때만 잘해 줬죠. 제 용돈이 필요하다든가 할 때요. 그리고 우린 대가족이었지만 실제로 같이 자라지는 않았어요. 아이들 중 대부분은 언제나 기숙사나 여름 캠프에 가 있곤 했으니까요. 다섯 아이가 한 집에 같이 있던 때가 한 번도 없었던 것 같아요.

상담사: 그럼 형제들 중 아무하고도 가깝지 않았던 건가요?

소 피: 딱 한 명이요. 얼마나 가까웠던 건지는 잘 모르겠지만 둘째 오빠는 유일하게 좋은 기억으로 남아 있어요. 울면서 침대에 앉아 있었는데 오빠가 방에 들어와서 안아 주었어요.

상담사: 그게 당신에게는 정말 필요했던 거지요.

소 피: (울면서) 아버지나 어머니한테서는 한 번도 받아 본 적이 없던 것 같아요.

상담사: 네, 당신이 간절히 바라던 거지요.

소 피: 저는 화를 내서는 안 됐어요. 울어도 안 됐고요. 이걸 저는 어렸을 때 그냥 느낌으로 알았어요. 시킨 대로만 해, 원래 그래야 하는 거야. 너는 항상 행복해야만 해. 부모님은 다른 사람이 무슨 문제를 겪고 있는지에 대해서는 한 번도 말하지 않았어요. 정말 상대하기 버거웠어요.

상담사: 네. 부모님에게 당신이 보이지 않기라도 하는 것처럼요. 그 누구도 당신에 대해 말하지 않았지요. 마치 거기 없는 것처럼.

소 피: (울면서) 네. 유일하게 제 존재를 알아줄 때는 제가 그 자리에 없는 게 차라리 나았을 상황일 때뿐이었어요. (웃는다.)

상담사: 동지애, 친밀함 그리고 애정.

소 피: 딱 둘째 오빠 한 명뿐이었어요. 저는 그때 십 대였을 거예요. 오빠는 좀 더 나이가 많았고요. 아니면 제가 10세나 11세 정도. 오빠가 "울지 마, 괜찮아."라고 해 주면서 정말 잘해 줬던 기억이 나요.

상담사: 그저 위로해 주는 거였군요.

소 피: 네.

상담사: 그냥 기억하는 것만으로 슬퍼지시고요.

소 피: (울면서) 네, 행복한 기억인데도 말이죠, 안 그래요?

상담사: 음, 아마 그런 기억이 너무 적어서 그런 것 같군요. 그런 순간들이 너무 가끔 있었고 그 사이마다 공백이 너무 길었으니까요.

소 피: 둘째 오빠는 집에 자주 없었으니까요. 기숙사에 있어서요. (운다.) 둘째 오빠가 집에 더 자주 있었더라면 좋았을 거예요.

성장 과정에 대해 말하는 동안 오빠들 중 한 명이 내담자가 괴로워하고 있을 때 그녀를 위로해 주었던 아주 중요한 기억이 드러났다. 이 기억은 소피를 아프게 하는, 다른 가족들로부터의 사랑과 애정의 결핍과 극명한 대조를 이룬다. 그녀는 거의 아무 관심과 애정을 받지 못했던 황량한 어린 날의 풍경을 그려 내고 있는데, 혼자 울기 위해 자기 방으로 숨곤 했던 소피를 그 그림 속에서 볼 수 있다. 둘째 오빠는 그녀가 갖지 못한 모든 것을 상징하는 작은 희망의 등불 같은 존재였지만 그 오빠조차도 집에 없을 때가 많았다. 다음 대화에서 우리는 소피 스스로도 자각하고 있는 자기방해 과정을 다시 한 번 관찰할 수 있다. 상담사는 이 과정을 소피의 부적응적인 핵심 정서 도식의 일부로 넣어 개념화하기 시작한다. 소피는 울다가 갑자기 멈춘다. 하지만 여기서 지목되어야 할 부분은 상담사가 정서를 해석하기보다 탐색하고 있다는 것이다. 상담사는 내담자가 스스로의 정서를 방해하고 있다는 것을 개념화하고 있지만 아직 상담 초기이므로 자기방해 의자 기법(self-interruptive chair task)을 시행하지는 않는다. 그대신 상담사는 소피가 어떻게 스스로의 정서를 방해하는지를 탐색할 시간을 갖는다. 이 방해 과정에 지속적으로 관심을 두면서, 상담사는 소피가 정서조율에 어려움을 겪고 있음을 개념화하기 시작한다. 현재 내담자가 정서를 조절하는 방법은 자기방해를 통해서인 것으로 보인다.

상담사: 네, 그렇죠. 왜냐하면 둘째 오빠는 당신을 이해할 수 있는 유일한 사람이었으니까요. 당신은 그보다 더 많은 도움을 필요로 했는데. 그리고…….

소 피: 보세요, (울음이) 멈췄잖아요. (웃는다.)

상담사: 어떻게……. 그냥 감정을 꺼 버린 거예요?

소 피: 어떻게 한 건지 몰라요. 그냥 숨을 깊게 들이쉬고 꺼 버리는 거예요. 그냥 그 이상으로 가는 게 무서운 것 같아요. (운다.)

상담사: 나는 그렇게까지 슬퍼지고 싶지 않아, 이런 생각이 들면 감정을 격리시키는 거군요. 하지만 그 이상으로 가긴 가지 않나요? 감정에 몸을 내맡기고 빠져들잖아요.

소 피: 그냥 겉핥기만 하는 것 같아요.

상담사: 이건 내가 느끼는 진심은 아니야. 사실은 더 많은 걸 느끼고 있고 더 깊은 상처들이 있어, 그래서 무서워, 이런 거군요. 그래요.

소 피: (울면서) 십 대로서 살고 싶지 않다는 생각을 하던 게 기억나요. …… 정말 무서웠어요.

상담사: 죽는 편이 더 낫겠다고 느꼈군요.

소 피: 제가 백혈병 같은 거에라도 걸렸으면 좋겠다고 생각했던 때가 있어요. (울면서) 만약 제가 병원에서 죽어 가고 있으면 누군가가 아마도……. 아마 어머니가 마지막 한 달 동안 제게 잘해 주거나 할 거라고요. 그럼 어머니도 내 존재를 알아주겠죠.

상담사: 관심에 목말랐던 것처럼 들리는군요. 누군가 안아 주고 사랑해 주었으면 했던 거예요.

소 피: (울면서) 그 이후로는 언제나 밀어내기만 했어요.

상담사: 없었던 거예요, 당신이 가질 수 없지만 필요로 했던 게. 이런 상처는 잘 잊히지 않지요.

소 피: (웃는다.) 네. 우리 둘 다 알다시피 사라지지 않아요. 그랬으면 좋겠지만요.

상담사: 네, 그렇죠. 이런 감정들에 너무 휘말리게 되면 무섭다고 하셨죠.
　　　　이런 감정들은 꽤 강하고 격렬하니까요. 그만 살고 싶다고 느끼기
　　　　까지 했다고요.

　여기서 소피는 네 형제들 틈에 끼어 매우 엄격하고 비판적이며 비협조적인 환경에서 십 대 시절을 지내는 동안 받은 아픔의 깊이를 전달하고 있다. 이는 다들 자신을 무시하고 모른 척한다는 데서 비롯된 감정이다. 관심을 받는다고 해도 이를 통해 얻는 건 무언가 잘못했다는 감정뿐이었다. 소피가 말하는 동안 동반된 아픔과 스트레스는 이 경험들이 얼마나 그녀의 성격 형성에 중요했는지를 말해 준다. 이 사례의 개념화에서는 두 가지 주제가 표출된다. 그것은 가족과의 경험들로부터 시작된 강한 자기부정, 그리고 충족되지 못한 욕구들의 영향을 거부하고 억제하기 위한 정서적인 자기조절이다. 소피에게 있어서 채워지지 못한 욕구들은 도무지 견딜 수 없고 끝이 보이지 않는 고통이었기 때문에, 비록 부작용이 많더라도 정서적인 자기조절을 임시방편으로 사용한 것으로 보인다. 이 때문에 내담자는 외롭고, 차갑고, 고립되고, 우울해졌다.

제2단계: 함께 초점을 만들고 핵심 정서를 식별한다

　이 장의 주요 목적은 사례를 개념화하는 첫 단계에서 다루어야 할 사항들을 상세히 기술하는 것이다. 두 번째와 세 번째 단계는 여기서 간략하게만 설명될 것이다(이는 9장에 표로 요약되어 있는 우울증 사례와 동일하다). 소피의 경우 아들이 마약 단속에 걸린 것을 계기로 우울증이 발생하였다. 그녀의 부차적인 감정들은 절망과 체념이지만, 그녀의 절망감을 더 깊이 탐색하는 과정에서 실패감과 무능함이라는 핵심 감정들이 표출되었고, 어머니에게 무시당하고 인정받지 못한 데서 비롯된 해소되지 못한 슬픔과 수치심의 정서 도식

적 기억 역시 나타났다. 여기에는 부정적인 자기비판과 내면에 억제되어 있는 미해결 과제들을 가리키는 잠재적 표식들(potential markers)이 내재되어 있지만 상담 초기에는 제대로 형성되어 있지 않다. 소피의 미충족된 핵심 욕구는 '이대로 충분히 잘하고 있다' 그리고 '인정받고 있다'고 느끼고자 하는 욕구였다. 뿐만 아니라 그녀는 이미 체념한 듯 수치심과 무능함에 대한 자신의 감정을 방해하며, 고통과 슬픔에 휘말리는 것이 두려워 그 감정들을 막아 버린다. 이 사례의 중심 주제는 내담자의 마음 한편(자기-자기)을 차지하고 있는, 자신이 무능하고 쓸모없다는 감정이다. 다른 한편(자기-타인)은 어머니에게 인정받지 못한 채 비판만 당했던 상처가 미해결 과제로 남아 차지하고 있다. 상담이 조금 더 진행된 후에 소피와 상담사가 형성한 개념화 내러티브는 소피의 대인관계의 기피, 우울증 그리고 절망감이 수치심과 부정(invalidation)으로 표현된 부적응적인 정서 도식의 증후라는 것이다. 이는 어머니로서 그리고 직장인으로서 그녀가 경험한 실패감에 의해 발생하였다고 할 수 있다. 이를 종합해 보자면 이 사례에 있어서 전체적인 주제는 자기비판과 수치심 그리고 부적합함이다.

제3단계:
프로세스 표식 및 새로운 의미에 주목한다

상담치료의 후반부(과정 12)에 나타난 과제 표식들은 내담자의 부정적인 자기비판을 개선하기 위한 두 의자 대화가 이루어진 이후에 미해결 과제와 관련되어 나타났다. 최초의 자기비판적인 갈등은 내담자의 아들에 대한 문제들에 의해 유발되었다. 이 표식들을 읽어 낸 상담사는 소피에게 한쪽 의자에 앉아 자신이 실패했다고 느끼도록 했다. 다음 상담에서 소피는 자신을 인정해 주지 않는 직장 상사와의 갈등에 대해 이야기했다. 이때 상담사는 소피에게 상사가 다른 쪽 의자에 앉아 있다고 상상하면서 그가 그녀를 부정하고 비판하도록 하는 과제를 수행하도록 했다. 이 상상 속 직장 상사는 '내면에 투영된 것을 겉으로 투사(projected introject)'한 것으로, 그녀 스스로의 자기비판을 형상화한 것이기 때문에 억압된 미해결 과제가 아니라는 것을 명심해야 한다. 상사의 역할을 연기해 본 후 소피는 자신이 다른 사람들에게 인정받지 못하는 것에 매우 민감하며, 며칠 동안 침대에서 일어나지 못할 정도로 우울해지는 것 역시 이에 대한 반응이라는 것을 알게 되었다.

상담 회기가 진행됨에 따라 소피는 서서히 자신의 분노를 표현하고 지나친 비판에 대항하여 목소리를 내기 시작했다. 뿌듯함과 자신감을 느끼며 스스로를 가치 있다고 생각하기 시작한 소피는 여덟 번째 상담을 할 즈음엔 아직 가벼운 우울함은 있어도 더 이상 스스로를 고립시키거나 며칠씩 침대 속에 숨거나 하지 않을 정도로 호전되었다. 아들과의 관계 역시 개선되었다. 그 이후에 표출된 것은 어머니와의 미해결 과제였다. 뒤이은 상담 회기에서는 빈 의자 기법(empty-chair dialogues)을 통해 그동안 마음속에 쌓아 둔 어머니와의 미해결 과제들을 해소하는 데에 집중하였다. 소피는 어머니의 방관적인 태도를 연기한 후 다른 쪽 의자(그녀 자신)에 돌아와 앉으면 자괴감과 수치심에 허물어지곤 했다. 그러나 얼마간의 시간이 흐른 뒤 소피는 인정, 존중 그리고 사랑을 갈구하던 자신의 충족되지 못한 욕구를 인식하게 되었으며, 어머니 역시 어머니 자신의 아픈 기억들과 단점 그리고 충족되지 못한 욕구들 때문에 딸의 욕구를 채워 줄 수 없었음을 이해하게 되었다. 소피는 어머니를 좀 더 제대로 보고 이해하게 되었고, 스스로를 차별화된 존재로 느끼게 되었다(feel more differentiated). 무엇보다도 소피는 어머니와 소통할 때 어머니가 여전히 비판적으로 대해도 우울해지지 않고 어머니가 '할 수 있는 한 최선을 다하고 있다'고 바라보게 되었으며, 어머니와 그녀 자신에게 더욱 동정심을 느끼게 되었다.

상담 중 나타났던 미세한 표식들(과정 13)은 소피가 이따금 고통스러운 수치심 등 강한 정서를 마주하게 되었을 때 두려워 스스로의 정서를 막아 버리는 자기방해와 관련된 것이다. 상담사는 소피가 이 갑작스러운 자기방해를 연기하고, 그에 대한 반응으로 자기표현의 필요성을 표현하도록 함으로써 자기방해적 분리(self-interruptive split) 상태를 서서히 직시할 수 있도록 도와주었다. 상담사는 자기위로 훈련(self-soothing work)에도 함께 참여하여 소피가 강하고 고통스러운 정서들을 '견뎌 낼 수 있을' 정도로 강인해지고 자립적이 될 수 있도록 도왔다. 이러한 과정을 통해 '나는 가치 있는 사람이야.' '나는 상사에게 내가 필요한 걸 얼마든지 요구할 수 있어.' 등의 새로운 의미들이 나타났을 때(과정 14), 상담치료사는 이를 하나의 포괄적인 내러티브로 수월하게 통합할 수 있도록 하여 소피가 '나는 실패작이야.'라는 기존의 내러티브를 '나는 충분해. 나는 이대로 괜찮아.'라는 느낌으로 대체할 수 있도록 하였다. 다른 사람들에게 인정받지 못하는 상황이 후에 다시 생기더라도 내담자는 이 새로운 패턴(new script)을 통해 대처할 수 있을 것이다. 뿐만 아니라, 어머니에 대한 관점의 변화를 통해 소피는 스스로를 인정하고 지지하게 되었으며, 자신이 '인생이 주는 시련들'을 이겨 낼 수 있다고 느끼게 되었다.

결론

이 장에서는 어떻게 사례개념화 첫 단계가 소피의 사례에 적용되었는지를 자세히 설명하였다. 제1단계의 목적은 내러티브를 해체하고 하나하나 풀어내어 내담자의 정서처리 스타일을 관찰하는 데에 있다. 다음 장에서는 사례개념화의 두 번째 단계와 세 번째 단계에 초점을 맞추어 볼 것이다.

사례: 지나

이 장에서는 지나의 사례를 통해 사례개념화의 두 번째 단계를 적용하는 방법을 상세히 설명할 것이다. 이 사례에 적용되는 사례개념화의 전체 과정이 설명되어 있지만, 여기에서는 특히 제2단계에 중점을 둔다.

지나는 우울증 때문에 상담치료를 받던 38세 여성이다. 그녀는 자신이 점점 더 고립되고 동기가 부족하다는 사실을 깨닫고 있었다. 지나는 결혼한 지 2년이 되었고 자녀는 없었다. 상담치료를 시작했을 때, 그녀는 일을 하고 있지 않았다. 그녀는 일에 만족하지 못해서 직장을 그만둔 상태였다. 상담치료가 자신의 우울 증상을 완화시키고 자신의 친척과의 관계를 형성하는 데 도움이 되기를 원했다. 상담치료사는 28년의 임상 경험을 가진 54세의 남성이었다.

접수/평가 면담에서 지나는 눈물을 흘리면서 기분이 너무 좋지 않고 우울해서 마침내 상담치료를 받기로 결심했다고 말했다(처음으로 상담을 받으러 온 것이다). 지난해에 그녀는 일도 나가지 않았고, 거의 집 밖을 나가지도 않았고, 전화나 방문객들을 받지도 않으면서 살았다. 그리고 지난해에는 두 번의 큰 상실을 경험했다고 말했다. 즉, 좋은 친구가 에이즈로 죽었으며, 형부(그녀가 가장 좋아하는 가족 구성원 중의 한 명)가 갑작스럽게 죽었다.

제1단계: 내러티브를 풀어 나가며 내담자의 정서처리 스타일을 관찰한다

과정 1: 호소하는 문제(관계적인 어려움과 행동 문제)를 경청하기

개념화에는 처음에 호소하는 문제를 이해하고 안전한 관계를 형성하는 것이 필요하다. 지나가 그녀의 호소하는 문제를 설명하는 것으로 상담치료가 시작되었다.

> 저는 거의 평생을 우울하게 살아왔지만 이번 해는 특히 더 힘들었어요. 저와 가깝게 지내고 제 인생에 도움을 줬던 사람들을 잃었거든요. 과거에도 우울증을 겪으며 많은 위기가 있었지만 다시 회복할 수 있을 것 같았는데, 이번에는 너무 어렵네요.

지나는 남편도 우울증이 있는데, 약 9개월 전에 자신의 의지와는 상관없이 입원된 적이 있다고 했다. 남편이 그녀를 향해 접시를 던졌지만 그녀가 다치지는 않았다. 그녀의 언니와 여동생이 경찰에 신고를 했으며, 남편의 행동은 예측할 수 없으며 폭력적이라고 말했다. 경찰의 개입으로 그녀의 남편은 입원을 하게 되었고 수개월 동안 집에서 사는 것이 금지되었다. 그녀는 "그가 폭력적이게 된 것이 너무 속상해요. 저를 향해서라기보다는 물건들을 부수고 집어 던지는 것이지만요. 성격도 완전히 바뀌었어요. 원래는 순하고 착한 사람이었는데 말이에요. 그래서 그 일이 일어났을 때 제 가족들은 이 사실을 지지해 주지 않았고, 그냥 이혼하고 처리해 버리라고 했죠."

그러나 그녀는 남편 곁에 남아서 그가 어려운 시간들을 보낼 때 그를 지지해 주기로 결정했는데, 그 결정은 지나를 가족으로부터 멀어지게 했다. 그녀는 현재 남편과의 관계가 가끔은 지칠 때도 있지만 그래도 아직 견고하다고 말했다.

> 지 나: 그와는 괜찮아요. 제가 기분이 좋지 않아서 지치는 것 같지만, 남편이 기분 좋지 않은 날에는 그가 기분이 나아지도록 노력해요. 그런데 저는 그가 이 지점에서 되돌려 줄 만한 힘이 없다는 것을 알았죠.
> 상담사: 다시 되돌려 주는 것. 그래서 당신은 때때로 아무것도 남아 있지 않다고 느끼는군요.
> 지 나: 맞아요. 하지만 나는 이것 때문에 그에게 화가 난 것이 아니에요. 제 생각에 저는 제 가족에게 더 화가 나 있어요.

상담치료사의 공감적 이해를 통해 지나는 언니가 개입하는 것을 자신의 결혼을 인정하지 않는 것으로 경험한다는 것을 알아차렸다. 지나는 남편이 집에 돌아온 후에 남편과는 행복하게 재결합하였지만, 자매들과는 점점 더 멀어졌다. 상담치료사는 내담자와 초기 관계를 수립하면서 그녀의 감정을 따라가며 공감했다. 상담치료사는 공감적 반응을 하면서 내담자의 자매들이나 남편에 대한 외적인 내러티브보다는 그녀의 고갈되는 느낌에 주로 초점을 두었다. 상담치료사는 그녀의 주된 관심 쪽으로 안내하면서 그녀의 감정에 초점을 맞추고, 그녀가 내러티브를 펼치도록 도왔다. 지나는 자기 자매들에게 얼마나 화가 났는지 분명히 말할 때 자기가 얼마나 자매들보다 힘이 없고 열등하게 느꼈는지를 경험했으며, 지지와 타당성 인정에 대한 필요를 분명하게 표현했다. 상담치료사는 사례개념화에 있어서 그녀의 지시를 따랐다.

회기의 첫 20분 동안, 지나는 자기의 걱정에 대해 설명했고, 상담치료사는 그녀의 분노를 잘 이해하고 있음을 표현하고 이면에 깔린 아픔에 대해 마음으로부터 공감해 주었다. 공감적 반응은 질문을 하거나 지시하는 것보다 내담자에게 자기의 말이 상담치료사에 의해 강요된 구조가 아니라 현재 내담자가 초점을 두고 싶은 것에 따라 안내된다는 것을 직접적으로 알게 해 주었다. 자기 말이 공감적 경청자에 의해 들려지고 이해된다는 느낌은 지나에게 자기의 가장 중요하고 정서적으로 두드러진 사적인 경험들을 상담치료사에게 털어놓을 수 있게 했다. 이때 상담치료사는 지나가 자기 얘기를 할 때, 무엇이 가장 감정의 동요를 일으키는지 들으면서 현재의 경험에 초점을 맞추도록 도와주었다.

과정 2: 감정의 동요 및 고통스러운 정서적 경험에 귀를 기울이고 식별하기

회기가 20분 정도 지나서, 상담치료사가 지나에게 최근에 부모님은 서로 함께 사시는지 질문했을 때 부모님은 이혼하셨다고 대답했다.

어머니는 제가 결혼한 이후에도 한밤중에 전화하셔서 욕을 하시곤 했어요. 저는 이만하면 됐다고 생각했죠. 더 이상 견딜 수 없어서 엄마와 연결을 끊었어요. 그리고 아버지는……. 그냥 없는 거나 마찬가지예요. 저는 1년 동안 일도 못하고, 제 남편도 망가졌고(breakdown), 심지어 제일 친한 친구까지 죽었어요. 그런데 아버지는 한 번도 전화를 하지 않았어요. 올해뿐만 아니라 다른 해에도요. 그는 전화하지 않죠, 않는다고요, 감정을 드러내지 않아요.

그녀가 "아버지는……. 그냥 없는 거나 마찬가지예요."라고 말했을 때, 상담치료사는 지나의 목소리가 형식적인 목소리에서 내적인 목소리로 바뀐 것을 들었다. 강의할 때와 같은 형식적인 목소리가 아니라 에너지가 내적으로 향하여 무언가를 찾는 목소리였으며, 불규칙한 강세 패턴을 보이며 머뭇거리며 말이 끊기곤 했다(Rice & Kerr, 1986). 이 말을 할 때 지나의 목소리는 그녀가 내적으로 초점을 맞추고 있음을 시사하며, 그것은 마치 그녀의 영혼 속으로 잠깐 동안 창문을 여는 것과 같았다. 그래서 상담치료사는 최근의 그녀의 상태가 암시하는 외로움을 선택적으로 반영하면서 그녀를 내적으로 안내한다. "그래서 당신은 정말 외로움을 느끼는군요. 거기엔 정말 아무도 없는 거죠."

그러나 반응하는 대답에서, 지나는 더 빠른 형식적인 목소리로 옮겨 간다. "하지만 저는 친구도 많아요. 그중에는 30년 동안 알아 온 친구도 있어요. 하지만 그들에게 제 짐을 지게 할 수는 없죠." 상담치료사는 먼저 그녀가 한 말을 이해했음을 반영한다. 그리고 그의 반응의 마지막 부분에서 그녀의 내적 경험을 이끌 수 있도록 그녀의 외로움에 공감적으로 다시 초점을 맞추며 말한다. "하지만 여전히 이것은 당신을 외롭게 남겨 두죠. 마치 당신을 위해서는 아무도 거기에 없는 것처럼요." 지나의 초점은 이제 그녀의 외롭고 약하고 상처 입기 쉬운 감정을 탐색하는 쪽으로 옮겨 갔고, 그녀는 눈물을 터뜨렸다.

지　나: 아, 저는 제 자신을 불쌍하게 생각하며 앉아 있기보다는 뭔가 다른 일을 해야 한다고 생각해요.

상담사: 울게 되는 게 싫다고 말하는 거군요.

지　나: 네, 시간 낭비죠.

상담사: 어느 정도는, 당신의 감정은 당신이 당신 자신에게 주는 중요한 메시지이죠.

지　나: 글쎄요. 네. 전 평생 그래 왔어요.

상담사: 네. 울기 시작할 때 무엇을 느끼세요? 외롭다고 느끼세요?

지　나: 그런 것 같아요. 그냥 피곤해요.

상담사: 씨름하는 것이 피곤한 거죠.

지 나: 네, 그것에 대해 생각하는 것에 지쳤어요. 제가 때론 미리 마음을 빼앗긴다는 것을 아시잖아요. 스위치를 켤 수 있다면 좋겠다고 생각해요. 자주 자고 싶어요, 자면 생각하지 않아도 되니까요.

상담사: 네, 그렇죠. 무언가 일이 있고, 당신은 그것에 대해 생각을 하고, 그 생각이 계속 빙빙 돈다는 거죠.

지 나: 항상요.

상담사: 항상 해결되지 않은 감정이 있고, 그것들이 되돌아오는 것과 같죠. 그것은 마치 당신이 수많은 정서적인 짐을 들고 다니는 것과 같죠. 우린 당신의 가족에 대한 가슴 아픈 과거에 대해서 얘기했어요. 그것이 계속 당신을 괴롭히는 것이죠. 맞지요? 우리가 할 것은 그것에 대해 작업을 해서 끝내고 그것들을 치우는 거예요.

이 마지막 문장에서 상담치료사는 지나에게 감정은 중요한 메시지이며 해결되어야 할 필요가 있다는 EFT의 원리를 알려 주면서, 상담치료의 잠정적인 초점이 될 지나의 고통스러운 감정들을 표시해 두고, 그 감정들을 확인시켜 준다. 또한 그는 이런 정서를 다루는 것에 있어서 그 감정들을 거부하고 피하기보다는 접근하여 받아들이는 대안적 접근을 제안한다.

과정 3: 내담자의 정서처리 스타일에 주목하며 관찰하기

상담치료사는 내담자가 외적인 사건에 대해 이야기하는 것을 관찰한다. 그러나 동시에 그녀의 내적 경험, 특히 내적으로 향하게 하는 상담치료사의 공감적 반응에 그녀가 무엇을 느끼는지에 집중한다. 즉, 그래서 그녀는 자기 감정에 주의할 수 있다는 것이며, 이는 더 깊은 감정에 다가갈 수 있다는 좋은 신호이다. 덧붙여서, 상담치료사는 지나의 빠르고 형식적인 목소리, 때로는 내적으로 초점을 맞추어 탐색하는 듯한 목소리, 그리고 정상적인 범위를 벗어나서 우는 정서적인 목소리 등, 다양한 목소리에 주목한다. 그는 그녀가 고통스럽고 어려운 정서는 피하려는 경향이 있음을 주목한다. 더욱이 그녀가 일차적인 슬픔이나 분노를 느낄 때 또는 친밀감이나 수용이 필요했던 경험에 대한 반응으로 절망감이나 좌절감 속으로 빠져드는 정서적인 패턴을 보인다는 것에 주목한다. 이것은 지나가 일차적인 정서에서 그것을 가리는 절망과 좌절이라는 이차적인 정서로 옮겨 가는 비생산적인 정서적 순서로 보인다. 또한 상담치료사는 지나가 이차적인 절망감으로 들어가면서, 그래도 절망감의 정서적 경험 속에 빠져 있지 않고 상담치료사의 도움으로 절망감을 말로 상징화하고, 이면에 깔린 일차적인 정서와 욕구로 구별하기 시작하는 것을 본다. 이런 역량은 그녀의 핵심적 관심사들이 상대적으로 접근 가능하기에 더 빨리 초점을 맞출 수 있다는 좋은 징조가 된다.

과정 4: (애착 및 정체성과 관련된) 정서 기반의 내러티브 또는 삶의 이야기 풀어내기

첫 번째 회기에서, 지나는 가족 안에서 어렵게 성장한 상황을 이야기한다. 네 자매 모두가 십 대 중반일 때 가정 학대 때문에 집을 떠났다. 지나는 언니들을 자기 집에서 가장 중요하게 생각하고 있으며, 부모보다는 그들이 부모 역할을 한 것으로 보고 있다. 그리고 우울에 관한 자신의 현 관점에서 봐도, 남편에 대한 우려보다 자매들에게 배신을 당했다고 느끼고 있다.

> 지　나: 제 생각에 제 우울의 대부분은 가족의 역동이 중심인 것 같아요. 저는 가족이 가깝게 느껴지지 않아요. 자매들조차도 그래요. 그들은 모두 어려서 결혼을 했고, 모두 자기 자녀들이 있으며, 손자들도 있어요. 저는 제 가족 속에서는 일종의 방랑자 같아요. 전 36세까지 결혼하지 않았거든요. 전 많이 돌아다녔고 그들과는 다른 삶의 스타일로 다양한 삶을 살았어요.
> 상담사: 왕따로 느껴졌군요.

지　나: 예, 그들은 절 배척했어요.

상담사: 그들에 의해 배척만 당한 것이 아니라 비판까지 받는 느낌이었군요.

지　나: 네, 네. 제일 큰 언니는 그렇게 하지 않았지만 둘째 언니는 그렇게
　　　　했어요. 여동생과 저는 정말 가까웠는데 더 이상 가깝지도 않아요,
　　　　이해가 안 돼요. 우울한 사람 곁에 있는 것에 지쳤는지도 모르죠.

상담사: 당신한테 어려웠던 것은 자매들의 비난이라고 말씀하시는군요. 그
　　　　들은 '넌 결혼해야 해. 넌 뭐뭐 해야 해.'라고 말했죠.

지　나: 안정적으로 살아라.

상담사: 그들이 헐뜯는다고 느꼈군요. 그리고 그것이 당신을 정말 기분 나
　　　　쁘게 했고요.

지　나: 우울했죠. 때로 저는 우울한데 이유를 모르겠어요.

　　지나는 가족 구성원과의 관계가 어려웠으며 자주 고통스러웠다. 그녀의
엄마는 알코올 중독자였고, 세 자매는 그녀에게 가혹했다. 그녀의 아버지는
동유럽 정치범 포로에서 살아남은 사람이었다. 비판적이고 판단적이었던 아
버지는 가족들과 정서적으로 연결하지 못했다. 지나는 지난 어린 시절 동안
있었던 신체적 체벌의 과거를 회상했다. 그녀는 15세에 집을 나와서 잠시 언
니와 형부와 함께 살다가, 고등학교와 대학을 마치는 동안 혼자 살았다. 대학
졸업 후, 큰언니 부부와 함께 살았다. 그녀는 큰언니 부부를 자기 부모로부
터 얻지 못했던 애정과 지지를 제공하는 대리 부모로 보았다. 이런 것이 그녀
에게 이혼해야 한다고 말하는 자매들의 말 공격에 더 힘을 실어 주게 되었다.
그것은 부모로부터 인정받지 못하는 것과 같았기 때문이다.

　　지나와 진행하는 개념화는 상담치료사가 그녀의 경험의 의미를 찾아내거
나 상담 내용을 정하는 것이 아니었다. 대신에, 그녀의 핵심적 관심사로 인도
하기 위해 최근의 경험을 더 깊이 파고 들어가는 것이 필요했다. 상담치료사
는 지나에게 그 순간에 그녀의 주관적 경험에 초점을 맞추게 하는 것으로, 지
나가 자신의 내적인 정서적 경험 속으로 눈을 돌리게 도와주었다. 그래서 개

인적으로 자기에게 가장 고통스럽고 중요한 것이 무엇인지 분명히 보도록 했다. 이것이 바로 어떻게 초점을 같이 구성할 수 있는지 보여 준다. 인정받지 못하고 버려진 것에 대한 상처는 그녀의 분노를 넘어섰음이 명백해졌다. 이런 감정들은 그녀의 우울 이면에 존재하고 있는 고통스러운 정서들이다. 슬픔과 수치심에 대한 그녀의 정서들은 그녀에게 가장 의미 있는 것이 무엇인지에 대한 정보를 제공해 주었으며, 또한 그녀가 타당하지 않고 열등하다고 느꼈음을 알게 해 주었다. 상담치료사의 개념화를 안내했던 나침반은 그를 그녀의 고통스러운 감정들을 뒤따르도록 인도해 주었다. 무슨 일이 발생했는지에 대한 내용과 의미에 초점을 맞추기보다는, 이야기를 전개하는 것과 관련하여 그 순간에 느끼는 감정들에 더 초점을 맞추는 개념화를 강조하는 것이 중요하다. 분명히, 지나의 자매들과 아버지에 관한 이야기가 가장 두드러진 것으로 드러났다. 개념화가 내담자와 상담치료사 모두에게 시사해 주는 것은 수치심과 타당성을 인정받지 못함에 대한 감정들에 대한 살아 있는 이야기에 초점을 맞추어야 한다는 것이다.

첫 회기에서 명백해진 것은 지나는 어린 시절과 성인으로 들어서는 시기에 자주 혼자 있었으며, 누구에게도 지지받지 못했고, 부모님의 비판적인 목소리를 내면화했으며, 자주 자기 자신을 실패자로 판단했다는 것이다. 과거의 신체적·정서적 학대의 맥락에서 그녀는 자신에 대해 자주 사랑받지 못하고 열등하다고 느꼈다.

> 저는 제 자신한테 그 이야기를 제가 믿게 되기까지 자주 반복해서 들려줘요. 아니면 상관을 하지 않죠. 전 그것이 고쳐지는 것을 원하지 않아요. 전 사랑받지 못했어요. 전 그들만큼 좋은 사람이 아닌 거죠. 제 삶은 엉망인데 제 자매들은 삶을 순조롭게 사는 것 같아요.

첫 회기의 끝에 가서 상담치료사는 다음과 같이 반영했다.

자매들의 반대가 자신이 실패자임을 생각나게 하기 때문에 그렇게 고통스러운 것이지요. '나는 실패자야.'라는 말은 마치 자매들의 말처럼 머릿속에서 항상 들려지는 거죠. 그리고 그 말은 당신을 점점 더 작아지게 하고, 그 말에 대항하기가 어려운 거죠.

내담자는 다음과 같이 반응했다.

네, 너무 힘들어요. 저는 사람들과 얘기하고 싶지 않아요. 전 사람들을 만나고 싶지 않아요. 저는 집에서 4일 동안 나오지 않았어요. 자주 그렇게 해요. 그리고 밖에 나갈 때는 혼자 가는데, 누군가 어디서 보고 있는지 늘 살피죠. 아는 사람을 보면 다른 길로 발걸음을 돌리죠.

두 번째 회기는 상담치료사가 지나에게 지난주에 어떻게 지냈는지 묻고, 그녀가 자기의 기분과 활동에 대해 보고할 때 공감적으로 따라 주는 것으로 시작한다. 이 보고를 들으면서 그녀의 가라앉고 동기 부여되지 않는 기분에 대한 감정들을 공감해 준 후, 그녀가 가장 초점을 맞추고 싶은 중요한 것은 무엇인지 물어보는 것으로 그 회기를 안내한다.

상담사: 꺼내고 싶은 무슨 이야기이든 관심 있어요.
지　나: 네, 알겠어요.
상담사: '이런 것을 하자'고 하지 않을 거예요. 전 당신을 더 잘 알아 가면서 우리가 따라야 할 것을 함께 만들어 갈 거예요.
지　나: 네, 알겠어요.
상담사: 지금 당신에게 가장 흥미로운 것이 무엇인지 궁금해요. 지난주에는 당신의 자매들과 가족이 중요하다는 얘기를 했어요. 하지만 저는 오늘 당신의 관심이 어디에 있는지, 무얼 말하고 싶은지는 몰라요.
지　나: 제 머릿속에는 하고 싶은 게 정말 많아요. '난 일하고 싶나? 야간에

학교에 가서 수업을 듣고 싶나?'와 같은 질문들을 하고 있는 중이죠.

상담치료사와 지나가 15분간 이 주제에 대해 이야기할 때, 상담치료사는 지나에게 공감하면서 "그렇죠, 집에 앉아서 아무것도 하지 않는 것은 마치 자신을 허송세월하게 내버려 두는 것 같죠."라고 반응한다. 지나는 "이제는 거기에서 나와서…… 다시 사람들 주변에 있으려고 노력을 할 때가 된 것 같아요."라고 반응한다. 상담치료사는 "사람들과 함께 있는 것 말이죠."라고 반영한다. 그러면 내담자는 친구들이 방문했을 때 무슨 일이 있었는지 자세히 말하는 형식적인 내러티브를 한다. 상담치료사는 방문 당시 무슨 일이 있었는지에 대한 주관적이고 내적인 경험에 초점을 맞추려고 한다.

> 상담사: 네, 그냥 더 이상 할 수 없다는 느낌이 들 때가 있죠.
> 지　나: 네, 맞아요.
> 상담사: 당신 안에서는 어떻죠? 전 줄 것이 아무것도 없어요.
> 지　나: 글쎄요. 전 피곤하고 자고 싶어요. 피곤해요.
> 상담사: 졸린 건가요? 아니면 다른 어떤 건가요?
> 지　나: 네, 그렇게…… 고갈되는 거요. …… 네, 고갈된 것 같아요.
> 상담사: 고갈되었군요.
> 지　나: 그래서 그냥 눕고 싶어요.
> 상담사: 이게 정말 많은 에너지를 소요하고 있는 거군요.
> 지　나: 네.
> 상담사: 아니면 에너지가 얼마 남아 있지 않은 거죠.
> 지　나: 네, 네. 전 단지……, 전화할 때도 "할 말만 하고 끊으세요."라고 말하고 싶은 기분이에요. 전 사람들하고 통화하고 싶지 않아요. 그것은 너무 많은 노력이 필요해요. 무슨 일인지 모르겠지만 사람들이랑 전화 통화를 하고 싶지 않아요. …… 제가 왜 그렇게 쉽게 사람들에게서 움츠러드는지 모르겠어요.

상담치료사는 이것을 문제가 되는 반응의 표식으로 듣는다(자극: 사람. 반응: 움츠러듦, 곤혹스러움, "이유를 모르겠어요."). 체계적인 연상 전개 작업(이 작업의 자세한 내용은 2장과 6장 참조)을 시작하면서, 상담치료사는 "그것이 무엇과 같은지 좀 더 정확하게 탐색해 봅시다. 저는 당신이 말하는 것을 일처럼 느낀다고 생각되는데요."라고 말하며 시작한다. 그리고 상담치료사는 내담자에게 그 상황의 '장면'과 그 장면에 대한 그녀의 반작용을 다시 연상시켜서, 움츠러드는 순간을 재경험하게 하려고 시도한다.

그래서 당신이 당신의 거실에서 미국 북쪽에서 온 사람들과 앉아 있을 때, 그들은 소파에 앉아 있고 당신은 거기 있으면서 '내가 이 빈 공간을 말로 채워야 하는구나.' 하는 감정을 느끼는 거죠. 아니라면 뭘까요?

그들은 이 상황에서 그녀의 경험을 탐색한다.

지　나: 글쎄요, 저는 이야기를 하고 그들이 거기 있는 것에 관심을 보이고, 마시고…….

상담사: 네, 실제로 무엇을 느끼나요? 당신 속에 있는 것에 목소리를 준다면요.

지　나: 혼자 있고 싶어요. 남편이랑 있는 것에 아무 문제가 없다고요. 우리는 좋은 관계를 갖고 있어요. 하지만 그들과는…….

상담사: 당신이 (친구들에게) 당신이 어떤지 말해야 한다면 뭐라고 하시겠어요? 기분이 정말 좋지 않다고 할 것 같은데요.

지　나: 네. 우울하고 별로 말하고 싶지 않다고 말할 거예요. 할 말이 별로 없다고요.

그녀는 아침에 일어나서 옷을 입는 것에도 노력이 필요하고, 그저 종일 집에 혼자 있고 싶다고 계속 말을 이어 간다. 상담치료사는 고통스러운 감정 속으로 안내한다. 이 지점에서 탐색은 좀 더 직접적으로 그녀의 내적 경험으로 전환된다.

상담사: 그래요? 그래서 당신이 어떻게 더 우울한 감정이 되었는지 말해 주실래요? '전 단지…… 원해요.'라고 하면 돼요.

지 나: 혼자 있는 것이요. 단지 혼자 있고 싶어요. 슬픈 감정 같아요. 에너지가 없어요. [이차적 증상의 감정]

상담사: 네. 그것으로 들어가 보죠. 그것에 목소리를 준다면요? 지금 그렇게 느끼세요? 어떻게 느끼시나요?

지 나: 전 때로 거의 정서적으로 죽은 것같이 느껴요. 오늘같이 정말로 슬픈 것은 아니고요. 녹초가 되어 지친 것같이 느껴요.

상담사: 맥빠진 것 같은 거네요…….

지 나: 네, 감정 같은 것은 거의 없어요. 화난 건 아니에요. 슬픈 것도 아니고요. 단지……. (소리를 낸다.)

상담사: 당신은 단지 맥빠지고 힘없다는 거죠? 실제 당신 속에서 지금 무엇을 느끼시나요?

지 나: 피곤해요. 네, 피곤해요.

상담사: 그래서 당신이 지금 당장 "난 피곤해요."라고 말을 해야 한다면요, 당신은 지금 있는 곳에서의 자신이 되려고 할 수 있나요?

지 나: 전 삶에 지친 것 같아요. 애쓰는 것에 지쳤어요. 모든 것은 가치가 없어 보여요. 이게 다 무엇인지, 그리고 내가 왜 뭔가가 되려고 하는지 생각해요……. 내가 뭐가 되려고 하는지 모르겠어요. 전 학교로 되돌아가는 것을 생각해요. 그래서 벽에 또 다른 졸업장을 거는 거죠. (웃음) 내가 왜 이것을 하느냐고요? 무슨 소용이죠?

상담사: 그래서 다 무슨 소용인가요? 그것은 너무 많은 노력이 들어가고 다 무슨 소용일까요? [공감적 확인]

지 나: 네, 전 집에 앉아서 혼자 있는 것에 완전히 만족해요. 저의 어떤 부

분들은 날씨가 좋으니 나가서 신선한 공기를 마시라고 말할 거예요. 인생을 낭비하고 있다고 하면서요. 그런데 그것은 그저 저의 한 부분이죠.

상담치료사가 공감하면서 감정을 더 탐색하도록 일관적이고 부드럽게 압력을 가한 것은 지나가 무슨 일이 발생했는지에 대해 집중되어 있는 이야기에서 내적 경험에 대한 살아 있는 이야기로 나아가도록 하는 데 도움이 된다. 이것이 사례개념화를 하는 이 단계에서 초점이 나타나기 시작하는 방법이다. 지나의 정서적 세계가 탐색될 때, 이면에 깔려 있는 처리 과정의 어려움과 그녀의 핵심 감정과 필요에 대한 표식들이 나타나기 시작하고, 치료적 주의가 요구되는 문제 영역을 이해하기 위한 정보가 제공된다.

제2단계: 함께 초점을 만들고 핵심 정서를 식별한다

두 번째 단계(사례개념화의 중심적 측면)는 머리글자어인 MENSIT가 상징하는 여섯 개의 주요 요소로 이루어진다. 표식 식별(M: Marker identification)은 한 회기 내에서 내담자의 상태와 절차들을 개념화한 것으로 특정 개입이 가능한 특정 형태로 구성되어 있다. 개입은 핵심 정서 도식 처리의 어려움(E: Emotion)과 핵심 욕구(N: Need)에 다가가는 것을 목표로 한다. 핵심 정서 도식에 접근하는 것을 막는 이차적(S: Secondary)이고 방해되는(I: Interruptive) 절차들은 과정 중에 식별된다. 마지막으로, 주제(T: Theme)는 더욱 내러티브 형태로 개념화를 완성하면서 정교화된다. 단계의 끝에서 개념화 내러티브는 유발 요인들을 정서 도식과 연결시켜서 행동적 결과와 호소하는 문제들로 돌아가게 한다.

지나의 경우 상담치료에서 나타난 두 가지 주요 표식들은 자기비판과 미해결 과제인데, 둘 다 부모의 정서적 학대와 관련이 있다. 흔히 부모의 학대가 있을 때 미해결 과제가 더 궁극적인 절차가 될 것을 암시한다. 하지만 회기 중에 내담자에게 가장 생생하게 나타나는 것이 우선시되며 그것을 다루게 될 것이다. 미해결 과제를 탐색하는 것은 내담자가 신체적 학대의 어려움뿐만 아니라 외롭게 버려진 것과 수치심에 대한 부적응적인 핵심 정서 도식에 접근할 수 있도록 도와주었다. 지나는 지지와 타당성 인정에 대한 핵심 욕구들을 식별할 수 있었다. 그녀의 이차 정서들은 분노와 절망감이었으며, 과정을 방해하는 것은 포기와 웃음이었다. 시간이 지나면서 주요 주제들 또한 정교하게 되었다. 자신과 관련해서는 실패감과 같은 매우 자기비판적인 감정이었으며, 다른 사람들과 관련해서는 인정받지 못한 감정들이었다. 마침내, 자신이 부족하다는 지나의 핵심 감정들과 인정받지 못한 것에 대한 그녀의 민감성은 자기 결혼을 인정하지 않는 자매들의 말에 대한 문제들과 함께 묶여 있었다. 그것들이 지나의 우울증을 촉발시켰고 사회적으로 움츠러드는 행동적 결과를 가져왔다.

지나의 수치와 외롭게 버려진 것에 대한 초점을 이해하기 위해서는 상담치료사가 내용보다는 절차 수준에서 개념화하고 있었다는 것을 아는 것이 중요하다. 상담치료사는 내용과 관련해서 비지시적 태도로 시작하여 가장 감정의 동요를 일으키고 고통스러운 것을 따라갔다. 그랬을 때, 자매들과 아버지로부터 인정받지 못한 것에 대한 감정들이 드러났다. 그녀의 경험을 더 깊이 탐색하는 것은 부족하다는 느낌과 사랑받지 못한 느낌이라는 수치에 기초한 일차 감정으로 이끌었다. 그런 감정은 그녀의 우울에 대한 기본 결정 요인들로 나타났다. 다음 회기의 자료는 이것이 어떻게 수행되었는지 보여 준다.

지나는 혼자 있는 것에 대해 안전하고 편안하게 느낀다고 했으며, 좋은 책을 읽는 것을 즐긴다고 했다. 상담치료사는 그런 활동의 아늑함과 안전감을 인정했지만, 또한 아직 얘기되지 않은 정서들이 있는 상태라는 것을 인지했다(Angus & Greenberg, 2011).

상담사: 지난주와 연결 지어 보면 정말 상처를 받은 느낌이고, 그냥 움츠러

들고 싶은 느낌이었어요.

지　나: 네, 제가 항상 그런 일들을 처리하는 방식이죠. 제가 정말로 상처
받을 때 평생 동안 제가 취했던 방식이에요. 아무하고도 말을 하지
않고 누구하고도 대화하지 않으면 그것이 더 안전하니까 저는 물
러나 버리죠. [이제 그녀는 더 취약하고 고통스러운 경험에 가까워
지고 있으며, 다른 사람들과 관련하여 자신을 보호해야 할 필요성
은 미해결 과제를 제안한다.]

상담사: 그럼 난 상처받을 일이 없어요.

지　나: 상처받을 일이 없고 그들이 무슨 말을 할지를 걱정할 필요가 없죠.
그것은 저를 위한 보호막이에요. [방해하는 절차를 식별한다.]

상담사: 그것은 보호하는 것이기는 하지만, 뭔가 당신이 상처받았다는 것
을 말해 줘요. 더 이상 그것을 견딜 힘을 잃어버린 것처럼.

지　나: 네, 제 말은 제가 그렇게 하고 물러나 버리곤 다시 나온다는 뜻이
죠. 저는 항상 제 발로 돌아갈 수 있다고 생각했어요. 지금 당장 저
는 더 이상 상관 안 해요. 전 그냥……. (한숨) 아시죠?

상담사: 네, 그것을 다루어야 한다는 것을 더 이상 원하지 않아요. 저 자신
이 안전함 속에 있기를 원하는 것 같지만 그것이 상처인 것 같아요,
그렇죠?

지　나: 네, 그것은 정말 많이 상처를 줘요.

상담사: 그 상처에 대해 더 말해 줄 수 있나요? 왜냐하면 아무래도 거기에
있는 것이 상처라는 것은 중요한 것 같아서요.

지　나: 네, 제가 들은 말들과 사람들, 특히 가족들의 반응 때문이죠.

상담사: 저는 정말……. 지지받지 못했다고 느꼈어요.

지　나: 네, 저는 그들에 비해 열등하게 느껴요. 자존감이 남아 있지 않은
것 같아요. [이제 내재된 핵심 결정 요인, 즉 지지가 부족하다는 느
낌(버림당할 것에 대한 두려움과 슬픔)과 열등감(수치심)이 드러
난다.]

그녀의 고통을 따라가는 과정에서 핵심적인 상처에 대한 이해에 도달하게
된다. 지나의 핵심적인 고통스러운 정서들은 그녀가 몰랐던 것으로 보이지
않고, 핵심 문제는 비합리적인 신념도 어떤 기술의 부족도 아니다. 그것보다
는 허락되지 않은 고통스러운 정서들이었다. 그것들을 피하여 자신을 보호
하려는 그녀의 시도들은 결국 그녀를 방전되게 한 것이다. 문제가 되는 반작
용의 표식에 반응하고 경험이 깊어지면서 그녀의 핵심 정서 도식은 상담치료
초기에 어느 정도 분명해졌다. 수치와 외로움에 대한 그녀의 고통스러운 감
정들과 동반되는 행위들, 그리고 감정들 속에 끼워져 있는 타당성과 지지에
대한 욕구는 지나를 미충족된 욕구들을 충족시키는 것에 대한 절망적 감정에
남겨 두었다는 것이 분명해졌다. 상처받고 취약해진 감정을 느끼는 그녀는
자신을 보호하기 위해 공처럼 움츠러들며 숨고 싶었다. 이런 고통스러운 근
본적인 감정들은 궁극적으로는 괴로운 감정을 만들어 낸 오래된 상황들에 대
한 새로운 정서적 반응들에 다가가는 것으로 변해야 한다.

지　나: [그녀의 자매들에 대해] 그냥 저를 내버려 뒀으면 좋겠어요.
상담사: 예. 그것이 '절 혼자 내버려 두세요'이군요. '저는 부족해요(I'm not
　　　good enough)'한테 더 이상 당할 수 없어요. 그래서 안전한 장소
　　　로 물러나려는 거예요. 그곳은 아무런 요구도 없는 내 집 안이기는
　　　하지만, 여전히 '전 부족해요'라는 내면의 목소리, 그들의 목소리,
　　　당신의 목소리가 있네요. '전 부족해요' 목소리는 뭐라고 하나요?
　　　[상담사는 자기비판에 대한 내적 결정 요인에 초점을 맞춘다.]
지　나: 잘 모르겠어요……. 제가 실패자라는 것? 저는 실패자이지만, 제
　　　삶, 제가 노력했던 모든 것을 느껴요. 저는 교육받은 사람인데도
　　　졸업했을 때 제 분야에서 직업을 구할 수 없었어요. 그건 마치 실
　　　패로 망신당하는 것 같아요. 다른 사람에게는 쉬운 것 같은 것이
　　　제게는 정말 어려운 것 같아요. (그녀는 자기 자매가 어떻게 자기
　　　가 틀렸다는 것을 입증할 수 있는지를 설명한다.)

상담사: 아무튼 언니가 화내거나 인정하지 않는 목소리는 내 자신을 마치 아무것도 아니거나 실패자로 취급하는 것처럼 느끼게 했어요. 저는 그 메시지를 계속 받고 있어요. 왜 그런지는 모르겠어요. 하지만 정말 상처받는다는 것을 알아요.

지 나: 언니가 전화할 때 이제 받지는 않지만, 예전에 언니가 전화하고 내가 전화를 받곤 했을 때 갑자기 땀이 나고 '맙소사 또 무슨 말을 할 거지?'라는 생각을 하게 되어요. 때로 언니가 전화해서 친절하게 해 주면 저는 전화 후에 몇 주 동안 정말 기분이 안 좋았어요.

상담사: 그러니까 어쨌든 언니에게 매우 취약하군요.

지 나: 네. 언니는 성공했으니까 언니의 인정을 원하는 것 같아요. 제 자매들은 제 전부나 마찬가지거든요. 저한테는 부모님은 있나 마나 예요. 그분들은 제 삶에 없었기 때문에 그분들의 인정은 제게 의미가 없어요. [비판이 자매들에게 투사된 자기비판 대화나 미해결 과제의 표식이지만, 치료가 아직 초기 단계(bonding stage)에 있기 때문에 그것에 대한 개입을 시작하는 것은 너무 이르다.]

상담사: 당신이 부족하다는 느낌은 언제 처음 가졌나요?

지 나: 아마도 아이 때인 것 같아요. 제가 어렸을 때 저는 학교에서 공부도 잘하고 운동도 잘했어요. 부모님께 인정받고 싶었죠. 제가 성적을 잘 받는 것은 부모님께 정말 중요했거든요. 그리고 수년 동안 저는 그렇게 잘했어요. 하지만 그렇게 하는 것이 아무런 차이를 만들 수 없다는 것을 깨달았어요. 부모님은 관심이 없으셨어요. 다만, 부모님은 이웃들에게 제가 모든 과목에서 A를 받았다는 것을 자랑하는 것에만 관심 있으셨어요. 그래서 저는 고등학교 가면서부터는 완전히 반대로 했죠. 낙제는 받지 않았지만 더 이상 A를 받으려고 노력하지 않았고, 전처럼 운동도 하지 않았어요. 그러곤 마약에 손을 대기 시작했어요. 부모님이 신경도 쓰지 않으시는데 제가 잘할 이유가 뭐가 있겠어요? [미해결 과제 표식이 드러난다.]

상담사: 부모님이 신경 쓰지 않으신다는 건 정말 힘든 일이었겠네요. 당신
은 반항을 했군요. 그들이 상관 안 한다고 느꼈던 거예요. '부모님
이 나를 거절하는 건가?'라는 생각이 들었겠어요!

지 나: 네, 그건 정말 저뿐이 아니었어요. 제 생각에는 우리 모두, 우리 자
매들 모두였던 거예요. 제 부모님은 자식을 낳지 말았어야 했어요.
왜냐하면 그들은 아이들에게 주어야 할 사랑을 할 능력이 없었거
든요. 물론 부모님은 아마도 혐오스러운 젊은 시절의 이야기들이
있으시겠죠. 하지만 그들은 자녀들을 사랑하지 않았고 잘 돌보지
않았어요. [여기에서 사랑받지 못한 것에 대한 그녀의 핵심 감정이
매우 뚜렷하게 떠올랐고, 외로움에 대한 슬픔과 혼자 있는 것에 대
한 두려움과 사랑받지 못한 것에 대한 수치심이 섞여 있는 것으로
보였다.]

상담사: 모두였죠. 그런 것이 사랑받지 못했다는 느낌을 갖게 했군요.

지 나: 틀림없이 그렇죠. 네. 누군가가 "부모님께서 당신을 사랑하셨나
요?"라고 질문하면 전 아니라고 할 거예요. 그들은 제가 살아 있는
지도 모를 걸요. 그들은 신경도 안 써요. 전화 거는 것 같은 건 아니
라고요. 무슨 뜻인지 아시죠? 제가 말한 바와 같이……, 자매들은
아버지와 연락을 하지요.

상담사: 그렇군요. 네.

지 나: 아무도 어머니에게 연락하는 사람이 없어요. 아버지는 제가 일 년
동안 무직인 것도 아시고, 제가 남편과 어려움이 있다는 것도 아셔
요. 그런데도 전 부모님으로부터 아무 얘기도 들은 적이 없어요.

상담사: 어린 시절에는 어떤 점에서는 지옥 같은 아픔이었겠군요.

지 나: 물론이죠.

상담사: 네. 지금 당신이 상처받기 쉽다고 느끼는 것은 당연해요. [상담사는
타당성을 인정한다.]

지 나: 하지만 왜 이것이 저에게는 이렇게 영향을 미치는데, 제 자매들은

잘 지내는지 궁금해요. 자매들은 어려서 결혼했고 어린 나이에 누
군가를 사랑하고 돌봤기 때문인가요? 큰언니는 17세에 결혼했고,
다른 자매들은 19세에 결혼했어요.

그리고 지나는 아마도 자기가 자매들처럼 안정적이고 성공적이지 못한 것
은 고등학생 때 사랑하는 관계를 가져 보지 못했고, 20대에 결혼하지 못했고,
그래서 자기 자매들처럼 사랑하는 관계의 지지가 부족했기 때문이라고 이야
기한다. 상담사는 그녀가 판단받는 것으로 느끼며 자기비판적이라는 것을
알아차리고, 가족들의 인정해 주지 않음에 대한 지나의 상처와 위축과 그에
뒤따르는 자기비판을 반영해 주기 시작한다.

상담사: 그게 뭐 대수냐고 말하는 또 다른 목소리가 당신 안에 있나요? 이
것은 규칙적이지는 않아요. 그들 눈에 옳은 일을 한다는 것이 대수
는 아니죠. 하지만 어쨌든 또 다른 목소리가 있는데 그것은 매우
취약한 목소리예요. 왜냐하면 어쨌든 당신은 옳은 일을 하지 않았
다는 말을 듣는다거나 그렇게 생각하는 것, 그리고 당신은 정말로
가치가 없고 지지받지 못했다고 느끼는 것은 실제와 상관없이 상
처가 되죠. 당신은 언제나 사람들이 당신을 볼 때 눈썹을 치켜 올
리고 눈을 굴리는 모습을 보았어요, 그렇죠? 당신은 부족하다고 평
가받아 왔고, 그러면 지금 현재 당신의 유일한 대책이란 '당신이 내
모습을 있는 그대로 사랑하지 않는다면, 당신이 나를 인정하지 않
는다면, 난 그냥…….' 이런 말을 하는 것뿐인 거죠.

지 나: 가서 나만의 삶을 살 거야.

상담사: '짐 싸서 내 갈 길 간다.'라는 말과 같은 거죠.

지 나: 글쎄요. 네. 네. (웃음)

상담사: 네, 그것은 상처가 되요. 하지만 그 외에 뭘 할지 모르는 거죠.

지 나: 왜냐하면 다른 방법으로 하면 더 아프거든요.

상담사: 그들에게 인정받지 못하는 것보다 당신 밖으로 나오는 것이 더 아
프죠. 그래서 어쨌든 이런 것이 당신을 우울하고 움츠러들게 하죠.
그리고 당신은 당신이 원하는 인정을 받을 수 없는 것과 씨름하면
서, '난 그들이 원하는 내가 아니다.'라는 느낌을 더 악화시키죠. 그
것이 당신 깊숙이 들어가서 '난 부족하다.'라고 느끼게 만들고요.

지   나: 네. 저와 수백만의 다른 사람들이요. (웃음)

상담사: 네. 그들은 인정해 주지 않죠. 그런데 다른 목소리가 있죠…….

지   나: 네. 언제나 거기 있었어요. 한때는 제가 정말 말이 많았는데, 그때
는 저 자신을 위해 항변하고 일어섰을 거예요. 그런데 지금의 저는
신경도 안 써요.

상담사: 다른 목소리, 즉 더 회복탄력성이 있는 당신은 에너지를 잃어버렸
어요. 그것은 마치 너무 많아서 저항할 수 없는 이상한 것들에 대
해 씨름하기 어려운 것과 같죠. 어쨌든 우리가 들여다보아야만 하
는 유일한 해결책은 함께 당신 자신이 되는 법과 자신감을 갖는 법
을 찾는 것이에요. [초점에 대한 제안과 내러티브의 공감적 요약]

지   나: 글쎄요, 애쓰고 있어요. 그것이 제가 학교로 되돌아가려는 이유인
것 같아요. 제가 학교로 돌아가서 정말 하고 싶은 것을 한다면 기분
이 좋아질 거라고 생각해요. 하지만 그게 그렇게 되지 않는다면, 그
리고 무의미하게 학교로 돌아간다면, 그래서 하나의 졸업장 옆에
또 다른 졸업장만 걸어 놓는 거라면 아무 소용없잖아요, 안 그래요?

상담사: 그렇지요. 하지만 저는 당신이 할 수 있는 방법이 오로지 움츠러드
는 것뿐이라는 느낌을 주게 했던 모든 상처와 해결되지 못한 모든
감정 속으로 더 깊이 들어갈 수 있다고 생각해요. 어쨌거나 이런
상처와 분노 속으로 들어가 보면……, 자매들에 대한 분노가 있다
고 생각해요. [초점에 대한 더 깊은 설명]

지   나: 네, 거기 있을 거라고 생각해요. 화내려고 하지 않아요.

상담사: 어쩌면 분노가 매우 중요할지도 몰라요. 왜냐면 그것은 '나는 나

야.'라고 말하는 것이고, 내가 어때야 한다고 생각하는 다른 사람을 위해서가 아니라 나는 나 자신을 위해서 가치 있게 평가받고 싶기 때문인 것이지요.

지   나: 어떠해야 한다. …… 언니가 저를 다른 자매들과 비교하는 것에는 화가 나요.

상담사: 네, 그 속에 있는 것이 상처와 분노예요. 당신은 그것을 '난 단지 움츠러들고 싶은 거야.'라고 느끼는 거지요. '난 언니와 점심을 먹고 싶지 않아.'라는 생각 말이에요. 하지만 이 해결되지 않은 분노와 상처는 당신을 움츠러드는 것처럼 느끼게 만들어요. 우리는 당신을 위한 더 좋은 해결책을 찾아가야 할 거예요. [상담사는 언니를 대하는 그녀의 즉각적인 딜레마를 인정하지만, 그녀의 갈등의 행동적 측면보다는 그녀의 감정을 더 강조한다.]

지   나: 네, 전 여전히 걱정이에요. 제가 언니에게 다시 전화할까요, 다시 전화하지 말까요? 다시 전화한다면 저는 더 화가 날까요? 그게 저의 가장 큰 두려움이에요. 저는 다시 전화해서 전화로 싸우고 싶지 않아요. 전 더 이상 그것을 할 수 없어요. 전 그렇게 하고 싶지 않아요. 왜냐면 언니는 이해 못하고 있고, 이해하지 못할 것이고, 모든 사람이 방어적인 것처럼 언니와 제가 방어적이 될 거예요.

상담사: 내부의 감정들을 어떻게 다루어야 할지, 그리고 상처를 어떻게 다루어야 할지에 대한 도움이 필요하군요. 왜냐면 그것들이 당신을 정서적으로 괴롭히고 있고, 거기에는 많은 불안과 걱정이 있으니까요…….

지   나: 그렇게 오랫동안 언니 주변에 있을 때 그것을 느낄 수 있었어요.

상담사: 당신은 '난 전화로 얘기하고 싶지 않아요. 우리가 갈등 속에 들어갈까 봐 걱정돼요.'라고 말하는군요. 이것이 그렇게 무서운 것은 무엇 때문이죠? 분노 때문인가요?

지   나: 글쎄요, 그렇게 무서운 것은 아니에요. 전 단지 화내고 싶지 않아

요. 전 언니와 싸우고 싶지 않아요. 전 에너지가 없어요. 제가 왜 이 렇게 느끼는지 당신이 알 수 없다면, 제가 말하는 것은…… 제가 언 니에게 말한다면, 음, 당신이 이것저것을 제게 말했는데, 그건 제가 전에 언니에게 말했기 때문이죠. 글쎄요, 언니는 "내가 너에게 좀 심하게 한 것을 깨달아."라고 하는데 그것이 뭘 해결해 주나요? 제 생각에는 언니는 전화를 끊고 나면 바로 자기 삶을 사는 것 같아요. (웃음) 그리고 언니는 그것을 다시는 생각 안 하는 거죠. 반면에 저 는 전화를 끊고 여지없이 무너지죠. 제가 그날을 위해 무엇을 계획 했든 날 완전히 파괴해 버리거든요. 그래서 전 언니와 얘기하기를 원하지 않아요.

상담사: 내가 정말 원하는 것은 내가 누구인지에 대해 지지받고 인정받고, 내가 누구인지 이해받는 것이에요. 내가 내 삶을 정당화해야 한다 고 계속 느끼는 것을 원하지 않거든요, 이런 느낌인 거죠. [그녀의 욕구를 식별한다.]

지 나: 네, 그런 느낌이에요. 저에게는, 제가 느끼는 것은 '언니는 나를 지 지해 줄 기회가 있었는데 그렇게 하지 않았다.'는 거예요. 이제 저 에게 뭘 원해요? 지금 저에게 하고 싶은 말이 뭔가요? 제 남편이 병 원에 있을 때 수개월 동안 제게 왜 아무 말도 하지 않았죠? 제가 홀 로 있을 때 왜 전화해서 차 마시러 가자고 하지도 않은 거죠?

상담사: 그것은 마치 '내가 얼마나 화가 났는지 당신에게 말하고 싶지 않 다.'는 것과 같군요. 왜냐면 그것은 당신과의 관계를 다시 시작해 야 하는 것이니까요. 그리고 내가 공격을 받고 나쁘게 취급받고 있 다고 느끼는 것과 같으니까요. [회기를 요약 정리한다.] 네, 모든 상 처와 분노는 거기 있지만, 그것을 다루고 싶지 않은 것과 같아요. 자매들은 그렇게 할 수 있고 그들은 나를 이해하지 못하는 것이죠. 지금 그들이 나를 이해할 거라고 기대하지도 않고 해 보고 싶지도 않은 것이지요.

지 나: 네. 글쎄요, 오늘까지 그들은 제게 와서, "우리가 널 위해 거기 있었어야 했는데."라고 말한 적이 없어요. 전 그들이 어떻게 그렇게 행동했는지 이해할 수 없어요. 왜냐면 그 일이 그들에게 일어났다면 저는 그들을 위해 거기 있었을 것이니까요…….

상담사: 당신이 사랑하기 원하는 사람에게 분노를 느낀다는 것은 정말 어려운 일이라고 생각해요. 그것이 당신을 혼란스럽게 하거든요. 왜냐면 당신은 정말 화가 나니까요. 당신은 원했던 사랑을 한 번도 받아 보지 못했으니 배반당했다고 느꼈을 만하죠. 나는 그것을 원했고, 지금은 화가 나요. 하지만 언니가 나를 지지해 주고 인정해 주기를 원했던 그것을 내가 지금 다룰 수 없는 것과 같은 거예요. 그것이 나를 움츠러들고 싶게 만드는 것이죠.

지 나: 네, 그래서 제가 여기 있는 것 같아요. 왜냐면 저는 그것을 다룰 필요가 있다는 것을 알고, 언젠가 이것을 잘 다루어서 전화로 "이제 말할 준비가 됐어요."라고 말하고, 감정이 격해지지 않으면서 차분하게 그것을 말할 수 있기를 바라거든요. 그래서 언니를 공격하지 않고 해야 할 말을 할 수 있기를 바라요. 분노를 터뜨리면서 말하고 싶지는 않아요.

두 번째 회기의 끝에, 우리는 이면에 있는 결정 요인이 출현하는 것에 초점을 맞추는 것을 본다. 지나는 부모의 무시와 인정해 주지 않음에서 오는 고통스러운 감정으로 괴롭힘을 당한다. 그녀는 사랑받지 못한다고 느끼고 열등하다고 느끼며 못마땅함과 비판에 대해 민감하다. 자매들의 인정과 지지가 부족하다는 것과 그들과 비교하여 자신은 부족하다는 느낌을 붙잡고 있다. 그녀의 핵심 정서 도식은 열등감의 수치와 받아들여지지 않고 사랑받지 않는 것에 대한 애착과 관련한 감정들을 포함하고 있다. 그녀가 경험하는 것은 기본적 안전에 대한 부수적인 감정인 불안인데, 그것은 전혀 지지받거나 인정받지 못했던 것으로부터 온다. 그녀의 핵심 욕구는 자신과 타인으로부터의 인정과 지지이다. 지나의 자기비판적 자기조직화는 희미했으며, 그녀는 가족에 관해 미해결된 수많은 감정을 가지고 있다. 이것은 부모나 자매들과 함께할 수 있는 미해결 과제 작업과 갈등을 폭로하는 두 의자 기법을 제안하게 한다. 앞으로의 회기에서 무엇을 다룰 것인지에 대한 내용과 시간은 어떤 표식들이 나타나느냐에 달렸다.

이 지점에서 상담치료사는 지나가 자기 자매들과 비교하는 맥락에서 나타내는 실패 문제와 관련하여 자기비판을 하는 것으로 결론을 짓는다. 또한 그녀는 부모님과의 초기 관계로부터 나오는 미해결 과제가 있으며, 표현되지 않은 아버지에 대한 분노와 슬픔이 있는 듯하다. 이 모든 것은 그녀 자신의 자기가치감에 영향을 준다.

과정 5: 과제 작업을 위한 표식 식별하기

상담치료사가 내담자 이야기를 들으면서, 향후 회기에서 가능한 작업이 무엇일지 암시하는 표식들을 알아차렸다. 첫 회기에서, 상담치료사는 이면에 깔려 있을 수 있는 어려움들에 대한 두 가지 주요 표식을 들었다. ① 가족에 의해 나쁘게 취급되었던 것에 대한 감정들의 미해결 과제, ② 자신을 실패자라고 판단하고 인정과 수용을 받을 권리가 없는 것으로 느끼는 부분과 인정과 수용을 필요로 하는 또 다른 부분에 대한 자기비판이다. 상담치료 초기에 이런 것은 단순히 그것이 다시 출현한다면 주의해야 할 것임을 의미한다. 첫 회기부터 다음과 같은 말을 주고받는 것은 지나의 자기비판이 가족의 지지가 부족한 것에 포함되어 있음에 대한 한 예를 제공해 준다. 상담치료의 초기 지점에서 상담치료사는 대화를 주도하기보다는 표식에 주목한다.

> 지　나: 전 제가 나쁘다고 생각하지 않지만, 전 나쁜 사람이라고 믿고 있어요. 하지만 제 마음 깊은 곳에서는 제가 나쁜 사람이라고 생각 안 해요. 이 모든 것을 받을 만하다고 생각 안 하거든요. 제가 강간을

한 것도 아니고, 살인을 한 것도 아니고, 은행을 털지도 않았잖아요. 전 이상한 짓을 하지도 않았다고요. 가족이 저를 이렇게 취급할 이유가 없다고요.

상담사: 한편으로는, 당신이 가족으로부터 한 번도 가져 보지 못한 것에 대해 슬퍼하는 것 같군요. 왜냐면 당신이 말을 시작할 때 '전 더 나은 취급을 받을 만해요. 전 나쁜 사람이 아니에요. 내가 가져 보지 못한 것에 대해 정말 슬퍼요. 전 더 받을 자격이 있다고요.'라고 하셨으니까요.

지 나: 네. 그런 것 같아요. 네.

상담사: 당신이 한 번도 가져 보지 못한 것에 대한 슬픔이 있어요. 분노가 있는 것이지요.

지 나: 아, 네.

상담사: 어떤 점에서는 내가 더 받을 자격이 있다고 말하는 것이지요. 그 감정이 얼마나 강하죠?

지 나: 글쎄요. 제가 이렇게 말하지만, 우리는 모두 우리가 더 받을 자격이 있다고 느끼는 것 같아요. 네, 제가 갖지 못했던 것들에 대해 슬퍼요. 저는 그것들을 결코 갖지 못할 거라는 것을 알아요.

상담사: 네. 아마 그렇겠죠. 그들이 그것을 당신에게 주지 않을지라도 당신은 자신이 얼마나 가치 있는지 믿을 수 있기 때문이죠. 그러면 어떻게든 다른 사람들로부터 받을 수 있는 것이 얼마나 많은지……

지 나: 제 자신을 위해서요. 저는 지금 자신을 행복하게 하기 위해 다른 사람에게 의존할 수 없다는 것을 깨달았어요. 행복해지기 위해서가 아니라 당신 자신 안에서부터 행복해져야 하는 것이죠. 그것이 제가 이 상담치료를 하는 이유예요. 우리가 자신에 대해 만족하면, 다른 것은 별로 문제가 안 된다는 것을 알아차렸어요. 하지만 잊지 마세요, 실패자라는 말을 자주 들으면 그것을 믿기 시작하게 된다는 것을요.

상담사: 네. 그것이 우리가 작업해야 할 중요한 부분이네요. 이런 비난이
    이렇게 고통스러운 것은 그것이 실패자라는 생각을 악화시키고,
    계속해서 실패자라고 말하고 있거든요. 머릿속에 계속 그 목소리
    가 있는 것과 같아요. 그러면 자신은 점점 작아지는 것 같고 대항
    해서 일어서기가 어렵게 되죠.

두 번째 회기에서, 내담자가 학교로 돌아가고 싶다는 얘기를 할 때 자기비
판적 표식이 다시 일어난다. 그녀는 자매들의 관점에서 자기가 실패할 수 있
다는 가능성을 대면할 때 또 좌절하게 된다. 이 지점에서 상담치료사는 지나
에게 언니를 다른 의자에 앉히라고 하면서 두 의자 작업을 시작한다. 이것은
자기의 한 부분과 하는 것이 아니라 다른 사람과의 대화임에도 자기비판적 대
화로 보인다. 왜냐면 자매들의 비판에 대한 예민함 때문에, 그녀의 내재된 비
판은 자매들에게 투사되거나 자매들 탓으로 여기게 되기 때문이다. 자매들의
비판은 내담자의 내적 비판을 악화시키기 때문에 해로운 것이다.

    네, 지지받지 못했어요. 전 그들에 비해 열등하다고 느껴요. 자존감이
    남아 있는 것 같지 않아요. 그들하고 뭘 시도해 보기를 원하지 않아요. 그
    냥 '당신이 이겼어요.' 하고 손드는 것과 같아요. 전 언니만큼 잘하지 못
    하고 언니가 이겼어요. 그걸로 됐어요. 날 혼자 내버려 둬요.

여기서 우리가 더 명백히 볼 수 있는 것은 그녀의 주된 관심은 부족하다는
수치심을 기반으로 한 감정들이라는 것이다.
부족하게 느끼는 감정의 핵심 자기조직화는 내담자가 자신이 비판에 대해
왜 그렇게 예민한지 얘기하던 세 번째 회기에서 확정되었다.

    상담사: 당신이 연약하고 예민하다고 말할 때 그것을 어떻게 이해하나요?
        당신한테는 그게 뭘 의미하죠?

지　나: 전 자신감이 없기 때문이에요. 제가 기분이 안 좋아지는 것은 어렵지 않아요. 어떤 사람들은 건설적인 비판을 잘 받아들이기도 하고, 어떤 사람들은 비판을 잘 받아들이기도 해요. 그들은 신경 쓰지 않는 거죠! 그들은 자기 자신들에 대해 확신이 있는 것 같아요. 제게는 너무 많은 부정적인 비판이 있는 것 같아요. 예전만큼 그것들을 잘 견딜 수 없어요. 어렸을 때처럼 그것들을 쉽게 떨쳐 버리지 못해요. 잘 모르겠어요.

상담사: 어쨌거나 자신이 그것에 대해 매우 빈약하다고 느끼는군요. 당신이 너무 많은 비판을 갖고 있다고 말했는데, 가장 두드러지는 게 무엇이죠?

지　나: 부모님에 관해 우리가 자녀들로 신경 쓰임을 받지 못했다는 애기를 했어요. 우리는 결코 충분하지 못했죠. 만약 성적에 B를 받았다면 A를 받아야만 하는 거죠. A를 받았다면 A+를 받아야만 하고요. 집 청소를 어떻게 했는지, 집안일들을 어떻게 했는지 등에서도 마찬가지죠. 우리에겐 모두 불안감이 있었다고 생각해요. 우리는 결코 충분히 좋을 수 없었으니까요. 우리는 우리 부모로부터 보상을 받지 못했어요.

상담사: 그랬군요.

지　나: 우리는 괜찮은 사람이라고, 무엇이든지 할 수 있고 성공적인 젊은이라는 그런 지지요.

이 지점에서 자기비판이 핵심 주제로 출현한다. 상담치료사는 자기비판이 중심 문제라고 확신한다. 그리고 그것은 그녀가 부모로부터 고통받고 있는 인정받지 못한 문제와 관련이 있다. 그때 위의 표식이 나타난다. 상담치료사는 그녀에게 부모님과의 의자 대화를 제안한다.

상담사: 당신은 여전히 매우 약하고 그들의 비판에 취약해요. 그래서 제가

부모님들을 여기 모셔 와서 이야기하는 것으로 상상하자는 제안을 할게요. [지나는 두 부모님을 빈 의자에 앉혔지만, 이야기는 빠르게 아버지와의 대화로 발전했다. 이것은 상담사가 아버지와 그녀의 관계를 중심으로 개념화했기 때문이 아니다. 그보다는 그것이 그 순간에 내담자의 정서적 경험 속에 가장 생생한 것이었기 때문이다.]

지 나: 저는 제가 나쁜 사람이라고 믿어요. 하지만 마음속 깊은 곳에서는 제가 나쁜 사람이라고 생각하지 않거든요. …… 제가 갖지 못했던 것에 대해 슬퍼하는 거예요. 그리고 결코 갖지 못할 거라는 걸 알아요.

상담사: (의자를 가리키며) 아버지가 여기 있다고 상상할 수 있겠어요? 그리고 아버지가 어떻게 당신이 자신을 나쁜 사람이라고 생각하도록 했는지 말할 수 있겠어요?

지 나: 아버지는 저의 감정을 다 파괴했어요. 아버지는 제 일생을 망쳤어요. 아버지가 전부 그렇게 한 것은 아니지만, 아버지는 저를 양육하기 위해 그리고 제 삶에서 저를 돕기 위해 아무것도 하지 않았어요. 아무것도 하지 않았다고요. 어느 정도 먹이고 입히기는 했죠. 그게 전부예요. (그녀는 아버지가 자기를 어떻게 모욕했고 자기를 어떻게 악마라고 불렀는지 이야기한다.)

상담사: 악마라고 불리는 것이 어땠는지 그리고 교회 가는 것이 어땠는지 이야기해 보세요.

지 나: 끔찍했죠. 아버지는 제가 아이였을 때부터 제 자신을 항상 나쁘다고 느끼게끔 만들었어요. 지금은 그렇게 믿지 않아요. 하지만 제가 아이였을 때는 제가 죽을 것같이 느껴졌고, 전 나쁜 아이니까 지옥에 갈 것같이 느껴졌어요.

과정 6~8: 이면에 깔린 (적응적인 또는 부적응적인) 핵심 정서 도식, 욕구 그리고 이차 정서 식별하기

세 번째 회기에서, 상담치료사는 지나를 인정해 주지 않는 아버지를 연기해 보도록 초대한다. 아버지 역할에서 그녀는 자신(지나)을 부족하다고 심하게 비난하면서 자매들만큼 좋지 않다고 비난한다. 그녀는 자기 역할을 하는 의자로 돌아와서, 반응하면서 이차 분노를 표현한다. 상담치료사는 더 깊이 있는 이면의 감정으로 그녀를 안내한다.

지 나: 그래요, 외로웠어요. 저는 아버지를 몰랐어요. 제가 아버지에 대해 아는 것이라고는 아버지는 언제나 저한테 소리 지르고 저를 때리는 사람이라는 거예요. 아버지가 저를 사랑한다거나 잘 돌본다거나 학교에서 잘하고 있다고 말한 그런 기억이 없어요. 제가 아는 것은 아버지는 제가 무서워하는 사람이었다는 것이에요. [그녀의 고통스러운 핵심 정서들은 외로움과 두려움이고, 대화는 아버지와의 미해결 과제로 옮겨 간다. 상담치료사는 그녀에게 아버지로부터 필요했던 것이 무엇이었는지 안내해 준다.]
제가 필요했던 것은 이따금 제 어깨에 팔을 두르고 절 안아 주고 절 얼마나 걱정하고 있는지 말해 주고 저에게 괜찮다고 잘하고 있다고 말해 주는 것이었어요. [핵심 애착 욕구; 상담치료사는 그녀에게 어린아이가 되어서 그녀가 뭘 느꼈는지 아버지에게 말하도록 한다.]
전 얻어맞는 게 무서웠어요. 저의 어린 시절 전부는 싸움이었어요. 전 가족의 특별한 행사를 싫어했는데, 그럴 때는 언제나 정말 큰 싸움이 있었기 때문이죠. 성탄절이 망쳐졌고, 어버이날도 망쳐졌고, 부활절도 망쳐졌고, 모든 것이 망쳐졌어요. [핵심 두려움에 접근한다.]

전 가끔씩 아이로 안아 주기를 바랐어요. 그리고 저에게 괜찮다고
말해 주는 거 말예요. 그게 정상이라고 생각해요. [위로와 타당성
인정이 필요함; 아버지와의 미해결 과제가 명백해짐; 그것은 미래
회기에 할 것임]

과정 9: 핵심 정서 도식에의 접근을 방해 또는 차단하는 것을 찾아내기

세 번째 회기에서, 상담치료사는 신체적으로 학대했던 아버지 역할을 해
보도록 초청한다. 아버지와의 빈 의자 작업 동안에 내담자가 보호되고 사랑
받아야 할 필요와 연결된 뒤에, 그녀의 자기 의자에서의 정서적 경험은 초기
의 외로움과 두려움에서 부당한 취급에 대한 분노로 옮겨 갔다. 지나는 자기
가 아버지를 히틀러라고 불렀다고 자기를 심하게 때린 것에 대해 화가 났던
사건을 얘기했다. 그녀는 이것을 얘기하면서 웃었다. 부당한 취급과 수치심
에 대해 자세히 말하면서, 그녀는 웃거나 농담을 하거나 분노를 표현하는 것
에 대해 불편함을 보이는 것으로 자신을 방해하는 경향이 있었다. 상담치료
사는 그녀가 아버지를 히틀러라고 불렀던 것을 얘기하면서 웃었던 것을 알아
차렸다고 언급했다.

지 나: 제가 그것을 다룰 수 있는 유일한 방법은 그것을 농담 삼아 얘기하
        는 것이에요. 그게 도움이 되니까요. 왜냐면 그것에 대해 너무 진
        지하면 너무 우울해서 아무것도 할 수 없으니까요. 그래서 전 그것
        에 대해 웃는 것을 배웠어요. 저는 냉소적이고 빈정대는 유머를 가
        졌어요.
상담사: 웃음 밑에는 많은 상처와 미움이 있겠군요. [그녀는 이미 아버지를
        미워한다고 말했다.]
지 나: [아버지와의 빈 의자 기법에서] 전 아버지가 미워요. 전 아버지가

미워요. 그 사실은 틀림없어요. 수년 동안 아버지를 미워했어요. 가족의 기능 안에서 아버지를 보는 것은 절 화나게 해요. 거기에 있는 것이 싫어져요. 아버지는 아무 일도 일어나지 않은 것처럼 행동하죠. 전 아버지가 부모 노릇을 한다고, 전화를 걸어서 어떻게 지내는지 물을 거라고 생각해요. 아버지가 저를 사랑하지 않는다는 것이 절 아프게 해요.

그녀에게 필요했던 것들은 그럴 만한 것이었다는 것을 인식하는 것으로 회기를 마쳤다. 사랑에 대한 욕구가 그녀를 상처와 고통에 취약하게 했다. 그녀를 고립되고 홀로 있게 하는 것은 그 욕구를 방해하는 것이었다. 그녀는 자신의 욕구를 차단하는 것으로 자신을 보호하려 했지만, 그것은 사랑받고 받아들여지는 것에 대한 자신의 욕구를 부인한 것이었으며, 결국 그녀에게 좌절감을 안겨 주었다.

과정 10: 주제를 식별하기: 자기-자기 관계, 자기-타인 관계, 실존적인 문제

세 번째 회기 끝에, 개인의 내적인 문제와 개인 간의 주요 문제들이 명백히 나타났다. 지나가 어떻게 자기 자신을 대우하고 어떻게 다른 사람들과 관계하느냐는 것은 그녀의 가장 고통스러운 경험을 얘기하는 속에 분명히 끼워져 있었다. 첫째, 그녀는 자기 가족의 비판을 내재화했고, 그래서 지금은 매우 자기비판적이다. 그녀의 실패와 무가치에 대한 비판적 목소리는 초기에는 자매들로부터 오는 것으로 식별되었지만, 어린 시절 부모님과의 관계에 뿌리를 두고 있음이 분명해졌다.

지나의 자기비판과 인정의 욕구와 관련하여 있는 것은 곧 사랑의 욕구이다. 사랑은 그녀의 삶에 찾아오기 어려운 것이었다. 그녀는 이런 필요를 방해하는 것과 필요에 대한 인정을 피하는 방법을 배웠다. 지나는 어떻게 자기 자신을 의존하는지를 배웠지만 이런 독립성에는 대가가 있었는데, 바로 지지받지 못하고 고립된 느낌이었다. 사랑에 대한 그녀의 필요는 어린 시절 아버지와의 관계에서 비롯된 그녀의 미해결 과제와 관련이 있다.

상담치료의 다른 주요 주제는 그녀의 아버지와의 관계이다. 그것은 그녀를 상처받고, 화나고, 무가치하고, 사랑받지 못한다고 느끼게 만들었다. 지나는 어린 자녀인 그녀를 잘못 대우한 아버지에 대한 엄청난 분노를 품고 있다. 하지만 처음에 그녀는 그것을 축소하려는 경향("매맞는 것은 정상이었어요."라고 말하는 것)이 있다. 그녀는 이것을 무가치감과 사랑받을 수 없는 느낌으로 내재화했다. 이러한 이면에 있는 걱정들은 각각 내적 갈등을 위한 두 의자의 정서적 처리 작업과 의미 있는 타인과 미해결된 상처를 위한 빈 의자 기법에 적합했다.

과정 11: '호소하는 관계나 행동에서의 어려움'을 유발시키는 사건들과 핵심 정서 도식을 연결하여 사례개념화 내러티브를 함께 구성하기

자기비판 작업을 하는 동안, 지나는 자매들의 반응(그녀의 결혼을 인정하지 않은 것으로 경험했음)에 의해 유발된 현재의 우울 문제는 인정받지 못하고 홀로 남겨진다는 핵심 감정을 더 악화시켜서 결국 그녀를 위축되고 우울하게 했다. 그녀는 충족되지 못한 필요들을 경험적이고 행동적인 도피(사람들을 만나지 않고 상처와 수치에 대한 반작용으로 좌절감을 느낌)로 처리했음이 명백해졌다. 그리고 부족하다는 것에 대한 수치심과 사랑의 상실과 거절에 대한 슬픔은 그녀의 우울한 어려움의 기초가 되었다는 것도 명백해졌다. 무가치하다는 수치심을 기반으로 하는 감정들은 아버지가 그녀를 어떻게 대했는지에 기인한다. 이 작업을 하면서 그녀의 우울을 다루는 것이 중요했다. 네 번째 회기에서 논의된 것은 지나가 자기 문제들을 피하기보다는 다루고 싶은 마음을 표현했다는 것이다.

비록 그녀가 알코올 중독자인 어머니와의 관계를 끊어 버렸지만, 지나는 어머니와 미해결 과제가 있는 것으로는 나타나지 않았다. 동맹도 잘 형성되었고, 초기에 초점이 명확하게 세워졌기에 각 회기는 지나의 경험을 따르기만 해도 생산적인 것 같았다. EFT 상담치료사들은 초점 맞추기에 가장 중요한 자료들을 가져올 거라고 믿으면서 내담자에게 가장 두드러진 것이 무엇인지 따라가야 한다. 지나의 어머니는 어느 회기에서도 정서적으로 두드러지게 나타나지 않았다. 상담치료사는 각 회기를 새로운 것으로 취급하고 무엇이 나타날 것인지 기대했다. 나타나는 것이 없는 것 같으면, 이 지점까지의 개념화에 기초한 초점을 향해 작업해 갔다.

<h1 style="text-align:center">제3단계:
프로세스 표식 및 새로운 의미에 주목한다</h1>

과정 12: 드러나는 과제 표식 식별하기

세 번째 단계에서, 상담치료사는 순간순간을 개념화하는 것으로 바꾸었다. 현재 상태를 식별하고, 핵심 문제와 관련 있는 진행 중인 표식들과 작업 도중에 나타나는 미세한 표식들을 식별하는 것이다. 이 상담치료에서 작업 표식들은 상당히 일찍 나타났고, 더 완전하게 드러난 유일한 새로운 표식은 자기방해 표식이었다. 일곱 번째 회기에서, 지나와 상담치료사가 식별한 것은 그녀의 필요가 충족되지 않았다는 고통에 대해 그녀가 자기를 보호하기 위해서 사랑받기 원하는 감정을 방해한다는 것이었다. 아홉 번째 회기에서, 그녀가 '방해자' 역을 하는 '다른 의자 작업'을 하는 동안, 그녀는 자신에게 다음과 같이 말했다.

당신은 기분 나빠 하면서 시간을 낭비하고 있어요. 왜냐하면 당신이 그것들을 원하지만 그것들은 거기 없거든요. 가장 좋은 방법은 감정을 차단하고 그것들을 필요로 하지 않는 것이에요. 제 삶을 살아온 방식이 그것이 었죠. 사람들이 저에게 상처 입힐 때, 저는 제가 어머니에게 그랬던 것처럼 그들을 제 삶에서 문자 그대로 잘라내 버리는 지점까지 가요.

상담치료를 계속해 가면서, 상담치료사는 지나의 정서적 처리에서의 변화를 감지했다. 예를 들어, 그녀의 슬픔에 대한 표현은 신속히 좌절로 가라앉는 수준에서 의식할 수 있을 만큼 안정적인 수준에 머무는 것으로 바뀌었다. 그래서 그녀의 목소리와 몸짓과 단어들은 일관성 있는 내러티브 안에서 그녀의 감정들을 전해 주었다. 그녀는 슬픔을 참으면서, 새로운 정서적 의미를 만드는 과정을 시작했다. 그녀가 깨달은 것은 그녀가 나쁘다는 것보다는 그녀 부모님에게 사랑할 수 있는 능력이 없었음이 문제였다는 것이다. 상담치료사는 지나가 만족감과 안도를 경험했으며, 이것을 자신이 마땅히 받아야 할 어떤 것의 상실로 통합시켰음을 알아차렸다. "어머니, 아버지는 제게 어떤 사랑도 보여 주시지 않았지만, 그것은 제가 사랑받을 수 없는 자였기 때문이 아니라 단지 그들이 그런 정서를 행할 능력이 없었기 때문이었죠. 부모님은 어떻게 사랑하는지 모르세요. 여전히 지금도 모르시고요."

상담치료사는 지나가 처음 회기들에서 현저하게 보여 주었던 좌절감을 더 이상 경험하고 있지 않음을 알아차렸다. 그녀는 아버지에 대한 분노와 슬픔과 고통에 대한 경험들을 더 잘 참고 견딜 수 있게 되었다. 새로운 정서적 의미가 만들어졌다. ('나는 사랑받지 못하는 존재이다.'라기보다는 '내 부모님은 어떻게 사랑하는지를 모르신다.'는 것이다.)

과정 13: 미세한 표식 식별하기

몇 차례, 상담치료사는 다음 개입을 안내하는 해결의 길로 이어 주는 특정 단계들을 암시하는 것을 식별할 수 있었다. 이것이 바로 EFT에서 계속 발생하는 순간순간의 사례개념화 절차이다. 3단계에서, 상담치료사는 내담자에게 발생하는 일과 변화 과정에서 다음 단계로 나갈 필요에 대한 미세 개념화에 관여한다. 예를 들어, 상담치료사는 지나가 자기의 비판적 목소리의 영향을 경험하기 시작한 것과, 그것이 그녀가 탄력적으로 자기 삶에 반응할 수 있는 것으로 어떻게 영향을 주었는지를 알아차렸다. 이것이 발생한 것은 내담자가 비판자에게 "영원히 가 버려."라고 자기가 바라는 바를 말할 때였다. 경험하는 자기의 목소리가 고조된 비판적 목소리에 상당히 강하게 반응하게 된 것이다. 이 지점에서 지나는 자기가 실패자라는 생각에 대해 비판적 목소리로 도전하며 반응한다.

> 지   나: 전 사랑받는다는 것을 알아요. 항상 알고는 있었지만, 그것을 믿은 적은 없었어요. 그래서 전 사랑받는다고 믿기 시작하고 있어요. 그들이 나를 사랑하지 않기 때문에 화가 나는 대신에 그들은 사랑할 능력이 없는 것이라고 받아들이고 있어요. 저뿐이 아니었고 자매들도 마찬가지였어요. 부모님이 언니들은 사랑하고 나는 사랑하지 않았던 것이 아니었어요. 그들은 우리 중 누구도 사랑하지 않았던 거예요. 부모님으로서 사랑해 줘야 하는 방식의 사랑은 아니었죠. 사랑이 어떻게든 있긴 있었겠죠.

과정 14: 새로운 의미가 새로운 내러티브의 재구조화에 어떤 영향을 미치는지, 그리고 호소하는 문제와 어떻게 연결되는지 평가하기

상담치료사는 지나가 옛 내러티브(즉, 그녀는 사랑받을 가치가 없다)를 재구조화하기 시작하는 것을 보고 새로운 내러티브를 굳건히 하는 것을 도와준다. 열 번째 회기에서, 지나는 두 부모님과의 관계를 강조했다. 아버지에 대한 분노를 표현했을 때, 상담치료사는 여러 가지가 변화한 것을 감지했다. 분노를 표현하면서, 이제 그녀는 화내지 않으려는 긴장을 경험하지 않는다. 그녀가 다시 주장하는 분노는 아버지가 좋은 아버지가 아니었다는 식으로 전해 주었다.

아버지와의 빈 의자 작업에서 지나는 다음과 같이 말했다.

> 전 아버지에게 화가 나요. 왜냐면 아버지는 자신이 좋은 아버지라고 생각하시기 때문이에요. 아버지는 우리를 때린 적이 없다고 했는데 그것은 정말 가장 큰 거짓말이에요. 우리를 언제나 때리셨고, 어떤 사랑도 보여 주지 않으셨고, 어떤 애정도 표현하지 않으셨고, 우리가 집을 청소하고 집안일을 하는 때를 제외하고는 우리의 존재를 인정하지도 않으셨어요.

대화의 뒷부분에서, 상담치료사는 지나가 아버지에 대해 부드러워지고 아버지에 대한 새로운 이해를 굳히는 것을 본다.

> 제가 여기 와서 제가 이해했다고 생각하는 것에 대해 말하는 만큼 제가 분노를 느끼는 건지 잘 모르겠어요. 제 생각에, 아버지는 힘든 삶을 사신 것 같아요. 유럽에서 전쟁을 겪으셨어요. 5년 동안 수용소에서 지내셨고요. 수용소에 있던 사람이라면 누구라도 끔찍한 일을 보았다고 생각해요. 아우슈비츠였으니까요.

몇 분 뒤에 지나는 빈 의자 작업에서 아버지에게 말을 걸었다.

> 아버지가 정말 힘든 삶을 겪으셨다는 것을 이해해요. 아마도 이런 고통 때문에, 아버지가 겪으셨던 일들 때문에, 아버지는 움츠러드신 거라고 이해해요. 원래 주어져야 하는 방식으로 사랑을 주고 누군가와 가까워지는 것이 두려우셨어요. 그렇게 하는 것은 아버지에게 곧 그것을 잃는 것을 의미했기 때문이죠. 이제는 이해해요. 자라면서는 이해할 수 없었던 것을요.

회기가 진행되면서, 내담자는 아버지가 그녀를 실망시키고 상처 준 방법들을 이해할 수 있게 되었으며 그와 동시에 아버지의 내적 갈등에 대해 새롭게 이해하면서 불쌍히 여기는 것을 중심에 둘 수도 있게 되었다. "포로수용소의 희생자가 된다는 것은 정말 큰 영향을 주는 것이죠. 십 대를 누리는 대신에 전쟁의 포로가 되는 것 말예요. 그것은 명백히 지속적인 영향을 주는 것이겠죠. 계속되는 삶과 결혼에도 영향을 줄 테고요. 결혼 초에는 좋았겠지요, 정말로 서로 사랑하는 지점이 있었겠고요. 하지만 어머니는 술을 마셨고, 아버지는 삶에 대해 화가 났고, 아들을 잃어버렸어요. 그런 것들을 대하는 방식들이 차갑게 변해 간 거죠. 느끼지 못하고 지지해 주지 못하는 사람으로 만든 거죠. 아버지가 어떻게 해야 하는지를 몰랐다고 생각해요."

그녀의 내러티브는 "전 사랑받을 수 없어요."에서 "내 아버지(어머니)는 사랑할 수가 없었고 그것이 문제였어요."로 바뀌었다. 그녀는 분노와 슬픔을 처리하는 과정에서 수치심이 바뀌게 되었고, 아버지에 대한 긍휼과 이해의 관점을 갖게 되었다.

새로운 의미가 나타날 때, 상담치료사는 새로 나타난 내러티브를 어떻게 현재의 문제와 연결시킬지를 평가했다. 지나의 자신과 자기의 수치에 대한 새로운 관점과 책임은 종결에 대한 준비와 변화에 대한 좋은 정도를 암시했다. 상담치료의 끝에 지나는 새로운 정서적 의미를 만들어 냈고, 이것은 수치와 사랑받지 못한 감정으로 충만했던 그녀의 정서 도식을 바꾸었다. 그녀는 친밀감과 사랑과 인정에 대한 필요를 연기할 때 기쁨과 차분함의 감정에 다가갈 수 있었다. 그녀는 사랑받는다고 느끼지 못했던 것에 대한 슬픔을 경험할 수 있었고 가치에 대한 새로운 자기조직화를 구성할 수 있었다.

상담치료사는 이것을 일관되고 적응력 있는 새로운 내러티브로 간주했다. 상담치료사는 아버지가 자기를 실망시키고 상처 준 방법들에 대해 지나가 이해할 수 있게 되었으며 그와 동시에 아버지의 내적 갈등에 대해 새롭게 이해하면서 그를 불쌍히 여기는 것을 중심에 둘 수도 있게 된 것을 알아차렸다. 사랑받을 필요는 더 이상 좌절감을 유발시키지 않았다. 그녀의 강한 정서에 목소리를 주고 새로운 것들에 다가가면서, 지나는 자기는 사랑받을 가치가

있고 아버지가 그녀의 삶에서 이 시점에 주어야 하는 것을 다룰 수 있다고 인
정하게 되었다. 그녀는 자신의 필요를 말로 표현하고, 부적절한 감정으로부
터 자신을 보호하고, 자매들과 친해질 수 있는 능력에서도 변화했다. 어머니
에 대한 감정들에 대한 질문에 대해서, 그녀는 어머니와는 거리를 유지하는
것이 상책이며 이렇게 내버려 두는 것이 좋겠다고 말했다. 그녀는 이에 대해
일관되었으며, 그래서 상담치료는 끝났다.

결론

지나는 실패자라는 느낌으로 상담치료를 시작했다. 개념화는 자기와 타인
그리고 자기와 자신 사이의 관계에 집중하도록 이끌었다. 아버지에 대한 해
결되지 않은 원망과 슬픔은 그녀 자신이 가지는 자기가치감에 영향을 미쳤
다. 그녀는 매우 자기비판적이었고 가족들에게 비판받고 있다고 느꼈다.

과정 지향적인 개념화는 자기비판 분리와 미해결 과제에 대한 표식들을 식
별했다. 수치를 기반으로 한 무가치감과 부모의 학대와 방치로부터의 기본
적 불안정감과 외롭게 버려진 것에 대한 부수적 슬픔에 대한 그녀의 핵심 정
서 도식들은 초기에 식별되었다. 드러난 전반적인 주제들은 자기비판을 해
결하는 것과 가족들, 특히 아버지와의 미해결된 감정들을 다루는 것이었다.

사례개념화 적용을 위한 차트

앞의 두 장에서는 사례개념화가 어떻게 특정한 사례에 적용되는지를 각각 첫 단계와 두 번째 단계를 더 강조하여 진술했다. 세 번째 단계는 과정처리 개념화 단계이다. 이번 장에서는 상담실에서 전형적인 진단을 받은 다섯 명의 내담자에 대한 사례개념화의 예시들을 차트 양식에 따라 배열하여 보여 주고 있다. 이 다섯 명의 내담자들이 가지고 있는 문제들은 우울, 불안, 사회적 공포, 복합 외상 그리고 섭식장애 증상으로, 모두 주요 진단 범주에 들어간다. 다음의 샘플 차트는 상담치료사들이 구체적인 사례를 다룰 때 도움을 얻을 수 있도록 단순하게 구조화하였으며, 뒤따라 다섯 가지 사례로 만든 차트가 각각 제시된다.

사례개념화 샘플 차트

제1단계: 내러티브를 풀어 나가며 내담자의 정서처리 스타일을 관찰한다

과정 1. 호소하는 문제(관계적인 어려움과 행동 문제)를 경청하기

과정 2. 감정의 동요 및 고통스러운 정서적 경험에 귀를 기울이고 식별하기

과정 3. 내담자의 정서처리 스타일에 주목하며 관찰하기
    1. 목소리의 질
    2. 정서적 흥분
    3. 내담자의 경험 상태(experiencing)
    4. 정서적 생산성
      1) 주의력?
      2) 상징화?
      3) 일치성?
      4) 수용?
      5) 분화(differentiation)?
      6) 주체성(agency)?
      7) 조율?

과정 4. (애착 및 정체성과 관련된) 정서 기반의 내러티브 또는 삶의 이야기
    풀어내기

제2단계: 함께 초점을 만들고 핵심 정서를 식별한다

과정 5. 과제 작업을 위한 표식 식별하기

과정 6. 이면에 깔린 적응적 또는 부적응적인 핵심 정서 도식 찾아내기

과정 7. 욕구 파악하기

과정 8. 이차 정서 파악하기

과정 9. 핵심 정서 도식에의 접근을 방해 또는 차단하는 것을 찾아내기

과정 10. 주제를 식별하기: 자기-자기 관계, 자기-타인 관계, 실존적인 문제

과정 11. '호소하는 관계나 행동에서의 어려움'을 유발시키는 사건들과 핵심
　　　　정서 도식을 연결하여 사례개념화 내러티브를 함께 구성하기

제3단계: 프로세스 표식 및 새로운 의미에 주목한다

과정 12. 드러나는 과제 표식 식별하기
표식: 과업:

과정 13. 미세한 표식 식별하기
예) 두 의자 작업의 경우 두려움의 미세한 표식(micromarker)이 나타난다.
미세 개념화: 한 비판가 이면에 존재하는 두려움과 그에 관련된 욕구들을 표
현하도록 격려한다.

과정 14. 새로운 의미가 새로운 내러티브의 재구조화에 어떤 영향을 미치는 지, 그리고 호소하는 문제와 어떻게 연결되는지 평가하기

사례개념화 차트: 우울증

소피, 42세 싱글 맘, 두 번째 우울 삽화.

제1단계: 내러티브를 풀어 나가며 내담자의 정서처리 스타일을 관찰한다

과정 1. 호소하는 문제(관계적인 어려움과 행동 문제)를 경청하기

저는 우울해요. 제 아들이 약물중독에 빠져 있는데 제가 어떻게 할지 도무지 모르겠어요. 실패했다는 느낌이 들어요.

과정 2. 감정의 동요 및 고통스러운 정서적 경험에 귀를 기울이고 식별하기
- 인생 중 대부분의 시간 동안 줄곧 우울증에 시달려 왔어요.
- 나는 화를 잘 내는 사람이에요.
- 나는 사람을 신뢰하지 않아요.
- 나는 사람들이 나를 무시할 때 마음을 닫아 버려요.

과정 3. 내담자의 정서처리 스타일에 주목하며 관찰하기
1. 목소리의 질: 공감적 탐색의 말들에 주의집중을 하는 반응을 할지라도, 주로 형식적(external)이다.
2. 정서적 흥분: 정서적 주제에 대해 이야기할 때 중간에서 높은 정도의 흥분이 나타난다.

3. 내담자의 경험 상태: 대부분 표면적으로 경험을 하나, 상담치료사의 유
   도에 따라 내적으로 초점을 맞추곤 한다.

4. 정서적 생산성

   1) 주의하기? 불규칙하다.

   2) 상징화? 좋다. 상징화할 수 있는 역량이 있다. 상담사가 내적인 경험
      에 집중하도록 하면 반응을 한다.

   3) 일치성? 때때로 엇갈린다(예: 취약한 정서에 관하여 이야기할 때 웃음으
      로 반응한다).

   4) 수용? 어려워한다. 분노보다는 슬픔과 절망과 같은 취약한 정서를 더
      수용하기 어려워한다.

   5) 분화? 분화 능력이 있다.

   6) 주체성? 스스로를 자기경험의 주체라고 느낀다.

   7) 조율? 지나칠 때도 있고 부족할 때도 있다. 그러나 과잉조율은 슬픔
      과 절망과 같이 수용하기 힘든, 조율이 잘 안 되는 감정을 통제하는
      전략으로서 사용되고 있는 것 같다.

과정 4. (애착 및 정체성과 관련된) 정서 기반의 내러티브 또는 삶의 이야기
　　　　　 풀어내기

　　저는 부모님과 5시간 정도 떨어진 곳에서 살고 있는데 그들과 멀리 떨어
져 사는 것이 좋아요. 부모님을 5년에 한 번 정도로 드문드문 보는데도 만
나고 헤어질 때마다 너무 괴로워요. 어머니는 극단적으로 비판적이며 언
제나 그래 오셨고, 이제는 제 아들에게까지 비판적으로 대하셔요. 아버지
는 그다지 저를 두둔해 주지 않아요. 저는 다섯 형제와 함께 성장을 했어
요. 오빠 한 명을 제외하고는 아무도 저를 신경 써 주지 않았어요. 그렇지
만 그 오빠조차도 대부분의 시간을 기숙사에 있었기에 함께 있는 시간이
많지 않았죠. 부모님은 나를 결코 이해하지 못했어요. 부모님은 여자아이

들에게 이중 잣대를 가지고 있었거든요. 저는 어서 열여덟 살이 되어 집을 떠나고 싶었어요. 고립감과 홀로 남겨진 것 같은 느낌 속에 살았고 지금도 여전히 그렇죠. 저는 아직 남자와 살고 있지 않고 결코 결혼 생활을 하지 못할 것 같아요. 제 아들만이 제 빛이요, 희망이에요. 그는 항상 착한 아이로 자라 왔는데 지금은 마약에 빠져 있고 제 말을 듣지 않아요. 저는 실패했죠. 어떻게 보면 전 지금까지 언제나 실패해 왔는지도 모르겠어요. 이제는 실패자라는 게 익숙해요.

제2단계: 함께 초점을 만들고 핵심 정서를 식별한다

과정 5. 과제 작업을 위한 표식 식별하기
내담자는 부정적인 자기평가를 표출하고 있다. 과제: 자기비판에 대한 두 의자 기법

과정 6. 이면에 깔린 적응적 또는 부적응적인 핵심 정서 도식 찾아내기
핵심 정서는 부적응적인 수치심이다("나는 실패자이다."). 이 감정은 두려움, 슬픔 그리고 외로움과 혼합된 것으로, 상담치료사와 내담자가 함께 접근하려고 애써 왔던 정서이다.

과정 7. 욕구 파악하기
이 여성의 핵심 욕구는 자기타당화와 자부심이다.

과정 8. 이차 정서 파악하기
내담자는 종종 자신의 이차 감정인 '화'를 표현하며 상담을 시작하는데, 그 이유는 분노에서 힘을 얻는다고 느끼기 때문이다. 그러나 화를 내는 것은 사실 자신의 취약한 부분을 보호하려는 행위이다.

과정 9. 핵심 정서 도식에의 접근을 방해 또는 차단하는 것을 찾아내기
나는 핵심적인 고통을 절대 마주할 수 없을 것이다. 엄청난 우울함 속에 빠져 제대로 기능할 수 없을 테니까. 결코 침대에서 빠져나올 수조차 없을 것이다.

과정 10. 주제를 식별하기
1. 자기−자기 관계: "난 가치가 없는 사람이고 실패자예요."
2. 자기−타인 관계: "다른 사람을 신뢰할 수 없어요. 사람들은 항상 나를 인정하지 않아요. 애초에 다른 사람이 가까이 다가오지 못하게 하는 것이 더 나아요."

과정 11. '호소하는 관계나 행동에서의 어려움'을 유발시키는 사건들과 핵심 정서 도식을 연결하여 사례개념화 내러티브를 함께 구성하기

다양한 감정과 문제들이 해체/분석되었을 때, 상담치료사는 이러한 것들이 그녀가 말하고 있는 문제들에 어떻게 연관되는지 명료화하기 위해 다음과 같은 도움을 주었다.

본질적으로 실패자라고 느껴질 때 당신이 우울해지는 것이 이해가 갑니다. 아들을 자랑스럽게 여기는 것은 당신을 기분 좋게 만들어 주는 삶의 한 부분이었는데 이제는 그것조차 쓰라리게만 느껴지겠죠. 이는 과거에 당신이 어머니로부터 비판받았을 때 느낀 실패와 무가치의 핵심 감각을 자극합니다. 그러한 부정적인 경험을 갖고 있기 때문에 당신은 인정받지 못하고 비판받는 것에 대한 두려움을 느끼고, 그래서 사람들이 당신을 가까이 하지 못하도록 합니다. 그렇지만 당신은 외롭고 누구 하나 당신의 편을 들어 줄 사람이 없다고 느끼고 있습니다.

제3단계: 프로세스 표식 및 새로운 의미에 주목한다

과정 12. 드러나는 과제 표식 식별하기

1. 표식: 자기비판에 대한 두 의자 기법을 통해서, 비판적 목소리가 내담자의 직장 상사를 반영하고 결국에는 그녀의 어머니를 반영한다. "엄마는 만날 때마다 나를 뭉개려 한다."
2. 과업: 상담치료사와 내담자는 무시와 모욕감과 관련하여, 내담자의 어머니와 얽힌 미해결 과제를 다루는 빈 의자 기법을 여러 번 진행했다.
3. 두 의자 작업에서, 내담자를 비난하는 쪽은 누그러지는 데 어려움을 겪었다(서서히 드러나는 표식). 자기위로 과제로 전환해서 시도해 보기로 결정을 내린다(개념화 결정).

과정 13. 미세한 표식 식별하기

1. 미세한 표식: 빈 의자 작업에서, 어머니가 상대를 멸시하는 행위를 말로 표현했다. 자기 의자로 돌아와서 표현할 때는 풀이 죽은 듯 절망적이 되었다.
2. 미세한 개념화: 인정하고 공감해 준 후에 내담자가 무엇을 원하는지를 물어본다.

과정 14. 새로운 의미가 새로운 내러티브의 재구조화에 어떤 영향을 미치는지, 그리고 호소하는 문제와 어떻게 연결되는지 평가하기

두 의자 작업을 통해 내담자는 자부심과 강한 자아존중감에 접근할 수 있었다. 자아존중감은 아들과의 관계에도 영향을 미쳤다. 치료의 후반부로 접어들었을 때, 내담자는 아들이 질 나쁜 녀석들과 어울리고 있다고 해도 더 이상 그것이 자기 잘못이며 자신이 책임져야 한다고 느끼지 않았다. 그녀는 아들에게 더 강하게 요구할 수 있게 되었으며 하지 말아야 할 것에 대해 명확히 선을 그었다. 빈 의자 작업에서, 내담자는 어머니에게 화를 내며 지지와 인정에 대한 욕구를 표출해 냈다. 이러한 경험을 통해 이제 직장에서도 상사에게 좀 더 자기주장적인 자세로 대할 수 있게 되었고, 직장생활이 더 편안해졌다.

사례개념화 차트: 범불안장애

　내담자는 64세 남성이며 퇴직 후 파트타임으로 일하고 있고, 두 번 결혼하였는데 두 번째 결혼에서 두 명의 의붓자녀와 한 명의 아이가 있고, 예전의 결혼관계에서 두 자녀가 있다. 이 남성은 상담실에 와서 자기의 불안장애에 대해 이야기했다. 그는 몇 년 전에 심장마비를 겪은 후로 쉽게 피로감을 느끼게 되었다. 내담자는 십 대 때부터 걱정이 많았다고 이야기했다.

제1단계: 내러티브를 풀어 나가며 내담자의 정서처리 스타일을 관찰한다

과정 1. 호소하는 문제(관계적인 어려움과 행동 문제)를 경청하기
　심장마비 전에도 불안 증세는 있었으나 이제는 '모든 것'에 관해 걱정하게 되었다고 진술한다.

과정 2. 감정의 동요 및 고통스러운 정서적 경험에 귀를 기울이고 식별하기
　상담실에서 대부분의 대화는 심장마비에 초점이 주어지고 그 영향에 대해 이야기를 한다. 상담치료사는 내담자에게 동정심을 느끼지만 심장마비에 대해서는 그러한 깊은 동정심을 느낄 수 없었고, 따라서 내담자에게 있어 제일 민감한 부분은 심장마비가 아니라는 것을 알 수 있다. 심장마비에 대한 그의 이야기에는 깊은 고통이 내포되어 있지 않다. 내담자는 자기가 걱정하는 것이 슬픔의 회피라는 것을 인식하게 되었으며 이 슬픔은 잃어버린 자기 인생과 기회에 관한 것이라는 것을 진술했다. 그는 또한 자기 어머니와 아버지에

관하여 상당한 분노를 가지고 있다. 그는 어머니가 거의 항상 아파서 함께
한 시간이 거의 없었던 것으로 기억한다. 그의 아버지는 그를 신체적으로 학
대했고 돌봐 주지 않았으며, 이는 그를 불안정감과 불안 애착에 빠지게 했다.
내담자는 공허감과 외로움의 감정을 자각하게 되었다. 그는 잠이 정말 필요
할 때마다 수면제를 먹곤 한다. 그는 또한 직업, 결혼과 자녀 양육과 같은 많
은 일에 있어서 자신이 실패했다고 느낀다. 그는 무언가를 성취한다는 것의
중요성을 표현하나 정작 자신은 무엇을 성취했는지 알지 못한다.

- 나는 모든 것을 걱정합니다.
- 심장마비 이후로 특히 불안해요.
- 다른 사람으로부터 거리감을 느껴요.

과정 3. 내담자의 정서처리 스타일에 주목하며 관찰하기

1. 목소리의 질: 주로 형식적이다. 이야기를 하고 예들을 말하나, 집중된
   (focused) 목소리가 아니다.
2. 정서적 흥분: 정서적 주제를 말할 때에도 흥분이 적거나 평소 상태에 있다.
3. 내담자의 경험 상태: 상담치료사가 유도해 주지 않는 이상 내면에 초점
   을 맞출 수 없다. 사건과 이야기들을 형식적으로 연결하여 말한다. 공
   감적 사고를 기반으로 내면의 경험에 대해 이야기를 하면 잠시 내면으
   로 들어가다 순식간에 튀어나와서 다른 이야기를 한다.
4. 정서적 생산성
   1) 주의력? 없음.
   2) 상징화? 자기 자신이 스스로 상징화하지 못함.
   3) 일치성? 때때로 엇갈린다. 그가 슬픔을 이야기할 때 슬픔의 표정이나
      소리가 없다. 언어의 압박 있음.
   4) 수용? 비난하면서 화를 내는 것과 같은 이차 감정에 대한 수용은 있
      으나, 상실에 대한 슬픔과 같은 취약한 감정을 수용하는 것은 어려워

한다.

5) 분화? 처음에는 분화를 이룬 것처럼 보이나 핵심에 들어가면 매우 명료하지 않으며 정서적으로 분화되어 있지 않다.

6) 주체성? 걱정할 때는 주체적이나, 그보다 더 취약한 정서와 관계해서는 주체적이지 않다.

7) 조율? 상담 중에 불안을 조율하지 못하는 모습을 다소 보이나, 다른 정서들은 과잉조율되고 있다.

과정 4. (애착 및 정체성과 관련된) 정서 기반의 내러티브 또는 삶의 이야기 풀어내기

내담자는 자녀들에 대해 지나친 걱정을 하고 있다. 첫 결혼에서 난 두 아들 중 한 명은 내담자에게 말을 안 하고, 다른 아들은 이혼 위기에 빠져 있으며 그만의 불안으로 인해 고통당하고 있다. 내담자는 그들이 왜 자신에게서 멀어진 건지 모르겠다고 말하면서도 이혼의 시기에 그들을 버렸던 것 때문은 아닐까 하고 생각 중이다. 현재 결혼에서 낳은 아이가 독립할 준비를 하고 있는 동안, 내담자는 그 아이 역시 많이 불안정하고 그에게 거의 관심이 없다고 걱정했다. 그는 사랑에 실패했다고 느끼고 있다. 그는 첫 결혼이 성공적이지 못했고 현재의 결혼생활도 헤매고 있어 괴로워하고 있다. 그는 불행하고 외롭다. 그는 떠나는 것을 자주 고려하고 있다. 교수로서의 성공적인 직업이 있음에도 불구하고, 그는 동료들이 자기를 존중하지 않는다고 느끼며, 자신은 성취한 것이 거의 없다고 스스로 평가한다. 내담자는 지나치게 걱정하고 있다. 걱정에 대한 주제나 대상은 자신의 건강과 다른 사람들, 특히 그의 자녀들이다.

제2단계: 함께 초점을 만들고 핵심 정서를 식별한다

과정 5. 과제 작업을 위한 표식 식별하기
표식: "나는 모든 것이 걱정된다."

과제: 자기비판. 이것은 초기에 가장 근간이 되는 작업이다. 이 문제를 해결할 수 있는 실마리는 비판적 자기가 어떻게 두려움과 침울함을 미래에 투사하면서 스스로를 무능하고 나쁘게 받아들이는 파국적인 역할을 하는지를 아는 것이다. 비판적 자기는 "너는 가치가 없어."라고 말하며, '바로 그것이 네가 사랑받지 못하는 이유'라고 속삭인다.

과정 6. 이면에 깔린 적응적 또는 부적응적인 핵심 정서 도식 찾아내기

그의 핵심 부적응적 감정들은 상실에 대한 두려움과 홀로 버려지는 것에 대한 슬픔이다. 그는 불안정하고 스스로를 챙길 줄 모르며, 보호받고 안정감을 누리고자 하는 욕구를 가지고 있다. 상담치료의 주요 과정은 자부심과 분노의 감정에 접근하는 것과 사랑받고자 하는 욕구를 표현하는 것이다. 내담자는 감정들에 접근하여 "나는 돌봐 줄 만한 가치가 있는 존재이다."라고 말할 수 있게 되었다. 그가 함께 있고 싶었던 어머니와 아버지의 상실에 대해 이야기할 때는 슬픔과 애도가 표현되었다. 결국에는 자신의 내면에 남아 있는 외로운 아이를 다독여 주고 불쌍히 여기게 되었으며, 자신의 한 부분(역자주: 이성적 자기, 중심자기)이 불안정한 부분(경험자기)에게 "내가 널 돌보아 줄 거야."라고 말해 줄 수 있게 되었다.

과정 7. 욕구 파악하기

그의 핵심 욕구는 사랑받는 것이다. 그는 자신이 많은 일을 충분히 성취해야만 사랑받기 충분한 존재가 될 수 있을 것이라고 느낀다.

과정 8. 이차 정서 파악하기

그의 이차 정서는 걱정(불안), 좌절감, 체념이다. 이런 이차 정서는 심신증을 통해서뿐만 아니라 언어로도 표현되었다.

과정 9. 핵심 정서 도식에의 접근을 방해 또는 차단하는 것을 찾아내기
걱정이 감정들을 회피하고 감정들에 접근하는 것을 방해하고 있다.

과정 10. 주제를 식별하기
1. 자기-자기 관계: "나는 실패자이며 가치 없는 존재야."
2. 자기-타인 관계: "나는 외롭고 사랑받지 못하고 있어. 다른 이들에게 화
　　를 낼 때마다 그들을 영영 잃어버리는 게 아닐까 하는 두려움을 느껴요.
　　나는 그들이 나를 인정해 주어 내가 사랑받고 있다는 것을 알고 싶어요.
　　나는 실패자고, 그것이 내가 사랑받지 못하는 이유예요."

과정 11. '호소하는 관계나 행동에서의 어려움'을 유발시키는 사건들과 핵심
　　　　정서 도식을 연결하여 사례개념화 내러티브를 함께 구성하기

　　당신의 걱정은 분노와 슬픔 그리고 외로움과 불안 같은 기본적인 감정
으로부터 스스로를 보호하려는 시도입니다. 당신의 걱정은 이러한 고통스
러운 감정들을 감시하는 보초와 같습니다. 걱정을 하면 나쁜 일이 일어나
기 전에 미리 예상할 수 있으니까, 당신은 일종의 통제감을 느낄 수 있을
것입니다. 하지만 당신은 통제감을 갖게 되는 때부터 편안하게 지낼 수 없
고 항상 지켜보고 있어야 합니다.

상담치료사가 해야 할 일은 내담자가 이면에 깔려 있는 감정들을 다룰 수
있도록 돕는 것이며, 이는 '걱정'이 핵심 분노나 슬픔과 같은 근원적이며 우선
적인 감정에 대한 이차 감정이라는 상담치료사의 이해에 기초한다. 상담치
료사는 걱정하는 것은 괴로운 일이라고 인정해 주며, 다시 일차 감정에 초점
을 둘 수 있도록 해야 한다.

제3단계: 프로세스 표식 및 새로운 의미에 주목한다

과정 12. 드러나는 과제 표식 파악하기

두 의자 작업을 통해 파국적인 자기비판이 부분적으로 해결되면서 과제 표식들이 서서히 드러나기 시작했다. 그리고 자기가 비판적 자기에 대항하기 시작하며 자신감을 가지고 화를 표현하고 욕구들을 채워 줄 것을 주장했다.

1. 어머니에 대한 미해결 과제, 아버지에 대한 미해결 과제
   1) 표식: 어머니가 병들었고 무능함. 내담자는 돌봄이 필요하나 돌봐 줄 수가 없음. 어머니의 병약함에 대해 수치감을 느낌.
   과제: 빈 의자 작업을 통해서 어머니를 의자에 앉히고 돌봄과 양육에 대한 필요를 주장했고, 아무 도움을 받지 못한 것에 대해 분노를 표출했다. 어린 시절의 상실에 대해 슬퍼했다.
   2) 표식: 아버지가 내담자를 학대함.
   과제: 빈 의자 작업을 통해서, 아버지를 마주하고 화를 표현했다: "잘못한 사람은 당신이에요. 당신은 나를 그렇게 대우하지 말았어야 해. 난 당신이 나를 대했던 방식으로 당할 존재가 아니란 말이에요."
   3) 표식: 버림받음에 대한 아픔과 슬픔을 애도함.
   과제: 민감하게 반응하지 못한 어머니로 인해 버림받음을 경험했던 어린아이를 달래 줌.
   4) 미해결 과제에 대한 미세한 표식: 그는 "어머니를 힘들게 하지 마. 병 때문에 아프단 말이야."와 같은 말로 분노와 슬픔의 감정을 차단했다.
   미세한 결정: 자기방해 과제. 그는 움츠러들고 체념에 사로잡혀 자신에게 위로가 필요하다는 것을 표현하지 못했다. 포기와 방어를 다루는 작업은 외로움의 감정에 접근하고, 그의 상실을 애도하고 화를 낼 수 있도록 도와주었다.

과정 13. 미세한 표식 식별하기

1. 어머니와의 미해결 과제를 다루는 상황에서의 미세한 표식: 단편적 기억 vs 감정 표현? 특정한 에피소드를 말하도록 한다. 10세 때 학교에서 집으로 돌아왔을 때, 집이 텅 비어 있는 줄 알고 놀랐다. 그의 어머니는 사실 방에 있었고 아파서 침대에 누워 있었다.
2. 미세한 개념화: 침대에 누워 있는 어머니에 대한 슬픔과 두려움을 표현하도록 그를 격려하기 전에, 단편적 기억과 정서처리 과정에 귀를 기울이는 데에 시간을 들이라.

과정 14. 새로운 의미가 새로운 내러티브의 재구조화에 어떤 영향을 미치는지, 그리고 호소하는 문제와 어떻게 연결되는지 평가하기

의자 작업을 통해서, 내담자는 자신의 욕구가 정당한 것이며 버려졌다는 고통스러운 감정을 견디어 낼 수 있는 힘이 있음을 인식할 수 있었다. 그리고 스스로를 위로하고 아내와 아이들에게 자신이 원하는 것을 표현할 수 있다고 느끼게 되었다. 의자 작업을 통해 새로운 정서들을 발견한 후 새로운 의미를 통합하는 작업을 하던 중 내담자가 상담치료사에게 아내와 있었던 일에서 자기주장을 했던 것을 말했을 때, 상담치료사는 그 내용을 성찰적으로 반영했다. "이 작업을 하는 동안 당신의 정서적 욕구들에 대해 더 알고 표현할 수 있게 되었네요." 내담자는 한숨을 쉬며 말했다. "네, 맞아요. 내가 원하는 것을 말했고, 아내는 처음에 저항했지요. 그러나 곧 그녀는 좋다(OK)고 말했어요. 그거예요."

사례개념화 차트: 사회불안장애

과학을 전공하는 27세 대학원생이 쇠진적 불안(debilitating anxiety)으로 인해 상담실에 왔다. 공적인 장소를 생각하는 것만으로 그는 공포에 질리고 사회적 상황을 피하게 되었다.

제1단계: 내러티브를 풀어 나가며 내담자의 정서처리 스타일을 관찰한다

과정 1. 호소하는 문제(관계적인 어려움과 행동 문제)를 경청하기

난 불안해요. 교실에서 발표하는 것이 무섭고, 내 이름이 불리면 떨기 시작해요. 또 사회적인 관계들을 맺는 것이 힘들어요. 공적인 장소에 가는 게 싫고 파티에 가는 것도 다 거절해요.

과정 2. 감정의 동요 및 고통스러운 정서적 경험에 귀를 기울이고 식별하기
- 난 공헌한 것이 아무것도 없어요.
- 난 말하기 전에 완전하게 알아야만 해요.
- 난 사람들에게 뭐라고 말을 해야 할지 모르겠어요.
- 거부받을지도 모른다는 걸 감당할 수가 없어요.
- 난 아무것도 아닌 존재 같아요.
- 이렇게 사는 게 싫어요.

과정 3. 내담자의 정서처리 스타일에 주목하며 관찰하기
1. 목소리의 질: 주로 제한되어 있으며 조용하게 천천히 말한다. 때때로 형식적이다.
2. 정서적 흥분: 낮다.
3. 내담자의 경험상태: 대부분 낮다, 상담치료사의 유도에 따라 포커싱을 할 수 있다.
4. 정서적 생산성
   1) 주의력? 주의집중에 어려움이 있다. 회피한다.
   2) 상징화? 추상적으로 상징화한다. "생각하기에 내가 느끼는 것은……이에요."(vs. "난 ……을 느껴요.")

3) 일치성? 불일치. 형식적이고 불안한 웃음(conceptual and anxious laugh)

4) 수용? 수용 못함.

5) 분화? 분화 능력 있음.

6) 주체성? 없음.

7) 조율? 지나치게 과잉조율됨.

과정 4. (애착 및 정체성과 관련된) 정서 기반의 내러티브 또는 삶의 이야기 풀어내기

내담자는 자신의 어머니를 매우 예민하고 개입이 심한 사람으로 묘사하며, 그의 아버지는 거의 집에 없었지만 매우 높은 잣대를 가지고 있어 내담자는 그 기대치에 부합하지 못한다고 느끼고 아버지의 관심이나 사랑을 받을 가치가 없다고 생각했다. 그는 학교에서 왕따를 당했기 때문에 자기가 타인과 다른 존재라는 것을 항상 느꼈다고 고백했다. 그의 주된 문제(issue)는 사회적 상호작용 전에 굳어 버리고 긴장을 많이 하는 것이다. 그는 '너무 속내를 내비치지 말자, 사람들이 그걸 가지고 흠잡고 놀릴 수 있으니까. 넌 어색하고 바보 취급당할 게 뻔하니까 아예 말을 하지 마. 완벽하게 준비가 되었을 때만 말을 하자.'라고 스스로에게 되뇐다. 그는 자기가 부족한 것처럼 보이는 게 싫어 다른 사람에게 어떤 요구도 하지 않는다. 그는 칭찬받는 것을 싫어하고, 누군가에게 부탁하거나 다른 사람의 의견에 반대하는 것을 싫어한다. 왜냐하면 자신이 지배적인 사람으로 보이는 게 두렵기 때문이다. 그는 다른 사람의 기분을 상하게 하지 않을까 걱정하고, 다른 사람들보다 한 수 위에 있는 것(being one-up)을 극도로 꺼리고 회피하는 동시에 열등감으로 고통당하고 있다.

제2단계: 함께 초점을 만들고 핵심 정서를 식별한다

과정 5. 과제 작업을 위한 표식 식별하기

처음 5~6회기 동안에, 주된 표식이 귀인적 분리(attributional split)의 형태

로 나타났다. 타인이 자기를 비판하고 있다고 투사했다. 회기에서, 학교 상황이나 사회적 상황에서 타인이 자기를 약하고, 다르고, 적합하지 않고, 가짜에 사기꾼이라고 볼까 봐 걱정이 된다고 말했다.

과정 6. 이면에 깔린 적응적 또는 부적응적인 핵심 정서 도식 찾아내기

핵심 정서는 부적응적인 수치심이다. 이 수치심은 타인과 함께 사회적으로 활성화된 것이다. 내담자는 종종 거부당하는 것에 대한 두려움을 이야기하지만, 그 두려움은 실제로 수치감 불안, 즉 멸시받는 것에 대한 두려움인 것으로 보인다. 이 두려움은 자기가 부족하다는 것이 드러나서 굴욕감을 느끼는 것과 관련되어 있다. 그의 기본적인 정서 도식의 조직화는 수치심과 복종으로 구성되어 있고, 거부에 대한 두려움은 결함이 발견되어 멸시받는 것에 대한 두려움이었다. 치료의 목표는 자긍심과 자신감의 핵심 적응적 감정에 다가가는 것이다.

과정 7. 욕구 파악하기

내담자의 핵심 정서적 욕구는 스스로 가치감을 느끼고 사랑받을 만한 사람임을 자각하는 것이다.

과정 8. 이차 정서 파악하기

과도하게 일반화된 경향이 있어 마비시키는 힘이 있는 이차 감정들이 있다. 주된 정서는 두려움이었지만, 심리의 근저로 가는 것은 부적응적 수치심을 접촉하는 것을 의미했다.

과정 9. 핵심 정서 도식에의 접근을 방해 또는 차단하는 것을 찾아내기

내담자는 대부분의 경우 정서를 주지적으로 처리함으로써 감정을 느끼는 것을 회피한다. 내담자는 상담치료사에게 속마음을 털어놓는 것에 대해 매우 방어적이다. 완벽하게 자기를 표현하기 위해 굉장히 열심히 노력해야 하기 때문이다. 그러나 이러한 노력은 상담치료사뿐만 아니라 다른 사람과의 관계에서도 '정서적 울타리'를 만들고 있다. 그는 또한 카메라 앞에서 조심성 있게 반응한다.

과정 10. 주제를 식별하기

1. 자기-자기 관계: "나는 다른 사람 앞에서 완벽해야 한다."
2. 자기-타인 관계: "누구든지 너무 가깝게 다가오지 못하게 하는 게 더 좋다. 그렇게 해야만 그들은 나의 허점을 볼 수 없게 되니까. 난 타인에게 짐이 되면 안 되고 해를 끼치지 말아야만 해."

과정 11. '호소하는 관계나 행동에서의 어려움'을 유발시키는 사건들과 핵심 정서 도식을 연결하여 사례개념화 내러티브를 함께 구성하기

상담치료사는 사건과 핵심 정서 도식을 다음과 같이 연결함으로써 내담자를 도울 수 있다.

당신의 비판(비판적 자기)이 항상 스스로가 말하는 것을 모니터링하고 자세히 살피고 있는 것처럼 보이네요. 그것은 틀리게 말하는 것으로부터 그리고 멸시받는 것으로부터 당신을 보호하기 위해서이죠. 이상한 아이로 보이고 틀리게 말하는 것은 과거에 당신을 정말로 당혹스럽게 만들었지요. 이 목소리는 지각된 '과거 실수들'과 관계가 있어요. 그것은 당신이 어떻게 자신을 보호하려고 하고 있는지를 보여 주고 있는 것 같아요. 더욱 자유롭고 이완된 상태로 당신 자신을 내버려 두면 당신은 잘못된 말들을 하고 다른 사람에게 상처를 주고 있다고 느끼고 후회를 하게 되지요. 이 목소리는 당신이 성장할 때 어머니가 힘들게 되지 않기를 바라는 것과 관련이 있어 보여요. 당신의 어머니는 취약하고 당신의 아픔을 짊어질 수 없는 사람처럼 보였으니까요. 예를 들어, 당신이 아파서 병원에 갈 때처럼 말이에요. 이런 경험 때문에 당신은 자신이 부적합한 존재로 보일지도 모른다는 생각만으

로 두려움에 질려요. 그래서 당신은 철저히 준비되었는지 늘 확인하고 속내를 숨기고 말을 아낌으로써, 단단한 껍질 속에 머무르고, 완전하게 되려고 시도했지요. 이런 두려움을 피하기 위한 당신의 대응 전략은 항상 자기 자신을 비판적으로 모니터링함으로써 항상 경계하고 약점을 드러나게 할 실수들을 피하는 것이지요. 하지만 이 전략은 당신을 어색하고 불확실하고 우울하고 고립되어 있는 느낌을 갖도록 하고 있어요. 당신은 사람들에게 복종적으로 행동하며, 천천히 말하고, 결코 요구하지 않고, 자신감을 가지고 생각들을 표현하지 않으며, 항상 주저하며 말하게 되었어요.

제3단계: 프로세스 표식 및 새로운 의미에 주목한다

과정 12. 드러나는 과제 표식 식별하기

1. 표식: 과도하게 예민하다고 내담자가 느끼는 어머니와의 미해결 과제가 있고, 그는 이 어려움으로부터 자기를 보호할 필요가 있다.

2. 표식: 압박감을 주고 안 된다고 하며 약점을 인정하지 않는 아버지와의 미해결 과제가 있다.

3. 표식: 어린 시절 왕따 트라우마와 관련된 미해결 과제가 있다.
   과제(모든 표식을 위한): 미해결 과제를 위한 빈 의자 대화. 결국 우리는 아버지와 왕따 가해자들에 대한 힘이 실린 분노의 표현을 보게 되었다.

4. 표식: 상담 회기 동안의 두 의자 작업에서 아래의 내용이 나타났다. 그는 과도하게 스스로를 모니터링하고, 자세히 살피고, 미리 예측하려고 하고, 자신을 판단한다. 이런 과정은 내담자를 얼어붙고 침묵하게 만들었다. 주된 메시지는 "주제에 맞는 완벽한 말을 할 준비가 되어 있지 않으면 아예 말하지 말자. 너는 거절당할 거고 꼴찌가 될 거야."이다.
   과제: 자기 간섭을 다루기 위한 두 의자 작업. 자기 의자(self-chair)에서, 그는 통제적인 모니터링에 화를 표출했고 편안하게 되기를 원한다고 말했다. 처음에 자기(the self)는 방어적이었으나, 간섭하는 자기

(interrupting self)에게 "조용히 해." 또는 "뒤로 물러서."라고 말하면서 가끔 불만족스러운 표현을 조금씩 나타냈다.

과정 13. 미세한 표식 식별하기

1. 미세한 표식: 어머니와 관계된 미해결 과제를 작업하는 빈 의자 작업 상황에서, 어머니는 한편으로는 방어적이었으나 다른 한편으로는 내담자를 숨 막히게 몰아붙이고 있었다. "난 단지 네가 실수를 하고 실패할까 봐 걱정을 했어. 넌 네가 그 팀에 들어가는 게 정말로 좋을 거라고 생각하는 거니?" 그는 이에 반응할 때 엄청난 두려움, 고통, 분노를 표현했다. 그의 어머니를 연기할 때, 그는 어느 시점에서 비판적이며 두려움을 야기하는 모습을 나타냈다. 그러나 상담치료사는 그가 (그의 어머니로서 말하는 동안에) 그 자신의 두려움에 관해 한층 더 주관적으로 말하고 있다는 것을 알아차렸다.

2. 미세한 개념화: 이때 상담치료사는 (어머니로서의) 그에게 두려움을 표현하도록 격려하는 것으로부터 (그의 어머니로서 말하는) 그가 그녀 자신의 두려움, 걱정으로부터 그리고 어렸을 때 자기가 대초원에서 자라는 것과 보호받고 무서움을 느끼는 것이 어땠는지 말하는 것으로 이끌었다.

과정 14. 새로운 의미가 새로운 내러티브의 재구조화에 어떤 영향을 미치는지, 그리고 호소하는 문제와 어떻게 연결되는지 평가하기

그는 무슨 일이 일어나고 있는 것인지를 좀 더 알아차리게 되었으며 스스로에게 마음 편하게 지내라고, 자기가 초대받았다는 것은 분명 자기가 '이상하지 않다'는 뜻일 거라고 말해 주고 있다고 한다. 그는 무슨 일이든 자기가 생각하는 것만큼 심각한 일이 아니라고 여기려 하고 있으며, 어느 정도 비판적 목소리를 침묵시키고 자신이 하고 있는 말에 신경을 덜 쓰려고 노력하고 있다고 했다. "저는 사람들이 제가 함께 있어 주길 원한다고 믿어야 해요." 우리는 사회적 상황에서 그가 안정감을 느끼려면 무엇이 필요한지에 대해 이야기했다. 그는 현재의 불안이 과거의 왕따 경험과 관련이 있는 것으로 이해했다. 그는 과거를 내려놓고 자유로워지기를 원했으며 당시의 어린 소년으로서 반응하기보다 더 강하고 세상 속에서 안정감을 찾은 성인으로서 새로운 내러티브를 써 내려갔다.

사례개념화 차트: 복합 외상

32세의 여성이 우울, 불안 그리고 술 문제로 도움을 요청하며 상담실을 찾아왔다(약물의존의 범주에 들어갈 정도는 아니지만 일주일에 한 번 정도 술을 한꺼번에 많이 마신다).

제1단계: 내러티브를 풀어 나가며 내담자의 정서처리 스타일을 관찰한다

과정 1. 호소하는 문제(관계적인 어려움과 행동 문제)를 경청하기
인간관계가 불안정하다. 나는 내게 맞는 짝을 찾을 수 없으며 행복한 연애 관계를 가지지 못한다. 플래시백이 일어나고 악몽을 꾼다. 난 이 세상에서 살아가기에 너무 약하다고 느끼고 때때로 우울하고 불안하다.

과정 2. 감정의 동요 및 고통스러운 정서적 경험에 귀를 기울이고 식별하기
- 나는 다른 사람들과 가까운 관계를 형성할 수 없고 가까운 거리를 유지할 수도 없다.
- 나는 성적인 관계를 두려워하고 그것을 피하기 위해 온갖 수단을 다 쓴다.
- 나는 어머니에게 매우 화가 나 있으나, 그것을 표현할 권리가 없다고 느낀다.
- 나는 사람들을 신뢰하지 않는다.

과정 3. 내담자의 정서처리 스타일에 주목하며 관찰하기

1. 목소리의 질: 처음에는 형식적이지만 상담치료사가 공감적 반응을 통해 유도함에 따라 내면에 초점을 맞출 수 있다.

2. 정서적 홍분: 처음에는 감정에 대한 두려움으로 인해 정서적 각성이 매우 낮다. 그리고 통제감을 잃을까 봐 두려워서 자신의 정서를 차단하고 분리한다. 상담치료 도중에 주체할 수 없는 슬픔이나 온몸을 마비시킬 듯한 두려움이 몰려올 때면 통제력을 다소 잃는다. 상담치료사가 공감, 수용, 인정, 깊은 동정을 통해 조율할 수 있도록 돕는다.

3. 내담자의 경험 상태: 보통 형식적이지만 상담사의 안내에 따라 내적으로 포커싱할 수 있다.

4. 정서적 생산성

   1) 주의력? 주의력이 있으나, 보통 금방 흐트러진다.

   2) 상징화? 상징화 능력이 있으나, 일반적 모드에서는 회피한다(avoidant).

   3) 일치성? 매우 떨어진다. 끔찍했던 사건의 이야기를 당연한 일이라는 듯한 톤으로 이야기한다.

   4) 수용? 어렵다. '화'는 다가가기 어려운 감정이다. '학대자'와 관련이 있기 때문이다.

   5) 분화? 분화 능력은 제한되어 있다. 힘든 감정들이 올라와서 통제 없이 표출될까 봐 내면에 초점을 맞추기를 두려워한다.

   6) 주체성? 자신의 경험 속에서 스스로의 감정과 행동들을 인지하지 못할 때 그녀는 종종 이러한 경험들이 일방적으로 '자신에게 일어난다'고 느낀다. 그래서 다른 사람들이 강한 태도로 반응할 때 깜짝 놀라고, 두려워하게 되고, 숨어들게 된다. 결과적으로 내담자는 종종 자신의 감정을 통제할 수 없다고 느낀다.

   7) 조율? 과소조율되기도 하고 과잉조율되기도 한다. 과잉조율은 자신이 감정을 가까이 하고 스스로 제동을 걸지 않을 때 일어나는 일들을 통제하기 위한 방책이다.

과정 4. (애착 및 정체성과 관련된) 정서 기반의 내러티브 또는 삶의 이야기 풀어내기

나는 내가 어머니에게 매우 화가 나 있다는 것을 알고 있으나 사실 그냥 무 뎌진 느낌만 든다. 16세였을 때 나는 삼촌에게 강간을 당했고, 어머니가 그 사실을 부인하거나 내게 화를 낼까 봐 두려워 말하는 것이 어려웠다. 어머니 대신에 스페인어 선생님에게 말했다. 어머니가 그 사실을 알게 되었을 때, 어 머니는 자기에게 말하지 않은 것에 대해 화를 냈고, 다 내 잘못이라고 말했 다. 성장하면서 난 정서적으로 무시당했다. 십 대 때, 난 형제들과 같은 침대 에서 자야 했고 그들은 나를 성적으로 괴롭혔다. 내가 이 사실을 부모님, 특 히 어머니에게 말했을 때, 어머니는 아무 대처도 하지 않았다. 때때로 나는 부모님과 함께 잠을 잤는데 형제들이 날 건드리는 것보다 그게 더 좋았다. 난 양쪽 부모 모두에게 화가 나 있었지만 아마도 어머니에게 더 화가 나 있었을 것이다. 그녀는 내게 좋은 모범이 되어 주지 못했다. 그녀는 내가 안전한지 확인하지 않았다. 부모님은 내게 나 자신만의 방과 침대 또는 개인적인 공간 이 필요하다는 것에 대해 무관심했다. 다 자란 지금도 난 다른 사람과 가까운 관계를 갖는 것을 두려워한다. 왜냐하면 누군가가 성적으로 다가오는 것을 두려워하기 때문이다. 내가 성적인 관계를 원하지 않기 때문에 마지막 남자 친구와도 헤어져야 했다. 나는 그것을 후회하고 있다. 그는 내게 참 잘해 주 었는데…….

제2단계: 함께 초점을 만들고 핵심 정서를 식별한다

과정 5. 과제 작업을 위한 표식 식별하기
1. 표식: 트라우마적인 경험이 발생함.
   1) 10대 때 강간당한 경험
   2) 형제들에게서 성추행이나 성희롱을 경험하다. 특정한 사건과 관련하 여 내러티브가 들쭉날쭉해지고(broken) 기억이 모호해진다.

　　과제: 그 트라우마에 대한 이야기가 인생의 전반적인 내러티브 속에
　　통합되고 명확해지는 것을 목표로 삼아 트라우마를 주제로 다시 이
　　야기하기.

2. 표식: 어머니와의 미해결된 과제. 자기를 보호해주지 못하고 인정해주
　　지 않은 것에 대해 화가 나 있다.

　　과제: 어머니에 대항하는 목표를 가지고 빈 의자 작업을 하는 것. 내담
　　자를 보호해주지 않은 것에 대한 책임을 어머니에게 묻고 자기(self)를
　　확증한다.

과정 6. 이면에 깔린 적응적 또는 부적응적인 핵심 정서 도식 찾아내기

　부적응적인 수치심과 부적응적인 두려움(지나치게 일반화된). 여기에 순수
함을 잃었다는 것과 더 이상 '어린 소녀'가 될 수 없다는 것과 관련된 우선적
인 핵심 슬픔이 있다. 치료의 목표는 적응적인 분노에 다가가는 것이다. 내담
자는 말했다. "나는 그렇게 함부로 대접을 받을 이유가 없었어. 당신은 부모
로서 당연히 해야 하는 일을 하지 않았고 날 보호해 주지 않았어. 당신은 좋
은 어머니가 아니에요." 자신의 '화'를 적극적으로 표현함으로써 내담자는 부
적응적인 수치심을 줄이고, 비난과 책임을 마땅히 책임져야 할 사람에게로
돌리고, 자신에 대한 비난은 줄일 수 있게 되었다. 이것은 내담자로 하여금
"나쁘고 더럽고 잘못한 사람은 내가 아니라 나를 보호하지 못했던 당신이에
요. 당신은 병들었어요."라는 자세로 움직이도록 변화시켜 주었다. 이 모든
것은 내담자가 스스로의 욕구들을 마주하고 이를 인간관계 속에서 표현할 권
리가 있다고 느끼는 능력의 증가로 이끌었다.

과정 7. 욕구 파악하기

　핵심적인 욕구는 안전(security)에 대한 것이며 안전이 갖춰지면 자신에 대
해 더 큰 자부심을 느낄 수 있을 것이라고 여긴다.

과정 8. 이차 정서 파악하기

이차 정서는 두려움, 죄책감, 절망감이다. 내담자의 이차적인 불안은 일반적인 회피 불안으로, 감정적으로 무너지는 것이나 우울증 혹은 자살에 대한 두려움에서 온다.

과정 9. 핵심 정서 도식에의 접근을 방해 또는 차단하는 것을 찾아내기

이 장애물은 바로 '정서에 접근하지 말라'는 자기 자신에 대한 통제이다. 내담자는 감정들을 노출시키는 것과 '부서져 버리는 것 그리고 고통에 견디지 못할 거라는 두려움 때문에 스스로를 무감각하게 만들고 있다. 내담자의 밑바닥에 깔려 있는 두려움은 다음과 같다. "나는 감정을 느껴야 할 거고 어쩌면 그건 끝나지 않을지도 몰라요. 그 감정을 감당할 만큼 제 자신이 충분히 강한지 모르겠어요."

과정 10. 주제를 식별하기

1. 자기-자기 관계: "나는 약하고 불안정해요."
2. 자기-타인 관계: "나는 다른 사람이 가까이 다가오는 것이 두려워요. 그들은 나를 배신하고 함부로 대하거나 떠날 거예요. 다른 사람들은 신뢰할 수 없고 항상 나를 인정해 주지 않아요. 어느 누구도 가까이 다가오지 못하도록 하는 것이 나아요."

과정 11. '호소하는 관계나 행동에서의 어려움'을 유발시키는 사건들과 핵심 정서 도식을 연결하여 사례개념화 내러티브를 함께 구성하기

그래서 당신은 어린 소녀로서의 자신이 사회적 상황에, 직장 상황에, 또는 남녀관계에 '나오지 못하도록' 하고 있지요. 당신이 어린 내면의 자신을 안전하게 보호하려고 하는 것은 이해가 갑니다만, 이 때문에 당신은 소외감을 느끼고, 우울하거나 때때로 불안해집니다. 이 방법은 오랫동안 당신

에게 있어 생존과 대처 전략이었고, 그래서 당신의 '방해자'가 그 소녀를 안전하게 하기 위해 그런 조치를 취하는 것은 매우 중요했습니다. 만일 그 소녀가 밖에 노출되고 이 세상의 빛을 보게 한다면 그녀가 상처 입을 위험이 있기 때문입니다. 그것은 고통스러운 일일 테고 당신은 계속 살아갈 수 없을 것처럼 느낄 것입니다. 하지만 당신 안의 그 소녀가 햇빛을 볼 수 있기를, 숨을 쉴 수 있기를, 다른 이들과 소통하고 그들이 자신을 보고 들을 수 있게 되기를 원하게 되면 문제가 되겠지요. 그리고 바로 이것이 당신 내면의 중요한 목소리입니다.

제3단계: 프로세스 표식 및 새로운 의미에 주목한다

과정 12. 드러나는 과제 표식 식별하기

표식: 빈 의자 작업을 통해 내담자가 분노의 감정을 마주하고 학대적인 타인에 대항하게 된 후에, 자기가치의 쟁점은 더욱 분명하게 되고 자기비판의 표식이 나타난다. 탐색이 더 이루어지면 비판적 자기는 말한다.

> 너는 아무것도 아니야, 너는 개똥보다 못한 존재야. 그냥 속에 머물러 있어. 어차피 나서 봤자 더 엉망으로 만들 뿐이니까. 우린 여태까지 이런 식으로 살아왔으니까. 이제 와서 밖으로 나오겠다고 괜히 힘 빼게 하지 말아. 넌 상처만 입을 거야. 사람들은 너를 좋아하지 않을 거고. 넌 '우리를 위해' 오랫동안 숨어 살아왔잖아. 그러니까 그냥 입 닥치고 계속 숨어 있어.

과제: 자기비판을 다루기 위한 두 의자 작업. 상담치료사는 다음과 같이 말한다.

> 받아들이기 어렵겠지만 사실 이게 바로 당신이 당신 자신에게 행하고 있는 것입니다. 당신이 스스로를 어떻게 비판하고 있는지를 보기 위해, 그

리고 그것을 변화시킬 수 있을지 보기 위해, 이 인정사정 없는 비판에 맞서 싸우기 위해 자기비판 과정을 탐색해 봅시다. 스스로를 이쪽 의자에 앉혀 보실래요? 이제 그녀에게 말해 보세요.

비판적 자기가 말한다. "너는 가치 없어." "너는 나쁜 애야."

과정 13. 미세한 표식 식별하기

1. 미세한 표식: 어머니를 다루는 빈 의자 기법의 대화에서, '수많은 고통'을 느끼며 두려움에 떨고 있는 '어린아이'가 나타나 밖으로 나오기를 두려워하고 생존하지 못할까 봐 두려워하고 있다. 상담치료사는 그 절망을 더 깊이 탐색하고 인정해 주고 공감해 줄지 또는 자기달래기 모드를 촉진할 것인지를 확신할 수 없다.

2. 미세한 개념화: 자기달래기 작업. 상담치료사는 빈 의자 기법 치료 중 다른 의자에 어머니를 앉히도록 내담자에게 요청했다. 그리고 내면화된 부모(internalized parental figure)에게 어린 소녀를 달래 주고 힘을 실어 달라고 했다. 상담치료사는 내면화된 부모에게 말했다. "(자기 의자를 가리키면서) 아이가 무서워해요. 아이에게 뭐라고 말해 주시겠습니까? 어떻게 용기를 실어 주겠습니까?" 내담자가 그 말에 반응하며 대답했다. "글쎄요, 그 아이에게 다 괜찮아질 거고 걱정하지 않아도 된다고 말할 겁니다. 내가 그 아이를 돌볼 테니까요." 상담치료사는 말한다. "좋아요, 지금 그렇게 말해 줄 수 있나요? 그녀에게 말해 주세요. '괜찮아. 내가 널 보호해 줄 거야, 내가 너를 돌볼 거야.'"

과정 14. 새로운 의미가 새로운 내러티브의 재구조화에 어떤 영향을 미치는지, 그리고 호소하는 문제와 어떻게 연결되는지 평가하기

자기간섭 의자 작업과 자신을 표현하고자 하는 과정에 대해서, 상담치료사는 내담자에게 다음과 같이 이야기한다.

　　당신의 일부분은 다른 이들이 자신을 봐 주길 바라고 있어요. 세상과 자신 사이를 가로막고 있는 벽에 마음껏 드나들 수 있는 문이 생기길 바라고 있지요. 이 문을 통해 당신은 세상과 소통하고, 자유롭게 사랑하고, 누군가 당신을 바라봐 줄 수 있을 것처럼 느껴요. 그러니 당신은 마음껏 자신을 표현하고 욕구를 표출할 필요가 있고, 세상과 소통하면서 스스로를 보호할 수 있는 방법 또한 틀림없이 있을 거예요.

사례개념화 차트: 섭식장애

　거식증(anorexia nervosa, 신경성 식욕부진증)을 앓고 있는 22세의 내담자는 예전에 여러 병원에 입원한 적이 있다. 이 여성은 요즘 들어서는 간신히 정상 몸무게를 유지하고 있다. 최근 입원치료를 마치고 병원에서 나온 그녀는 거식증이 재발할까 봐 걱정되어 상담의 도움을 요청했다.

제1단계: 내러티브를 풀어 나가며 내담자의 정서처리 스타일을 관찰한다

과정1. 호소하는 문제(관계적인 어려움과 행동 문제)를 경청하기
　저는 평범한 삶을 살고자 합니다. 도와주세요. 저는 왜 제가 날씬함(저체중)에 이렇게 집착하는지 이해하고 싶어요. 저는 거식증이 재발할까 봐 두렵고, 치료해도 나아질 수 없을까 봐 두려워요. 아무것도 저를 도와줄 수 없을까 봐 두려워요.

과정 2. 감정의 동요 및 고통스러운 정서적 경험에 귀를 기울이고 식별하기
• 근본적으로 저는 제가 사랑스럽지 않다고 느껴요. 부모님은 저를 사랑하시지만 전 그 사랑을 받을 가치가 없는 존재예요.

- 저는 너무 뚱뚱해요. (내담자는 거의 영양실조에 가까워 보이는 모습으로 상담치료사 맞은편에 앉아 있으면서도 몸무게를 더 줄여야 한다고 말한다.) 몸무게가 늘고 있는데 그런 제 모습이 역겨워요.
- 사람들은 제 눈이 왜곡되어 있대요. 제 자신을 거울에 비추어 보면 살이 쪄 보이는데도 그들은 그렇게 얘기해요.

과정 3. 내담자의 정서처리 스타일에 주목하며 관찰하기

1. 목소리의 질: 주로 형식적이다.
2. 정서적 흥분: 정서적 흥분은 낮음. 맥이 없고 단조로운 톤.
3. 내담자의 경험 상태: 매우 낮다. 사건이나 이야기들이 자신과는 별 관계가 없는 듯이 이야기한다.
4. 정서적 생산성
   1) 주의력? 주의력이 매우 약하다.
   2) 상징화? 상징화를 거의 하지 않는다.
   3) 일치성? 일치가 안 된다. 자기 자신이 역겹게 느껴지고, 자기는 온몸에서 피를 흘려도 싸다고 말은 하지만, 아무런 감정이 없는 목소리로 말한다.
   4) 수용? 어려움이 있다. 감정을 느끼는 것을 좋아하지 않는다.
   5) 분화? 없음. 자기를 성찰하는 것에 거의 시간을 쓰지 않으며, 정서에 관해 이야기하지 않으려고 한다.
   6) 주체성? 있음. 감정이 없는 것처럼 무표정으로 보일지라도, 다른 사람이 자기 자신의 감정을 통제하도록 내버려 두지는 않는다.
   7) 조율? 과도하게 조율한다.

과정 4. (애착 및 정체성과 관련된) 정서 기반의 내러티브 또는 삶의 이야기
풀어내기

제가 기억하는 한, 저는 언제나 마른 체형에 집착했어요. 십 대 때, 저와 제 친구들은 재미로 몸무게를 측정했어요. 저는 항상 가장 날씬한 사람이 되기로 작정했어요. 저는 치어리더였고 댄서였어요. 치어리더로서 저는 제일 위에 올라가는 아이(top girl)가 되고 싶었는데, 그러려면 가장 작아야 하고, 가장 가벼워야 하고, 가장 날씬해야 했어요. 그 전에도 전 항상 불안해했고 오래전부터 강박 증세를 보였어요. 제가 3세였을 때는 손에 아무것도 묻히지 않으려고 장갑을 꼈어요. 더러워지는 것이 두려웠으니까요. 장난감들은 깨끗해야 하고 완벽해야 했어요. 가게에 들어가면 진열장을 똑바로 정리하지 않으면 안 됐고요. 제 부모님은 언제나 저를 응원해 줬고 저를 사랑했는데, 그들이 저 때문에 지옥 같은 시간을 보내게 해서 부끄러워요. 저는 아버지와 좀 서먹해요. 사실, 그는 항상 절 지지해 주지는 않았고 어렸을 때는 좀 나쁘게 대한 적도 있어서 화가 나요. 제 섭식장애에 대해서도 그렇게 도와주는 편은 아니었는데, 지금은 좀 더 이해해 주고 있어요. 제가 5세였을 때, 저는 어머니로부터 분리되는 것에 대한 심한 불안을 경험했어요. 어머니가 같이 방에 있지 않을 때는 잠을 잘 수가 없었어요. 지금은 가끔 어머니가 나를 함부로 대하는 것을 느껴요. 그러나 저는 그런 어머니에 대해 어떤 나쁜 말도 하지 않았어요. 어머니의 지지를 얻고자 늘 의지했고 어머니한테 비난이나 화를 내는 건 상상도 할 수가 없어요. 어머니를 상담실에 모시고 오라고 요청하지 마세요. 어머니를 상대한다든가 증인으로 세운다는 건 꿈에도 있을 수 없는 일이에요. 어머니는 저를 많이 돌봐 주고 있어요. 어머니를 힘든 상황에 처하게 했는데도, 어머니는 제 편에서 줬어요.

제2단계: 함께 초점을 만들고 핵심 정서를 식별한다

과정 5. 과제 작업을 위한 표식 식별하기

표식: 부정적인 자기 평가. "너는 뚱뚱하고, 못생기고, 역겨워. 너는 신체적으로나 정신적으로나 온갖 종류의 고통을 당해도 싸. 너는 사랑스럽지 않아. 너의 부모가 너를 사랑한다고 말할지라도 넌 사랑스럽지 않아." 나는 아무것도 받을 자격이 없어요.

과제: 자기비판에 대한 두 의자 작업. 초기에 이 작업은 가장 기본적인 작업이었다.

과정 6. 이면에 깔린 적응적 또는 부적응적인 핵심 정서 도식 찾아내기

내담자는 부적응적인 수치심을 느꼈다. "저는 가치가 없어요." "당신은 옳고 제가 미안해요." 이에 대한 첫 증거는 결국 6회기 이후에 나타났다. 아주 미약하게나마 적응적인 자부심과 화를 표현해 냈다. "당신이 제게 그렇게 말하면 저는 상처를 입어요." 45회기에, 한층 더 적응적인 자부심과 분노를 표현해 냈다. "그렇게 말하면 저로서는 감당하기 힘들어요. 나는 가치가 있는 존재예요. 전 평범한 삶을 살고 싶어요."

과정 7. 욕구 파악하기

내담자가 원하는 것은 자기수용, 자기존중 그리고 자기동정이다.

과정 8. 이차 정서 파악하기

이차 정서는 자기경멸(self-contempt)이다. "너는 고통을 당해도 싼 짓을 했어, 너는 무가치해, 도대체 그 누가 너를 사랑해 주겠니?"

과정 9. 핵심 정서 도식에의 접근을 방해 또는 차단하는 것을 찾아내기

핵심 정서 도식을 포함한 모든 정서에 접근하는 것에 대한 매우 강한 차단

이 있다. 섭식장애를 가진 내담자의 경우, 이것은 매끄러운 전략이 된다. 이 내담자는 자기의 감정의 고통을, 특별히 자기의 강한 자기멸시의 감정을 느끼는 것을 두려워하고 있다. 그녀는 통제를 상실하는 것을 두려워하고 있다. 감정에 주의를 주지 않고 다른 곳으로 주의를 돌리는 것은 생존 전략이요, 이것은 상담치료사와 내담자 사이의 탐색을 통하여 식별이 된다.

과정 10. 주제를 식별하기
1. 자기−자기 관계: "저는 가치 있는 존재가 아니에요."
2. 자기−타인 관계: "저는 사랑스럽지가 않아요. 다른 사람들이 날 사랑한다고 말하지만 그들은 결코 날 사랑할 수 없어요. 어머니 또는 아버지에게 내 의견을 주장하는 게 두려워요, 그들을 잃을까 봐요. 가끔 그들이 내가 뭘 원하는지 이해하지 못하는 것 같아서 화가 날 때가 있지만요."

과정 11. '호소하는 관계나 행동에서의 어려움'을 유발시키는 사건들과 핵심 정서 도식을 연결하여 사례개념화 내러티브를 함께 구성하기

당신이 계속 음식 섭취량을 제한하고, 몸무게와 신체적 이미지에 집착하고, 아무 감정도 느끼고 싶지 않다는 것을 이해해요. 이게 여태까지 당신이 살아온 방법이고, 오랜 시간 생존에 핵심적 역할을 해 온 걸 바꾸는 것은 어려운 일이지요. 하지만 당신은 당신의 일부가 섭식장애에 얽매여 있다는 것 또한 의식하고 있어요. 당신은 몸이 어떻게 고통당하고 있는지 말하고 있고, 변화를 원하고 있지요. 당신은 '평범한(normal)' 삶(예: 친구와 함께 커피 한잔을 마시거나 사람들과 어울려 피자 한 조각을 먹는 것)을 살지 못하는 것을 알고 있고 평범해지고 싶어 하죠. 스스로의 감정과 정서적 욕구에 귀 기울이지 않는 것은 당신이 앞으로 나아가지 못하게 하고 있어요.

제3단계: 프로세스 표식 및 새로운 의미에 주목한다

과정 12. 드러나는 과제 표식 식별하기

1. 표식: 어머니와 관계된 미해결 과제. 이것은 15회기 이후에서야 말로 표현되었다. 왜냐하면 내담자가 어머니에 대해 이야기하는 것을 꺼렸기 때문이었다. 그러나 어머니가 초콜릿 케이크 한 조각을 먹지 못하게 한 일에 대해 이야기하기 시작했고, 자신이 인정받지 못한다는 느낌을 받았다고 말했다.
  과제: 어머니와의 빈 의자 작업. 내담자는 어머니를 빈 의자에 앉혀 놓고 주장하듯 말했다.

   엄마가 나를 비판할 때 힘들어요. 그리고 엄마가 오빠의 여자 친구와 함께 시간을 보내고 있는 걸 보면 엄마가 나보다 그 사람을 좋아하는 것 같고 이제 나한테 질렸다는 것만 같아요. 거식증이 나으면 엄마가 나랑 같이 있어 주지 않을까 봐 두려워요. 아마 이건 제가 쓸모없는 존재라는 증거겠죠.

2. 표식: 아버지와 관련된 미해결 과제. 이 과제는 특히 내담자의 섭식장애가 심해졌을 때 아버지가 그녀의 감정이나 생각을 존중하지 않고, 비판적이며 비옹호적인 태도를 보인 것에 대해 이루어졌다.
  과제: 아버지와의 빈 의자 작업

3. 표식: 정서적 자기간섭(섭식장애 유형에 나타나는 주요 표식이 바로 자기간섭이다). 자기간섭이 발생하는 상황에는 두 가지가 있다.
  1) 일반적 표식: 자신에게 다음과 같이 말한다. "웃지 말고, 즐기지도 말고, 더 나아지지도 말고, 아픈 채로 있자. 사람들이 나의 진짜 모습을 보면 다들 떠나버릴 거야."
    과제: 자기방어에 대한 두 의자 작업
  2) 자기 방어에 대한 두 의자 작업의 상황: 자기간섭 작업에 대한 표식.

분노를 표현하고 비판에 대해 대항하고, 더 강해지려는 시도에서 자기간섭이 발생하여 스스로에게 "조용히 있어, 더 나아지려고 애쓰지 말고, 이해하려고도 하지 마. 몸이 나아지면 사람들이 다 떠나갈 거니까."라고 말한다.

과제: 자기간섭에 대한 두 의자 작업으로 스위치

과정 13. 미세한 표식 식별하기

1. 미세한 표식: 자기방어에 대한 두 의자 작업의 상황에서: 비판 의자(비판적 자기 의자)에서, 내담자는 자기 자신을 심하게 폄하하며 자신은 아무것도 아닌 존재이며 아픔과 고통을 당해도 싼 존재라고 말했다. 그리고 경험적 자기를 나타내는 의자로 옮겨 앉은 후에는 아무것도 느끼지 못한다고 말하면서 입을 다물고 조용히 앉아 있었다. 상담치료사는 내담자가 비판 의자로 돌아가게 해서 자기비판을 더 심하게 하도록 할 것인지, 아니면 아무것도 느끼지 못한다고 해도 그녀를 자기경험적 의자에 계속 앉아 있게 해 아픔과 수치심을 더 심화시킬 것인지를 개념화해야만 한다.

2. 미세한 개념화: 상담치료사는 계속해서 내담자를 자기경험적 의자에 앉혀 두고 상처를 탐색하도록 하기로 결정했다. 상담치료사는 공감적 추측으로 더 가까이 다가가고 그녀의 얼굴 표정에 주목하면서 말했다. "당신이 아무것도 못 느낀다고 한 건 알고 있지만 당신이 아파하는 게 표정에서 드러나고 있어요. 아마 가슴에 통증을 느끼고 있겠지요. 당신 안에서는 무슨 일이 벌어지고 있나요?"

과정 14. 새로운 의미가 새로운 내러티브의 재구조화에 어떤 영향을 미치는지, 그리고 호소하는 문제와 어떻게 연결되는지 평가하기

의자 작업을 통해서, 내담자는 경험적인 수준과 개념적인 수준의 두 측면에서 자신이 왜 계속 병들어 있으려 하고, 감정과 정서적 욕구를 마주하는 것을 어떻게 방해하고 있는지를 인식하게 되었다. 내담자는 상담치료사와 함께 어떻게 자신이 스스로를 징계하고 위협하면서 느끼고 경험하고 표현하고 싶어하는 자신의 건강한 내면의 목소리를 무시하게 되었는지를 알게 되었다. 두 의자 작업을 통해 내담자는 자신이 어떻게 자기비하를 표현하고 이와 관련된 수치심에 어떻게 접근하는지를 알게 되었다. 수치심을 다루는 과정에서, 그녀는 분노와 자부심(self-pride)을 발견하게 되었고 스스로에 대한 비판에 대해 "내 자신을 나쁘다고 여기지 좀 마, 난 그런 대접을 받을 필요가 전혀 없어."라고 주장할 수 있게 되었다. 비판적 자기는 다음과 같이 말하며 그녀를 붙잡아 두려고 노력했다. "넌 내가 필요해. 여태까지 살아오는 동안 나는 너를 지켜 줬어. 내가 말하는 대로 듣고 행동하는 게 네게 더 좋을 거야. 그렇지 않으면 넌 모든 것을 잃을 테니까. 넌 뚱뚱해." (그녀의 수치심을 건드리면서 멸시하고 있다) "난 너를 보호해 주었는데, 어떻게 나를 이렇게 대할 수가 있어?" 이 말을 듣고, 자기경험적인 목소리(self-experiencing voice)는 "나는 네가 나를 보호해 주길 원해. 나는 네가 내 옆에 있길 원해. 나는 네가 그 동안 나를 돌봐 줬다는 걸 알지만 네가 날 대해 왔던 그 방식은 싫어."라고 말했다. 치료의 말미에, 상담치료사와 내담자는 '섭식장애' 목소리가 어떻게 존재하게 되었는지를 알아냈다. 즉, 스스로를 뚱뚱하다고 여기는 것은 두려움 속에서 삶을 지탱해 나가고 통제하려는 하나의 몸부림이었던 것이다. 내담자는 그 비판적인 목소리, 섭식장애의 목소리가 어떻게 자신을 제한하고 있는지를 알게 되었고, 사실은 "나는 가치 있는 존재야."라고 말하는 내면의 더 강한 목소리에 다가갈 수 있으며 자신에게는 행복을 누릴 권리가 있다는 것과 스스로를 비판하고 통제하는 목소리 없이도 자신을 돌보기에 충분한 힘이 있다는 것을 알게 되었다.

결론

정서중심 사례개념화는 상담치료사들에게 한 사례를 처음부터 끝까지 개념화하는 복잡한 과정을 통하여 그들을 안내해 줄 수 있는 조직화된 지도를 제공하고 있다. 내담자를 만나고 그들의 문제를 해결하려고 하거나 그들을 병들게 한 원인을 치료하기 위해 뛰어들면서부터 강한 정서적 연합이나 견고한 치료적 동맹이 형성되고, 내담자와 상담치료사는 함께 일하기 시작한다. EFT 상담치료사는 내담자가 호소하려는 문제가 충분히 전달되도록 돕고, 한편 내담자의 복잡미묘한 정서처리 스타일을 주시하는 이중의 과정을 거친다.

첫 번째 단계의 말미에서, 상담치료사는 정서적이고 내러티브적인 맥락에서 내담자가 호소하는 문제를 제대로 인식하게 된다. 상담치료사는 내담자가 상담치료를 찾게 한 '관계나 행동의 어려움' 이면에 있는 이야기를 '애착과 정체성에 기초한 내러티브'의 상황에서 이해해야 한다. 상담치료사는 내담자에게 무엇이 고통스럽고 민감하게 느껴지는지에 관해 물어봄으로써 처음부터 정서적 소재에 맞추어 주의 깊게 주목한다. 상담치료사는 내담자의 특정 정서처리 스타일에 대한 더 충분한 이해를 통해 이를 어떻게 범주화할지 알게 되고 내담자가 정서적 변화를 향하여 전진하도록 도와준다.

두 번째 단계는 MENSIT라는 큰 구조 안에서 내담자의 만성적 고통을 계속 추적한다. MENSIT는 다음 단어들의 첫 글자를 딴 용어이다. 표식(markers), 정서와 욕구(emotions and needs), 핵심 정서를 덮어씌우거나 접근을 방해하는 이차 정서(secondary emotions)와 방해(interruptions) 그리고 치료 과정으로부터 나타나게 되는 주제(themes). 두 번째 단계의 말미에서, 상담치료사는 부적응적 정서 도식과 그 도식의 다양한 부분을 연결하는(구슬을 연결하여 목걸이를 만들 듯이) 틀, 즉 치료를 조직화하는 '안내 틀'을 갖게 된다. 핵심 정서 도식은 문제의 핵심을 이루며, 이를 촉발시킨 사건들을 내담자가 겪고 있는 관계나 행동의 어려움과 함께 연결함으로써 사례개념화 내러티브를 구성할 수 있다. 이 내러티브 틀(framework: 프레임워크)은 사례개념화를 그 세 번째 단계로 이끈다.

마지막 단계는, 대부분의 경우 치료 과정에서 순간순간 이루어지는 진단과 내담자의 현재 상태에 기초한다. 세 번째 단계에서는 새로운 표식들이 계속해서 나타날 뿐만 아니라 지속적인 개입을 가이드한다(역자 주: 상담치료사는 이 새로운 표식들에 민감한 집중력이 요청된다. 그래야 좋은 정서중심 상담치료사가 될 수 있다). 상담치료사는 다양한 미세한 표식들이 나타날 때마다 계속해서 표식들을 개념화해야 한다. 상담치료사에게 있어 이런 미세한 표식들은 주어진 상황에서 어떻게 치료의 과정을 가장 잘 이끌 수 있는지에 대한, 즉 본질적으로 미세한 개념화를 부르는 '선택 지점들(choice points)'이다. 마지막 단계에서 개념화는 새롭게 알게 된 새로운 정서와 새로운 의미들의 통합을 촉진한다. 상담치료사는 새로운 정서와 새로운 의미가 새로운 내러티브의 재구성에 어떻게 영향을 미치는지 평가하고, 내담자가 호소하는 문제에 다시 적용하여 이끌어 가는 개입이 필요하다. 이러한 개입은 변화의 관점에서 진행되어야 한다.

이 책에서는 사례개념화의 세 단계를 설명하기 위해서 몇 개의 심도 있고 상세한 사례를 제공했다. 각 차트들은 상담치료사들이 자신이 맡은 사례를 개념화하는 과정을 도울 수 있게끔 작성되었다. 한 장에서는 특별히 차트를 통해 우울증, 불안, 사회불안장애, 복합 외상 그리고 섭식장애의 사례들의 경우 사례개념화가 어떻게 진행되는지를 다루었다.

EFT는 정서를 목적이자 변화의 대상으로 강조하고 초점을 맞춘다는 점에서 독보적인 심리치료 방식이다. EFT 사례개념화는 독특한 이중 초점(unique dual focus)을 가지고 있다. 선행되는 것은 정서적 과정이지만, 이는 의미를 창조해 나가는 내러티브 구성 과정에서 이해되어야 한다. 중심에 핵심 정서 도식이 자리하고 있는 사례의 전체적 구도를 파악하기 위해서이다. 주제를 중심으로 개념화가 형성되면, 내담자의 내적 세계를 자극한 사건들을 고통스러운 핵심 정서에 연결해 주는 내러티브 틀이 생겨난다. 상담 진행 과정에서 형성된 사례개념화 틀은 이후에 지속적으로 일어날 과정 개념화의 발판이 되며 상담치료사의 개입을 지도한다. 이 과정은 정서적 변화와 내러티브의 재구성을 통해서 치료를 계속 이끌어 가게 된다. 따라서 사례개념화는 각 내담자 안에서 정서적 변화가 일어나는 복잡한 과정을 다루는 '필수적인 안내 틀(necessary guiding framework)'을 제공하는 역할을 한다.

정서중심 사례개념화는 상담치료사들에게 한 사례를 처음부터 끝까지 개념화하는 복잡한 과정에서 그들을 체계적으로 안내하는 안내 지도를 제공한다. 강한 정서적 동맹과 튼튼한 치료적 동맹이 만들어지는 것은 상담치료사들이 내담자들과 만나서 그들의 문제 해결을 위한 탐색에 참여할 때, 즉 내담자와 상담치료사가 함께 작업에 착수할 때이다. 정서중심 상담치료사들은 즉각적으로 이야기를 해체하면서 내담자의 정서처리 스타일을 관찰하는 이중 과정을 통해서 내담자의 현재 문제들을 펼치기 시작한다. EFT 사례개념화의 첫 번째 단계가 끝나갈 때 상담치료사들은 내담자를 상담을 찾게 했던 관계적 혹은 행동적인 어려움 뒤에 숨겨진 이야기를 말해 주는 애착과 정체성에 기초한 이야기의 맥락에서 내담자의 문제를 이해한다. 그들은 조심스럽게 내담자의 정서적인 제재(emotional material)에서 무엇이 고통스럽고 감정을 동요시키는지 귀 기울여 듣는다. 그들은 내담자의 특정한 정서처리 스타일을 보다 완벽하게 파악하고, 그것을 어떻게 분류하는지 배우며, 그것이 정서적인 변화를 향해 전진하게 하는 데 어떤 의미가 있는지 이해한다.

두 번째 단계는 계속해서 내담자가 만성적으로 겪고 있는 고통을 따라 MENSIT에 대한 그림을 구상한다. 초기의 표식, 핵심 정서와 욕구, 핵심 정서에 접근하지 못하게 덮어 버리거나 막는 이차 정서와 방해, 그리고 작업으로부터 나오고 굳히는 주제이다. 두 번째 단계가 끝날 때가 되면, 상담치료사들은 핵심적인 부적응적 정서 도식과 그것의 모든 요소를 가지고 있는 상담치료를 구성하는 것을 돕는 안내 틀을 갖게 된다. 개념화 내러티브는 문제의 근원이 되는 핵심 정서 도식들을 유발시키는 사건들과 현재의 관계적이고 행동적인 어려움들을 연결시켜 주는 곳에서 성립된다. 이 내러티브 틀은 계속해서 세 번째 단계로 사례개념화를 이끌어 준다. 최종 단계는 주로 진행 중인 치료 과정 및 현재 내담자 상태에 대한 개념화의 순간순간 진단과 평가를 기반으로 한다.

세 번째 단계에서, 새롭게 나타난 표식들은 계속해서 추적되고, 지속하는 개입을 안내한다. 상담치료사들은 계속해서 미세한 표식들이 나타날 때마다 그것들을 개념화한다. 이런 미세한 표식들은 주어진 순간에 상담치료사들이 처리 과정을 최적으로 안내하는 방법에 관한 '미세한 개념화'를 하게 되는 선택 지점들이다. 또한 최종 단계의 개념화에서는 과정에서 나타난 새로운 정서와 의미들을 통합하고, 내담자와 함께 새로운 정보가 기존의 또는 진행 중인 이야기 주제들에 어떻게 영향을 미치는지 평가한다. 새로운 정서들과 새로운 내러티브들은 내담자가 상담치료를 찾게 만든 관계적 및 행동적인 어려움의 변화 및 의미의 관점에서 이해된다.

이 책에 있는 상세한 사례의 예시들은 사례개념화의 세 단계를 보여 준다. 상담치료사들은 9장에서 제공하는 차트를 사용하여 개념화 과정을 안내받을 수 있으며, 우울, 불안, 사회불안장애, 복합 외상 또는 섭식장애가 주요 문제인 사례에서 개념화가 어떻게 형성될 수 있는지 설명해 준다.

정서중심치료(EFT)의 고유하고 독특한 점은 집중되고 변화되어야 하는 근본적인 과정이 정서라는 것에 초점을 맞춘다는 것이다. 사례개념화는 우선 정서처리 과정에 특별한 초점을 맞추지만, 언제나 의미를 만드는 내러티브의 맥락에서 이해되며, 핵심 정서 도식을 중심에 두고 사례를 그리려고 노력한다. 개념화가 한 주제 주위로 모아질 때, 내담자의 세계에서 자극하는 사건들을 핵심적인 고통스러운 정서와 연결해 주는 내러티브의 틀이 제공된다. 여기서 드러나는 사례개념화 틀은 개별 내담자의 정서적 변화를 촉진하는 복잡한 과정에서 개입을 안내하고 처리과정에 대한 개념화를 받쳐 준다.

참고문헌

Adams, K. E., & Greenberg, L. S. (1999, June). *Therapists' influence on depressed clients' therapeutic experiencing and outcome*. Paper presented at the Forty-Third Annual Convention for the Society for Psychotherapy Research, St. Amelia Island, FL.

American Psychiatric Association. (1994). *Diagnostic and statistical manual of mental disorders* (4th ed.). Washington, DC: Author.

Angus, L. E., & Greenberg, L. S. (2011). *Working with narrative in emotion-focused therapy: Changing stories, healing lives*. Washington, DC: American Psychological Association.

Angus, L. E., Lewin, J., Bouffard, B., & Rotondi-Trevisan, D. (2004). "What's the story?" Working with narrative in experiential psychotherapy. In L. E. Angus & J. McLeod (Eds.), *The handbook of narrative and psychotherapy: Practice, theory, and research* (pp. 87–101). Thousand Oaks, CA: Sage. doi:10.4135/9781412973496.d8

Auszra, L., & Greenberg, L. S. (2007). Client emotional productivity. *European Psychotherapy, 7*, 137–152.

Bandura, A. (1977). Self-efficacy: Toward a unifying theory of behavioral change. *Psychological Review, 84*, 191–215. doi:10.1037/0033-295X.84.2.191

Beck, A. T. (1975). *Cognitive therapy and the emotional disorders*. Madison, CT: International Universities Press.

Beck, A. T., Rush, J., Shaw, B., & Emery, G. (1979). *Cognitive therapy of depression*. New York, NY: Guilford Press.

Bhaskar, R. (1993). *Dialectic: The pulse of freedom*. London, England: Verso.

Bohart, A. C. (2000). The client is the most important common factor: Clients' self-healing capacities and psychotherapy. *Journal of Psychotherapy Integration, 10*, 127-149. doi:10.1023/A:1009444132104

Bolger, E. A. (1999). Grounded theory analysis of emotional pain. *Psychotherapy Research, 9*, 342-362.

Bowlby, J. (1980). *Attachment and loss: Loss: Sadness, and depression* (Vol. 3). New York, NY: Basic Books.

Brom, D., Pat-Horenczyk, R., & Ford, J. D. (Eds.). (2009). *Treating traumatized children: Risk, resilience, and recovery*. New York, NY: Routledge.

Buber, M. (1970). *I and thou*. New York, NY: Scribner's Sons.

Carryer, J. R., & Greenberg, L. S. (2010). Optimal levels of emotional arousal in experiential therapy of depression. *Journal of Consulting and Clinical Psychology, 78*, 190-199. doi:10.1037/a0018401

Castonguay, L. G., Goldfried, M. R., Wiser, S., Raue, P. J., & Hayes, A. M. (1996). Predicting the effect of cognitive therapy for depression. *Journal of Consulting and Clinical Psychology, 64*, 497-504.

Clarke, K. M. (1989). Creation of meaning: An emotional processing task in psychotherapy. *Psychotherapy: Theory, Research, Practice, Training, 26*, 139-148. doi:10.1037/h0085412

Cornell, A. W. (1996). *The focusing guide's manual*. Berkeley, CA: Focusing Resources.

Dolhanty, J., & Greenberg, L. S. (2008). Emotion-focused therapy in the treatment of eating disorders. *European Psychotherapy, 7*, 97-116.

Dolhanty, J., & Greenberg, L. S. (2009). Emotion-focused therapy in a case of anorexia nervosa. *Clinical Psychology & Psychotherapy, 16*, 336-382. doi:10.1002/cpp.624

Eells, T. D. (Ed.). (1997). *Handbook of psychotherapy case formulation.* New York, NY: Guilford Press.

Eells, T. D. (Ed.). (2010). *Handbook of psychotherapy case formulation* (2nd ed.). New York, NY: Guilford Press.

Eells, T. D. (2013). The case formulation approach to psychotherapy research revisited. *Pragmatic Case Studies in Psychotherapy, 9,* 426-447.

Egendorf, A. (1995). Hearing people through their pain. *Journal of Traumatic Stress, 8,* 5-28. doi:10.1002/jts.2490080102

Ekman, P. (2003). *Emotions revealed: Recognizing faces and feelings to improve communication and emotional life.* New York, NY: Times Books.

Elliott, R. (1985). Helpful and nonhelpful events in brief counseling interviews: An empirical taxonomy. *Journal of Counseling Psychology, 32,* 307-322. doi:10.1037/0022-0167.32.3.307

Elliott, R. (2010). Psychotherapy change process research: Realizing the promise. *Psychotherapy Research, 20,* 123-135. doi:10.1080/10503300903470743

Elliott, R. (2012). Emotion-focused therapy. In P. Sanders (Ed.), *The tribes of the person-centered nation: An introduction to the schools of therapy related to the person-centered approach* (2nd ed., pp. 103-130). London, England: PCCS Books.

Elliott, R. (2013). Person-centered and experiential psychotherapies for anxiety difficulties: Theory, research, and practice. *Person-Centered & Experiential Psychotherapies, 12*(1), 16-32. doi:10.1080/14779757.2013.767750

Elliott, R., Greenberg, L. S., & Lietaer, G. (2004). Research on experiential psychotherapies. In M. J. Lambert (Ed.), *Bergin & Garfield's handbook of psychotherapy and behavior change* (5th ed., pp. 493-539). New York, NY: Wiley.

Elliott, R., Watson, J., Goldman, R. N., & Greenberg, L. S. (2004). *Learning emotion-focused therapy: The process-experiential approach to change.* Washington, DC: American Psychological Association. doi:10.1037/10725-000

Elliott, R., Watson, J., Greenberg, L. S., Timulak, L., & Freire, E. (2013). Research on humanistic-experiential psychotherapies. In M. J. Lambert (Ed.), *Bergin & Garfield's handbook of psychotherapy and behavior change* (6th ed., pp. 495–538). New York, NY: Wiley.

Ellison, J. A., Greenberg, L. S., Goldman, R. N., & Angus, L. (2009). Maintenance of gains following experiential therapies for depression. *Journal of Consulting and Clinical Psychology, 77,* 103–112. doi:10.1037/a0014653

Falvey, J. E., Bray, T. E., & Hebert, D. J. (2005). Case conceptualisation and treatment planning: Investigation of problem–solving and clinical judgment. *Journal of Mental Health Counseling, 27,* 348–372.

Foa, E. B., & Kozak, M. J. (1986). Emotional processing of fear: Exposure to corrective information. *Psychological Bulletin, 99,* 20–35. doi:10.1037/0033-2909.99.1.20

Fosha, D. (2000). *The transforming power of affect: A model for accelerated change.* New York, NY: Basic Books.

Fosha, D., Siegel, D. J, & Solomon, M. F (2009). *The healing power of emotion: Affective neuroscience, development & clinical practice.* New York, NY: Norton.

Frankl, V. E. (1959). *Man's Search for Meaning.* Boston: Beacon Press.

Freud, S. (1957). Mourning and melancholia. In J. Strachey (Trans. & Ed.), *The standard edition of the complete psychological works of Sigmund Freud.* London, England: Hogarth Press. (Original work published 1917)

Geller, S. M., & Greenberg, L. S. (2011). *Therapeutic presence: A mindful approach to therapeutic presence.* Washington, DC: American Psychological Association. doi:10.1037/13485-000

Gendlin, E. T. (1978). *Focusing.* New York, NY: Bantam.

Gendlin, E. T. (1996). *Focusing-oriented psychotherapy: A manual of the experiential method.* New York, NY: Guilford Press.

Gendlin, E. T. (1997). *A process model.* New York, NY: The Focusing Institute.

Glaser, B. G., & Strauss, A. L. (1967). *The discovery of grounded theory: Strategies for qualitative research.* Chicago, IL: Aldine.

Goh, M. (2005). Cultural competence and master therapists: An inextricable relationship. *Journal of Mental Health Counseling, 27*(1), 71-81.

Goldman, R. N. (2002). The two-chair dialogue for inner conflict. In J. C. Watson, R. N. Goldman, & M. S. Warner (Eds.), *Client-centered and experiential psychotherapy in the 21st century: Advances in theory, research, and practice* (pp. 427-447). Ross-on-Wye, UK: PCCS Books.

Goldman, R. N. (in press). Emotion-focused therapy. In D. J. Cain, K. Keenan, & S. Rubin (Eds.), *Humanistic psychotherapies: Handbook of research and practices* (2nd ed.). Washington, DC: American Psychological Association.

Goldman, R. N., & Fox, A. (2010, June). *Results from a task analysis of self-soothing in emotion-focused therapy.* Paper presented at the Society for Exploration of Psychotherapy Integration, Florence, Italy.

Goldman, R. N., & Fox, A. (2012, July). *Working with self-soothing for anxiety in EFT.* Paper presented at the conference of the World Association for Person-Centered and Experiential Psychotherapy and Counseling, Antwerp, Belgium.

Goldman, R. N., & Greenberg, L. S. (1997). Case formulation in process-experiential therapy. In T. D. Eells (Ed.), *Handbook of psychotherapy case formulation* (pp. 402-429). New York, NY: Guilford Press.

Goldman, R. N., & Greenberg, L. S. (2013). Working with identity and self-soothing in emotion-focused therapy for couples. *Family Process, 52,* 62-82. doi:10.1111/famp.12021

Goldman, R. N., Greenberg, L. S., & Angus, L. (2006). The effects of adding specific emotion-focused interventions to the client-centered relationship conditions in the treatment of depression. *Psychotherapy Research, 16,* 537-549. doi:10.1080/10503300600589456

Goldman, R. N., Greenberg, L. S., & Pos, A. E. (2005). Depth of emotional experience and outcome. *Psychotherapy Research, 15,* 248-260. doi:10.1080/1

0503300512331385188

Greenberg, L., & Safran, J. D. (1987). *Emotion in psychotherapy: Affect, cognition and the process of change.* New York, NY: Guilford Press.

Greenberg, L. S. (1984). Task analysis: The general approach. In L. N. Rice & L. S. Greenberg (Eds.), *Patterns of change: Intensive analysis of psychotherapeutic process* (pp. 124-148). New York, NY: Guilford Press.

Greenberg, L. S. (1986). Change process research [Special issue]. *Journal of Consulting and Clinical Psychology, 54,* 4-9.

Greenberg, L. S. (1992). Process diagnosis of levels of emotional processing. *Journal of Psychotherapy Integration, 2,* 19-24.

Greenberg, L. S. (2002a). *Emotion-focused therapy: Coaching clients to work through feelings.* Washington, DC: American Psychological Association.

Greenberg, L. S. (2002b). Evolutionary perspectives on emotion: Making sense of what we feel. *Journal of Cognitive Psychotherapy, 16,* 331-347. doi:10.1891/jcop.16.3.331.52517

Greenberg, L. S. (2004a). Being and doing in psychotherapy. *Person-Centered & Experiential Psychotherapies, 3,* 52-64. doi:10.1080/14779757.2004.9688329

Greenberg, L. S. (2004b). Emotion-focused therapy. *Clinical Psychology & Psychotherapy, 11,* 3-16. doi:10.1002/cpp.388

Greenberg, L. S. (2007). A guide to conducting a task analysis of psychotherapeutic change. *Psychotherapy Research, 17,* 15-30. doi:10.1080/10503300600720390

Greenberg, L. S. (2010). *Emotion-focused therapy: Theory and practice.* Washington, DC: American Psychological Association.

Greenberg, L. S. (2013). Anchoring the therapeutic spiral model into research on experiential therapy. In M. K. Hudgins & M. F. Toscani (Eds.), *Healing world trauma with the therapeutic spiral model: Psychodramatic stories from the frontlines* (pp. 138-148). London, England: Jessica Kingsley.

Greenberg, L. S, & Angus, L. E. (2004). The contributions of emotion process to narrative change in psychotherapy: A dialectical constructivist perspective. In

L. E. Angus & J. McLeod (Eds.), *The handbook of narrative and psychotherapy* (pp. 330-349). London, England: Sage.doi:10.4135/9781412973496.d25

Greenberg, L. S., Auszra, L., & Herrmann, I. R. (2007). The relationship between emotional productivity, emotional arousal and outcome in experiential therapy of depression. *Psychotherapy Research, 17,* 482-493. doi:10.1080/10503300600977800

Greenberg, L. S., & Bolger, E. (2001). An emotion-focused approach to the overregulation of emotion and emotional pain. *Journal of Clinical Psychology, 57,* 197-211. doi:10.1002/1097-4679(200102)57:2<197::AID-JCLP6>3.0.CO;2-O

Greenberg, L. S., Elliott, R. K., & Foerster, F. S. (1990). Experiential processes in the psychotherapeutic treatment of depression. In D. McCann & N. S. Endler (Eds.), *Depression: New directions in research theory and practice* (pp. 157-185). Toronto, Ontario, Canada: Wall & Thompson.

Greenberg, L. S., & Goldman, R. N. (1988). Training in experiential therapy. *Journal of Consulting and Clinical Psychology, 56,* 696-702. doi:10.1037/0022-006X.56.5.696

Greenberg, L. S., & Goldman, R. N. (2007). Case formulation in emotion-focused therapy. In T. Eells (Ed.), *Handbook of psychotherapy case formulation* (2nd ed., pp. 379-411). New York, NY: Guilford Press.

Greenberg, L. S., & Goldman, R. N. (2008). *Emotion-focused couples therapy: The dynamics of emotion, love, and power.* Washington, DC: American Psychological Association. doi:10.1037/11750-000

Greenberg, L. S., & Iwakabe, S. (2011). Emotion-focused therapy and shame. In R. L. Dearing & J. P. Tangney (Eds.), *Shame in the therapy hour* (pp. 69-90). Washington, DC: American Psychological Association. doi:10.1037/12326-003

Greenberg, L. S., & Malcolm, W. (2002). Resolving unfinished business: Relating process to outcome. *Journal of Consulting and Clinical Psychology, 70,* 406-416. doi:10.1037/0022-006X.70.2.406

Greenberg, L. S., & Paivio, S. C. (1997). *Working with emotions in psychotherapy.* New York, NY: Guilford Press.

Greenberg, L. S., & Paivio, S. C. (1998). Allowing and accepting painful emotional experiences. *The International Journal of Action Methods, 51,* 47-62.

Greenberg, L. S., & Pascual-Leone, J. (1995). A dialectical constructivist approach to experiential change. In R. A. Neimeyer & M. Mahoney (Eds.), *Constructivism in psychotherapy* (pp. 169-194). Washington, DC: American Psychological Association.

Greenberg, L. S., & Pascual-Leone, J. (2001). A dialectical constructivist view of the creation of personal meaning. *Journal of Constructivist Psychology, 14,* 165-186. doi:10.1080/10720530151143539

Greenberg, L. S., & Pinsof, W. M. (Eds.). (1986). *The psychotherapeutic process: A research handbook.* New York, NY: Guilford Press.

Greenberg, L. S., Rice, L. N., & Elliott, R. (1993). *Facilitating emotional change.* New York, NY: Guilford Press.

Greenberg, L. S., Warwar, S. H., & Malcolm, W. M. (2008). Differential effects of emotion-focused therapy and psycho-education in facilitating forgiveness and letting go of emotional injuries. *Journal of Counseling Psychology, 55,* 185-196. doi:10.1037/0022-0167.55.2.185

Greenberg, L. S., & Watson, J. (1998). Experiential therapy of depression: Differential effects of client-centered relationship conditions and active experiential interventions. *Psychotherapy Research, 8,* 210-224. doi:10.1080/10503309812331332317

Greenberg, L. S., & Watson, J. (2006). *Emotion-focused therapy for depression.* Washington, DC: American Psychological Association.

Habermas, T., & Bluck, S. (2000). Getting a life: The emergence of the life story in adolescence. *Psychological Bulletin, 126,* 748-769.

Haigh, B. D. (2005). An abductive theory of scientific method. *Psychological Methods, 10,* 371-388.

Hanson, N. R. (1958). *Patterns of discovery*. Cambridge, England: Cambridge University Press.

Herrmann, I., & Greenberg, L. (2007). Emotion types and sequences in emotionfocused therapy. *European Psychotherapy, 7*, 41-59.

Horvath, A. O., & Greenberg, L. S. (1989). Development and validation of the Working Alliance Inventory. *Journal of Counseling Psychology, 36*, 223-233. doi:10.1037/0022-0167.36.2.223

Husserl, E. (1977). *Phenomenological psychology: Lectures, summer semester, 1925* (J. Scanlon, Trans.). Boston, MA: Martinus Nijhoff. (Original work published 1962)

Josephson, J. R., & Josephson, S. G. (Eds.). (1996). *Abductive inference: Computation, philosophy, technology*. Cambridge, England: Cambridge University Press.

Keating, E., & Goldman, R. N. (2003). *Results from a task analysis of empathic affirmation at a marker of vulnerability and shame*. Paper presented at the World Association of Client-Centered and Experiential Psychotherapy Congress, Egmond Aan Zee, The Netherlands.

Kendjelic, E. M., & Eells, T. D. (2007). Generic psychotherapy case formulation training improves formulation quality. *Psychotherapy: Theory, Research, Practice, Training, 44*, 66-77.

Kennedy-Moore, E., & Watson, J. E. (1999). *Expressing emotion: Myths, realities, and therapeutic strategies*. New York, NY: Guilford Press.

Kim, N. S., & Ahn, W. (2002). Clinical psychologists' theory-based representations of mental disorders predict their diagnostic reasoning and memory. *Journal of Experimental Psychology: General, 131*, 451-476.

Klein, M., Mathieu, P., Gendlin, E. J., & Kiesler, D. J. (1969). *The Experiencing Scale: A research and training manual* (Vol. 1). Madison: Wisconsin Psychiatric Institute.

Kohut, H., (1977). *The restoration of the self*. New York, NY: International Universities Press.

Lane, R. D., & Schwartz, G. E. (1992). Levels of emotional awareness: Implications for psychotherapeutic integration. *Journal of Psychotherapy Integration, 2,* 1-18.

Lazarus, A. A. (1981). *The practice of multimodal therapy.* New York, NY: McGraw-Hill.

Leijssen, M. (1996). Characteristics of a healing inner relationship. In R. Hutterer, G. Pawlowsky, P. F. Schmid, & R. Stipsits (Eds.), *Client-centered and experiential psychotherapy: A paradigm in motion* (pp. 427-438). Frankfurt am Main, Germany: Peter Lang.

Lipton, P. (2001). *Inference to the best explanation.* London, England: Routledge.

Luborsky, L. (1984). *Principles of psychoanalytic psychotherapy: A manual for supportive-expressive (SE) treatment.* New York, NY: Basic Books.

Martin, D. G. (2010). *Counseling and therapy skills* (3rd ed.). Thousand Oaks, CA: Sage.

McAdams, D. P., & Janis, L. (2004). Narrative identity and narrative therapy. In L. E. Angus & J. McLeod (Eds.), *The handbook of narrative and psychotherapy: Practice, theory, and research* (pp. 331-349). Thousand Oaks, CA: Sage. doi:10.4135/9781412973496.d13

Miller, W. R., & Rollnick, S. M. (2012). *Motivational interviewing: Helping people change.* New York, NY: Guilford Press.

Missirlian, T. M., Toukmanian, S. G., Warwar, S. H., & Greenberg, L. S. (2005). Emotional arousal, client perceptual processing, and the working alliance in experiential psychotherapy for depression. *Journal of Consulting and Clinical Psychology, 73,* 861-871. doi:10.1037/0022-006X.73.5.861

Neimeyer, R. A., & Mahoney, M. J. (Eds.). (1995). *Constructivism in psychotherapy.* Washington, DC: American Psychological Association. doi:10.1037/10170-000

Paivio, S. C., & Greenberg, L. S. (1995). Resolving "unfinished business": Efficacy of experiential therapy using empty-chair dialogue. *Journal of Consulting and Clinical Psychology, 63,* 419-425. doi:10.1037/0022-006X.63.3.419

Paivio, S. C., & Greenberg, L. S. (2001). Introduction: Treating emotion regulation problems. *Journal of Clinical Psychology, 57*, 153-155. doi:10.1002/1097-4679(200102)57:2<153::AID-JCLP2>3.0.CO;2-F

Paivio, S. C., Jarry, J. L., Chagigiorgis, H., Hall, I., & Ralston, M. (2010). Efficacy of two versions of emotion-focused therapy for complex trauma. *Psychotherapy Research, 20*, 353-366. doi:10.1080/10503300903505274

Paivio, S. C., & Pascual-Leone, A. (2010). *Emotion-focused therapy for complex trauma.* Washington, DC: American Psychological Association. doi:10.1037/12077-000

Panksepp, J., & Watt, D. (2011). Why does depression hurt? Ancestral primary-process separation-distress (PANIC/GRIEF) and diminished brain reward (SEEKING) processes in the genesis of depressive affect. *Psychiatry: Interpersonal and Biological Processes, 74*, 5-13.

Parker, J. G., Rubin, K. H., Erath, S. A., Wojslawowicz, J. C., & Buskirk, A. A. (2006). Peer relationships, child development, and adjustment: A developmental psychopathology perspective. In D. Cicchetti & D. J. Cohen (Eds.), *Developmental psychopathology: Vol. 1. Theory and method* (2nd ed., pp. 419-493). Hoboken, NJ: Wiley.

Pascual-Leone, A. (2009). Dynamic emotional processing in experiential therapy: Two steps forward, one step back. *Journal of Consulting and Clinical Psychology, 77*, 113-126.

Pascual-Leone, A., Bierman, R., Arnold, R., & Stasiak, A. (2011). Emotion-focused therapy for incarcerated offenders of intimate partner violence: A 3-year outcome using a new whole-sample matching method. *Psychotherapy Research, 21*, 331-347. doi:10.1080/10503307.2011.572092

Pascual-Leone, A., & Greenberg, L. S. (2007a). Emotional processing in experiential therapy: Why "the only way out is through." *Journal of Consulting and Clinical Psychology, 75*, 875-887. doi:10.1037/0022-006X.75.6.875

Pascual-Leone, A., & Greenberg, L. S. (2007b). Insight and awareness in experiential therapy. In L. Castonguay & C. Hill (Eds.), *Insight in psychotherapy* (pp. 31–56). Washington, DC: American Psychological Association.

Pascual-Leone, A., & Greenberg, L. S. (2009). Dynamic emotional processing in experiential therapy: Two steps forward, one step back. *Journal of Consulting and Clinical Psychology, 77,* 113–126.

Peirce, C. S. (1931–1958). *Collected papers* (C. Hartshorne, P. Weiss, & A. Burks, Eds., Vols. 1–8). Cambridge, MA: Harvard University Press.

Perls, F. S. (1969). *Gestalt therapy verbatim.* Moab, UT: Real People Press.

Perls, F. S. (1973). *The Gestalt approach and eye witness to therapy.* Palo Alto, CA: Science and Behavior Books.

Perls, F. S., Hefferline, R. F., & Goodman, P. (1951). *Gestalt therapy.* New York, NY: Julian Press.

Persons, J. B. (2008). The case formulation approach to cognitive-behavior therapy. New York, NY: Guilford Press.

Persons, J. B. (2013). Who needs a case formulation and why: Clinicians use the case formulation to guide decision-making. *Pragmatic Case Studies in Psychotherapy, 9,* 448–456.

Pos, A. E. (2013). Emotion focused therapy for avoidant personality disorder: Pragmatic considerations for working with experientially avoidant clients. *Journal of Contemporary Psychology, 44,* 127–139. doi:10.1007/s10879-013-9256-6

Pos, A. E. & Greenberg, L. S. (2010). Organizing awareness and increasing emotion regulation: Revising chair work in emotion-focused therapy for borderline personality disorder. *Journal of Personality Disorders, 26,* 84–107.

Pos, A. E., Greenberg, L. S., Goldman, R. N., & Korman, L. M. (2003). Emotional processing during experiential treatment of depression. *Journal of Consulting and Clinical Psychology, 71,* 1007–1016. doi:10.1037/0022-006X.71.6.1007

Rice, L. N. (1974). The evocative function of the therapist. In L. N. Rice & D. A. Wexler (Eds.), *Innovations in client-centered therapy* (pp. 289–311). New

York, NY: Wiley.

Rice, L. N., & Greenberg, L. S. (Eds.). (1984). *Patterns of change: An intensive analysis of psychotherapeutic process.* New York, NY: Guilford Press.

Rice, L. N., & Kerr, G. P. (1986). Measures of client and therapist vocal quality. In L. S. Greenberg & W. M. Pinsof (Eds.), *The psychotherapeutic process: A research handbook* (pp. 73–105). New York, NY: Guilford Press.

Rice, L. N., Koke, C. J., Greenberg, L. S., & Wagstaff, A. K. (1979). *Manual for client vocal quality.* Toronto, Ontario, Canada: York University Counselling and Development Centre.

Rice, L. N., & Wagstaff, A. K. (1967). Client vocal quality and expressive style as indexes of productive therapy. *Journal of Consulting Psychology, 31,* 557–563. doi:10.1037/h0025164

Robinson, A. L., Dolhanty, J., & Greenberg, L. (2013). Emotion–focused family therapy for eating disorders in children and adolescents. *Clinical Psychology & Psychotherapy.* doi:10.1002/cpp.1861

Rogers, C. R. (1951). *Client–centered therapy: Its current practice, implications and theory.* London, England: Constable.

Rogers, C. R. (1957). The necessary and sufficient conditions of therapeutic personality change. *Journal of Consulting Psychology, 21,* 95–103. doi:10.1037/h0045357

Rogers, C. R. (1961). *On becoming a person.* Boston, MA: Houghton Mifflin.

Rogers, C. R. (1975). Empathic: An unappreciated way of being. *The Counseling Psychologist, 5*(2), 2–10. doi:10.1177/001100007500500202

Safdar, S., Friedlmeier, N., Matsumoto, D., Hee Yoo, S., Kwantes, C. T., Kikai, H., & Shigemasu, E. (2009). Variations of emotional display rules within and across cultures: A comparison between Canada, USA, and Japan. *Canadian Journal of Behavioural Science, 41*(1), 1–10. doi:10.1037/a0014387

Sandler, S. (2011). *Remembering with emotion: New directions in psychodynamic theory and technique.* Plymouth, England: Jason Aronson.

Sarbin, T. R. (Ed.). (1986). *Narrative psychology: The storied nature of human conduct*. New York, NY: Praeger.

Spengler, P. M., Strohmer, D. C., Dixon, D. N., & Shivy, V. A. (1995). A scientist-practitioner model of psychological assessment: Implications for training, practice and research. *The Counseling Psychologist, 23*, 506-534. doi:10.1177/0011000095233009

Stern, D. N. (1985). *The interpersonal world of the infant*. New York, NY: Basic Books.

Stern, D. N. (1995). *The motherhood constellation: A unified view of parent-infant psychotherapy*. New York, NY: Basic Books.

Sue, D. W., & Sue, D. (2008). *Counseling the culturally diverse: Theory and practice*. New York, NY: Wiley.

Sue, S. (1998). In search of cultural competence in psychotherapy and counseling. *American Psychologist, 53*, 440-448. doi:10.1037/0003-066X.53.4.440

Sullivan, H. S. (1954). *The psychoanalytic interview*. New York, NY: Norton.

Thagard, P. (1992). *Conceptual revolutions*. Princeton, NJ: Princeton University Press.

Timulak, L. (2010). Significant events in psychotherapy: An update of research findings. *Psychology and Psychotherapy: Theory, Research and Practice, 83*, 421-447. doi:10.1348/147608310X499404

Tschan, W., Goldman, R., Dolhanty, J., & Greenberg, L. (2010, June). *The case of Patricia: Emotion-focused therapy for anorexia nervosa*. Paper presented at the Society for Psychotherapy Research Conference, Asilomar, CA.

Vanaerschot, G. (2007). Empathic resonance and differential experiential processing: An experiential process-directive approach. *American Journal of Psychotherapy, 61*, 313-331.

Vertue, F. M., & Haig, B. D. (2008). An abductive perspective on clinical reasoning and case formulation. *Journal of Clinical Psychology, 64*, 1046-1068. doi:10.1002/jclp.20504

Warwar, S. H., & Greenberg, L. S. (1999). *The Emotional Arousal Scale III.* Unpublished manuscript, York University, Toronto, Ontario, Canada.

Warwar, S. H., Links, P. S., Greenberg, L., & Bergmans, Y. (2008). Emotion-focused principles for working with borderline personality disorder. *Journal of Psychiatric Practice, 14,* 94–104. doi:10.1097/01.pra.0000314316.02416.3e

Watson, J. C. (2010). Case formulation in EFT. *Journal of Psychotherapy Integration, 20,* 89–100.

Watson, J. C., Goldman, R. N., & Greenberg, L. S. (1996). Differential change processes in experiential therapy. In R. Hutterer & P. F. Schmid (Eds.), *Client centered and experiential therapy: Current development.* Vienna, Austria: P. Lang Press.

Watson, J. C., Goldman, R. N., & Greenberg, L. S. (2007). *Case studies in emotion-focused treatment of depression: A comparison of good and poor outcome.* Washington, DC: American Psychological Association.

Watson, J. C., Gordon, L. B., Stermac, L., Kalogerakos, F., & Steckley, P. (2003). Comparing the effectiveness of process-experiential with cognitive-behavioral psychotherapy in the treatment of depression. *Journal of Consulting and Clinical Psychology, 71,* 773–781. doi:10.1037/0022-006X.71.4.773

Watson, J. C., & Greenberg, L. S. (1996). Pathways to change in the psychotherapy of depression: Relating process to session change and outcome [Special issue]. *Psychotherapy: Theory, Research, Practice, Training, 33,* 262–274. doi:10.1037/0033-3204.33.2.262

Watson, J. C., & Greenberg, L. S. (1998). The alliance in short term experiential therapy. In J. Safran & C. Muran (Eds.), *The therapeutic alliance in brief psychotherapy* (pp. 123–145). New York, NY: Guilford Press. doi:10.1037/10306-005

Watson, J. C., & Greenberg, L. S. (2000). Alliance ruptures and repairs. *Journal of Clinical Psychology, 56,* 175–186.

Westra, H. A. (2012). *Motivational interviewing in the treatment of anxiety.* New

York, NY: Guilford Press.

Whelton, W. J., & Greenberg, L. S. (2004). From discord to dialogue: Internal voices and the reorganization of the self in process-experiential therapy. In H. Hermans & G. Di Maggio (Eds.), *The dialogical self* (pp. 108-123). San Diego, CA: Academic Press. doi:10.4324/9780203314616_chapter_7

Whelton, W. J., & Greenberg, L. S. (2005). Emotion in self-criticism. *Personality and Individual Differences, 38*, 1583-1595. doi:10.1016/j.paid.2004.09.024

Yontef, G. M. (1993). *Awareness dialogue and process: Essays on gestalt therapy.* Gouldsboro, ME: Gestalt Journal Press.

찾아보기

내용

저자 소개

Rhonda N. Goldman, PhD

론다 골드먼 박사는 아고시 대학교에서 임상심리학과 교수로, 일리노이주 에반스톤에 있는 노스웨스턴 대학교의 가족치료연구소에서 개인과 커플을 상담하는 객원 상담치료사로 일하고 있다. EFT 저술에 그린버그 박사와 함께 참여해 왔으며, EFT에서 정서처리와 결과에 대한 연구 및 실습을 하였고, 공감, 취약성, 우울증, 커플 프로세스 그리고 사례개념화에 대한 글들을 써 왔다. 골드먼 박사는 Society for the Exploration of Psychotherapy Integration에서 현 학회장을 맡고 있으며, 인문적 심리학 분야에서 미국심리학회(APA)로부터 Carmi Harari Early Career Award를 수상했다. 또한 Psychotherapy Research와 Person-Centered and Experiential Psychotherapies에서 심사위원으로 활동 중이다. 골드먼 박사는 EFT 실습 및 상담치료사들의 EFT 실습 훈련을 20년 넘게 해 온 경력을 가지고 있다.

Leslie S. Greenberg, PhD

레슬리 그린버그 박사는 캐나다 토론토에 소재한 요크 대학교에서 석학교수로, 정서중심치료센터의 원장으로 일하고 있다. 그린버그 박사는 정서중심치료 분야의 많은 책에 중심을 차지하는 글들을 써 왔고, 미국심리학회(APA)로부터 응용연구 분야의 저명한 교수상을 받았으며, 국제심리치료학회(ISPR)로부터 Distinguished Research Career Award를 수상했다. 미국심리학회의 인문심리학분과에서 칼 로저스 상을 수상하기도 한 그는 여전히 개인과 커플을 위한 심리치료를 하고 있고 후학들에게 정서중심치료를 가르치고 정서중심치료 전문가를 양성하고 있다. 또한 강력한 심리치료 접근 방법으로 부상하고 있으며 심리치료의 넓은 범위에 걸쳐 다양한 임상 문제 해결을 제시해 주는 정서중심치료의 핵심 개발자이다.

역자 소개

김현진(Kim, Hyunjin)

총신대학교 신학 대학원을 졸업하고, 미국 리버티 대학교의 게리 콜린스(Gary Collins, 미국기독교상담협회 초대회장), 티모시 클린턴(Timothy Clinton, 미국기독교상담협회 2대회장), 헨리−버클러(Henry Virkler) 밑에서 상담을 공부하다가 루터 대학원에서 동반의존성 논문을 썼다. KBS 명견만리와 EBS에서 미래 교육의 대안으로 떠오르고 있는 대학인 미국 세인트 존스 컬리지에서 방문교수로 있었다. 현재 광신대학교 상담치료대학원 상담심리치료학과와 일반대학원 코칭심리학과 주임교수로, 부설 정서코칭상담교육원 원장으로 일하면서 정서중심치료와 가족치료 전문가를 양성하고 있다. 그리고 사)청소년상담교육협회 상임회장으로, 목회상담협회 호남지회장으로 섬기고 있다. 저서로는 『성격심리와 성격상담』(교육과학사, 2018), 『아동상담』(양서원, 2017), 『남녀 사랑의 심리학』(청목출판사, 2014), 『성경과 목회상담』(솔로몬, 2007), 역서로는 『고슴도치 끌어안기』(공역, 지혜와 사랑, 2016), 『정서중심치료』(교육과학사, 2015), 『외도의 심리』(공역, 솔로몬, 2006) 등이 있다.

에스더 박(Esther Park)

워싱턴 버지니아 대학교 상담심리대학원 객원교수로 재직 중이다. 서울대학교 졸업 후 미국 텍사스 A&M 대학교에서 심리학을 공부하였고, 텍사스 오스틴 주립대학교에서 교육심리학 박사학위를 받았다. 워싱턴 한인복지센터에서 청소년상담, 위기상담, 가족상담을 담당하였고 현재 미연방 보건복지부 산하 아동가족청에서 공무원으로 일하고 있다. 2008년 워싱토니언(Washingtonian of The Year)에 선정된 바 있다. 미국심리학회 회원이며 현재 아동, 결혼 및 가족, 정서와 상담, 정서중심치료에 관심을 두고 연구하고 있다. 정서중심치료와 정서중심 코칭을 젊은 세대들에게 훈련시키는 청소년상담교육협회의 미주지회 회장으로 일하고 있다.

양명희(Yang, Myounghee)

미국 오리건 대학교에서 정서 및 행동 장애아 교육을 전공했으며, 현재 광신대학교에서 다음 세대를 준비하며 학생들을 가르치고 있다. 또한 건강한 가정을 세우기 위해 부모-자녀 관계와 부부관계에 대해 연구하며 강의하고 있다. 그리고 광신대학교 정서코칭상담교육원 정서중심가족치료전문가 학교를 수료하였다. 저서로는 『학교폭력 예방과 학생의 이해』(공저, 학지사, 2018), 『행동지원』(학지사, 2016), 『개별 대상 연구』(학지사, 2015), 『유아행동 관찰 및 평가』(공저, 학지사, 2014) 등이 있고, 역서로는 『갈보리 언덕』(CLC, 2017), 『자폐아동과 숫자로 대화하는 5점 척도』(시그마프레스, 2008), 『얘들아! 천천히 행동하고 주의집중하는 것을 배워 보자』(공역, 학지사, 2007) 등이 있다.

소피아 박(Sophia S. Park)

노이만 대학교 임상정신건강목회상담학과 교수로 재직 중이다. 미국 웨스트몬트 컬리지를 졸업하고 컬럼비아 신학 대학교에서 상담으로 박사학위를 받았다. 가족치료심리치료사(LMFT)로서 오랫동안 임상을 했으며, 루터 대학원과 여러 대학에서 객원교수로, 병원 원목으로 일해 왔다. 여러 논문과 글들이 『The Journal of AAPC』와 『Women Out of Order』에 실려 있다.

김은지(Kim, Eunji)

한동대학교에서 국제법과 국제지역관계학을 2년간 공부하는 동안 영자신문 기자 및 편집위원으로 일했다. 도미하여 인문학이 강한 세인트 존스 컬리지에서 4년간 고전을 읽으며 리버럴 아츠(liberal arts)를 전공하였으며, Athletic Award를 받고 졸업하였고, 대학교 잡지 College 기자 및 편집위원으로 일했다. 졸업 후 미국 Baltimore City Public Schools에서 교사로 일하였고, 지금은 국제교육 비영리 단체인 TIE(Transform International Education) Foundation에서 번역 및 여러 나라에 있는 학교나 NGO 간의 의사소통을 돕는 역할을 맡고 있으며 프로젝트 어시스턴트로 일하고 있다.

정서중심치료 사례개념화
-변화촉진 임상 청사진 함께 창조하기-
Case Formulation in Emotion-Focused Therapy
- Co-Creating Clinical Maps for Change -

2018년 5월 30일 1판 1쇄 발행
2023년 10월 10일 1판 5쇄 발행

지은이 • Rhonda N. Goldman · Leslie S. Greenberg
옮긴이 • 김현진 · 에스더 박 · 양명희 · 소피아 박 · 김은지
펴낸이 • 김 진 환
펴낸곳 • ㈜ **학지사**

04031 서울특별시 마포구 양화로 15길 20 마인드월드빌딩 5층
대표전화 • 02) 330-5114   팩스 • 02) 324-2345
등록번호 • 제313-2006-000265호

홈페이지 • http://www.hakjisa.co.kr
인스타그램 • https://www.instagram.com/hakjisabook

ISBN 978-89-997-1504-4 93180

정가 **19,000원**

출판미디어기업 학지사

간호보건의학출판 **학지사메디컬** www.hakjisamd.co.kr
심리검사연구소 **인싸이트** www.inpsyt.co.kr
학술논문서비스 **뉴논문** www.newnonmun.com
원격교육연수원 **카운피아** www.counpia.com